English G 21

D1

Handreichungen für den Unterricht

Cornelsen

English G 21 • Band D 1

Handreichungen für den Unterricht

Im Auftrag des Verlages herausgegeben von
Prof. Hellmut Schwarz, Mannheim

Erarbeitet von
Martina Schroeder, Stedtlingen
Sabine Tudan, Erfurt
Andrea Ulrich, Bonn
Udo Wagner, Voerde

sowie
Helmut Dengler, Limbach (VAS)
Allen J. Woppert, Berlin (LAS)
Prof. Hellmut Schwarz, Mannheim (Vorwort)

Beratende Mitwirkung
Dr. Johannes Berning, Münster
Heike Meisner, Bad Klosterlausnitz

Redaktion
Kirsten Bleck (Projektleitung);
Anne Linder (verantwortliche Redakteurin);
Julie Colthorpe (VAS); Uwe Tröger (LAS) sowie
Britta Bensmann (Assistenz)

Layoutkonzept und technische Umsetzung
Korinna Wilkes
Yvonne Thron Grafik Design, Berlin

Umschlaggestaltung
Klein und Halm Grafikdesign, Berlin

www.cornelsen.de
www.EnglishG.de

Die Internetadressen und -dateien, die in diesem Lehrwerk angegeben sind, wurden vor Drucklegung geprüft. Der Verlag übernimmt keine Gewähr für die Aktualität und den Inhalt dieser Adressen und Dateien oder solcher, die mit ihnen verlinkt sind.

Dieses Werk berücksichtigt die Regeln der reformierten Rechtschreibung und Zeichensetzung.

1. Auflage, 2. Druck 2006 / 06

© 2006 Cornelsen Verlag, Berlin

Das Werk und seine Teile sind urheberrechtlich geschützt. Jede Nutzung in anderen als den gesetzlich zugelassenen Fällen bedarf der vorherigen schriftlichen Einwilligung des Verlages.
Hinweis zu § 52 a UrhG: Weder das Werk noch seine Teile dürfen ohne eine solche Einwilligung eingescannt und in ein Netzwerk eingestellt werden. Dies gilt auch für Intranets von Schulen und sonstigen Bildungseinrichtungen.

Die Kopiervorlagen dürfen für den eigenen Unterrichtsgebrauch in der jeweils benötigten Anzahl vervielfältigt werden.

Druck: CS-Druck CornelsenStürtz, Berlin

ISBN-13: 978-3-06-031339-6
ISBN-10:   3-06-031339-3

Inhalt gedruckt auf säurefreiem Papier aus nachhaltiger Forstwirtschaft.

Inhalt

Übersicht über die didaktisch-methodischen Boxen	4
Vorwort	5
1 Einleitung	5
2 Lerntheoretische und didaktisch-methodische Grundlagen von EG 21	5
3 Das Schülerbuch	15
4 Beschreibung der Teile einer Unit und ihrer Funktionen	22
5 Die Begleitmedien	24
6 Zeit- und Verlaufsplanung	29
Kommentar zum Schülerbuch	32
Hello	32
Welcome	37
Unit 1 *New school, new friends*	59
Topic 1	85
Unit 2 *A weekend at home*	89
Topic 2	114
Unit 3 *Sports and hobbies*	117
Topic 3	141
Unit 4 *Party, party!*	145
Topic 4	168
Unit 5 *School: Not just lessons*	171
Topic 5	193
Unit 6 *Great places for kids*	195
Topic 6	214
Resource Section	217
Language Action Sheets	218
Vocabulary Action Sheets mit Lösungen	234
Kopiervorlagen 1–66	250
Bildquellenverzeichnis	327

Didaktisch-methodisches Inhaltsverzeichnis

Überblick über die didaktisch-methodischen Boxen im Kommentarteil

Appointment	3/133
Chorsprechen	Welc/52
Dossier	Welc/58
Erfassungsbogen	Hello/33
Grundschulmethodik	Hello/33
Gruppenarbeit	Welc/49, 1/67
Kontrollpunkte (Checkpoints)	1/78
Kugellager (doppelter Stuhlkreis)	Welc/39
Network (Cluster)	Welc/47
Pantomime	1/67
Partner Check	1/77
Placemat	6/200
Rap	1/70
Sprechen über Abbildungen	Welc/40
Stuhlkreis	Welc/38
Stummes Schreibgespräch	2/97
Tandem-Übung (face-to-face)	Welc/57
Think-Pair-Share	4/147
Total Physical Response	Welc/41
Umgang mit Liedern	2/94
Umgang mit Texten	Welc/48, 5/191, 5/193
Vorgriffe (grammatische)	Welc/39

Vorwort

1 Einleitung

Mit *English G 21* legt der Cornelsen Verlag den Nachfolger des weit verbreiteten und in der Praxis bewährten *English G 2000* vor.

Wie bereits im Titel deutlich wird, knüpft das Lehrwerk unmittelbar an die Erfahrungen mit dem Vorgängerlehrwerk an und übernimmt Elemente der Konzeption, Methoden und Übungsformen, mit denen besonders motivierend und effektiv unterrichtet wurde, und entwickelt sie weiter.

English G 21 geht systematisch auf die Vorkenntnisse aus der Grundschule sowie die Bildungsstandards und die Vorgaben des Gemeinsamen Europäischen Referenzrahmens ein.

Gleichzeitig kann mit diesem neuen Lehrwerk noch gezielter und umfassender auf die zahlreichen Veränderungen in der Schulpolitik und in der Fremdsprachendidaktik der letzten Jahre und die sich abzeichnenden künftigen Herausforderungen reagiert werden.

Das Lehrwerk enthält in nahezu jedem methodisch-didaktischen Teilbereich innovative Elemente. Dazu gehören v.a. vielfältige Aspekte der Kompetenzschulung und die systematische Verankerung kooperativer Arbeitsformen. Auch das neue Design des Schülerbuches ist modern und für Lehrer (L) und Schüler (S) klar und transparent strukturiert.

2 Die Konzeption von English G 21: Lerntheoretische und didaktisch-methodische Grundlagen

Wie schon *English G 2000* ist auch *English G 21* von der Idee des ganzheitlichen Lernens und der Schüler- bzw. Handlungsorientierung geprägt. Diese Begriffe gehören zum Allgemeingut in der didaktisch-methodischen Diskussion, so dass hier auf ihre Beschreibung verzichtet werden kann. Statt dessen soll denjenigen Konzeptionsmerkmalen besondere Beachtung geschenkt werden, deren Stellenwert an Bedeutung gewonnen hat oder die für *English G 21* von besonderem Gewicht sind (s. auch umseitiges Schaubild).

Vorwort

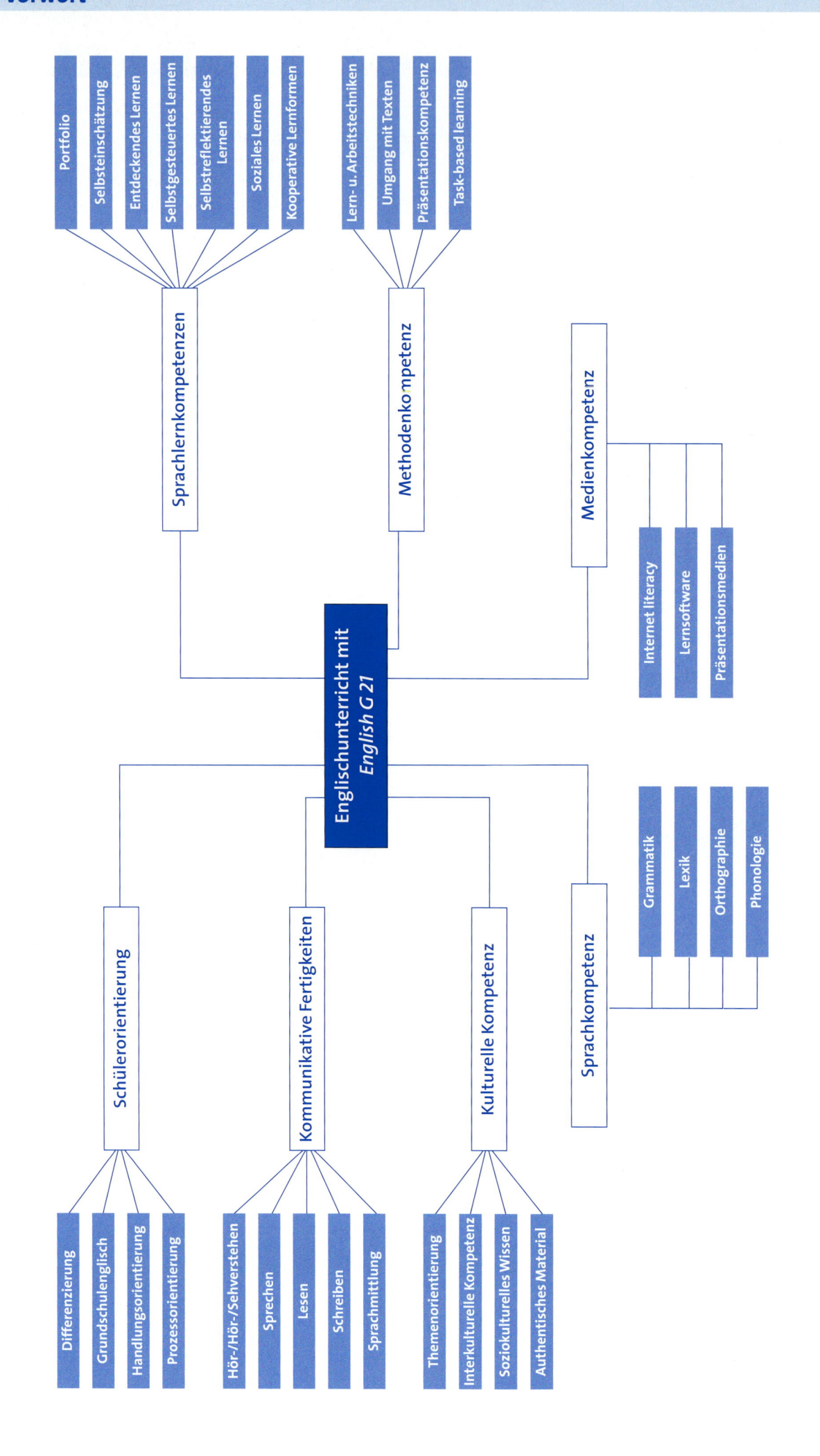

Englischunterricht mit *English G 21*

Sprachlernkompetenzen
- Portfolio
- Selbsteinschätzung
- Entdeckendes Lernen
- Selbstgesteuertes Lernen
- Selbstreflektierendes Lernen
- Soziales Lernen
- Kooperative Lernformen

Methodenkompetenz
- Lern- u. Arbeitstechniken
- Umgang mit Texten
- Präsentationskompetenz
- Task-based learning

Medienkompetenz
- Internet literacy
- Lernsoftware
- Präsentationsmedien

Schülerorientierung
- Differenzierung
- Grundschulenglisch
- Handlungsorientierung
- Prozessorientierung

Kommunikative Fertigkeiten
- Hör-/Hör-/Sehverstehen
- Sprechen
- Lesen
- Schreiben
- Sprachmittlung

Kulturelle Kompetenz
- Themenorientierung
- Interkulturelle Kompetenz
- Soziokulturelles Wissen
- Authentisches Material

Sprachkompetenz
- Grammatik
- Lexik
- Orthographie
- Phonologie

2.1 Weiterführung des Englischunterrichts in Klasse 5

Der Englischunterricht der Sekundarstufe I wird in den kommenden Jahren immer mehr davon bestimmt werden, dass er auf S trifft, die bereits in den Jahren zuvor Englisch gelernt haben. Im Gegensatz zu früher findet dieser Unterricht in fast allen Bundesländern statt.[1] Er ist verpflichtend und basiert auf länderspezifischen Regelungen und Bildungsstandards bzw. Lehrplänen. Er folgt primarstufengemäßen Arbeitsprinzipien und Maßstäben und ist damit nur bedingt mit dem systematischen Sprachunterricht der weiterführenden Schule gleichzusetzen.

Die Auswertung bisher vorliegender Erfahrungen ergibt, dass die S kommunikativ aktiver und aufgeschlossener als früher in die Klasse 5 kommen. Ihre rezeptive Kompetenz (v.a. beim Hörverstehen) liegt eindeutig höher als früher und auch im Produktiven – vorwiegend mündlich – sind deutliche Fortschritte zu verzeichnen.

English G 21 wurde mit Blick auf diesen vorausgegangenen Unterricht konzipiert: es nimmt seine positiven Erträge auf und entwickelt sie weiter, sorgt aber gleichfalls dafür, dass Schreibschulung und die Systematik der Spracharbeit gebührend Raum erhalten. Ein wichtiges Anliegen ist dabei auch, die anfängliche Heterogenität der S zu verringern, eine gemeinsame Lernbasis zu schaffen und dabei differenziert auf die individuellen Fähigkeiten und Fertigkeiten der S einzugehen.

Diese Aufnahme des bisher Gelernten und seine Weiterführung erfolgen nicht nur kurzschrittig, sondern spiralförmig über den gesamten Band 1 hin (und partiell auch noch in Band 2), da in jeder Unit an früher behandelte Themen angeknüpft werden kann. Sie hat ihren ersten Schwerpunkt in *Hello* bzw. *Welcome* (SB-Seite 6–17), der alle Kinder dort abholt, wo sie stehen, und der durchgehend auf dem lexikalischen und thematischen Vorwissen der Kinder aufbaut. Mit der den S aus dem vorausgehenden Unterricht bekannten Wendung *I can ...* wird das Vorwissen abgerufen und kommunikativ umgesetzt. Zentral ist dabei der Output des S und nicht der Input des L.

Eine sehr wichtige Rolle spielt das Hörverstehen, das auf fast jeder Seite von *Welcome* einbezogen wird. Aufgrund der vorhandenen Kompetenz der S setzt es auf etwas höherem Niveau als früher ein. Im Sinne eines sanften Übergangs werden dabei den S vertraute Methoden wie z.B. TPR *(Total Physical Response)* integriert. Lesen und Schreiben werden anfangs, eher spielerisch, im Schülerbuch (SB) angeregt; die systematische Schreibschulung findet verstärkt im *Workbook* (WB) ihre Fortsetzung.

▶ S. 17 f.

In den Units wird vor allem im jeweils ersten Teil, dem *Lead-in*, dem Vorwissen der S Rechnung getragen. Wichtig ist in diesem Zusammenhang auch das *Vocabulary*, das den Wortschatz, der bis Klasse 4 gelernt wurde, in speziellen Kästchen *(Remember?)* sammelt sowie in kleinen Wortfeldern systematisiert, d.h. die S bei ihrem Vorwissen abholt und damit auch ihr Selbstvertrauen und ihre Motivation stärkt.

▶ S. 8 ff.

Wie später verdeutlicht wird, spielt der vorangegangene **Kompetenzerwerb** auch im Bereich der Grammatik, z.B. in einer veränderten Progression der Strukturen, eine wichtige Rolle. Neu ist für die meisten S die Systematisierung der von ihnen entdeckten und zusammengestellten Formen, die das Behalten und Verstehen erleichtert. Sie wird durch den S vertraute Visualisierungsformen und die anschauliche und übersichtliche Gestaltung des *Grammar File* ergänzt.

2.2 Differenzierung

English G 21 ist insgesamt auf einem mittleren Schwierigkeitsniveau konzipiert: es bietet lernstärkeren S genügend Lernanreize, ohne lernschwächere S zu frustrieren. Dem Lehrwerk liegt dabei ein System der Differenzierung zugrunde, das unterschiedliche Vorkenntnisse und Lerngeschwindigkeiten der S berücksichtigt und individualisiertes Lernen ermöglicht. Zudem können mit diesem System mögliche Defizite aus-

---

[1] Auch S, die in den ersten Schuljahren eine andere Fremdsprache gelernt haben, d.h. ohne nennenswerte Vorkenntnisse in Englisch in die Klasse 5 kommen, können mit *English G 21* beginnen. Allerdings muss dann deutlich langsamer und methodisch modifiziert (z.B. beim Einsatz der Hörverstehenstexte in *Welcome* vorgegangen werden. Auch der *input* des L ist ungleich größer als beim „Normalunterricht". Zur Arbeitserleichterung empfiehlt es sich daher, das eigens für diese S bzw. diese Unterrichtssituation entwickelte Übergangsmaterial „On Track" zu verwenden.

geglichen werden. Dafür stellen SB und WB Angebote mit unterschiedlicher Schwerpunktsetzung bereit, die in den Unterricht im Klassenverband einbezogen werden können. Daneben ermöglichen es die **Checkpoints** im **Workbook** sowie die dem **Workbook** beigefügte CD-ROM, das **e-Workbook**, den S ganz individuell, Gekonntes zu festigen und Lücken zu schließen.

▶ S. 25
▶ S. 26

Differenzierung erweist sich aber nicht nur aus schülerspezifischen, sondern auch aufgrund schulpolitischer Rahmenbedingungen als notwendig: Die Wochenstundenzahlen weichen zwischen den Bundesländern und aufgrund der gewährten Freiräume gelegentlich sogar innerhalb eines Bundeslandes voneinander ab, sodass die Ziele des Buches entweder in 4 oder in 5 Wochenstunden zu erreichen sind. Damit ist eine größere zeitliche Flexibilität unabdingbar.

English G 21 reagiert auf diese Anforderungen mit unterschiedlichen Differenzierungsangeboten:

- **Fakultative Übungen:** Beginnend mit Unit 1 erscheint in jeder Unit mehrfach die Bezeichnung „EXTRA", die darauf hinweist, dass die betreffenden Aufgaben, Übungen (bzw. Übungsteile), Textteile oder selbst grammatische Teilstrukturen (samt dazugehörigen Grammatikparagraphen und Übungen) nicht zum Pflichtpensum gehören und weggelassen werden können. Auch die Topics 4–6 sind als EXTRA gekennzeichnet.

  Neben dem reinen Weglassen dieser fakultativen Teile bietet es sich v.a. an, sie für die Binnendifferenzierung zu nutzen: während lernschwächere S an den obligatorischen Aufgaben arbeiten, können lernstärkere S zusätzlich ausgewählte EXTRA-Teile absolvieren.

- **Unterschiedliche Anforderungen:** Im *Practice*-Teil jeder Unit sind eine Reihe von Übungen bzw. Übungsteilen nach Anforderungshöhe gekennzeichnet und damit für binnendifferenzierendes Vorgehen besonders geeignet:

  ○ = leichtere Übung (z.B. S. 26/3)
  ● = schwierigere Übung (z.B. S. 27/7)

  Dabei bedeutet ● nicht, dass die Übungen von lernschwächeren S nicht bearbeitet werden könnten. Es weist lediglich darauf hin, dass die S nicht unvorbereitet (z.B. bei der selbstständigen Arbeit in der Schule bzw. zu Hause) damit konfrontiert werden sollten.

- **Parallelübungen** (ab Unit 3): Aus *English G 2000* (dort ab Band 3) wurde ein Übungstyp übernommen, der sich als besonders effektiv erwiesen hat: Parallelübungen (durch **//** gekennzeichnet), bei denen ein Partner die leichtere Übung im *Practice*-Teil bearbeitet, während der andere Partner die schwierigere Parallelübung im *Differentiation*-Teil (SB-Seite 118 ff.) löst. Dabei kommen die S zur selben Lösung, wenn auch auf unterschiedlichen Wegen.

Differenzierung findet nicht nur im SB, sondern auch in den Begleitmedien statt. So werden im WB, im *e-Workbook*, auf der CD-ROM zur Unterrichtsvorbereitung und v.a. auch in den **Handreichungen für den Unterricht** entsprechende Vorschläge gemacht.

▶ S. 24

2.3 Die Schulung von Kompetenzen

Die Ausbildung von Kompetenzen ist heute – in jeweils länderspezifischer Terminologie – eine zentrale und verbindliche Zielsetzung des Englischunterrichts. Sie sind im Gemeinsamen Europäischen Referenzrahmen, den 2003 veröffentlichten nationalen Bildungsstandards und den danach adaptierten (Kern- und Rahmen-)Lehrplänen bzw. Bildungsplänen und -standards der Bundesländer verankert.

Dabei wird zwischen kommunikativen, methodischen und (inter)kulturellen Kompetenzen sowie Selbst- und Sozialkompetenz unterschieden. Hinzu kommt die Beherrschung der sprachlichen Mittel als Fundament der unterschiedlichen Kompetenzen. Übergeordnetes Ziel ist der Erwerb von „Lernkompetenz" als Grundlage für lebenslanges Lernen.

2.3.1 Kommunikative Kompetenzen

Auf die Förderung der kommunikativen Fertigkeiten wird in *English G 21* besonderer Wert gelegt. Ihre Schulung umfasst die folgenden Bereiche:

Hör- und Hör-/Sehverstehen
Das Hören bzw. Hörverstehen ist die im vorausgehenden Englischunterricht am besten ausgebildete Kompetenz. Sie wird daher von Anfang an intensiv weiter entwickelt und erhält einen noch höheren Stellenwert als im Vorgängerlehrwerk. Bereits in *Welcome* werden viele der handlungstragenden Texte nur über die CD, also nicht abgedruckt im SB, präsentiert. In den folgenden Units sind sowohl die Texte in der *A-Section* als auch die zentralen (Unit-) Texte auf der CD enthalten, so dass jeder L entscheiden kann, ob er die Texte für die Schulung des Hörverstehens oder des Leseverstehens nutzen möchte. Die wichtigsten Texte finden sich auch auf der Audio-CD, die dem WB beigelegt ist.

▶ S. 28 Systematisches Hörtraining wird v.a. in den im Practice-Teil befindlichen Hörverstehensübungen ermöglicht. *Listening for fun* ist wesentliches Ziel der *Radio Bristol Road Show*.

▶ S. 27 Zur besonderen Schulung des Hör-/Sehverstehens stehen zwei DVDs zur Verfügung: die teilweise bereits aus der Klasse 4 bekannte *Groovy Granny Show* sowie die DVD *Out and About*, die zudem durch ihr authentisches Bristol-Bild für die Schulung der (inter-)kulturellen Kompetenz wichtig ist.

Sprechen
Sprachenlernen heißt v.a. Sprechen lernen. Folgerichtig gilt, gerade in Klasse 5, weiterhin der Vorrang des Mündlichen. Die S kommen aus dem vorausgegangenen Unterricht mit deutlich verbesserter Sprechfertigkeit und Sprechbereitschaft in Klasse 5, wobei allerdings das Nachsprechen stark dominiert. Im Laufe des weiterführenden Unterrichts muss daher besonderer Akzent auf die Ausbildung des freien, d.h. des produktiven Sprechens gelegt werden.
English G 21 trägt dieser Forderung von Beginn an Rechnung, und zwar sowohl im Bereich des zusammenhängenden (monologischen) Sprechens als auch dem des interaktiven (dialogischen) Sprechens. Dabei werden häufig zwei Skills-Bereiche kombiniert und die produktive Anforderung wird kleinschrittig vorbereitet: z.B. sind alle Sprechmuster von *Now You* auf SB-Seite 54/2 im vorausgehenden Dialog enthalten und werden reproduktiv geübt, ehe der neu entstehende Dialog frei präsentiert wird.

Sprechschulung wird auch mithilfe immer wiederkehrender Übungsformen betrieben, z.B.:

▶ S. 11
- **Kooperative Lernformen**, wie z.B. *Information gap exercises*, *Appointment* oder *Placemat*, die besonders kommunikationsfördernd sind.
- *Role plays*
- Training der Aussprache durch *Pronunciation*-Übungen in den *Practice*-Teilen der Units (Ausspracheübungen sind nicht nur auf der L-CD, sondern auch auf der S-CD im WB enthalten).

▶ S. 10
- Übung des zusammenhängenden Sprechens durch Einbeziehung der **methodischen Kompetenz „Präsentieren"**.

Leseverstehen
Im Gegensatz zum Hörverstehen spielt das Leseverstehen im Englischunterricht bis Klasse 4 eine eher untergeordnete Rolle. Es wird daher in *English G 21* in *Welcome* auf niedrigerem Anforderungsniveau angebahnt und bekommt dann eine immer höhere Bedeutung.
Bereits in der *A-Section* kann das Lesen bzw. Leseverstehen geübt werden, auch wenn die Mehrzahl der A-Texte eher für die Erstbegegnung über das Hören ausgerichtet ist. Ab Unit 2 eignet sich mindestens ein Text des A-Teils als Lesetext (z.B. SB-Seite 39/2). Natürlich können besonders gut die dialogischen A-Texten laut gelesen bzw. nachgespielt werden.
Der Schwerpunkt für die Leseschulung liegt in den Haupttexten der Units, die sich durch große Textsortenvielfalt auszeichnen, wird aber auch in die Topics einbezogen (vgl. SB-Seite 99/Topic 5: „Poems").

Bereits beim Text der ersten Unit werden in **Working with the text** unterschiedliche Formen rezeptiver und produktiver Textauswertung eingesetzt, die in den Folgeunits beständig erweitert und ergänzt werden. In Unit 2 werden fakultative Texte zur Auswahl gestellt, die auch als Vorform des extensiven Lesens genutzt werden können.
Als erste wichtige Lesetechnik wird in Band 1 die Fertigkeit, unbekannte Wörter zu verstehen (SB-Seite 128), vermittelt.

Schreiben
Das Schreiben ist die Kompetenz, die im Englischunterricht bis Klasse 4 am wenigsten entwickelt wurde. Gerade in den ersten Monaten des Übergangs in Klasse 5 muss der Schulung des Schreibens daher besonderes Augenmerk zuteil werden. Dabei sollten die S am Anfang an Arbeitsverfahren des vorangegangenen Englischunterricht anknüpfen können (z.B. SB-Seite 14/10). Erst allmählich werden freiere, im eigentlichen Sinne produktive Schreibaufgaben gestellt (z.B. SB-Seite 20/2), wobei dem *Dossier* zum Schreiben von „*Me*-Texten" ein hoher Stellenwert zukommt. Eine unersetzliche Rolle spielt in diesem Zusammenhang das WB, das eine Fülle motivierender Schreibanlässe bietet.
Ähnlich wie für die anderen Fertigkeiten gibt es auch für das Schreiben in allen Bänden von *English G 21* eine klar erkennbare Progression. In Band 1 wird den S z.B. „Notizen machen" als erste für die Schreibschulung wichtige methodische Teilkompetenz nahegebracht (SB-Seite 71).

Sprachmittlung
Die Schulung der Fähigkeit, in elementaren Situationen vertraute Inhalte von einer Sprache in die andere übertragen zu können, soll, den neuen Bildungsplänen entsprechend, bereits in den Klassen 5/6 begonnen werden.
In der internen Stoffverteilung von *English G 21* ruht der Schwerpunkt dabei eher auf Klasse 6, um die S in Anbetracht der vielen anderen Anforderungen, die in der Klasse 5 auf sie einstürmen, nicht zu überlasten. Dennoch wird der Erwerb dieser Kompetenz in Klasse 5 angebahnt.
Zentrale Übungsform ist dabei *Getting by in English*: diese Übungen lenken den Blick der S auf den Kontrast zwischen Englisch und Deutsch und leiten sie an, deutsche Sprechabsichten englisch wiederzugeben.

2.3.2 Methodenkompetenz

Der systematische Erwerb von Lernstrategien und Arbeitstechniken gehört zu den wesentlichen Neuerungen der Bildungsstandards. Er macht das Lernen der S effektiver und schafft die Voraussetzungen für autonomes, eigenverantwortliches Lernen, ohne das Erfolg in der Schule und später im Beruf nicht mehr denkbar ist.
Gegenüber der vorangegangenen Lehrwerksgeneration wurde in *English G 21* der Anteil des Methodentrainings von Beginn an nicht nur erweitert, sondern auch deutlich aufgewertet. Er stellt einen wichtigen Baustein des neuen Lehrwerks dar. Die unterschiedlichen Methoden ergeben sich aus dem Inhalt der Units und werden systematisch trainiert. Schwerpunktmäßig wird im ersten Band zunächst der Umgang mit der Lexik vermittelt (in den Units 1, 3 und 5), aber auch andere Bereiche des Englischlernens werden einbezogen.
Die methodischen Kompetenzen werden in *English G 21* unter der Bezeichnung *Study Skills* in der Regel in der *A-Section* präsentiert und kurz erklärt. Von dort aus wird auf das *Skills File* verwiesen. Ähnlich wie grammatische Strukturen im *Grammar File* werden im *Skills File* alle eingeführten methodischen Kompetenzen ausführlich und anschaulich auf Deutsch dargestellt, so dass für die S auch eine häusliche Nachschlagemöglichkeit besteht. Den Abschluss bilden Übungen im *Practice*-Teil und im *Workbook*, die flexibel einbezogen werden können.

▶ S. 16

Wegen ihrer besonderen Wichtigkeit, aber auch wegen der Akzentuierung in den Bildungsstandards, werden schon in Band 1 Präsentationstechniken (vgl. SB-Seite 129) vermittelt, die im Rahmen eines Klassenprojekts (SB-Seite 101 ff.) einzusetzen sind. Sie werden in den Folgebänden kontinuierlich erweitert.

2.3.3 Lernkompetenz

Der Erwerb von Lernkompetenz, d.h. die Fähigkeit des S, sein Lernen immer stärker selbst zu steuern, gehört zu den übergeordneten Zielen des Englischunterrichts und ist damit auch prägend für die Konzeption von *English G 21*. Diese „Schülerautonomie" muss – basierend auf der Arbeit des vorhergehenden Unterrichts – in Klasse 5 angebahnt bzw. fortgeführt werden, um die Grundlagen für lebenslanges Lernen zu legen. Wichtig dafür ist die Beherrschung von Lern- und Arbeitstechniken, aber ebenso von kooperativen Arbeitsformen, da selbstständiges Lernen in der Schule nicht in Isolation, sondern in der Zusammenarbeit und Kommunikation mit anderen Lernenden stattfindet. Insofern dient es auch der Ausbildung von Selbst- und Sozialkompetenz. Von zentraler Bedeutung ist, dass die Lehrkräfte den S die nötigen Freiräume einräumen, um selbstgesteuertes Lernen erproben zu können, und sie anleiten, über ihr Lernen zu reflektieren.

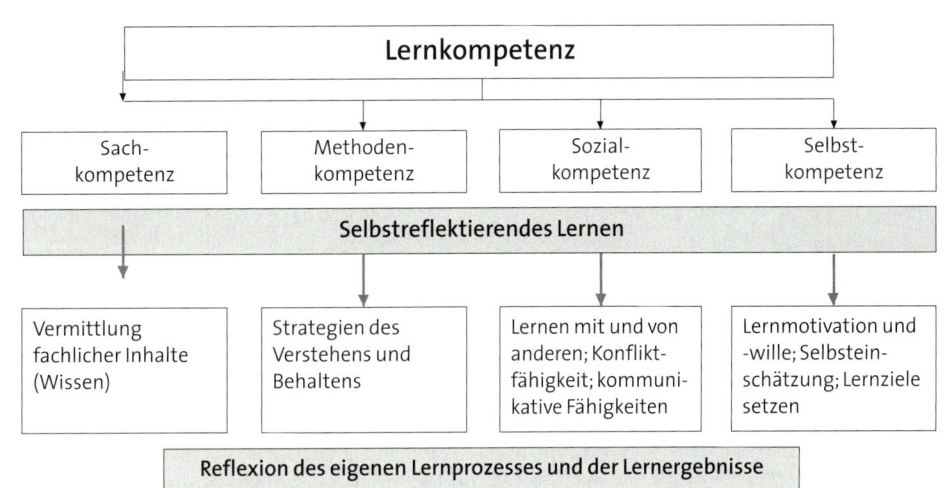

Lernkompetenz

Sach-kompetenz	Methoden-kompetenz	Sozial-kompetenz	Selbst-kompetenz

Selbstreflektierendes Lernen

Vermittlung fachlicher Inhalte (Wissen)	Strategien des Verstehens und Behaltens	Lernen mit und von anderen; Konfliktfähigkeit; kommunikative Fähigkeiten	Lernmotivation und -wille; Selbsteinschätzung; Lernziele setzen

Reflexion des eigenen Lernprozesses und der Lernergebnisse

Folgende Bereiche in Band 1 tragen, wenn vom L so angelegt, zum Erwerb von Lernkompetenz bei:

- Lern- und Arbeitstechniken
- kooperative Arbeitsformen
- das Auswahlprinzip
- entdeckende, zur Reflexion führende Lernformen
- aufgabenorientiertes Lernen
- offene Unterrichtsformen
- Methoden der Selbsteinschätzung

Diese Bereiche sollen im Folgenden knapp erläutert werden:

Lern- und Arbeitstechniken

▶ S. 10
Die im Abschnitt **Methodenkompetenz** genannten Lern- und Arbeitstechniken tragen bei regelmäßiger Übung zum selbstständigen Lernen bei. So hilft der auf das Leseverstehen bezogene *Study skill* „Unbekannte Wörter verstehen" (SB-Seite 128) den S nicht nur, ökonomischer zu lernen, sondern macht sie auch unabhängiger von den Erklärungen des L.
Besonders wichtig ist die Lerntechnik „Stop – Check – Go" (SB-Seite 124), da sie die S von Anfang an dazu anhält, über ihren Lernerfolg gezielt nachzudenken, und ihnen helfen soll, eigenverantwortlich ihre Defizite abzubauen. Folgerichtig wird sie im
▶ S. 26
Checkpoint des *Workbook* zum Abschluss jeder Unit umgesetzt.

Kooperative Arbeitsformen
Nach vorliegenden Untersuchungen ist der Frontalunterricht immer noch die vorherrschende Unterrichtsform, obwohl zur Ausbildung der Selbst- und Sozialkompetenz sowie des eigenverantwortlichen Lernens kooperative Lernformen eher geeignet sind. Im Sprachunterricht gibt es noch einen praktischen Grund für den phasenweisen Einschub von Partner- oder Gruppenarbeit: in Anbetracht der Klassenstärken erscheint es unabdingbar, die Sprechzeit der S dadurch zu erhöhen, dass sie verstärkt gleichzeitig miteinander reden und nicht nur nacheinander mit dem L. Dass sich

dabei sprachliche Fehler der Korrekturmöglichkeit des L entziehen, scheint – an den Vorteilen gemessen – zweitrangig.

Der Stellenwert der Partner- und Gruppenarbeit ist in *English G 21* sehr hoch. Durch das Einbeziehen kooperativer Arbeitsformen wurde in *English G 21* ein neuer, innovativer Schwerpunkt gesetzt: Bereits im ersten Band werden die S mit einigen dieser Lernformen vertraut gemacht, darunter *Appointment* und *Placemat*. Sie werden in Band 2 wiederholt und weitere, wie z.B. *Think-Pair-Share*, folgen.

Das Auswahlprinzip

Wenn S im Laufe der Zeit lernen sollen, eigenverantwortlich zu arbeiten, müssen ihnen Angebote gemacht werden, aus denen sie – und sei es im ersten Band noch so begrenzt – eine eigene Auswahl treffen können.

In *English G 21* gibt es dafür unterschiedliche Ebenen:

▶ S. 26
- im Bereich des SB bieten sich dafür v.a. die EXTRAs in den Units an, an deren Auswahl gelegentlich die S beteiligt werden sollten. Entscheidungsspielräume eröffnen auch die Topics 4–6.
- im Bereich der Begleitmedien sei besonders auf das *e-Workbook* hingewiesen, aus dessen Angebot die S eine Auswahl zum Ausgleich ihrer individuellen Defizite treffen können und sollen.

Entdeckende, zur Reflexion führende Lernformen

Es steht fachdidaktisch und lernpsychologisch weitgehend außer Frage, dass S, die sprachliche Mittel in Texten – ob gesprochen oder geschrieben – selbst entdecken und sich ihrer Form, Funktion und Verwendung bewusst werden, diese besser speichern und abrufbereit halten können, als wenn sie ihnen fertig aufbereitet präsentiert werden.

Dieses entdeckende Lernen auf induktiver Grundlage findet anfangs unter relativ starker Lehrersteuerung *(guided discovery)* statt, um die S mit der Betrachtung von Sprache *(language awareness)* weiter vertraut zu machen. Allmählich sollten aber die Hinweise und Hilfen reduziert werden, um die S eigenständig sprachliche Zusammenhänge finden zu lassen. Das gilt ebenso für das Formulieren des Regelhaften, das von den S im Laufe der Zeit zumindest teilweise (in Partnerarbeit oder selbstständig) geleistet werden sollte.

In *English G 21* wird das *discovery learning* durch **Looking at language**, das in die **A-Section** integriert ist, oder durch die HRU initiiert. Für vertiefende Spracharbeit wird auf das *Grammar File* bzw. zur Übung in den *Practice*-Teil verwiesen. Der S wird also nicht mit ausformulierten Regeln konfrontiert bzw. sofort in den Grammatikteil geschickt, sondern in einen konstruktivistisch orientierten Such- und Nachdenkprozess einbezogen, der ihn auch in seiner kognitiven Entwicklung fördert.

▶ S. 24
Als Alternative zum dargestellten Vorgehen stehen die in den HRU enthaltenen **Language Action Sheets** zur Verfügung, die nicht nur die selbstständige Erarbeitung erleichtern, sondern auch das Abschreiben in ein Grammatikheft unnötig machen.

Aufgabenorientiertes Lernen

Das *Task-Based Language Learning* (TBLL) wird seit mehreren Jahren fachdidaktisch intensiv diskutiert. Seine Befürworter sehen darin den zentralen Ansatz für das Sprachenlernen und grenzen ihn gegen die gängige Praxis des PPP-Ansatzes *(Presentation – Practice-Production)* ab. Ohne auf diese oft sehr eindimensional geführte Kontroverse einzugehen, lässt sich festhalten, dass *English G 21* zwar keine Realisierung von TBLL darstellt, wohl aber zahlreiche Elemente davon integriert hat.

Im aufgabenorientierten Lernen wird die Aufmerksamkeit des S weniger auf den Lernprozess als auf die Erfüllung bestimmter realitätsnaher Aufgaben gelenkt, wobei der Schwerpunkt mehr auf dem Inhalt als auf der sprachlichen Form und der Bedeutung des zu Kommunizierenden liegt. Die Lernenden müssen kooperativ und sprechhandelnd tätig sein, um am Ende ein gesetztes oder gemeinsam verabredetes Ziel zu erreichen bzw. ein Produkt zu präsentieren.

Obwohl vorgeschlagen wird, TBLL eher ab Klasse 7 als ab Klasse 5 zum Einsatz zu bringen[2], da die S in dieser Klassenstufe bereits über genügend Sprachmittel verfügen und damit leichter von ihrem Output ausgegangen werden kann, waren für die Konzeption

---

[2] s. Böttger, Praxis FU 4/2005

schon des ersten Bandes von *English G 21* besonders einige Aufgabentypen[3] von Interesse: z.B.

- *Listing* (z.B. SB-Seite 69/2: *Make a list of food and drink for your dream party ... Work in groups of four. Agree on a list of the seven best things.*)
- *Ordering and sorting* (z.B. SB-Seite 109: *The story so far. Put the pictures in the right order ...*)
- *Comparing* (z.B. SB-Seite 84/2: *Activities at Cotham and your school ... Make a chart ... Compare Cotham School and your school.*)
- *Creative tasks* (z.B. SB-Seite 102–105: *Project*)

Offene Unterrichtsformen

Bereits ab Band 1 wird die Durchführung von Projektarbeit angeregt. In Unit 6 (SB-Seite 101 ff.) beginnen die Lehrwerkskinder ein Projekt über ihre Heimatstadt Bristol, das die wichtigsten Stationen der Projektarbeit bis hin zu fertigen Produkten und zu Formen der Präsentation (*Study Skill* der Unit) demonstriert und die S gleichzeitig zu einem eigenen Projekt zu ihrer Region anregt (SB-Seite 102: *Start your project: Great places for kids*).
Um die S nicht zu überfordern, ist das Projekt kleinschrittig angelegt und wird durch viele sprachliche Hilfen zusätzlich erleichtert.
Projektarbeit als Möglichkeit, die Eigenverantwortung der S auf motivierende Weise zu fördern, wird auch in jedem der Folgebände eine zentrale Rolle spielen.

Methoden der Selbsteinschätzung

Im Gemeinsamen Europäischen Referenzrahmen und in den Bildungsplänen zahlreicher Bundesländer wird auf die Anlage eines Portfolios hingewiesen bzw. es als verbindlich erklärt. Ein Portfolio enthält im Wesentlichen drei Teile:

- einen Sprachenpass (dokumentiert Fähigkeiten und Kenntnisse in allen Sprachen)
- das Dossier (umfasst *Me*-Texte und besonders gelungene Schülerarbeiten)
- die Sprachenbiographie (dokumentiert den Verlauf des eigenen sprachlichen und interkulturellen Lernens und lässt das Erreichen der geforderten Kompetenzen durch die S selbst einschätzen).

Das Dossier ist in *English G 21* Bestandteil jeder Unit des SB und enthält verschiedene, an die Inhalte der Unit angelehnte Schreibanlässe. Die Selbsteinschätzung wird von den S im Rahmen des WB vorgenommen:

- Zu jeder Unit gibt es eine *Checkpoint*-Seite im WB, auf die am Ende jeder Unit des SB verwiesen wird. Mit ihr können die S sich selbst testen, um festzustellen, ob sie die wichtigsten Inhalte der Unit beherrschen.
- Auf zwei Selbsteinschätzungsseiten (nach Unit 3 und 6) stufen sich die S hinsichtlich des Erreichens der kommunikativen Kompetenzen, der Methodenkompetenz und der (inter-)kulturellen Kompetenz ein. Anschließend machen sie Vorschläge, um (potenzielle) Lücken zu schließen. Dafür steht ihnen zur eigenverantwortlichen Arbeit das WB, das *e-Workbook* sowie der *English Coach 21* zur Verfügung.

▶ S. 27

Selbstreflexion wird im WB auch dadurch in Gang gesetzt, dass die S nach jeder Übung eine Ampel mit einer bestimmten Farbe ausmalen und damit beurteilen können, wie schwer ihnen eine Übung gefallen ist, d.h. ob sie weiteren Übungsbedarf haben.

2.3.4 Kulturelle bzw. Interkulturelle Kompetenz

Diese beiden Termini haben – bundeslandspezifisch – den früher benutzten Begriff „Landeskunde" abgelöst, und der Erwerb von „interkultureller Handlungskompetenz" wird in einer Reihe von Lehrplänen zum übergeordneten zentralen Ziel erklärt.
Der Begriff umfasst zum einen das von den S zu erwerbende soziokulturelle Wissen über das Zielland, zum anderen aber auch den Vergleich mit den deutschen (oder anderen) Lebensverhältnissen aus dem Erfahrungsbereich der S. Gleichrangig daneben steht – in Klasse 5 nur sehr elementar – der Erwerb von Kritik- und Empathie-

---

[3] s. Willis, Task-based learning, Longman 1996

fähigkeit, also die Bewusstmachung von Werten, Einstellungen und Haltungen, die sich besonders in interkulturellen Begegnungssituationen zu bewähren haben.
Die Einführung soziokulturellen Wissens wird in *English G 21* aufgrund der in Klasse 5 vorrangigen Schulung der Kommunikationsfähigkeit nur punktuell und zumeist integriert in die Vermittlung sprachlicher Inhalte vorgenommen.
Bereits im *Welcome* werden erste Informationen zu Bristol und britischen Lebensverhältnissen gegeben und eine erste interkulturelle Begegnung findet statt: ein deutscher Gast, Frau Schmidt, verabschiedet sich von Familie Hanson, die ein B&B besitzt. Ein wesentlicher Vergleichspunkt ist das Schulleben. Ausgehend vom englischen Schulalltag werden Stundenplan und Tagesablauf an deutschen Schulen damit in Beziehung gesetzt.

Ein für *English G 21* fundamentales Prinzip ist das der Authentizität. Es manifestiert sich zum einen in der großen Zahl von in Bristol und von einem Fotografen aus Bristol gemachten Fotos, die die Lehrwerksszenen illustrieren bzw. interpretieren und damit Sprechanlässe schaffen. Zum anderen wurde eine Schule in Bristol als Handlungsort und Fokus des Geschehens gewählt und einige ihrer S (und L!) fungieren – selbstverständlich unter anderem Namen – als „Helden" der Bände 1 und 2.

▶ S. 27

Die in Bristol gedrehte DVD *Out and About* vermittelt einen Höchstgrad an sprachlicher und kultureller Authentizität.

2.3.5 Der Erwerb von Inhalten: Themen und Sprachmittel

Wenn auch der Erwerb von kommunikativen und methodischen Kompetenzen usw. in *English G 21* wesentlich stärker akzentuiert wird als in früheren Lehrwerksgenerationen, so tritt die inhaltliche Komponente keinesfalls in den Hintergrund: Kompetenzen werden schließlich nicht im luftleeren Raum erworben, sondern bedürfen thematisch und sprachlich orientierter Inhalte als Grundlage ihrer Vermittlung. Kompetenzschulung und die Arbeit an Themen und Sprache gehen daher in *English G 21* Hand in Hand.

Themenorientierung
Bei der Konzipierung von *English G 21* wurden zunächst die Themenbereiche festgelegt, anhand derer die Zuordnung der einzuführenden Kompetenzen und Sprachmittel erfolgte. Bei ihrer Auswahl wurden nicht nur die „Lebens- und Lernbereiche" der Lehrpläne, sondern auch die Altersangemessenheit und Motivationskraft der einzelnen **Themen** berücksichtigt.

▶ Themen von Band 1, S. 18

Andere wichtige Aspekte, wie das fächerverbindende Lernen, spielen in Klasse 5 zwar eine Rolle (z.B. „Feste" in Unit 4), werden aber v.a. in den Folgebänden stärker einbezogen.

Sprachmittel
Grammatische Strukturen und andere Sprachmittel werden in *English G 21* systematisch, d.h. in einer bestimmten Auswahl und Reihenfolge, eingeführt. Allerdings wird die Progression aufgrund des vorausgegangenen Englischunterrichts nicht mit der Strenge wie früher eingehalten, da den S eine Reihe der traditionell erst in Klasse 5/6 zu vermittelnden Wörter und grammatischen Strukturen bereits vorher begegnet ist. Außerdem sind die S aus dem vorangegangenen Unterricht den unerschrockenen Umgang mit Neuem gewohnt. Beispielsweise wäre es unangemessen, die Verwendung von *I like ...* bis zur Einführung des *simple present* in Unit 2 hinauszuzögern, da es zu den gängigen Strukturen des Unterrichts bis Klasse 4 gehört. Ähnliches gilt für *Do you like ...?* oder *How was ...?* usw.
Dass punktuell einzelne früher gelernte Formen wieder aufgegriffen und damit verfügbar gehalten werden, ändert allerdings nichts daran, dass insgesamt die Strukturen bei ihrer Einführung prinzipiell sauber voneinander getrennt werden, so dass die Gefahr eines Durcheinanders in den Schülerköpfen minimiert wird. Auch wenn nicht alle S von einer systematischen Wortschatz- und Grammatikvermittlung profitieren, so ist sie doch für viele S lern- und behaltenserleichternd und sollte nicht leichtfertig aufgegeben werden.

Für die Einführung der Sprachmittel gelten nach wie vor die Leitlinien, die Englischlehrwerke des Cornelsen Verlages schon immer ausgezeichnet haben:

- **Vorrang der gesprochenen Sprache**, z.B. beim Gebrauch von Kurzformen
- **Isolierung von Schwierigkeiten**, allerdings aufgrund der sprachlichen Vorkenntnisse in abgeschwächter Form
- **Parallelprogression von Grammatik und Sprechabsichten:** wo immer möglich und sinnvoll, wird den S der Zusammenhang zwischen „sprachlicher Form" und „Sprechfunktion" verdeutlicht.
- **Lernen durch Einsicht:** die Kognitivierung – mit einfachen Erklärungen – ersetzt die Übungen nicht, sondern ergänzt sie. Sie stellt für die meisten S eine unersetzbare Lernhilfe dar – nicht nur für das Verstehen und die richtige Anwendung von Grammatik, sondern auch von Wortschatz, vgl. z.B. die **blue boxes** im *Vocabulary*, SB-Seite 156ff.
- **Wiederholung** spielt, beginnend bereits mit Unit 2 (z.B. SB-Seite 42/1), eine eher noch wichtigere Rolle als in *English G 2000*, da sie nicht nur in den Revision-Übungen, sondern immanent auch in anderen Übungen verankert ist, z.B. in *Getting by in English*.
- **Schwerpunkt auf Übungen:** die hohe Gewichtung des Übungsbereichs wird nicht nur im *Practice*-Teil des SB, sondern v.a. auch in den (z.T. elektronischen) Begleitmaterialien deutlich. Sie gestatten eine bisher nicht gekannte Differenzierung des Unterrichts und Individualisierung des Lernens.

3 Das Schülerbuch

Das SB enthält folgende Teile, die den S auf SB-Seite 3 erläutert werden:

- *Hello/Welcome*
- 6 *Units*
- 6 *Topics*, davon 3 fakultativ (4–6)
- *Grammar File*
- *Skills File*
- *Vocabulary*
- englisch-deutsches Wörterverzeichnis
- deutsch-englisches Wörterverzeichnis

Um die Vertrautheit mit dem Aufbau des SB und den selbstständigen Umgang mit den einzelnen Unitteilen zu fördern, empfiehlt es sich, die *Book Rally* (KV 10 in den HRU) mit den S durchzuführen.

3.1 Hello/Welcome

Dieser erste Teil des SB hat drei Hauptfunktionen:

- die Aufnahme und Festigung des bis Klasse 4 Gelernten
- die Motivation für den weiterführenden Unterricht
- die Einführung in den Handlungsort und die Familien des SB

Mit *Hello/Welcome* wird unmittelbar an den vorangegangenen Englischunterricht angeknüpft. Da die S auf das neue SB neugierig sind, kann sofort mit *Hello* (SB-Seiten 6/7) begonnen werden, das in seiner spielerischen Gestaltung die S dort abholt, wo sie in Klasse 4 mit dem Englischunterricht aufgehört haben. Alternativ kann der L auch mit dem ersten *I can ...* auf SB-Seite 8 beginnen, das die interaktive Vorstellungssituation in der Klasse abbildet und natürlich zunächst rein mündlich ablaufen kann.

Welcome reaktiviert das vorher Gelernte und konsolidiert es (v.a. von der Schreibung her). Deshalb werden auch nur vertraute Themen (wie Zahlen, Farben usw.) und vorwiegend bekannte Sprachmittel präsentiert. Die aus dem vorausgehenden Unterricht bestehende Motivation soll erhalten und durch neue, interessante Anforderungen noch gesteigert werden. Aus diesem Grunde wird zum Anfang auch keine – auf viele S bedrohlich wirkende – „Testphase" vorgeschaltet. Mit Hilfe von *I can ...* kann der L in kommunikativen Situationen überprüfen, wie gut die S Kompetenzen und Sprachmittel beherrschen, potenzielle Defizite ausgleichen und punktuell Neues, vorrangig im Bereich des Schreibens, vermitteln. Mit der Einführung des Dossier wird zum Abschluss der Blick auf weiterführende, produktive Arbeitsformen gelenkt.

Vielen S sind Ausschnitte aus den Themenbereichen von *Welcome* bekannt, aber die Integration in die Welt der Kinder und Familien in Bristol trägt zu einem Interesseschub bei. Hier treffen sie u.a. auch auf Prunella, den Poltergeist im Haus der Carter-Browns, die sofort den Kontakt mit Sophie Carter-Brown aufnimmt. Da Sophie als einzige mit Prunella kommunizieren kann, wird damit in *Welcome* die Basis für eine zweite, um Prunella kreisende, lustige Handlungsebene in den Bänden 1 und 2 gelegt. Sie verläuft zwar parallel zu den Geschichten um die Lehrwerkskinder, ist aber in einer Fantasiewelt angesiedelt. Zur Rolle von Geistern und Poltergeistern in GB vgl. S. 43.

▶ vgl. S. 43

Zur Einführung in einen lehrbuchgesteuerten Unterricht gehört auch das Kennenlernen bzw. Wiederholen von Arbeitsanweisungen und -techniken, wobei zunächst von Vertrautem ausgegangen (z.B. *Sing and act out …*) und anschließend Neues vermittelt wird (z.B. *Discuss your answers.*).

3.2 Units

▶ S. 22

Zur detaillierten Beschreibung des Aufbaus und der Funktionen der einzelnen Teile einer Unit vgl. S. 22.

3.3 Topics

English G 21 enthält sechs *Topics*, die aufgrund ihrer besonderen Gestaltung und Funktionen nicht in die Units integriert sind, sondern ihnen jeweils folgen. Die *Topics 1–3* vermitteln nützliche Sprachmittel und Kenntnisse wie *Birthdays (Topic 1)*, *Houses (Topic 2)* oder *Money (Topic 3)*. Weil es sich um besonders wichtige Themen mit grundlegendem Wortschatz handelt, sollten diese *Topics* auf jeden Fall behandelt werden. Die restlichen *Topics* sind als EXTRA gekennzeichnet, also fakultativ. *Topic 4* enthält ein Sandwich-Rezept, *Topic 5* stellt einige kindgerechte Gedichte vor und das *Topic* nach Unit 6 beschäftigt sich mit dem Thema *Christmas*. Dieses *Topic* sollte – unabhängig vom Stand der Erarbeitung der Units – sinnvollerweise vor den Weihnachtsferien behandelt werden.

Alle *Topics* bieten nicht nur Informationen, sondern auch zahlreiche Möglichkeiten für eine methodisch interessante Umsetzung bzw. eine spielerisch-kreative Auswertung, die die S sprachhandelnd tätig werden lässt.

3.4 Skills File

Der systematischen Vermittlung von Lern- und Arbeitstechniken wird in *English G 21* besondere Bedeutung beigemessen. Sie erfolgt jeweils in einem Dreischritt:

1. Anbahnung in der *A-Section* einer Unit (blaue *Study Skills*-Kästen), z.B. SB-Seite 55 „Wörter nachschlagen"
2. Bewusstmachung im *Skills File* (SF), hier: SF 4, SB-Seite 122
3. Üben im *Practice*-Teil (hier: SB-Seite 61/10) und im *Workbook*.

Das *Skills File* (SB-Seiten 122–129) besteht aus sieben Abschnitten. Es gliedert sich chronologisch, d.h. es folgt in seinem Aufbau der Reihenfolge, in der die Lern- und Arbeitstechniken in den einzelnen Units eingeführt werden. Eine Sonderrolle spielt der erste Abschnitt (SF 1 „Wörter lernen"); er gibt einen Methodenüberblick, der ab der ersten Unit zu Rate gezogen und das ganze Schuljahr über konsultiert werden kann. Die übrigen Abschnitte SF 2–7 sind thematisch enger gefasst und knüpfen an die Units 1–6 an. Alle im *Skills File* dargestellten Lern- und Arbeitstechniken werden mithilfe von Beispielen, Diagrammen oder Illustrationen veranschaulicht. An vielen Stellen finden sich praktische Hinweise („Tipps" in gelb unterlegten Kästen), die es den S noch leichter machen, die betreffende Lern- und Arbeitstechnik schnell und unkompliziert umzusetzen.

3.5 Grammar File

Das *Grammar File* (GF) enthält – der Reihenfolge der Einführung in den Units folgend – die Beschreibung von Funktion und Form der zentralen grammatischen Strukturen des Buches. Es besteht aus 22 Abschnitten. Verweise ordnen die GF-Abschnitte den entsprechenden Einführungsseiten in den Units zu und geben an, welche Übungen im *Practice*-Teil zu einem GF-Abschnitt gehören. Eine genaue Beschreibung des Aufbaus und der einzelnen *features* des GF finden die S auf SB-Seite 130. Im Anschluss folgt dann eine Übersicht über die im ersten Band von *English G 21* verwendeten grammatischen Fachbegriffe (englisch und deutsch).

Das GF ist zweispaltig angelegt: Die linke Spalte gibt Beispiele und tabellarische Übersichten, die rechte Spalte enthält deutsch formulierte Regeln und Erläuterungen sowie Warnhinweise auf Fehlerquellen, die mit einem roten Ausrufezeichen gekennzeichnet sind.

Eine besondere Rolle spielt der Papagei Polly, den die S aus *Hello* kennen. Polly fasst, wo es sich anbietet, die zentralen Aussagen eines Abschnitts in prägnanten Merksprüchen zusammen. Außerdem stellt Polly den S regelmäßig kleine Aufgaben zur Selbstüberprüfung (die Lösungen der Aufgaben stehen auf SB-Seite 148.)

▶ S. 24 f.

Das GF kann im Unterricht immer dann herangezogen werden, wenn die Bewusstmachung eines Sprachmittels durch ausführlichere und evtl. stärker systematisierende Erklärungen ergänzt werden soll – bspw. im Anschluss an die Behandlung eines *Looking at language*-Abschnitts in der *A-Section* einer Unit (alternativ oder ergänzend zur Arbeit mit einem *Language Action Sheet*). Die Seiten der *A-Sections* enthalten zu diesem Zweck Verweise auf den jeweils zugehörigen GF-Abschnitt.
Die S sollten das GF aber auch zur häuslichen Arbeit nutzen,

- um sich Dinge selbst zu erarbeiten, z.B. wenn sie gefehlt haben,
- wenn sie Hausaufgaben machen,
- zur Wiederholung, z.B. als Vorbereitung auf Klassenarbeiten.

Daher ist es ratsam, sie möglichst früh gezielt in das selbstständige Arbeiten mit dem GF einzuführen. Unter Umständen können Aufbau und Funktion des GF auch interessierten Eltern verdeutlicht werden.

3.6 Vokabularien

English G 21 enthält ein *Vocabulary* zum Lernen des produktiv zu beherrschenden Wortschatzes sowie ein englisch-deutsches und ein deutsch-englisches *Dictionary* zum Nachschlagen:

- Das *Vocabulary* führt den Lernwortschatz in der Reihenfolge des Auftretens im SB auf. Die Anordnung ist dreispaltig: Auf den englischen Eintrag (mit Lautschrift) und seine Übersetzung folgt die dritte Spalte mit zahlreichen kontextualisierenden Beispielsätzen, Zeichnungen und anderen Hilfen zur Bedeutungserhellung.
Warnungen vor Fehlerquellen sind mit einem roten Ausrufezeichen gekennzeichnet. Eine behutsame Einführung und Erläuterung der englischen Laute und der Lautschriftzeichen im *Vocabulary* von *Welcome* und Unit 1 runden das Angebot ab. Farbdruck und waagerechte Trennlinien zwischen den Einträgen sorgen für Übersichtlichkeit und Lesefreundlichkeit.

  ▶ S. 22

  In den mit *Remember?* überschriebenen Kästen ist Lernwortschatz zusammengestellt, der den S aller Voraussicht nach bereits in ihrem bisherigen Englischunterricht begegnet ist und der in den Units von *English G 21* nach und nach reaktiviert wird (vgl. auch die Ausführungen zu *I can ...* auf S. 22). Je nach Klassensituation mag es notwendig sein, auf Aussprache und Schriftbild dieses zumindest rezeptiv bekannten Wortschatzes besonders einzugehen.
Zusätzlich enthält das *Vocabulary* eine Reihe von *blue boxes*, auf die die S besonders hingewiesen werden sollten. Die dort behandelten Inhalte werden im Verlauf des Lehrwerks ebenfalls als bekannt vorausgesetzt und sollten daher auch in den Unterricht einbezogen werden. Die *blue boxes* geben Informationen zu Aussprache,

Betonung (z.B. SB-Seite 152), führen lexikalisch (gelegentlich auch grammatisch) zusammengehörige Sprachmittel in Übersichten auf (z.B. SB-Seite 164) oder geben wichtige Hinweise zur Realisierung bestimmter Sprechabsichten (z.B. SB-Seite 155).

▶ S. 16

Hinweise zum Umgang mit dem *Vocabulary* und zum Wörterlernen gibt das *Skills File* auf den SB-Seiten 122–123.

- Das **englisch-deutsche** *Dictionary* enthält den gesamten Wortschatz des ersten Bandes in alphabetischer Reihenfolge, also nicht nur den produktiv zu beherrschenden Lernwortschatz, sondern auch Wörter, die nur im Kontext einer bestimmten Unit oder für das Verständnis von Arbeitsanweisungen wichtig sind. Dieser situative Wortschatz ist mit einem hochgestellten Kringel (°) gekennzeichnet.

  Die zum Lernwortschatz gehörenden Einträge sind mit der Fundstelle ihres Erstvorkommens versehen. Verweise aus dem *Dictionary* auf die *blue boxes* im *Vocabulary* ermöglichen den S, beim Nachschlagen ggf. auf die ausführlicheren Informationen im *Vocabulary* zurückzugreifen (etwa SB-Seite 188, Eintrag „sorry": Verweis auf die SB-Seiten 155 und 157 mit den *blue boxes* „Entschuldigung" und „sorry").

  In den Folgebänden wird das *Dictionary* zum kumulativen Verzeichnis, indem es jeweils um den neuen Wortschatz des laufenden Bandes ergänzt wird. Hinweise zur Arbeit mit dem englisch-deutschen *Dictionary* gibt das Skills File auf SB-Seite 126.

- *English G 21* enthält auch ein **deutsch-englisches** *Dictionary* mit dem Lernwortschatz des ersten Bandes (bei schwierigeren Wörtern auch mit der Angabe der Aussprache). Es kann den S eine erste Hilfe sein, wenn sie vergessen haben, wie etwas auf Englisch heißt. Auch im deutsch-englischen *Dictionary* ermöglichen Verweise auf die *blue boxes* den Zugriff auf die ausführlicheren Informationen im *Vocabulary*.

Das SB enthält außerdem eine Reihe weiterer Listen und Übersichten:

- *English sounds* (SB-Seite 149) gibt eine Übersicht über die englischen Laute und die Lautschriftzeichen anhand von Beispielwörtern und erläutert Betonungszeichen und Bindebogen.

- *The English alphabet* (SB-Seite 149) listet die Buchstaben und deren Aussprache auf.

- Die *List of names* (SB-Seite 201) enthält die im Buch vorkommenden englischen Vor- und Nachnamen sowie Orts- und Ländernamen und deren Aussprache. Die hintere Umschlaginnenseite listet weitere europäische Ländernamen mit ihren Adjektiven auf.

- In der Übersicht *Classroom English* (SB-Seite 202) sind englische Redemittel (und deren Übersetzungen) aufgeführt, die die S beim einsprachigen Unterricht verstehen und verwenden sollen. Ergänzt wird diese Übersicht durch die Zusammenstellung von häufig im Schülerbuch verwendeten Arbeitsanweisungen (SB-Seite 203).

- Das *Grammar File* (SB-Seiten 130–148) beginnt mit einer Zusammenstellung grammatischer Fachbegriffe (englisch und deutsch), die in Band 1 von *English G 21* verwendet werden (*Grammatical terms*, SB-Seite 130).

3.7 Inhalte und Themen

Bei der Auswahl der Inhalte und Themenbereiche war die Erfüllung der Lehrplananforderungen primäres Anliegen; daneben spielten die Schülerorientierung und die Authentizität eine entscheidende Rolle. Verkürzt formuliert, bilden folgende Themen den Schwerpunkt der Units:

Unit 1: Kennenlernen in der Schule
Unit 2: Das häusliche Umfeld
Unit 3: Sport und andere Freizeitbeschäftigungen

Unit 4: Geburtstagsfeier
Unit 5: Schule: Klubs und andere außerunterrichtliche Aktivitäten
Unit 6: Bristol – ein Schulprojekt

Diese Auflistung der Kernthemen bedarf zum einen der Ergänzung durch die Themen der Topics, zum anderen werden in den Units weitere Themen angesprochen, z.B. geht es in Unit 4 zusätzlich um *food* (SB-Seiten 68/69), die Rolle von Prunella als Außenseiterin und die Fortsetzung der *SHoCK Team*-Geschichte.

Die inhaltliche Gestaltung von **English G 21** wird aber nicht nur durch die Themen der Units, die die Wirklichkeit in möglichst authentischer Weise spiegeln, sondern auch durch eine unitübergreifende, spannende Fortsetzungsgeschichte geprägt: Im Haupttext von Unit 3 gründen die fünf Lehrwerkskinder eine Detektivgruppe, das *SHoCK Team*, das das Geheimnis um einen Gast im *B&B* von Familie Hanson aufklären will. In unterschiedlichen Teilen der weiteren Units wird die Geschichte stetig vorangetrieben, bis sie im Hörtext der letzten Unit (SB-Seite 111/3) ihre überraschende Aufklärung erfährt. Diese „Erzählung" kommt dem Verlangen nach (Lese-)Abenteuern in dieser Altersstufe entgegen, offeriert aber ebenfalls pädagogisch wertvolle Einsichten, z.B. in den Wert der Freundschaft, die Gefährdung durch falsche Verdächtigungen usw. Um die Lesefreude weiter zu schulen, wird die *SHoCK Team story* zusätzlich in einem *Reader (The Case of the Corner Shop Robbers)*, der auch zur Schulung des extensiven Lesens einlädt, fortgesetzt.

Im Mittelpunkt aller Units stehen fünf Kinder aus vier Familien, die sich in der sozialen Schichtung, den Wohnverhältnissen und in ihrer Familienstruktur unterscheiden. Dabei wird auch ein erster Einblick in die multikulturelle Gesellschaft Großbritanniens gegeben. Zur Konstellation der Personen in **English G 21** vgl. das Schaubild auf S. 20.

▶ S. 20

Die Hauptpersonen in English G 21

Die Carter-Browns

Sophie (11), **Emily** (13) und **Toby Carter-Brown** (8) sowie Baby Hannah sind mit ihren Eltern neu in Bristol. Sophies Mutter ist Ärztin, ihr Vater Bankangestellter. Die Familie zieht in ein großes altes Haus, in dem seit langem **Prunella**, ein liebenswerter Poltergeist, lebt. Sophie und Prunella freunden sich schnell an. Zur Familie gehören außerdem noch Harry, der Hamster, die Kaninchen Hip und Hop und der Hund **Sheeba**.

Die Shaws

Daniel (12) und **Jonah Shaw** (12), genannt Dan und Jo, sind Zwillinge, die bei ihrem Vater leben. Dan und Jos Mutter lebt in Neuseeland und steht mit den Zwillingen per Telefon und E-Mail in Kontakt. Die beiden haben zwei Katzen, **Bill** und **Ben**.
Jo singt im Schulchor und spielt Fußball. Dan schwimmt gerne.

Paul Kingsley
ist der nette Englisch- und Klassenlehrer von Dan, Jo, Jack, Sophie und Ananda. Er ist als Kind selber auf die *Cotham School* gegangen.

Die Hansons

Jack Hanson (11)
hilft oft seinen Eltern, die das *Pretty Polly Bed & Breakfast* betreiben. Er hat eine rege Fantasie, die zur Bildung des *SHoCK Teams* führt. Jack hasst Sport, aber er spielt Klarinette im Schulorchester.

Polly
ist der Papagei der Familie Hanson und Namensgeberin des *Pretty Polly B&B*.

Die Kapoors

Ananda (11) und **Dilip Kapoor** (14) helfen oft im Eckladen ihrer Eltern.
Ananda spielt mit Begeisterung Hockey in der Schulmannschaft und liebt ihren Computer.
Dilip mag Fußball – und Sophies große Schwester Emily.

Bristol als zentraler Schauplatz der ersten beiden Bände wird in *Welcome* punktuell und Unit 6 des ersten Bandes ausführlich vorgestellt. Es wurde aus mehreren Gründen gewählt:

- Bristol gilt als schönste Großstadt in Großbritannien mit vielen Sehenswürdigkeiten
- Bristol war vom 15.–18. Jh. eine der wichtigsten Städte Englands und bietet viele historische Aspekte (Sklaverei, Piraten usw.)
- Bristol vermittelt den Eindruck einer sehr jungen Stadt mit großen Universitäten mit ca. 40.000 Studenten
- die Stadt gilt als „eco-capital of Britain", ist aber auch ein Zentrum der Medien
- die Nähe zu Wales bietet landeskundlich interessante Möglichkeiten

3.8 Grammatik

Die Verteilung der Grammatikthemen geht überblickshaft aus dem Inhaltsverzeichnis bzw. ausführlicher aus dem *Grammar File* hervor. Gegenüber dem Vorgängerlehrwerk gibt es eine Reihe von Veränderungen, die v.a. aus dem vorausgehenden Englischunterricht resultieren:

- Das *simple present* wird als erster Aspekt des *present* in Unit 2/3 eingeführt, gefolgt vom *present progressive* in Unit 4. Beide Strukturen werden in Klasse 3/4 benutzt (das *simple present* wesentlich häufiger), sind den S also ansatzweise (einschließlich einfacher *do*-Fragen) beim Eintritt in Klasse 5 bekannt. Es erscheint sinnvoll, die generell wesentlich gebräuchlichere Form zuerst zu präsentieren.

- Durch die veränderte Gestaltung der Lehrpläne ist es möglich, bereits in Klasse 5 das *simple past* einzuführen, das den S aus dem Englischunterricht bis Klasse 4 zumindest von einigen Formen her bekannt ist. Damit wird früh eine Zeitform eingeführt, mit der Vergangenes beschrieben werden kann.

Hier kann differenziert vorgegangen werden, um eine Überforderung (bei reduzierten Stundenzahlen) zu vermeiden: Pflichtstoff für alle ist das *simple past* in Aussagesätzen mit *be* und *regular verbs* sowie ausgewählten *irregular verbs* (SB-Seiten 86–88).
Dagegen wird die Bildung der Frage bzw. Verneinung mit *did* zwar in einigen Beispielen auf lexikalischer Ebene präsentiert (SB-Seite 89/9 + 10), die vertiefende Behandlung (Bewusstmachung und Übung) ist jedoch ein EXTRA (optionales Angebot) und kann auch in Unit 1 von Band 2, in der das *simple past* erneut thematisiert wird, vorgenommen werden.

Wie bereits ausgeführt, sind den S eine Reihe von Strukturmustern bereits im vorangegangenen Unterricht begegnet. Es lässt sich aber nicht sicher sagen, um welche Formen es sich handelt und wie fest sie verankert sind.
Daraus ergeben sich mehrere Folgerungen:

- Alle grammatischen Formen müssen in Klasse 5 erneut angeboten werden, wobei L entscheidet, wie vertieft sie zu behandeln sind.

- Da davon auszugehen ist, dass die Elementarstrukturen (z.B. die *subject form* der Personalpronomen + *be; can/can't; have got*) durch den vorausgegangenen Englischunterricht relativ gefestigt sind, werden sie gebündelt in Unit 1 und weniger ausführlich als schwierigere Strukturen vermittelt. Stellt L fest, dass sie weniger gut als erwartet beherrscht werden, muss für ihre Festigung in Unit 1 mehr Zeit veranschlagt werden.

- Die für *English G* seit jeher geltende Isolierung von Schwierigkeiten, die „Sauberkeit" in der Progression grammatischer Strukturen und der Benutzung unbekannter Lexik und Grammatik bleiben prinzipiell (v.a. im *Practice*-Teil) erhalten. Sie werden jedoch nicht mehr mit der Strenge verwirklicht wie in der Vergangenheit, da die S jetzt Vorwissen haben und an das Auftreten konkurrierender Sprachmittel gewöhnt sind. Es ist daher keine Ausnahme, wenn in einem Abschnitt mit „neuer" Grammatik auch einige „neue" Wörter vorkommen.

3.9 Wortschatz und Redemittel

Die Auswahl des Wortschatzes von *English G 21* wird von mehreren Faktoren bestimmt:
- den Vorgaben der Lehrpläne und Richtlinien
- der Auswertung des Wortschatzes in gängigen Lehrwerken für den früh beginnenden Englischunterricht
- Frequenz- und ähnlichen Wörterbüchern
- dem Gebrauchswert von Wörtern in Alltagssituationen
- den Themen des Lehrbuchs

▶ S. 17 Zu den Wortschatzkategorien siehe Abschnitt **Vokabularien**.

3.10 Texte und Textsorten

Die Arbeit mit Texten und die Schulung des Leseverstehens und der „Textkompetenz" haben in *English G 21* einen hohen Stellenwert. Das Lehrwerk weist ein breites Spektrum unterschiedlicher Textsorten auf:
- beschreibende, erzählende und dialogische Texte
- Fotostory und Bildgeschichte
- E-mail
- Lieder und Gedichte
- *playlet*
- Rezepte
- Tagebuchauszüge
- Zeitungsartikel
- Poster

Weiterhin gibt es zahlreiche Hörtexte, die sich nur auf der CD befinden, aber im SB ausgewertet werden. Grundsätzlich bieten sich alle Texte der **A-Section** auch als Hörtexte an. Die Tracknummern finden sich im Kommentar der Handreichungen für den Unterricht sowie der **Lehrerfassung des SB**. Die Textauswertung und -verarbeitung ist für einen ersten Band sehr variantenreich. So finden sich Aufgaben zum *pre-reading*, *while-reading* und *post-reading* (in jeder Unit: **Working with the text**, z.B. 98). Neben kognitiv orientierten Aufgaben wird auch die produktive Komponente betont.

▶ S. 24

4 Beschreibung der Teile einer Unit und ihrer Funktionen

Jede der sechs Units umfasst ca. 14 Seiten und besteht aus folgenden Teilen (vgl. SB-Seite 3):
- *Lead-in*: die erste Doppelseite in den Units
- *A-Section*: 4 Seiten
- *Practice*: 6 Seiten
- *Text*: 2–3 Seiten

4.1 Lead-in

Alle Units beginnen mit einem zumeist bildgesteuerten *Lead-in*. Es führt in zentrale Aspekte des Themas ein und stellt die Verbindung zu den Erfahrungen der S her (z.B. **Now you,** SB-Seite 37). Besonders wichtig ist die Anknüpfung an das bis Klasse 4 Gelernte. Mit dem aus **Welcome** bekannten **I can ...** werden in jeder Unit Sprachmittel reaktiviert, die den S zumindest mündlich vertraut sind. Anschließend werden sie gesammelt und (v.a. in ihrer geschriebenen Form) konsolidiert. Dabei kann der Einstieg häufig auch bei geschlossenem SB erfolgen, da hierbei die unterschiedlichen Vorkenntnisse besonders gut diagnostiziert werden können. Jedes *Lead-in* hat einen Schwerpunkt im Hörverstehen. Dadurch ist die Seite von langen Texten entlastet, da lediglich die Auswertungsaufgaben abgedruckt werden. Neuer Grammatikstoff wird nicht eingeführt.

4.2 A-Section

Die vier Seiten der *A-Section* stellen unterschiedliche Aspekte des Unitthemas dar. Sie werden durch einen roten Faden zusammengehalten, der *storyline*, die die Erlebnisse der Lehrwerkskinder zeigt. Gelegentlich wird durch die *storyline* auch der Haupttext vorbereitet.

In der *A-Section* werden die wichtigsten der zu lernenden Kompetenzen und der wesentliche Teil des Lernstoffs einer Unit eingeführt. Sie hat damit zahlreiche unterschiedliche Funktionen:

- Sie vermittelt neuen Wortschatz, neue Redemittel, neue Grammatik sowie soziokulturelle Informationen.
- Grammatische Strukturen werden im Kontext präsentiert, den S bewusst gemacht *(Looking at language)* und in ersten Übungen umgesetzt *(Now you)*. Zusätzlich gibt es Verweise auf das GF bzw. den *Practice*-Teil und das WB.
- Da die Einführungstexte auch das Hör- und Leseverstehen schulen, werden Aufgaben zur Verständnisüberprüfung angeboten: modellhaft im SB (zur Weiterführung durch die S), verstärkt in den HRU.
- Mindestens ebenso wichtig wie das Verstehenstraining ist die kommunikative Umsetzung der in den Eingangstexten angebotenen Sprachmuster und der Transfer auf die S-Situation (z.B. SB-Seite 54/2: *Now you*).
- Auch die Schulung der methodischen Kompetenzen, die in den *Study Skills*-Abschnitten beginnt, geht aus den Einführungstexten hervor. Sie wird im SF, dem *Practice*-Teil und dem WB fortgesetzt.
- Die Einführung in die verschiedenen Phasen der Projektarbeit wird ebenfalls in der *A-Section* (Unit 6) geleistet; dabei werden kooperative Lernformen einbezogen.
- Die *A-Section* fördert nicht nur das kognitive, sondern auch das handlungsorientierte und spielerische Lernen der S.

4.3 Practice

Practice ist der umfangreichste Teil in jeder Unit. Er umfasst in der Regel mindestens 15 Übungen. Die Mehrzahl aller Verweise zu Übungen finden sich in der *A-Section*, es gibt aber auch Verweise aus dem *Lead-in*. Die Übungen sind chronologisch in der Reihenfolge der Verweise angeordnet.

Der *Practice*-Teil verfügt über eine große Bandbreite unterschiedlicher Übungsformen und spielt eine wichtige Rolle bei der Festigung aller Kompetenzen und Sprachmittel. Er deckt die wesentlichen Zielbereiche in jeder Unit ab:

- Wiederholung (thematisch und sprachlich)
- Festigung der Lexik
- Festigung der Grammatik
- Festigung der Aussprache
- Schulung von kommunikativen und methodischen Kompetenzen
- Sprachmittlung

4.4 Text

Der Haupttext am Ende der Unit stellt für viele S den motivierenden Höhepunkt dar. Daneben dient er der Schulung der kommunikativen Kompetenzen, vorrangig des Hör- und Leseverstehens, punktuell auch der methodischen Kompetenzen (z.B. SB-Seite 96, *Study Skill:* Unbekannte Wörter verstehen).

Neben den rezeptiven werden auch die produktiven Fertigkeiten entwickelt: So wird im Rahmen von *pre-reading*-Aufgaben das Sprechen gefördert; das Schreiben wird regelmäßig integriert. *Working with the text* dient zur Verständnisüberprüfung und zum Fertigkeitstraining, bezieht aber auch zahlreiche handlungsorientierte, kreative Aktivitäten ein, die sinnvoll weiterführen, was im vorangegangenen Englischunterricht angebahnt wurde.

Die Unittexte in *English G 21* sind frei von unbekannten grammatischen Strukturen, enthalten aber unbekanntes Vokabular, das nicht immer vorher semantisiert werden sollte. Weitere Hinweise für die Arbeit mit den Texten gibt der Kommentarteil dieser Handreichungen (HRU).

5 Die Begleitmedien

5.1 Die Lehrerfassung des Schülerbuchs

Zum SB von *English G 21* gibt es erstmals eine Lehrerfassung, in der der neue Wortschatz sowie die neuen Strukturen markiert sind. Die Lehrerfassung ist identisch mit dem SB und enthält neben den Markierungen weitere Hinweise (z.B. zu den Kompetenzbereichen, zu Aussprache oder den *blue boxes* im *Vocabulary*) und Verweise auf Begleitmedien (z.B. die Kopiervorlagen in den HRU).

▶▶ S. 27; S. 28

Des Weiteren enthält die Lehrerfassung des SB Hinweise zu geeigneten Einsatzorten für die Unterrichtssoftware und die DVD *Out and about* sowie *Webcodes*. Diese erlauben mithilfe eines Codes den schnellen Zugriff auf passende Materialien im Internetangebot von *English G* unter www.englishG.de.

5.2 Die Handreichungen für den Unterricht

In den HRU wird das didaktisch-methodische Vorgehen bei der Arbeit mit dem SB beschrieben. Diese Kommentierung hat nur Vorschlagscharakter: Bei der Fülle des Angebots muss L selbst eine Auswahl treffen, die auf die eigene Unterrichtssituation zugeschnitten ist.

Zu Beginn jeder Unit sind die wichtigsten Informationen auf einer Übersichtsseite zusammengefasst (Grundschulenglisch, *storyline*, Themen usw.). Im Kommentarteil steht zu Beginn jeder kommentierten SB-Seite ein Überblick zu den Lerninhalten (Inhalt, kommunikative und methodische Kompetenzen, sprachliche Mittel, Grammatik). Des Weiteren wird auf Materialien wie CD, Kopiervorlagen, Bastelmaterial hingewiesen, die für den Unterricht vorzubereiten bzw. mitzubringen sind.

Der Kommentar stellt die Arbeit mit dem SB in den Mittelpunkt, bietet aber eine Vielzahl zusätzlicher Ideen für einen abwechslungsreichen Unterricht. Diese Alternativen sind, wie auch alle optionalen Teile des SB (EXTRA, *Topics 4–6*), durch blaue Schrift gekennzeichnet.

Im Kommentarteil finden sich Hinweiskästen zu verschiedenen Themen, z.B.:
- **Info-Box**: landeskundliche Hinweise und Hintergrundinformationen
- *Language awareness:* Hinweise zu Besonderheiten des Englischen sowie vergleichbaren Phänomenen der dt. und engl. Sprache.
- *Cultural awareness:* Informationen zum interkulturellen Lernen
- **Didaktisch-methodischer Hinweis**: Erläuterungen zu kooperativen Lernformen und anderen didaktischen Besonderheiten

Im *Practice*-Teil gibt es neben den Lösungen aller Übungen häufig Vorschläge für eine weiterführende Festigung der Strukturen und Redemittel. An geeigneter Stelle wird auf den Einsatz des WB oder anderer Begleitmaterialien verwiesen.

Im Anhang der HRU befindet sich eine Sammlung von Arbeitsblättern und Kopiervorlagen zur aktiven und vertiefenden Grammatik- und Wortschatzarbeit. Der Einsatz von Kopiervorlagen stellt eine Abwechslung zur Arbeit mit dem SB dar.
Die Bestandteile des Anhangs im Einzelnen:

5.2.1 Language Action Sheets

Die *Language Action Sheets* (LAS) bestehen aus 16 Arbeitsblättern. Sie können im Rahmen des flexiblen Grammatikkonzepts von *English G 21* als Ersatz für ein Grammatikheft benutzt werden. Zu jeder Unit des SB werden 2–3 LAS angeboten, mit denen die zentralen grammatischen Strukturen, auch an Stelle von *Looking at language*, bewusst gemacht und gefestigt werden können. Die LAS stellen damit auch eine selbst erstellte Elementargrammatik zu *English G 21* dar und können zum Lernen und zum Nachschlagen genutzt werden, wenn die S sich nicht der wesentlich ausführlicheren Informationen im GF bedienen wollen. Die LAS vermitteln Einsicht in die Bildung und Funktion grammatischer Strukturen *(language awareness)* und tragen zu ihrer Vernetzung, d.h. Abrufbarkeit und Speicherung, bei.

5.2.2 Vocabulary Action Sheets

Sichere Wortschatzkenntnisse sind nur zu erreichen, wenn die eingeführten Wörter und Wendungen regelmäßig wiederholt, geübt und kontrolliert werden. Zum bewussten Umgang mit dem Wortschatz gehören das Entschlüsseln von Kurzdefinitionen und Beispielsätzen, das Zuordnen zu Schwerpunktthemen oder grammatischen Kategorien sowie die Versprachlichung von Bildern. Dafür gibt es die *Vocabulary Action Sheets* (VAS), die eine motivierende Beschäftigung mit dem erlernten Wortschatz ermöglichen. Zu *Welcome* und jeder *Unit* des SB werden zwei VAS mit dem größten Teil der produktiv zu beherrschenden Vokabeln angeboten. Im Anschluss an die VAS gibt es Seiten mit den Lösungen.

5.2.3 Kopiervorlagen

Die **Kopiervorlagen** (KV) begleiten die Spracharbeit auf motivierende und spielerisch-handlungsorientierte Weise. Viele KV können unmittelbar in den Unterricht integriert werden, andere müssen vorbereitet werden (es empfiehlt sich z.B. Kästchen, Bilder usw. vor dem Ausschneiden auf Karton zu kleben, um sie stabiler zu machen – eine Aufgabe, die sicherlich von den S übernommen werden kann). Erläuterungen zu Vorbereitung und Einsatz der KV sind im Unitkommentar integriert.

5.3 Lehrersoftware für die Unterrichtsvorbereitung

Die Software für die Unterrichtsvorbereitung bietet die Möglichkeit, sich gezielt und schnell auf den Unterricht vorzubereiten: Der L kann z.B. am Bildschirm zu Hause bequem die SB-Seite (Lehrerfassung) und den HRU-Kommentar lesen, evtl. dazugehörende Hörtexte anhören, per Mausklick den Text aus dem SB in ein Arbeitsblatt (mit Lückentext, Wort-/Satzschlange o.Ä.) umwandeln und dieses dann für den Unterricht ausdrucken.

Zusätzlich enthält die Software:
- einen elektronischen Stoffverteilungsplaner, mit dem man den Unterricht stundengenau auf das gesamte Schuljahr planen kann
- zusätzliche Übungen zum Ausdrucken
- alle Lösungen zu den Übungen im SB
- alle LAS, VAS und KV der HRU
- die Wortlisten des SB

5.4 Das Workbook

Das WB hat zwei zentrale Aufgaben: es unterstützt die Arbeit mit dem SB und verfolgt das Ziel, die S zum selbstständigen Arbeiten zu erziehen.
Die Unterstüzung der Arbeit mit dem SB beinhaltet:

- Alle Aufgaben folgen chronologisch dem SB. Die WB-Units enthalten zahlreiche Aufgaben zu Lexik und Grammatik. Darüber hinaus gibt es viele freie Schreibanlässe, Übungen zum Leseverständnis, zu Arbeitstechniken und zur Aussprache.

- Die beigelegte Audio-CD ermöglicht das selbstständige Lösen der Aussprache-Übungen. Auf der Audio-CD befinden sich auch die wichtigsten Texte des SB.

- *Activity pages:* Mit diesen Bastelbögen lernen die S auf spielerische Art: sie legen Wortpaare zusammen, erstellen sich ihr eigenes britisches Geld, spielen Memory mit *food*-Wörtern und basteln eine *Christmas card*.

Die Schulung des selbstständigen Arbeitens erfolgt auf mehreren Ebenen:

- **Ampel**: Am Ende jeder Übung beurteilen die S den Schwierigkeitsgrad, indem sie eine Ampel in entsprechenden Farben ausmalen.
Übungen, die ihnen schwergefallen sind, können sie sich so z.B. vor einer Klassenarbeit noch einmal anschauen.
- *Checkpoint:* Am Ende einer Unit können die S ihr erworbenes Wissen selbstständig überprüfen. Die Checkpoints bieten Aufgaben zu Lexik, Grammatik und einen freien Schreibanlass. Die Lösungsseiten im Anhang des WB haben rechts jeweils eine Spalte, in der Lernhilfen gegeben werden. So haben die S die Möglichkeit, potenzielle Lernprobleme selbst zu erkennen und anzugehen.
- **Selbsteinschätzungsbögen:** Nach jeweils drei Units beurteilen die S ihren Lernzuwachs. Sie geben an, wie sie ihre Kompetenzen in den Bereichen Hören, Sprechen, Lesen, Schreiben, Land und Leute sowie Lernen und Arbeiten beurteilen. Am Ende dieser Seiten sollen die S reflektieren, wie sie sich verbessern könnten.
- *Grammar File:* Auf den letzten fünf Seiten befindet sich ein komprimierte Fassung des GF des SB mit den wichtigsten Formen und Strukturen.

Am Ende des Schuljahres können die S ihre Selbsteinschätzungsseiten, die Ergebnisse der *Activity pages* und die GF-Seiten ausschneiden und in ihrem Portfolio aufbewahren.

Die vordere Umschlagseite des WB ist aufklappbar: Auf der ersten Seite der Klappe werden die S in die Arbeit mit dem WB eingeführt. Auf der zweiten Seite befinden sich die Arbeitsanweisungen mit deutscher Übersetzung, die die S aufgeklappt immer beim Arbeiten zu Rate ziehen können. Die erste Seite des WB (Englischunterricht bis Klasse 4) dient dem Erfassen des Vorwissens der S. Da diese Seite ggf. schon beim Einstieg in die Klasse 5 ausgeschnitten und von L ausgewertet wird, ist die Rückseite nicht bedruckt.

5.5 e-Workbook

Das *e-Workbook* enthält zusätzliches interaktives Übungsmaterial. Es wird als ins WB eingeklebte CD-ROM angeboten. Gedrucktes und elektronisches WB sind inhaltlich eng verzahnt: die Übungen im WB korrespondieren über einen abgedruckten Zahlencode direkt mit weiteren, genau passenden Übungen im e-WB. Dabei unterstützt das e-WB das System der Differenzierung in *English G 21*, indem es Übungen auf verschiedenen Niveaus anbietet. Kompetenzbereiche wie *Listening* und *Speaking* sind ebenfalls mit multimedialen Übungen vertreten, außerdem gibt es einen Zugriff auf Hilfswerkzeuge wie GF, SF und Wörterbuch. Eine Funktion zum Abfragen und Testen von Vokabeln ist gleichfalls enthalten.
Da der Schwierigkeitsgrad der elektronischen Übungen auf drei Stufen einstellbar ist, können die S mit dem e-WB den eigenen Lernprozess selbst steuern und eigenverantwortlich arbeiten. Die S übernehmen außerdem die Auswertung der Übungen per Musterlösung, und können am Ende jeder Unit eine Selbstevaluation durchführen.

5.6 Unterrichtssoftware

Die völlig neu konzipierte Unterrichtssoftware bietet die Möglichkeit, verschiedene Teile des Lehrwerks **alternativ** mit dem Computer zu präsentieren oder zu erarbeiten. Der Sprung in die Software geschieht aus der Lehrerfassung des SB heraus – dort ist jeweils markiert, an welchen Stellen es einen Zugang über die elektronischen Medien gibt. Die Icons zeigen, wie die Materialien der Unterrichtssoftware eingesetzt werden können:

L präsentiert per Beamer im Klassenraum – vor allem die *Lead-ins*, aber auch Ergebnisfolien, die den Tafelanschrieb ersetzen.

Die S arbeiten im Computerraum – sie erschließen und bearbeiten z.B. medial gestützt die *I can ...* – Abschnitte sowie die Texte der *A-Section*, erarbeiten sich die *Study skills*, führen Miniprojekte durch oder greifen auf einen umfangreichen Übungspool zu, um sich vertiefend mit Wortschatz, Aussprache und Grammatik auseinanderzusetzen. Diese Angebote sind jeweils genau auf eine Unterrichtsstunde zugeschnitten und auch für Vertretungs- und Freiarbeitsstunden gut geeignet. Hierdurch kann die Unterrichtssoftware auch bei der differenzierten Förderung einzelner S helfen.

Nicht zu vergessen – der *Test Wizard:* damit kann der L mit wenigen Klicks einen passgenauen Vokabeltest zusammenstellen und, sofern er im Computerraum durchgeführt wird, automatisch korrigieren lassen.

5.7 Audio-CD

Die Vollfassungen der CD zum SB enthalten alle Dialoge und Abschnitte der *A-Section* (sofern sie keinen reinen Übungscharakter haben), alle Haupttexte, Lieder (mit Playback-Aufnahmen) und Gedichte, *Pronunciation*-Übungen und *Listening*-Texte sowie Abschnitte aus den *Topics*. Das gesamte Material wird von geschulten englischen Muttersprachlern gesprochen bzw. gesungen. Die CDs sind in digitaler Stereoqualität aufgenommen. Für die S wird mit dem WB eine Kurzfassung auf einer CD gratis angeboten, die die Haupttexte, Lieder, eine Auswahl der A-Texte und einige Ausspracheübungen enthält.

5.8 DVD

Die DVD *Out and About* zu *English G 21* dient der Förderung des Hör-/Sehverstehens. Die insgesamt sechs Episoden sind an die Units des SB angelehnt. Studioszenen üben sprachliche Mittel aus dem SB. In einer Animationssequenz zeigt sich Prunella als sympathischer und hilfreicher Poltergeist. In den Dokumentarszenen begegnen die S wieder grammatischen und lexikalischen Strukturen in authentischem Englisch. Auf einem zweiten Track werden fertig geschnittene Aktivitäten präsentiert, die die S dazu animieren, Englisch in realitätsnahen Situationen zu üben.

5.9 Wordmaster

Mit dem *Wordmaster* wird der neue Wortschatz einer Unit geübt. Im Mittelpunkt steht der Abschnitt *New words*, in dem die neuen Vokabeln in einen Lückentext mit bereits bekannter Lexik eingebettet sind. Statt in Form isolierter Einträge ins klassische Vokabelheft tragen die S die neuen Wörter in unvollständige Sätze ein und lernen und wiederholen sie auf diese Weise im Kontext. Hinzu kommen weitere Übungen, in denen der Wortschatz auch spielerisch umgewälzt wird.

5.10 English Coach 21

Die CD-ROM *English Coach 21* bietet den S umfangreiches Übungsmaterial zum Wiederholen und Vertiefen zu Hause. Das Programm ist auf das Lehrwerk abgestimmt und bietet zu jeder Unit zahlreiche verschiedenartige Übungen zur Grammatik und zum Wortschatz (einschließlich Test-Modul und elektronischem Karteikasten). In jeder Unit werden außerdem die kommunikativen Fertigkeiten sowie die jeweiligen *Study skills* in ansprechenden multimedialen Formaten trainiert. Die S können die Übungen über eine klare Menüführung schnell und unkompliziert ansteuern. Als zusätzliches Programmelement gibt es eine Story, in der Kommunikation in der Fremdsprache sowie interkulturelle Kompetenz eine zentrale Rolle spielen.

Der Schwerpunkt liegt hier auf landeskundlichen Aspekten – und Spaß machen soll es natürlich auch.

5.11 Vorschläge zur Leistungsmessung

Die **Vorschläge zur Leistungsmessung**, die sowohl als Heft mit Kopiervorlagen als auch in elektronischer Form mit editierbaren Word-Dokumenten angeboten werden, bieten eine Vielzahl von Aufgaben zu Hör- und Leseverstehen, Schreiben, Wortschatz, Aussprache und Strukturen. Darüber hinaus enthalten sie Aufgaben zum gelenkten und freien Sprechen sowie zur Sprachmittlung.
Es werden keine vollständigen Klassenarbeiten präsentiert; vielmehr sollte die Lehrkraft der jeweiligen Klassensituation gemäß ein „Testpaket" zusammenstellen, wobei einzelne Aufgaben auch erweitert oder variiert werden können. Eine Übersicht, die eine Kurzbeschreibung der Aufgaben, die geforderten sprachlichen Mittel und einen Bewertungsvorschlag umfasst, ist jeder Unit vorangestellt. Heft und CD-ROM enthalten auch Lösungsvorschläge. Alle *Listening*-Texte befinden sich in gesprochener Form auf einer dem Heft beigelegten CD bzw. direkt auf der CD-ROM.

5.12 Folien

Die Folien für den Tageslichtprojektor, die neu entwickelt wurden, können zur Präsentation, Wiederholung, Festigung und zum Transfer verwendet werden. Es gibt Vorlagen zu allen wichtigen Strukturen des SB, zu Lexik, Redemitteln und Lerntechniken. Besonders im Bereich der Lexik ermöglichen es die detailreich gestalteten Folien, Vorkenntnisse der S aus dem bisherigen Englischunterricht bildgestützt aufzugreifen, zu integrieren und zu festigen. Weiterhin bieten die Folien alternative Einstiegsimpulse zu den Unitthemen, monologische und dialogische Sprechanlässe sowie Anregungen zur Arbeit mit den Haupttexten und zur schriftlichen Textproduktion.

5.13 www.EnglishG.de

Die Website ist die zentrale Adresse für *English G*. Sie eignet sich für Benutzer von *English G 2000* und *English G 21* und zwar sowohl für L als auch S.
Im Lehrerbereich werden Anregungen, Web-Units, Kopiervorlagen und auf die Lehrwerke abgestimmte *video lessons* angeboten. Über eine Plattform können L direkt Kontakt miteinander aufnehmen, z.B. um Schulprojekte vorzustellen oder Unterrichtstipps auszutauschen.
Ein direkter Link zum *Oxford Advanced Learner's Dictionary* und die Möglichkeit, heruntergeladene Materialien aus dem *Teachweb* zu archivieren, machen die Website zum virtuellen Schreibtisch.
Auch für die S gibt es einen eigens entwickelten Bereich, einschließlich einer Schülergalerie, wo sie ihre gelungenen Arbeiten präsentieren können.

5.14 Handpuppe Polly

Die Lehrwerksfigur *Polly* gibt es nicht nur als Foto und Zeichnung im SB, sondern auch als Stoffpuppe zum Spielen zu Hause. Polly kann beim Unterrichten im Klassenzimmer vielseitig und motivierend eingesetzt werden: als Dialogpartner, zum Semantisieren von Vokabeln oder um den Kindern die Scheu vor dem Sprechen zu nehmen.

5.15 The Radio Bristol Road Show

The Radio Bristol Roadshow ist eine CD, die in lockerer Form zusätzliches Hörmaterial für das ganze Schuljahr anbietet. Gestaltet nach dem Vorbild englischer Jugendradiosendungen, berichtet *The Radio Bristol Roadshow* jeden Nachmittag von verschiedenen Orten in und um Bristol. Junge Moderatoren, Popmusik und vielfältige Programmformen (*phone-ins*, Reportagen, Werbung) sorgen für ein altersgemäßes Hörverstehen. Sprachlich und thematisch orientiert sich die CD am SB.

5.16 Reader: The Case of the Corner Shop Robbers

In dieser spannenden Lektüre erfahren die Schüler mehr über das *SHoCK Team*. Die Sommerferien beginnen etwas ereignisarm für die Kids, aber dann gibt es eine Serie von Einbrüchen in *corner shops*. Das könnte der nächste Fall für das *SHoCK Team* sein. Ausgerüstet mit ihren Handys, einem Fernglas und einer Digitalkamera beginnt das *SHoCK Team* eine Überwachung der *corner shops* in Bristol ...

Da das *simple past* bereits in Unit 5 von Band 1 eingeführt wird, kann dieser **Reader** zur Schulung des extensiven Lesens schon gegen Ende der fünften Klasse eingesetzt werden.

6 Zeit- und Verlaufsplanung

Die Aufstellung eines Zeitplans, der eine gewisse Verbindlichkeit beanpruchen soll, ist schwierig, weil die S mit unterschiedlichen Vorkenntnissen kommen. Die folgende Planung ist lediglich als Grobraster für die eigene Planung zu verstehen.

6.1 Übersicht über das Schuljahr

Ein Schuljahr umfasst ca. 38 Unterrichtswochen. Daraus ergeben sich bei

	5 Wochenstunden	4 Wochenstunden
	190 Stunden	152 Stunden
abzüglich 10% mutmaßliche Ausfälle	19 Stunden	15 Stunden
verbleiben	**171 Stunden**	**137 Stunden**

6.2 Beispiel für eine Stoffgrobplanung

	5 Wochenstunden	4 Wochenstunden
Für *Hello*	1	1
Für *Welcome*	10	10
Für die 6 Units des SB	95	95
Für die *Topics 1–3*	5	5
Für ca. 6 Klassenarbeiten (inkl. Besprechung)	12	12
Zur freien Verfügung	48	14
	171 Stunden	**137 Stunden**

6.3 Empfohlene Stundenzahl

Hello	1 Stunde
Welcome	10 Stunden
Unit 1	16 Stunden
Unit 2	15 Stunden
Unit 3	18 Stunden
Unit 4	16 Stunden
Unit 5	18 Stunden
Unit 6	12 Stunden
Topics 1–3	5 Stunden
	111 Stunden

6.4 Anmerkungen zu dieser Planung

Die Stundenverteilung berücksichtigt nur den Pflichtstoff des SB. Sie basiert auf einer zügigen Unterrichtsdurchführung. Zusätzlich eingeschobene Konsolidierungsphasen werden nicht mit veranschlagt.
Fakultative Teile des SB (Extras, Topics 4-6) sowie der Einsatz der Begleitmedien werden ebenso wenig einbezogen wie Phasen der Projektarbiet außerhalb des SB oder der Freiarbeit.
Der für jede Unit veranschlagte Zeitrahmen bewegt sich an der unteren Grenze.

6.5 Vorschlag für einen Verlaufsplan der Unit 3

Std.	*Lead-in* / A-Teil	*Practice*	Text	*Grammar File* / *Skills File*
1./2.	S. 52/53			
3.		P 1–3		
4./5.	A 1+2			GF 10a–b
6./7.		P 4–5, 7–8		
8.	A 3			GF 10c
9.	*Skills*	P 11		SF 4
10.		P 9–10 a		
11./12.	A 5–6			GF 11
13.		P 11–15		
14.	A 8 + 9a			GF 12
15./16.		P 16–19		
17./18.			S. 65–66	

Diesem Verlaufsplan liegt ein Vorgehen zugrunde, das genau die Abfolge im SB nachvollzieht. Der flexible Aufbau des SB ermöglicht jedoch viele andere Abläufe. Die vorgeschlagene Stundenverteilung ist nicht als Norm anzusehen.

Literaturhinweise

Bach, Gerhard / Timm, Johannes-Peter: Englischunterricht, UTB 2003

Blombach, Joachim: „Lernkompetenzen aufbauen", in: Pädagogik, 5/2003 („Selbstgesteuertes Lernen"), S. 24–29

Böttger, Heiner: „Task-based Learning. Englisch lernen anhand von realitätsnahen Aufgaben", in: Praxis Fremdsprachenunterricht, 4/2005

Brenner, Gerd / Brenner, Kira: Fundgrube Methoden I. Für alle Fächer, Scriptor 2005

Der Fremdsprachliche Unterricht: Autonomes Lernen, Heft 66/2003

Fritsch, Annette: „Präsentieren im Englischunterricht", in: Der Fremdsprachliche Unterricht: Präsentieren, Heft 76/2005.

Green, Norm / Green, Kathy: Kooperatives Lernen im Klassenraum und im Kollegium, Kallmeyer 2005

Klippel, Friederike: Englisch in der Grundschule, Cornelsen 2000

Kugler-Euerle, Gabriele: „Englischlernen als Kontinuum – Didaktik des Übergangs oder Übergangsdidaktik?", in: Praxis Fremdsprachenunterricht, 3/2005

Mattes, Wolfgang: Methoden für den Unterricht. 75 kompakte Übersichten für Lehrende und Lernende, Schöningh 2002

Meyer, Hilbert: Was ist guter Unterricht?, Scriptor 2004

Mindt, Dieter / Schlüter, Norbert: Englisch in den Klassen 3 und 4. Grundlagen für einen ergebnisorientierten Unterricht, Cornelsen 2003

Müller-Hartmann, Andreas / Schocker-von Dithfurt, Marita: Introduction to English Language Teaching, Klett 2004

Praxis Fremdsprachenunterricht Themenheft: „Aufgabenorientiertes Lernen", 4/2005

Realschule Enger: Lernkompetenz I–III. Bausteine für eigenständiges Lernen, Scriptor 2005

Schlüter, Norbert (Hrsg.): Fortschritte im Frühen Fremdsprachenlernen, Cornelsen 2006

Schmid-Schönbein, Gisela: Didaktik: Grundschulenglisch, Cornelsen 2001

Timm, Johannes-Peter: Englisch lernen und lehren. Didaktik des Englischunterrichts, Cornelsen 1998

Weidner, Margit: Kooperatives Lernen im Unterricht, Kallmeyer 2003

Weskamp, Ralf: Fachdidaktik: Grundlagen und Konzeptionen. Anglistik/Amerikanistik, Cornelsen 2001

Willis, Jane: A Framework for Task-Based Learning, Longman 1996

Hello

S. 6/7

INHALT Polly, die Papageiendame der Lehrwerksfamilie Hanson, stellt sich vor: Sie verrät einiges über sich, ihre Familie und ihre Hobbys. Dabei fordert sie die S auf, ebenfalls über sich zu sprechen.

KOMMUNIKATIVE KOMPETENZEN
Hör-Sehverstehen: Mit der Unterstützung von Bildern Pollys Aussagen und Fragen verstehen und angemessen reagieren
Sprechen: Sich vorstellen; über Herkunft, Alter, Lieblingsfarbe, Vorlieben und Lieblingslied sprechen

SPRACHLICHE MITTEL
Wortschatz S. 6/7: GS-Wortschatz: Box zum Thema „sich und andere vorstellen", *Voc., S. 150* • pretty • What about you?
Redemittel S. 6/7: My name is ... • I'm from ... • My mum and dad are from ... • My favourite colour is ... • I'm ... • My favourite song is ... • I like ... • What about you?

METHODISCHE KOMPETENZEN
Sich mit anderen in der Fremdsprache verständigen

MATERIALIEN CD, KV 1, evtl. Handpuppe Polly, Ball, Welt- oder Europakarte

Erarbeitung/ Einbeziehung von Grundschulenglisch

SB geöffnet. Die Begrüßungsszene mit Polly – einer zentralen Figur des Lehrwerks – bietet den S verschiedene Anknüpfungspunkte, um ihre Vorkenntnisse aus dem Grundschulenglisch zu reaktivieren. Da alle Redemittel in *Welcome* vertieft werden, sollte an dieser Stelle die Mündlichkeit im Vordergrund stehen und möglichst nicht mit dem Schriftbild gearbeitet werden. S, die Vorwissen aus der Grundschule haben, werden die meisten Aussagen verstehen und auf sie reagieren können. S ohne Vorwissen folgen dem Beispiel der L und ihrer Mit-S. L: *Hello, this is Polly. Pretty Polly! Polly is a bird. She's a parrot. Polly can talk to you.* (Gestik, auf die S zeigen)

🎧 1.02 **1. Hören:** Überprüfen des Globalverstehens: L spielt die CD ab oder liest die Sprechblasen vor. Die S zeigen jeweils auf die Zeichnung (oder legen einen Radiergummi als *pointer* daneben), die zu dem Gehörten passt.

🎧 1.02 **2. Hören:** Verstehen und Reagieren: L liest die erste Sprechblase vor und richtet dann die Frage an die S. In einer Fragekette stellen sich die S nacheinander vor. L kann neben *What about you?* auch schon *What's your name?* einführen (Wortschatz von *Welcome*, SB-Seite 8).

L verfährt mit den übrigen Redemitteln auf die gleiche Weise. L liest jeweils eine Sprechblase vor und übernimmt dabei die Rolle von Polly:
L: *My mum and dad are from Australia.* S: *My mum and dad are from Germany/Turkey/Bosnia/...* L sollte den S Hilfestellung leisten, wenn sie aus Ländern kommen, deren englischen Namen sie nicht kennen. Die S nennen den betreffenden Ländernamen auf Deutsch oder zeigen das Land auf einer Weltkarte (oder Europakarte) im Klassenzimmer, L (oder S mit Vorwissen) nennt die englische Bezeichnung.
L: *I'm five (years old).* Die S werden vermutlich nur die Zahlen *ten, eleven* und *twelve* benötigen. Die S können zunächst die Ziffern an die Tafel schreiben oder mit den Fingern abzählen. Wenn die englischen Bezeichnungen ein paar Mal wiederholt wurden, werden auch S ohne Vorwissen sie sich schnell einprägen.
L: *My favourite colour is red.* S ohne Vorwissen halten einen Stift o.ä. in der entsprechenden Farbe hoch.
L: *My favourite song is 'If you're happy ...'.* Die S haben erfahrungsgemäß sehr viele Lieder in der Grundschule kennengelernt. Mehrfach genannte englische Lieder können gemeinsam gesungen werden.
L: *And I like bananas and football.* Die S nennen ein bis zwei Dinge, die sie mögen. S ohne Vorwissen zeigen auf einen Gegenstand, zeichnen eine Skizze an die Tafel oder stellen ihre Lieblingsbeschäftigung pantomimisch dar.

Hello

Alternative 1 Die S stehen/sitzen im Kreis. Als Impuls wird ein Ball geworfen: S1: *My name is Dirk. What about you?* S2: *My name is Melanie. What about you?* S3: *My name is ...*

Alternative 2 Steht L die Handpuppe Polly für den Unterricht zur Verfügung, übernimmt Polly die Lehrerrolle und begrüßt die S: *Hello, my name is Polly. Pretty Polly! Pretty Polly! What about you?* Zunächst richtet L die Frage an sich selbst und antwortet: *My name is Mrs/Mr ...* Anschließend richtet L mit der Handpuppe die Frage an die S, die sich nacheinander vorstellen.

> **Didaktisch-methodischer Hinweis**
>
> **Grundschulmethodik im fortgeführten Fremdsprachenunterricht:** Um den S den Übergang in die Sekundarstufe zu erleichtern, ist es hilfreich, vertraute Methoden des Fremdsprachenunterrichts der Grundschule einzubinden. **Rituale** stellen dabei einen wichtigen Unterrichtsbestandteil dar: Sich wiederholende Situationen (wie Begrüßung, Einleitung eines Spiels, Verabschiedung) werden von L stets mit den gleichen Redewendungen eingeleitet, auf die die S mit fest stehenden Wendungen reagieren. Die wichtigsten Redewendungen für Rituale: ▶ HRU-Seite 36.
>
> Viele S sind es gewohnt, dass L eine **Handpuppe** als „Assistenten" einsetzt. Die Handpuppe spricht ausschließlich Englisch, um die Notwendigkeit und das Bedürfnis für die Kommunikation in der Fremdsprache zu schaffen. Mit der Handpuppe präsentiert L Sprachmuster, die die S nachsprechen und in ähnlichen Situationen üben.
>
> In der Grundschule lernen die S die englische Sprache auf spielerische Weise. Der Spracherwerb wird durch **Musik, Bewegung und rhythmische Aktivitäten** unterstützt: rhythmisches Klatschen, das Singen von Liedern und Raps, das Vortragen von Reimen und pantomimisches Darstellen sollten auch im fortgesetzten Englischunterricht so häufig wie möglich eingesetzt werden.
>
> **Geschichten erzählen (Storytelling):** Beim Hören von Geschichten lernen S, dass sie zwar nicht jedes Wort verstehen, aber dennoch den Sinn des Texts erfassen können. Wichtig ist, dass die S mithilfe von Gestik, Mimik, Stimmführung, durch den Einsatz von realen Gegenständen oder Bildern dem Handlungsverlauf folgen können. Durch das Mitsprechen wiederkehrender Redemittel und das pantomimische Mitspielen beim Hören einer Geschichte können die S aktiv in die Handlung eingebunden werden.

Zusatz/ Erfassen der Vorkenntnisse

KV 1. Erfassungsbogen (A–C): Wenn L die S noch nicht gut kennt, kann sie sich mithilfe von KV 1 und den Vorlesetexten *Manu and the snake* und *A Saturday at the Snows' house* ein genaueres Bild von den sprachlichen Vorkenntnissen der S machen. Die S zeigen durch konkrete sprachliche und nichtsprachliche Handlungen, wie ihre Kompetenzen in den Bereichen „Hörverstehen" und „Sprechen" entwickelt sind.

> **Didaktisch-methodischer Hinweis**
>
> **Das didaktische Konzept des Erfassungbogens:** Die S haben sich in der Grundschule fremdsprachliches Wissen durch handlungsorientierte Arbeit an Themen wie „Ich selbst, Familie, Schule, Lieblingsbeschäftigungen, Natur" und die Realisierung von Redeabsichten beim Hören und Sprechen angeeignet. Die S können einfache Äußerungen und kurze Texte, die sich thematisch an Bekanntes anschließen und langsam gesprochen werden, verstehen und dazu einfache Höraufgaben bewältigen. Das Hörverstehen wird vor allem durch den unmittelbaren Handlungsvollzug (z.B. Zuordnen, Ankreuzen oder Ordnen von Bildern, Malen, Handeln) dokumentiert. Beim Sprechen können sich die S auf einfache Art verständigen, wobei sie eingeübte Wendungen benutzen.
>
> Der folgende Erfassungsbogen bietet drei handlungsorientierte Schüleraufgaben. Die S kontrollieren ihre Lösungen und dokumentieren ihren Lernerfolg, indem sie die Stufen einer Bewertungsleiter (KV1, Teil C) ausmalen. Diese Leitern sind gleichzeitig eine schnelle und einfache Rückmeldung für die L. Die Evaluationsseite (Teil C) kann ins Portfolio eingeheftet werden. Alternativ werden nur die Bewertungsleitern ausgeschnitten und ins Heft geklebt.

Hello

Manu and the snake

Erarbeitung — Überprüfung des Hörenverstehens (Globalverstehen): Den S ist das Vorgehen aus der Grundschule vertraut. L erzählt die Geschichte *Manu and the snake* und unterstützt den Vortrag durch viel Mimik, Gestik und den variablen Einsatz der Stimme.

KV 1 (A). Erfassungsbogen: L kopiert pro S eine Vorlage und teilt sie aus.

Pre-listening: L stimmt die S in einem kurzen Gespräch auf die Geschichte ein: *I want to tell you a story. The story is about a boy from India* (auf der Weltkarte zeigen). *His name is Manu. Can you see the boy? Point at him. Manu is at a market. What can you see there?* S: *people, a snake, fruit, ...* L: *Manu has got a flute. He can play the flute.* (Gestik)

Kopiervorlage 1 (A)

Alternative — L spielt zur Einstimmung auf die Geschichte typisch indische Musik vor.

While-listening: 1. **Hören:** Die S schneiden die acht Bilder der KV aus. L liest die Geschichte vor, währenddessen ordnen die S die Bilder.

2. **Hören:** Die S überprüfen die Reihenfolge der Bilder.

Lösung: *5, 3, 7, 1, 4, 6, 8, 2*

KV 1 (C). Erfassungsbogen: L teilt pro S eine Vorlage aus. Die S beurteilen ihre Ergebnisse und malen die Stufen der Leiter dem Bewertungsmaßstab gemäß aus.

Post-listening: Die S kleben die Bilder in der richtigen Reihenfolge in ihr Heft. Sie benennen einige Personen und Dinge. L: *Who/What can you see in picture number one/two ...?* S: *I can see ...* Die Bilder können anschließend ausgemalt werden. L bespricht mit den Kindern, dass Manu ein Schlangenbeschwörer *(snake charmer)* ist.

Kopiervorlage 1 (C)

Vorlesetext — **Manu and the snake**

(aus dem Lehrwerk für die Grundschule GINGER 2, Cornelsen)

Manu lived in a big city in India. He wore colourful clothes. Everybody liked him.
Manu's mother had a small vegetable stand at the market. There she sold potatoes and pumpkins. She sold a lot of vegetables.

Manu was always at the market from morning until evening. He helped his mother, he made her tea when she was tired and he played with his friends. The market was Manu's home.

Sometimes he just sat and played his flute. Manu played wonderful music. His music made everybody happy. The people said, 'Listen, can you hear Manu's flute?' The people stopped working and walked over to Manu. The children stopped playing and walked over to Manu. Even the cow stood up and the dog stopped barking.
They walked over to Manu and listened to his music.

One day, a snake slithered into the market. A long, dangerous snake. The man at the fruit stand shouted, 'Grapefruits! Tasty grapefruits! Come and buy tasty grapefruits!' He picked up a grape fruit – and there was the snake! The snake hissed, 'Are you ssscared?' Everybody screamed and ran away. Nobody wanted to buy fruit any more.

The woman at the clothes stand shouted, 'Skirts! Beautiful skirts! Come and buy my skirts!' She held up a skirt – and there was the snake!
The snake hissed, 'Are you ssscared?' Everybody screamed and ran away. Nobody wanted to buy clothes any more.

Manu's mother shouted, 'Potatoes! Nice, new potatoes! Come and buy my potatoes!' She picked up the potatoes – and there was the snake!
'Are you ssscared?' hissed the snake. Everybody screamed and ran away. Nobody wanted to buy vegetables any more. Now Manu was very angry. Then he had an idea. He got his flute and started to play his beautiful music. Everybody walked over to Manu. The men and women walked over to Manu.

The children walked over to Manu. The cows and the dogs walked over to Manu. They all listened to Manu's music.
And the snake? The snake secretly slithered over to Manu. Nobody saw the snake. Nobody? Wrong! Manu saw the snake. He quickly dropped his

flute. He grabbed the snake behind its head. 'Are you scared now, Snake?' Everybody jumped up. The snake wiggled and wriggled, but Manu was stronger. He gave the snake a good shake, threw it into a basket and closed the lid.

The market people shouted, 'Hooray!' and said, 'Thank you, Manu. Thank you very much!' Now people came back to the market to buy fruit, to buy vegetables and to buy clothes. Now the snake was in the basket.
Sometimes Manu opened the lid. And then he played his flute. And the snake stuck out its head and danced to the music.

A Saturday at the Snows' house

Erarbeitung

Überprüfung des Hörverstehens (Einzelwörter verstehen): L erzählt mit viel Mimik und Gestik, was die einzelnen Mitglieder der Familie Snow am Samstag machen. S erfassen einzelne Dinge der Geschichte, die sie aus zwölf Bildern auswählen.
Pre-listening: Zur inhaltlichen Einstimmung spricht L mit den S über Samstage und führt die Tätigkeiten pantomimisch aus oder zeigt Bildkarten: *On Saturdays most people are busy. They have to do lots of things. They clean and tidy up their house or flat, they wash their clothes, they go shopping, ... – What do you do on Saturdays? (What does your mum/dad/sister/brother do?)* Die S nennen einzelne Aktivitäten oder führen sie pantomimisch aus, L versprachlicht sie.

KV 1 (B). Erfassungsbogen: L teilt eine Vorlage pro S aus.
While-listening: **1. Hören:** L liest die Geschichte vor. Dabei haken die S die Bilder auf der KV ab, die in der Geschichte genannt werden.

2. Hören: Die S überprüfen ihre Ergebnisse.
Lösung: *Tisch, Kuchen, Tasse, Sonne, Fahrrad, Baum, Katze, Vogel*

Anschließend beurteilen die S ihre Ergebnisse und malen die Stufen der Bewertungsleiter auf **KV 1, Teil C** aus.

Post-listening: Die S können das Bild auf **KV 1, Teil B**, das Haus und Garten der Familie Snow zeigt, farbig ausmalen. L kann nach den fehlenden Personen fragen: *Who's washing the car? Who's cleaning the bike? ...* Clevere S werden feststellen, dass auch der Vogel und sechs Muffins fehlen.

Kopiervorlage 1 (B)

Vorlesetext

I'm going to tell you a story about the Snow family. The Snows are Mr Snow, Mrs Snow, Jenny and Mike.
It's Saturday and the Snows are at home. It's 4 o'clock in the afternoon and they are all very busy. Mrs Snow and Jenny are in the kitchen. Jenny is laying the table with cups and plates and making tea. She puts four cups and four plates on the table. Mrs Snow is making cakes, ten little chocolate cakes. It's tea time soon.

But where are Mr Snow and Mike?
They are outside in the garden. It's warm and sunny. Mr Snow is washing the car and Mike is cleaning his bike. His bike is new. Tommy, the cat, is sitting under the tree. He's sleeping in the sun. Oh no, he isn't sleeping. Tommy is watching a bird. Suddenly he jumps up, climbs the tree and tries to catch the bird. What do you think? What happens next? (Does the bird fly away? Or does the cat catch the bird?)

I can talk ...

Erarbeitung

Überprüfung des Sprechens: Die Partner lesen die Sprachkarten auf **KV 1, Teil C**. Sie äußern sich abwechselnd entsprechend der Anweisung. Jede bearbeitete Karte wird abgehakt. Partner B entscheidet, ob Partner A die Aufgabe erfüllt hat, und umkehrt. Für jede richtige Antwort wird eine Stufe der Leiter ausgemalt. Jeder Partner kann also maximal sechs Stufen „erklettern". Während der Partnerarbeit geht L durch die Klasse und hört einzelnen Schülerpaaren zu. Fehlerhafte Bewertungen durch einzelne S sind dadurch zwar nicht vollständig auszuschließen, können aber minimiert werden.

Alternative

Die Karten werden ausgeschnitten und abwechselnd von den Partnern aufgedeckt.

Classroom rituals

Die Stunde beginnen und beenden

Good morning, girls and boys/everybody/ Mrs/Ms/Mr ...
Good afternoon, girls and boys/Mrs/Ms/ Mr ...
Nice to see you.
It's time for English now.
We are going to speak English now.
Let's start our English lesson.

Wochentage nennen

What day is today?
It's Monday today.
It's Tom's birthday.
When do we have English? On Monday.

Anwesenheit überprüfen

Is everybody here today?
I'm going to call the register.
Who isn't here today?
What's the matter with ...?

Sich nach dem Befinden erkundigen

How are you (today), Lars?
I'm fine, thank you.
So-so.
Not so good.

Bilder beschreiben

Who's/What's in the picture?
What's Claire doing?
Find a/the ... in the picture.
Where's the ...?

Mit Arbeitsblättern arbeiten

Cut out the pieces/parts, please.
Glue the pieces on your paper.
Write in the missing words.
Write the answers.
Write the numbers 1 to 6/... in the boxes.
Fold along the dotted lines.
Colour the picture.

Personal words sammeln

What's ... in English?
Let's look the word up in the dictionary.
What's the word of the day/week/month?
Write it on the board, please.

Spiele und Lieder

Stand/Sit in a circle/semi-circle, please.
Come into the circle and bring your chair.
Please sit here / stand here / next to Julia.
Move forward/back, Paul.
Move the tables (back) with me, please.
Find a partner.
Who's next?
It's your turn, Lisa.
Throw the ball.
Let's sing a song.
Which song would you like to sing?
Let's begin with the rhyme/song ...

Gruppen einteilen

Today we'll work in pairs/groups of ...
Now form groups of ...
Get into groups of four. Please count: One, two, three, four. You're in one group.
Please count: One, two, three, four. All the students with the number one /... are in one group.
Is everybody in a group? Peter, please join this group.
There are too many students in this group.
How many students are in your group?

Aufräumen

It's time to tidy up.
Tidy up your tables, please.
Put your scissors/glue stick/... back into your pencil case/the shelf.
Put everything away, please.
Throw all the scraps into the bin, please.
There is still some paper on the floor. Please pick it up.
Time is up. There are only five minutes to ...

Welcome

Übersicht

Storyline

Die Hauptfiguren der *storyline* stellen sich vor: fünf Kinder aus Bristol sowie Poltergeist Prunella. Die englische Hafenstadt Bristol ist Schauplatz der Handlung. Zu den einzelnen Charakteren:
Sophie Carter-Brown ist neu in Bristol. Sie zieht mit ihren Eltern, ihren Geschwistern Toby, Emily und der kleinen Hannah sowie den Haustieren der Familie (u.a. Hund Sheeba) in ein herrschaftliches Haus in *17 Cotham Park Road*. Dort trifft Sophie auf **Prunella**, die als Poltergeist durch das bisher leer stehende Haus spukt.
Die Zwillingsbrüder **Dan und Jo Shaw** leben mit ihrem allein erziehenden Vater in *7 Hamilton Street*.
Ananda Kapoor wohnt mit ihren Eltern und ihrem älteren Bruder Dilip in einer Wohnung in *13 Paul Road*. Anandas Eltern sind indischer Abstammung. Sie betreiben einen *corner shop*, der sich direkt unter ihrer Wohnung befindet.
Jack Hanson lebt mit seinen Eltern in *28 Cooper Streeet*. Jacks Vater, der im Rollstuhl sitzt, betreibt das *Pretty Polly Bed & Breakfast*, das nach dem Papagei der Familie benannt ist. Jacks Mutter arbeitet in einem Büro.

Themen und Sprechabsichten

Schulsachen • Farben • Familie • Wochentage • Zahlen bis 100 • Telefonnummern • Uhrzeit • sich und andere vorstellen • sich begrüßen/verabschieden • sich entschuldigen • sagen, was man sehen kann • zustimmen/nicht zustimmen • nach der Uhrzeit fragen

Grundschulenglisch

Grundschulthemen: Schule • Farben • Familie • Wochentage • Zahlen • Uhrzeit

Welcome greift Themen aus der Grundschule auf und vertieft sie. Das Sprachwissen, das die S bisher hauptsächlich imitativ verwendet haben, wird in typischen kommunikativen Situationen angewendet und in den weiteren Units nach und nach systematisiert. Ausgehend von den in der Grundschule trainierten mündlichen Fertigkeiten (Hören und Sprechen) wird das Schriftbild erarbeitet und das Lesen zusammenhängender Texte trainiert. Das Hörverstehen wird durch **TPR** *(Total Physical Response)* auf kindgerechte Weise gefördert (SB-Seiten 9, 10, 13). Zusätzlich zu den *Listening*-Übungen werden alle Lesetexte auch auf CD angeboten und können zum Trainieren des Hörverstehens eingesetzt werden. Zahlreiche kommunikative Übungen (SB-Seiten 8, 11, 12, 13, 17), das szenische Spielen kleiner **Dialoge** (SB-Seiten 13, 17) und das Vortragen von **Gedichten** (SB-Seiten 14, 15) fördern das Sprechen.

Kooperative Lernformen

Partner- und Gruppenarbeit (SB-Seiten 8, 11, 12, 13, 14, 17)

Dossier

About me. Die S schreiben einen kurzen Steckbrief über sich und ihre Interessen. (SB-Seite 17)

Welcome

Lead-in

S. 8/9

INHALT Das *Lead-in* stellt die Lehrwerkskinder Jack Hanson, Sophie Carter-Brown, Ananda Kapoor und die Zwillingsbrüder Dan und Jo Shaw vor. Ihr Wohnort Bristol präsentiert sich als lebendige Stadt mit vielen Freizeitmöglichkeiten für Kinder und Jugendliche.

KOMMUNIKATIVE KOMPETENZEN
Hör-Sehverstehen: Einem Gespräch mithilfe von Fotos Informationen entnehmen
Sprechen: Auskunft über sich geben; sich und andere vorstellen (Partnerdialoge); sagen, was man auf einem Foto sehen kann; Freizeitaktivitäten benennen
Schreiben: Informationen in einer Tabelle notieren

SPRACHLICHE MITTEL
Wortschatz S. 8: GS-Wortschatz: Box zum Thema „sich vorstellen", *Voc.*, S. 150 • Welcome (to Bristol). • I can talk to … • my partner • now • Meet Jack. • this is • he's • she's • from Bristol too • new • with • his • twin brother • they're = they are • I can talk about … • page
S. 9: GS-Wortschatz: Box zum Foto auf SB-Seite 9, *Voc.*, S. 151 • it's • a great place • I can see a … • photo (+in the photo) • kite

Redemittel S. 8: My name is … • What's your name? • How old are you? • I'm … years old. • Where are you from? • I'm from … • This is … • He's/She's … years old. • He's/She's from …
S. 9: I can see … in photo number …

METHODISCHE KOMPETENZEN
Anhand von Überschrift und Bildern Vorstellungen zu Inhalten entwickeln; während eines Partnerinterviews Notizen machen (einfache Form des *note-taking*)

MATERIALIEN CD, KV 2 (oder Karte von Großbritannien), KV 3, kleiner Ball

I can …

Einstieg

Einbeziehung von Grundschulenglisch

… talk to my partner in English.

Mögliches Vorwissen: Hi, I'm … • What's your name? • Hello. My name is … • Where are you from? • I'm from … • My mum and dad are from … • How old are you? • I'm … years old. • I've got a brother and a sister. • We live in …, in … Street.

SB geschlossen. In den meisten Fällen stellt der Beginn der fünften Klasse eine neue Kennenlernsituation für L und S dar, die spielerisch eingeleitet werden kann. Sollten sich die S bereits kennen, können die S sich (neue) englische Namen geben und damit vorstellen. L kann aber auch sofort mit dem SB einsteigen.
Stuhlkreis: L stellt sich vor: *My name is … I'm … (years old.), I'm from …* und wirft S1 einen Ball zu. S1 stellt sich vor und wirft den Ball zu S2 usw. Bei S ohne Vorwissen hilft L durch Einflüstern der Satzanfänge.
L schreibt die Redemittel des SB an die Tafel und spielt den Dialog mit einem guten S vor. Dann befragen sich die S gemäß SB *(Talk to °different partners.)* und notieren Stichwörter (Zahlen als Ziffern) in einer Tabelle.

● **Differenzierung**
S mit guten Englischkenntnissen erweitern die Tabelle: … *your mum/dad from?/ brothers/sisters?*

… name?	… old?	… from?	… your mum/dad from?	brothers/sisters
Simon	11	Hagen	mum: Hagen	2 sisters, no brother
			dad: Schwerte	
…				

Didaktisch-methodischer Hinweis

Der **Stuhlkreis** ist eine wichtige Sozialform im Englischunterricht der Grundschule. Bei dieser Sitzordnung können die S sich beim Sprechen besser ansehen und daher leichter bei Spielen oder Dialogen aufeinander reagieren.

Welcome

Didaktisch-methodischer Hinweis

Durch den weitgehend einsprachigen Unterricht der Grundschule und das Konzept des Storytelling können die S mit einem höheren Sprachniveau umgehen, als sie selbst produktiv anwenden können. So sind es die S gewohnt, grammatische Strukturen (wie z.B. *I've got a brother.*) als *chunks* zu lernen und zu verwenden, ohne die Konstruktion zu erkennen. Diese Fähigkeit der S ermöglicht auch im weiterführenden Unterricht situativ bedingte **Vorgriffe**, bei denen grammatische Strukturen lexikalisch eingeführt und erst zu einem späteren Zeitpunkt bewusst gemacht werden.

Überleitung *Let's meet the kids in our book. Let's find out: What are their names? How old are they? Where are they from?*

Erarbeitung SB geöffnet. L liest die erste Bildunterschrift vor und fragt nach: *What's his name? How old is Jack? Where is he from?* L verfährt ebenso mit den übrigen Fotos und semantisiert die neuen Wörter. Die Angaben werden an der Tafel notiert.
Hinweis: Aus der Grundschule haben die S *I, you* und *we* in festen Redewendungen kennen gelernt. Die produktive Verwendung der Pronomen mit *be* (v.a. von *he's/she's/they're*) wird in den kommunikativen Übungen gefestigt. Die Bewusstmachung der Kurz- und Langformen von *be* erfolgt in Unit 1.

name?	how old?	from?
Jack	11	Bristol
Ananda	11	Bristol
Sophie	11	?
Dan	12	Bristol
Jo	12	Bristol

I can ...

Einbeziehung von Grundschulenglisch

... talk about my partner in English.

Die S nutzen ihre Notizen (▶ HRU-Seite 38), um über einen oder mehrere Partner zu sprechen. Die Satzanfänge aus dem SB können als Hilfestellung an der Tafel stehen. Damit alle S zum Sprechen kommen, stellen sich je zwei Partner einander gegenüber und wechseln nach der Kugellager-Methode (s.u.) zum nächsten Paar.

▶ ▶ WB 1–2

Zusatz Die S schreiben als Hausaufgabe einen kurzen Text über einen Freund oder eine Freundin und fügen ein Bild/Foto hinzu. Für lernschwächere S schreibt L eine Satzbauübersicht an die Tafel. Lernstärkere S sollten dazu ermuntert werden, das vorgegebene Muster zu erweitern.
Beispiel: *This is Jule. She's from Eisenach. She's 11 years old. (She has got 2 brothers. She has got a cat. She's my friend.)*

My friend ...
This is ...
She's/He's from ...
She's/He's ... years old.
(She/He has got (a) ...)

Didaktisch-methodischer Hinweis

Für das **Kugellager** (auch „doppelter Stuhlkreis") bilden die S zwei ineinandergelagerte (Stuhl-)Kreise, sodass sich je zwei (hier: je vier) S gegenüberstehen oder -sitzen. Die Partner tauschen sich aus, bis L nach kurzer Zeit das Signal gibt, weiterzurücken. Dabei drehen sich die Kreise in entgegengesetze Richtungen. L bestimmt, wie lange sich die S austauschen und wie viele Plätze die S bei der Drehbewegung wechseln.

Didaktisch-methodischer Hinweis

Jedes **Sprechen über Abbildungen** bietet den S die Möglichkeit, bekannte Wörter und Redemittel selbst anzuwenden oder sie von anderen (erneut) zu hören. Unterschiedliches Vorwissen, das die S mitbringen, kann so für alle fruchtbar gemacht werden. Wenn S Wörter noch nicht aktiv beherrschen, können sie die Bilder nennen, auf denen die Wörter vorkommen (z.B. durch die Bildnummer). Fragen die S nach Dingen, die sie noch nicht auf Englisch benennen können, sollte L möglichst darauf eingehen. Die Fragen können Anlass geben, **personal words** oder class words einzuführen. Diese ergänzen den Lernwortschatz und berücksichtigen die persönlichen Interessen und das Vorwissen der S.

1 Welcome to Bristol

Einstieg SB geschlossen. L zeigt auf die Karte von Großbritannien: *This is Great Britain. Do you know a famous popstar / football star / ... from GB? Where is he/she from? Let's see on the map.* L (re-)aktiviert das Vorwissen der S über Großbritannien mit weiteren Fragen: *Where is the queen / Prince Charles? Where is Nessie?* Dann leitet L über zu Bristol: *You know, the children in our English book are from Bristol. Can you see Bristol? It's in the south and on the west coast* (mit der Hand grob die Region einkreisen).

Alternative KV 2 (A/B). The British Isles: Die S erhalten Teil A der KV, der eine Umrisskarte der britischen Inseln zeigt. Gemeinsam werden ein paar Städte von Großbritannien und Irland eingezeichnet: L: *A town in England/Scotland/...?* (fragende Mimik, auf Landesteile zeigen) – L/S: *London is a town (a big town: city) in England.* L ergänzt einige wichtige Städte, wenn sie nicht von den S genannt werden.
Dann schneiden die S die Piktogramme aus, L erläutert sie. Je nach Leistungsstand der Klasse erfolgt dies auf Englisch (KV, Teil B) oder Deutsch. Die S legen die Piktogramme auf die Karte, zunächst selbstständig / mit einem Partner, dann nach Abgleich der Karte auf der Umschlagseite 2 des SB.

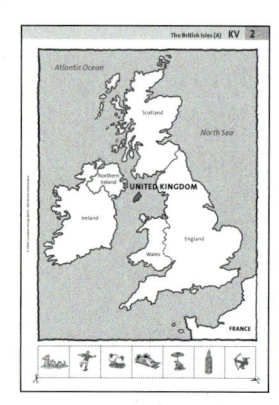

Kopiervorlage 2

▶ ▶ *Folie 1, 2*

Überleitung *Bristol is the home of our kids. It's <u>a great place</u> for kids. Let's see what you can do there.*

Erarbeitung
Einbeziehung von
Grundschulenglisch

a) SB geöffnet. Die Bilder bieten Sprechimpulse, um das Vorwissen der S zu den Themen „Stadt, Natur und Hobbys" zu reaktivieren. L: *What can you see in photo number 1/...?* Die S antworten, je nach Vorwissen, in ganzen Sätzen *(I can see a boat.)* oder mit Einzelwörtern *(boys, (a) boat)*.
Mögliches Vorwissen: *boys, girls, trees, numbers (1, 2, ...), He is happy, She is not happy, Listen to the band!, We can play football, a boat, water, a skateboard, a big house, rooms* (▶ Box zum Foto von SB-Seite 9, *Voc.*, S. 151)

INFO-BOX

Bristol liegt im Südwesten Englands am Fluss Avon. Mit etwa 328.000 Einwohnern (2002) ist es die achtgrößte Stadt in England und hat eine traditionsreiche Vergangenheit. Unter den Normannen als *Brystow* („Ort an der Brücke") bekannt, wurde die Stadt im 12. Jahrhundert zu einer wichtigen Hafenstadt für den Handel mit Irland und erhielt 1542 das Stadtrecht. Nach der Errichtung englischer Kolonien in Amerika im 17. Jahrhundert wurde Bristol zum Zentrum des Sklavenhandels, fiel aber schon vor dem Verbot des Sklavenhandels (1807) wirtschaftlich gegenüber seinem Konkurrenten Liverpool zurück. Dennoch vergrößerte sich die Einwohnerzahl kontinuierlich. Während des Zweiten Weltkriegs wurde Bristol stark zerstört. Heute ist die Stadt sehr beliebt bei Touristen. Bristol hat in den 90er Jahren des 20. Jahrhunderts viele Künstler hervorgebracht. Das Animationsstudio *Aardman Animation* wurde durch die *Wallace & Gromit*-Filme weltbekannt. Die 1872 gegründete Universität bietet Studienplätze für ca. 15.000 Studierende.

Welcome | 41

Festigung Nach der mündlichen Festigung des Wortschatzes führt L das Schriftbild ein und weist auf einige Schreibbesonderheiten hin; besonderer Hinweis auch auf die Präposition bei *in the photo* (dt. *auf* dem Foto).

> **Language awareness**
>
> Anhand von Wörtern, die im Deutschen und Englischen ähnlich sind, lässt sich besonders gut verdeutlichen, wie sehr sich im Englischen oft **Lautung und Schreibung** unterscheiden, z.B. *boat* – Boot, *football* – Fußball. Besonders die stummen Konsonanten bereiten den S Schwierigkeiten, z.B. *talk, partner, write*.
> Für den selbstständigen Umgang mit dem Wörterbuch sollten die S die häufigsten Zeichen der Lautschrift verstehen (▶ Box „Aussprache" und „Betonung", *Voc.*, S. 151/152). Es empfiehlt sich ein regelmäßiges Üben anhand von Wörtern, die die S bereits sicher beherrschen.

🎧 1.03 **Erarbeitung** **b)** Die Lehrwerkskinder berichten von verschiedenen Freizeitaktivitäten, die Bristol bietet. Hintergrundgeräusche helfen beim Verständnis. Die S zeigen ihr Hörverständnis, indem sie die genannten Aktivitäten pantomimisch nachahmen (TPR).
L-Impuls: *What can children do in Bristol?* (L lässt einen imaginären Drachen fliegen) – *They can fly a kite. Now listen and act.*

Lösung 1 *fly a kite*   2 *play football*   3 *go skateboarding*   4 *dance*

Hörtext
Dan Welcome to Bristol. It's a lovely city with lots of water and boats.
Dan Bristol is a great place for kids. At the weekends you can go out and fly a kite …
Ananda I've got a kite. Come on, let's fly a kite! You fly a kite too!
Dan Or you can play football …
Jo I love football. Come on, let's play football! You play football too!
Dan Near the water, there's a great place for skateboarding. You can take your skateboard there …
Dilip I've got a skateboard. Come on, let's go skateboarding! You go skateboarding too!
Dan And, in the summer, there's a carnival in Bristol with great bands. You can go there and dance.
Dilip &
Ananda Come on, let's dance … Now you dance too!

▶ ▶ *WB 3 • Folie 3*

> **Didaktisch-methodischer Hinweis**
>
> Das Konzept des **Total Physical Response (TPR)** beruht auf der Einbeziehung der Körpersprache beim Spracherwerbsprozess. Das Hauptziel liegt in der Förderung des Hörverstehens. Während die S nonverbal auf Anweisungen der L reagieren, können sie sich voll und ganz auf das Hören, Verstehen und Umsetzen des Auftrags konzentrieren. Die Anweisungen sollten durch Gestik oder den Einsatz von Realgegenständen für die S verständlich gemacht werden.

Zusatz **KV 3. English sounds:** Zur Einführung und Festigung der Lautschrift wird die KV stark vergrößert als Poster im Klassenzimmer aufgehängt, damit L und S immer wieder auf sie zurückgreifen können. Weitere Einsatzmöglichkeiten:
1. In Klassenstärke kopiert werden die einzelnen Kärtchen beim Hörverstehen eingesetzt: Die S hören einen Laut und halten die Karte mit dem passenden Symbol hoch.
2. Partner- oder Gruppendiktat: S1 wählt einen Laut, S2 (S3, …) findet möglichst viele Wörter mit diesem Laut (Zeitlimit setzen). Dies kann auch mit einem Wettbewerb verbunden werden.

Kopiervorlage 3

A-Section

S. 10

INHALT Poltergeist Prunella spukt durch das bisher leer stehende Haus in 17 *Cotham Park Road*. Der Einzug der Familie Carter-Brown bereitet Prunellas einsamem Alltag ein Ende.

KOMMUNIKATIVE KOMPETENZEN
  Hör-Sehverstehen: Einzelinformationen aus einem bildgestützen Text heraushören; ein Lied mithilfe von Fotos verstehen
  Sprechen: Anhand von Fotos Vermutungen äußern; *Prunella's song* singen und dabei neue Wörter korrekt aussprechen

SPRACHLICHE MITTEL
Wortschatz A2: Park Road • when • empty • full
  A3: I close ... • thing • I open ... • I push ... • I pull ... • I drop ... • then • I laugh (+Box „you – I/me", *Voc., S. 152*) • you look • but • You can't find me. • That's me.

METHODISCHE KOMPETENZEN
  Ein Lied singen und pantomimisch umsetzen (TPR)

MATERIALIEN CD, KV 4

2 Welcome to Cotham Park Road

Einstieg SB geöffnet. L liest die Überschriften vor. Die S vergleichen die Formen der englischen und deutschen Adressenangabe (im Englischen: Hausnummer vor Straßenname). Vor dem Hören führt L die Gegensätze *happy – not happy, full – empty* ein (z.B. mit voller und leerer Packung Süßigkeiten): *I've got a box of chocolates. Let's open it. Oh, no. It's not full. When it's full, I'm happy. When it's empty, I'm not happy.* (Mimik)

Erarbeitung
🎧 1.04
a) *Look at the photos. Is the house empty? What do you think?*
1. Hören (1. Abschnitt bis „*What's this? A car!*"): Die S erfahren, dass sich zunächst nur der abgebildete Poltergeist im Haus befindet. Dies bietet eine gute Gelegenheit, Prunella einzuführen (auf die englische Aussprache von *poltergeist* achten).

🎧 1.04
Lösung
b) 2. Hören: Nach dem Hören vervollständigen die S die Sätze mündlich.
When the house is empty, Prunella is not happy.
When the house is full, Prunella is happy.

> The house in 17 Cotham Park Road
> Prunella, a poltergeist
> new family (Mr and Mrs Carter-Brown, Sophie, Emily, Toby, a baby)

🎧 1.04
3. Hören (2. Abschnitt): Die S achten darauf, wer die neuen Bewohner sind. Clevere S werden gleich darauf kommen, dass es Sophie Carter-Brown mit ihrer Familie sein muss.

● **Differenzierung** Lernschnelle S versuchen, die Namen der Familienmitglieder herauszuhören.

INFO-BOX
Die Geräusche, die Prunella beim Öffnen und Schließen des Fensters erzeugt, rühren von einem Schiebefenster *(sash window)* her, das für britische Häuser typisch ist.

Hörtext
Prunella Open ...
  Close.
  Open ...
  Close.
  This is boring – alone in the empty house. This is sooo boring! Open ...
  Close!
  Open ...
  Close!
  I'm Prunella the poltergeist,
  Hee, hee, hee!
  I close things and I open things,
  I push things and I pull things,
  I drop things

Welcome

	And then I laugh: Hee, hee, hee! I'm Prunella the poltergeist, Hee, hee, hee! I can see you, you can't see me. You look, but you can't find me, I drop things And then I laugh: Hee, hee, hee! Prunella, the poltergeist, That's me. Prunella, the Poltergeist, Hee, hee, hee! – What's this? A car!
Mrs C-B	Well, this is our new house! Come on! Toby! Emily, Sophie, come on.
Toby	It's great!
Emily	It's big!
Sophie	It's nice.
Prunella	People – in my house! A woman ... and a man ... and two girls, and a boy ... and a baby! ... All in my house. Hee, hee, hee! I'm Prunella the poltergeist, hee, hee, hee! I close things and I open things, I push things and I pull things, I drop things ... and then I laugh: hee, hee, hee!

INFO-BOX

Poltergeister sind unsichtbare, schelmische, zuweilen aber auch bösartige Geister. Sie machen sich durch das Bewegung von Gegenständen und durch Geräusche wie Klopfen und Poltern im Haus bemerkbar.

Gespenster und Gespenstergeschichten gehören zum englischen Kulturkreis. Es gibt kaum ein englisches Schloss oder altes Landhaus, das sich nicht eines hauseigenen Geistes rühmt. Auch die englische Weltliteratur ist geprägt von Geistergestalten: Oscar Wildes *Canterville Ghost,* die Geister der Weihnacht in Charles Dickens' *Christmas Carol,* um nur zwei Beispiele zu nennen. Geister übernehmen in der englischen Literatur häufig eine ethisch-erzieherische Funktion.

3 SONG Prunella's song

🎧 1.05 **Erarbeitung** 1. **Hören:** L begleitet das Lied mit ausgeprägter Gestik und Mimik. Durch die Hintergrundgeräusche werden die S kaum Schwierigkeiten haben, den neuen Wortschatz zu verstehen. Überprüfung des Verständnisses durch TPR: L gibt einzelnen S-Gruppen Anweisungen (ggf. Hilfestellungen geben): *Now you're poltergeists. Nina, Jan and Jessica: Drop your pens. / Open the door. / Close the door. / ...*

🎧 1.05 2. **Hören (mehrmals):** Die S begleiten das Lied mit Bewegungen.

🎧 1.06 Anschließend wird das Lied mithilfe der Playback-Version gesungen und pantomimisch begleitet.

🎧 1.05 **Zusatz** **KV 4. Prunella's song:** Zur Festigung des neuen Wortschatzes hören die S das Lied noch einmal und füllen dabei die Lücken aus.

Hörtext

I'm Prunella the poltergeist
Hee, hee, hee!
I close things and I open things,
I push things and I pull things,
I drop things
And then I laugh:
Hee, hee, hee!

I'm Prunella the poltergeist
Hee, hee, hee!
I can see you, you can't see me.
You look, but you can't find me,
I drop things

And then I laugh:
Hee, hee, hee!

Prunella, the poltergeist,
That's me.
Prunella, the poltergeist,
Hee, hee, hee!

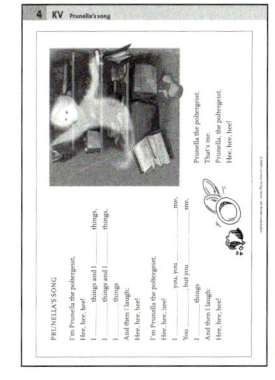

Kopiervorlage 4

| 44 | Welcome |

S. 11

INHALT Als Sophie ihr neues Zimmer besichtigt, trifft sie auf Prunella. Prunella ist überrascht, dass Sophie sie sehen und hören kann. Die beiden beschließen, Freunde zu werden.

KOMMUNIKATIVE KOMPETENZEN
Hör-Sehverstehen: Bilder und Sprechblasen einem Hörtext gemäß zuordnen
Sprechen: Arbeitsergebnisse vergleichen (Partnerdialog)

SPRACHLICHE MITTEL
Wortschatz A4: picture (+in the picture) • I think • That's right. • very nice • You can take the baby. • You can help me. • in here • Who are you? • there
Redemittel A4: I think 1 is B. • Yes, I think that's right. / No, I think it's …

METHODISCHE KOMPETENZEN
Gelenkte Aufgaben zum Hör- und Leseverstehen *(matching exercises)* bearbeiten

MATERIALIEN CD

4 Sophie and Prunella

Einstieg SB geschlossen. Die S singen noch einmal *Prunella's song* und vergegenwärtigen sich die Situation.

Überleitung L: *Prunella lives at 17 Cotham Park Road. Is the house full or empty?* S: *It's full.* L: *So who is in the house?* S/L: *Prunella and … a new family: Sophie's family.*

Erarbeitung
🎧 1.07

a) SB geöffnet. *This is the Carter-Brown family. Who's in the pictures? Let's listen.*
1. Hören: Die S machen sich während des Hörens Notizen (nur die Anfangsbuchstaben der Namen). Lösung s. Tafelbild.

Picture 1: Sophie, Sophie's mum, Emily, baby Hannah, Sheeba
Picture 2+3: Sophie, Sophie's dad, Sheeba
Picture 4: Sophie
Picture 5+6: Sophie, Prunella

> **Language awareness**
>
> Das Wort *baby* gehört zu den so genannten **good friends**. Diese haben im Deutschen und Englischen die gleiche Bedeutung und sind deshalb für die S leicht erschließbar. Auch die Schreibung ist meist gleich, die Aussprache kann jedoch sehr verschieden sein. Meist handelt es sich um Lehnwörter, die vom Englischen ins Deutsche übernommen wurden, wie bei *baby*, *OK* und *MP3 player* (SB-Seite 12). Dagegen wurde *poltergeist* aus dem Deutschen entlehnt.

b) 👥 Die S besprechen ihre Ergebnisse mithilfe der Redemittel des SB.

c) L liest die Sprechblasen vor und semantisiert den neuen Wortschatz: *This is very nice!* (mit viel Mimik anhand eines schönen und eines hässlichen Bildes/Gegenstands im Gegensatz zu *not very nice* demonstrieren); *You can take the …* (den S verschiedene Gegenstände reichen); *You can help me …* (S um Hilfe beim Verteilen von Büchern etc. bitten); *here* und *there* als Gegensatzpaar einführen; *Who are you?* (abwechselnd die S mit *What's your name?* und *And who are you?* ansprechen). Die Buchstaben A bis F sollten gemeinsam laut gelesen werden.
👥 Jeder S notiert zunächst für sich eine mögliche Zuordnung der Sprechblasen. Dann besprechen die Partner ihre Lösungen unter Verwendung der Redemittel des SB.

🎧 1.07
Lösung
3. Hören: Die S überprüfen ihre gemeinsame Lösung anhand des Hörtextes.
1 B   2 C   3 E   4 A   5 D   6 F

Hörtext

Mrs C-B	Emily, can you take the dog, please?
Emily	Oh, mum ...
Mrs C-B	Emily ...
Sophie	I can take the dog, mum.
Mrs C-B	OK, thanks, Sophie. You can take baby Hannah, Emily. And Toby, you go with Emily!
Sophie	Come on, Sheeba ... good dog.
Sophie	Good dog, Sheeba.
Mr C-B	Sophie, you can help me in here.
Sophie	Oh, dad. Can I look at my room first, please?
Mr C-B	Yes, OK.
Sophie	But Dad, where is my room?
Mr C-B	Let's see ... Where's your mother's plan? Ah, yes. Look.
Mr C-B	That's your room there.
Sophie	Thanks, Dad! ... Well, this is it... This is my room. Wow. Oh yes. This is very nice! Yes, yes, I like this room.
Prunella	Yes, I like it too.
Sophie	What was that?
Prunella	What was what?
Sophie	Is there someone here? ... Oh! Who are you?
Prunella	What? You can see me?!
Sophie	Yes. Yes, I can ... Who are you?
Prunella	Yes, this is my room. Who are you?
Sophie	I'm Sophie Carter-Brown, and this is my room.
Prunella	I'm Prunella the Poltergeist, and this is my room.
Sophie	Well, then it's your room and my room. Let's be friends, Prunella.
Prunella	Friends ... friends ... Yes, Sophie Carter-Brown, let's be friends.

▶ *WB 4 • Folie 4*

46 Welcome

S. 12

INHALT Dan und Jo leben mit ihrem allein erziehenden Vater in *7 Hamilton Street*. Am letzten Ferientag müssen die Schulsachen für das neue Schuljahr gekauft werden. Mit ihrer selbst geschriebenen Einkaufsliste versuchen die Zwillinge ihren Vater davon zu überzeugen, dass sie auch zwei MP3-Player brauchen.

KOMMUNIKATIVE KOMPETENZEN
Hör-Seh-/Leseverstehen: Einem Dialog mithilfe von Illustrationen Informationen entnehmen
Sprechen: *Networks* beschreiben und dabei neuen Wortschatz anwenden (*classroom discourse* und Partnerdialog)

SPRACHLICHE MITTEL
Wortschatz A5: GS-Wortschatz: Box „At school / A family", *Voc.*, S. 153 • at 7 Hampton Street • their father / their mother • today • the last day • of the summer holidays • Sorry, I'm late. • shopping list • Let's look at the list. • you need ... • Me too. • pencil sharpener • exercise book • ⁺exercise • for school • Let's go. • you two
I can ...: I can say ...

Redemittel I can ...: I can see a ...

METHODISCHE KOMPETENZEN
Wörter zu einem Themenbereich sammeln und einfache Vernetzungstechniken (*network*) anwenden; visuelle Formen von Wortschatzarbeit als Basis für freies Sprechen verwenden

MATERIALIEN CD, KV 5, verschiedene Schulmaterialien (von S erbitten)

5 Welcome to Hamilton Street

Einstieg
Einbeziehung von Grundschulenglisch

SB geschlossen. Zum Themenbereich „Familie" dürften die S aus der Grundschule gute Vorkenntnisse haben. L befragt einige S zu ihren Familien: *Where are you from? Where are your mum and dad (mother, father) from? Have you got brothers or sisters?*
Do you remember Sophie's family? Who are they? Die S nennen die Namen, dann werden die Verwandtschaftsbezeichnungen ergänzt.
Mögliches Vorwissen: *family, father/dad, mother/mum, sister, brother, pets, cat, dog, friends, The Scotts live in Bristol.* (▶ Box „A family", *Voc., S. 153*)

Sophie's family
Mrs Carter-Brown   mother
Mr Carter-Brown   father
Toby   brother
Emily   sister
Hannah   baby sister
pet:
Sheeba   dog
The Carter-Browns live in a house in Bristol at 17 Cotham Park Road.

Überleitung *Now let's meet Dan and Jo's family.*

Erarbeitung **SB geöffnet.** Die S betrachten die Fotos. L: *Who can you see in the photo? (Dan and Jo, their father).* L liest den Einleitungssatz vor, danach werden die Angaben an der Tafel festgehalten. (Hinweis auf die Präpositionen bei den Ortsangaben).

Dan and Jo's family
Mr Shaw   father
mother ?
pets ?
The Shaws live <u>in</u> Bristol <u>at</u> 7 Hamilton Street.

L erläutert die Situation und semantisiert den neuen Wortschatz: <u>Today</u> is <u>the last day</u> <u>of the summer holidays</u>. So school starts again. (mit einem Ferienkalender verdeutlichen) *Let's look at the photos: Dan and Jo's father has got a <u>list</u>. Let's see what's on the list ... school bags, pencil cases, rubbers ... Ah, it's a <u>shopping list</u>. Is it a shopping list <u>for</u> food? No, it's a shopping list for school.*

Einbeziehung von Grundschulenglisch

Die S bringen ihr Vorwissen im Bereich „Schule" ein (zunächst mündlich): *Let's make our own shopping list for school. What school things do you know?* Einzelne S legen die genannten Dinge aufs Pult. Dann führt L die im Hörtext erwähnten Schulsachen ein, sofern sie nicht von den S genannt wurden. L schreibt die Wörter ungeordnet an die Tafel (▶ HRU-Seite 47)
Mögliches Vorwissen: *pencil case, pencil, pen, school bag, rubber, felt tip, glue stick, ruler, classroom, book, computer, scissors, board.* (▶ Box „At school", *Voc., S. 153*)

Welcome 47

🎧 1.08 **Erarbeitung**

1. Hören: Die S hören heraus, welche Schulsachen Dan und Jo auf ihrer Einkaufsliste stehen haben. Die genannten Dinge werden in der Wörtersammlung an der Tafel farbig eingekreist.

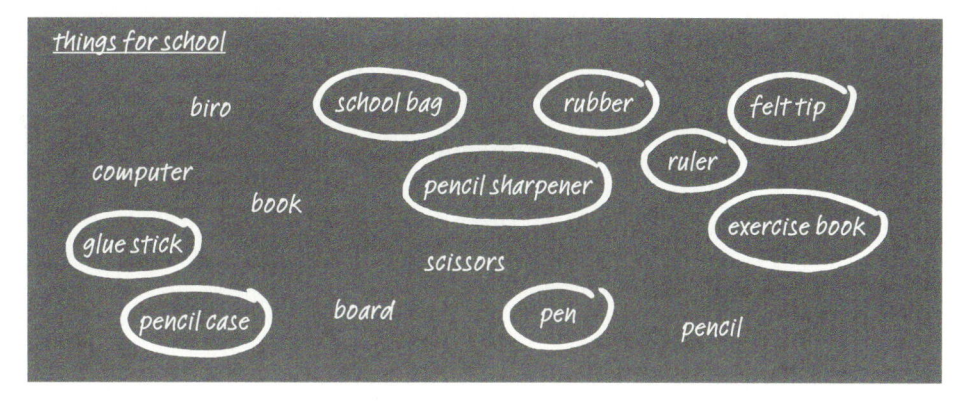

```
things for school
    biro      (school bag)    (rubber)      (felt tip)
  computer               (pencil sharpener)   (ruler)
           book                               (exercise book)
  (glue stick)           scissors
  (pencil case)    board          (pen)       pencil
```

🎧 1.08 **2. Hören/Mitlesen:** *Here are things for school. Listen and find out: What things are not for school?* (L schreibt *not for school* an die Tafel). Lösung: *MP3 players*.

3. Lesen: L semantisiert den restlichen Lernwortschatz *(Sorry, I'm late; you need …; Me too; Let's go; you two)*. Anschließend lesen die S den Dialog mit verteilten Rollen.

▶ *WB 5 • Folie 5*

Einbeziehung von Grundschulenglisch

I can …

… say what's in my classroom.

Die S betrachten das Network und benennen die Dinge, die sie bereits auf Englisch kennen: *I can see a …* (*poster, chair, board/blackboard, bin, pinboard, cupboard, window, door*). Zur Festigung werden diese Gegenstände noch einmal im Klassenzimmer gezeigt.

👥 Jeder S zeichnet sein eigenes *classroom network* (ohne Wörter). Die Partner tauschen ihre Networks aus und beschreiben das Network des anderen: *I can see a …*

Alternative/
⭕ Differenzierung

KV 5. A classroom network: Die KV bietet ein vorgefertigtes Network, in das die S die fehlenden Wörter eintragen und Zeichnungen ergänzen. Besonders lernschwächeren S kann die KV auch als Muster für Networks zu anderen Themen dienen. Wenn die Vorlage in Originalgröße auf ein DIN-A3-Blatt kopiert wird, haben die S genügend Platz für eigene Ergänzungen.

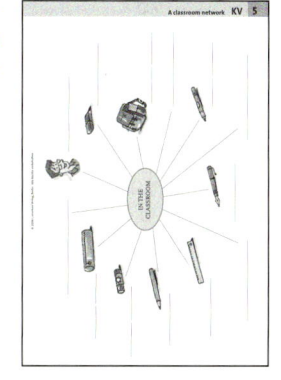

Kopiervorlage 5

Didaktisch-methodischer Hinweis

Das **Network** (auch „Cluster") dient der Visualisierung von Gedanken. Es ist der Mindmap verwandt, jedoch weniger anspruchsvoll, da die Gedanken nicht systematisiert werden müssen. Das Thema des Networks (ein Wort, Satz oder ein anregender Gedanke) wird in die Mitte eines leeren Blattes geschrieben und eingekreist. Die S schreiben spontane Assoziationen um dieses Kernwort herum und zeichnen Verbindungslinien zum Kernwort. Die Assoziationen der S können neue Schlüsselbegriffe ergeben, die wiederum eingekreist und verbunden werden. So entsteht ein „Netz" aus Ideen.

Welcome

S. 13

INHALT Dan und Jo kaufen mit ihrem Vater Schulsachen. Die Zwillinge zeigen dabei einen sehr unterschiedlichen Farbgeschmack.

KOMMUNIKATIVE KOMPETENZEN
Hör-Seh-/Leseverstehen: Einen Dialog verstehen und abgebildete Schulsachen entsprechend zuordnen; die Grundaussage eines Lieds verstehen
Sprechen: Über Lieblingsfarben sprechen (Partnerdialog); einen Dialog zum Thema Farben darstellend lesen/vorspielen (Gruppendialog); ein Lied mitsingen
Schreiben: Einen Dialog umschreiben und ergänzen

SPRACHLICHE MITTEL
Wortschatz A6: What colour is …? • GS-Wortschatz: Box „Colours", Voc., S. 154 • plate • Oh well
A8: °Crash. • °Bang! • °Wallop!
Redemittel I can …: What colour is …? • It's red/pink/…
A7: The green/… rubber/…, please. • Ugh! A green/… rubber/…? • Yellow/… for me.

METHODISCHE KOMPETENZEN
Gemeinsam einen Text umgestalten, einüben und vor der Klasse vortragen (Partnerarbeit); ein Lied in Bewegung umsetzen (TPR)

MATERIALIEN CD, Gegenstände in verschiedenen Farben, Farbkarten, Magnete

6 My favourite colour

Einstieg
Einbeziehung von Grundschulenglisch

SB geschlossen. L greift das Vorwissen der S im Bereich „Farbwörter" auf. L hält S1 (S2, …) zwei gleiche Gegenstände in verschiedenen Farben hin: *Please take the red/blue/… pen/book/…* Anschließend schreibt L die Farbwörter an die Tafel und heftet Farbkarten dazu. Anwendung der Farben in einer Fragekette: L: *What colour is my English book?* (dt. „Welche Farbe hat …) S1: *It's green. What colour is my pencil case?* S2: *It's …*

> **I can …**
> … talk about colours in English.
>
> **Mögliches Vorwissen: My favourite colour is …** • black • white • yellow • orange • pink • red • purple • brown • green • blue
>
> 👥 / 👥👥 Die S befragen mehrere Partner zu den Farben ihrer Schulsachen. Dies kann auch mit einem Spiel verbunden werden: L legt verschieden farbige Gegenstände auf den Tisch, die ca. 1 Minute betrachtet und dann mit einem Tuch abgedeckt werden. S1 nennt möglichst viele Gegenstände und ihre Farben. Wenn S1 nicht mehr weiterweiß oder einen Fehler macht, ist S2 (S3, …) an der Reihe.

Überleitung L: *Can you remember Dan and Jo's shopping list? What do they need?* S: *school bags, pencil cases, …* L: *Let's go shopping with the twins now.*

🎧 1.09 **Erarbeitung** SB geöffnet. 1. Hören: Die S benennen die Gegenstände im SB: *a black pencil sharpener, …* und schreiben sie untereinander. Während des Hörens notieren die S ein D (Dan) oder ein J (Jo). Lösung s. Tafelbild.

Lösung

pencil sharpener	Jo
green rubber	Dan
red school bag	Jo
blue pencil case	Dan

🎧 1.09 2. Hören/Stilles Lesen: *Dan's favourite colour is blue. Listen and find out: What things are blue?* Lösung: *school bag, pencil case, pencil sharpener.* Zusatzfrage: *What is not blue?* (*rubber*)

○ ● **Differenzierung** Lernstarke S schreiben die Gegenstände auf. Leistungsschwache S kreuzen sie auf einer Liste an.

> **Didaktisch-methodischer Hinweis**
>
> **Umgang mit Texten (I):** Wegen der großen Bedeutung des Hörverstehens und des behutsamen Umgangs mit der Schriftsprache sollten die Lesetexte in der Anfangsphase als Hörtexte präsentiert werden. Dies kann mithilfe der CD oder durch Vorlesen (begleitet durch ausgeprägte Intonation, Mimik und Gestik) geschehen.

3. Lesen: L sichert die Aussprache von *Ugh!* [ɜː] und *MP3 player*. Die S lesen den Dialog mit verteilten Rollen. Nach dem ersten Lesedurchgang zeigt L anhand von Beispielen, wie die Wörter beim Sprechen verbunden werden. Zur Verdeutlichung kann L Ausschnitte des Hörtextes noch einmal vorspielen.

Pronunciation
Im Englischen werden die Wörter (mehr als im Deutschen) beim Sprechen miteinander verbunden. Dies macht es deutschen S schwer, Wortgrenzen zu hören. Bei zusammengesetzen Wörtern oder *phrases* sollte L auch auf die Bindebögen (▶ **Box „Betonung"**, *Voc., S. 154*) hinweisen und die Vokabeln als *chunks* lernen lassen, damit sich von Anfang an die richtige Aussprache einprägt. Das verbindende Sprechen lässt sich besonders gut an Liedern und Reimen üben, die auswendig gelernt werden.

7 👥 Now you

Festigung des Wortschatzes

Die Partner bearbeiten den Dialog im SB. Die S sollten ihren Dialog möglichst auswendig vortragen. Als Gedächtnisstütze können sie ein Flussdiagramm erstellen (Muster an der Tafel: Da sich die Redewendungen wiederholen, werden im Diagramm nur die Gegenstände und ihre Farben eingetragen.)

```
A: green rubber
    ↓
B: green rubber? → yellow
    → blue pencil
    ↓
C: blue pencil? → black
    → red felt tip
    ↓
D: red felt tip? → orange
    → pink ruler
```

Zusatz

Die zuhörenden S werden beauftragt, in einer Tabelle die Farben der angesprochenen Schulsachen zu notieren, die von den vorführenden S genannt werden.

NAME	rubber	pencil	felt tip	ruler
Jule	green	...		
Henrik	yellow	blue	...	
...				

Didaktisch-methodischer Hinweis
Gruppenarbeit (I): Die **Gruppenbildung** kann per Zufallsprinzip ermittelt oder bewusst gesteuert werden. Wann welche Form sinnvoll ist, hängt von der Situation der Klasse und vom erstrebten Ergebnis der Gruppenarbeit ab. Wenn L aus pädagogischen Gründen eine bestimmte Zusammensetzung wünscht, sollte sie im Voraus eine namentliche Zusammenstellung vornehmen. L kann auch steuern, indem sie Arbeitsaufträge oder Themen bekannt macht und die S sich für ein bestimmtes Vorhaben entscheiden. Bildung von Zufallsgruppen: • Kartenspiel oder Memory-Kärtchen: Die Gruppen bilden sich nach Farben bzw. nach Motiven. • Abzählen: Die S zählen im Zahlenrhythmus der Gruppenzahl (bei vier Gruppen also 1, 2, 3, 4). • Postkarten-Puzzle: So viele Postkarten wie Gruppen werden so zerschnitten, dass jedes Gruppenmitglied ein Puzzle-Teil erhält. Die Teile werden gemischt, jeder S zieht eines und sucht seine Puzzle-Partner.

8 SONG Prunella's plates

Einstieg — SB geöffnet. L: *Who can you see in the picture?* S: *Prunella* L: *There are a lot of plates. What colours are they?* S: *yellow, brown, purple, black, pink, blue, orange, green.*

🎧 1.10 Erarbeitung — 1. **Hören:** Die S legen sich Buntstifte in den abgebildeten Farben zurecht. Während des Hörens legen sie die Stifte in der Reihenfolge, in der sie im Lied vorkommen.

Alternative — Möglich sind auch farbige Pappteller, die zu Hause oder im Kunstunterricht vorbereitet wurden. Der Aufwand lohnt sich, wenn das Lied mehrmals gesungen und evtl. choreografisch ausgearbeitet wird.

🎧 1.10 — 2. **Hören (mehrmals):** L begleitet das Lied mit ausgeprägter Gestik und Mimik: *I like red ...* (Hände vor der Brust verkreuzen, lächeln); *Here's my red plate.* (gedachten Teller hochhalten); *Oops!* (Teller fallen lassen, Hand an die Wange, erschrockenes Gesicht). *Crash! Bang! Wallop!* (Ohren zuhalten, Schultern hochziehen); usw. Die S beginnen im Laufe des Liedes, die Bewegungen der L mitzumachen. Wenn Prunella im Lied einen Teller fallen lässt, lassen die S einen Buntstift (oder Pappteller) in der genannten Farbe fallen.

Das Lied wird mit den Farben *yellow, blue, pink, purple, black* fortgeführt und endet folgendermaßen:

Hörtext (Ausschnitt) — ... Aaaaw. No more plates!
Boo hoo hoo!

🎧 1.11 — Wenn die S das Lied sicher beherrschen, können sie es zur Playback-Version singen.

> **Language awareness**
>
> Die **Ausrufe** (*Ugh! Oops!*) und **lautmalerischen Wörter** (*Crash! Bang! Wallop!*) in **A7** und **A8** können Anlass geben zu vergleichen, wie man im Englischen und Deutschen Gefühle durch Interjektionen ausdrückt bzw. Geräusche sprachlich nachahmt.
> - *Ugh!* (ebenso *Yuk!*) ist ein Ausdruck der Abscheu, der unterschiedlich ausgesprochen wird. Die Aussprachevariante [ɜː] entspricht dem deutschen „Igitt! Iih!".
> - *Oops!* wird [ʊps], [wʊps] oder [uːps] ausgesprochen und wird, ähnlich wie „Huch! Hoppla!", geäußert, wenn man etwas (aus Versehen) getan hat (z.B. etwas fallen gelassen oder sich versprochen hat).
> - *Aaw!* [ɔː] kann, je nach Intonation, Bedauern oder Entzücken (z.B. über eine süße Welpe) ausdrücken.
> - *Crash! Bang! Wallop!* ahmt, wie das deutsche „Krach! Rums!", die Geräusche aufschlagender Objekte nach.

▶ ▶ WB 6–7 • Folie 5

Zusatz Festigung des Unit-Wortschatzes — **Vocabulary Action Sheet (Welc A):** Teil A des *Vocabulary Action Sheet* (VAS) festigt den produktiven Wortschatz, den die S bis einschließlich SB-Seite 13 gelernt haben.
Auch zu allen weiteren Units werden jeweils zwei VAS angeboten, die den größten Teil der produktiv zu beherrschenden Vokabeln enthalten. Die S festigen den erlernten Wortschatz auf abwechslungsreiche Weise, indem sie Bilder versprachlichen, Definitionen entschlüsseln, kurze Lückentexte ausfüllen usw. Die VAS können in Einzel-, Partner-, Gruppenarbeit oder *whole class activity* bearbeitet werden.

▶ ▶ VAS Welc A

Welcome 51

S. 14

INHALT Die Familie Kapoor besitzt in *13 Paul Road* einen kleinen *corner shop*, über dem sich ihre Wohnung befindet. Anandas ist nervös, weil ihr erster Tag an der Cotham School bevorsteht. Während ihre Mutter sie ermutigt, versucht Dilip, der ebenfalls Cotham-Schüler ist, seiner jüngeren Schwester Angst zu machen.

KOMMUNIKATIVE KOMPETENZEN
  Hör-/Leseverstehen: Einen Text im Ganzen verstehen und situativ einordnen; ein Gedicht verstehen und den dazugehörigen Lückentext ergänzen
  Sprechen: Ein Gedicht darstellend laut lesen
  Schreiben: Einen Lückentext abschreiben und ergänzen

SPRACHLICHE MITTEL
Wortschatz A9: flat • over the shop • Well,… • uniform • tomorrow • Monday • Tuesday • the first day • at the new school • Stop that! • You can go to the shop. • Why me?
  A10: GS-Wortschatz: Box „The days of the week", *Voc.*, S. 154 • poem • week • °Hooray!

METHODISCHE KOMPETENZEN
  Gelenkte Aufgaben zum Hörverstehen bearbeiten (Lückentext ergänzen); kurze Texte vortragen

MATERIALIEN CD, KV 6, VAS Welc A

9 Welcome to Paul Road

Einstieg SB geöffnet. L liest den Einleitungstext und semantisiert anhand der Fotos *flat* und *over the shop*. Die Mitglieder der Familie Kapoor werden an der Tafel notiert.

Überleitung *Today is the last day of the summer holidays. Tomorrow is Ananda's first day at the new school.*

🎧 1.12 **Erarbeitung** 1. **Hören:** *When is Ananda's first day at the new school? Monday or Tuesday?* L zeichnet einen Wochenkalender an die Tafel und markiert die beiden Tage. Lösung: *Tuesday*

🎧 1.12 2. **Hören:** *Pre-reading*-Frage: *Look at picture 2 and 3: Is Ananda/Dilip/Mrs Kapoor happy or not happy?* Die S stellen anhand der Fotos Vermutungen an. Beim Hören achten sie auf die Stimmungen der Personen und markieren mit einem Radiergummi o. ä. auf den Fotos, wer gerade spricht.

Lösung *picture 1: Ananda/Mrs Kapoor is happy; picture 2: Mrs Kapoor/Dilip is not happy.*

3. **Lesen:** L semantisiert den restlichen Wortschatz: *Well,…* (übersetzen); *school uniform* (Foto 1); *Stop that!* (demonstrieren); *You can go to the shop. / Why me?* (mit Gestik demonstrieren, übersetzen). Die S lesen den Dialog mit verteilten Rollen.

Zusatz L kann kurz auf den Hintergrund der *corner shops* und der Schuluniform eingehen.

> **INFO-BOX**
>
> In Großbritannien gibt es in vielen Gegenden eine kleines Geschäft „um die Ecke", den **corner shop**, das so gut wie immer geöffnet ist. Daher rührt der Name *8 till late*, der zu einer Art Gattungsbezeichnung geworden ist. Die meisten *corner shops* werden als Familienbetriebe von Briten asiatischer Herkunft geführt. Im vergangenen Jahrzehnt ist die Anzahl der *corner shops* um ca. 25 % auf unter 12.000 gefallen. Grund für den Rückgang ist die zunehmende Konkurrenz durch 24-Stunden-Supermärkte und Billig-Discounter. Zudem dürfen seit 1994 alle Arten von Läden verderbliche Waren auch nach 20 Uhr und an Sonntagen verkaufen. Dieses Privileg war bis dahin nur wenigen Läden, u.a. den *corner shops*, vorbehalten.

Welcome

> **INFO-BOX**
>
> In Großbritannien ist das Tragen von **Schuluniformen** fast überall Pflicht. Dies gilt für alle schulpflichtigen Kinder, in der Regel sind lediglich S der *6th form* von dieser Pflicht befreit. Jede Schule legt die Farbe ihrer Schuluniform fest. Mädchen tragen zum Blazer mit weißem Hemd oder Polohemd wahlweise Rock oder Hose, Jungen tragen lange Hosen und manchmal einen Schlips. Sweatshirts mit dem Schulemblem sind eine beliebte Alternative. Die Kleidungsvorschrift soll soziale Unterschiede entschärfen. Allerdings ist der Kauf neuer Schuluniformen besonders für einkommensschwache Elternhäuser eine große finanzielle Belastung. Deshalb hat sich der Kauf und Verkauf von Secondhand-Bekleidung für den Schulbereich etabliert.

10 POEM The days of the week

Einstieg
Einbeziehung von
Grundschulenglisch

SB geschlossen. L ermittelt, welche Wochentage die S bereits kennen: *What are the days of the week?* L deutet ggf. auf die Abkürzungen im englischen Wochenkalender (▶ HRU-Seite 51). Besonders bei *Tuesday, Wednesday* und *Thursday* sollte die Aussprache intensiv geübt werden, z.B. durch Chorsprechen. Festigung durch weitere L-Impulse: *last day of our summer holidays, weekend, today, tomorrow, the day before ...*

> **Didaktisch-methodischer Hinweis**
>
> Das **Chorsprechen** ist den S aus der Grundschule vertraut. Es bietet zum einen eine gute Übungsmöglichkeit für schüchterne S, zum anderen gewährleistet es, dass alle S zum Sprechen kommen. L spricht zunächst immer mit, zieht sich aber zunehmend zurück. Chorsprechen lässt sich abwechslungsreich gestalten, indem Lautstärke und Geschwindigkeit der zu wiederholenden Wörter und Sätze variiert werden. So können alle gemeinsam, aber auch jeweils kleinere Gruppen *(all boys / all children who are 12 years old / ...)* nacheinander sprechen.

Erarbeitung

SB geöffnet. Die Wochentage werden gemeinsam gelesen und in die richtige Reihenfolge gebracht. Zur Festigung des Schriftbildes schreibt L die Wochentage untereinander an die Tafel und markiert die stummen Buchstaben bei *Tuesday* und *Wednesday*. Auch der Unterschied zwischen *Tuesday* und *Thursday* wird markiert.

> **Language awareness**
>
> Am Beispiel von *Wednesday* lässt sich verdeutlichen, dass im Englischen **Lautung und Schreibung** oft stark von einander abweichen.

🎧 1.13   *a)* 1. Hören: Die S zeigen in ihrem Heft/im SB auf den Wochentag, den sie hören. Sie schreiben das Gedicht in ihr Heft, wobei sie Lücken für die Wochentage lassen.

🎧 1.13   2. Hören: Die S schreiben während des Hörens die Anfangsbuchstaben der Wochentage in die Lücken. Nach der Ergebniskontrolle vervollständigen sie die Wörter.

Alternative KV 6. The Days of the week: Die S ergänzen den Lückentext der KV.

b) 👥 Die S üben das Gedicht für sich, indem sie es leise murmeln. Dann tragen die Partner sich das Gedicht gegenseitig vor.

Zusatz Wer das Gedicht anschließend auswendig vor der Klasse aufsagen kann, bekommt eine kleine Belohnung.

Hörtext
Day one of the week is Monday,
Two Tuesday, three Wednesday, OK?
Then Thursday and Friday and then: Hooray!
Saturday, Sunday: we can play.

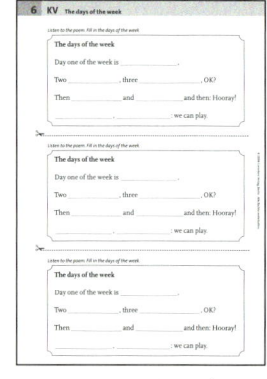

▶ ▶ WB 8 • VAS Welc A

Kopiervorlage 6

Welcome 53

S. 15

INHALT Ein Zeitungsjunge (Mark) holt früh am Morgen im *corner shop* der Familie Kapoor die Tageszeitungen ab.

KOMMUNIKATIVE KOMPETENZEN
  Hör-Seh-/Leseverstehen: Einem bildgestützten Dialog Informationen entnehmen (beteiligte Personen und Gesprächsgegenstand nennen)
  Sprechen: Telefonnummern austauschen (Partnerdialog); ein Gedicht darstellend vortragen

SPRACHLICHE MITTEL
Wortschatz   A11: newspaper • °The Times • I can have breakfast.
             A12: The numbers 1–100 *(SB-Seite 15)*

Redemittel   A13: What's your telephone number? • o, zero • double
             A14: I can do tricks.

METHODISCHE KOMPETENZEN
  Gelenkte Aufgaben zum detaillierten Hörverstehen bearbeiten

MATERIALIEN CD, KV 7, KV 8, kleiner Ball, Karte von Großbritannien

11 Two newspapers for number 19

Einstieg SB geschlossen. L: *Mr and Mrs Kapoor have got a little shop. You can buy a lot of things there: bread, fruit, sweats, newpapers, videos …* (mit Realien demonstrieren).

🎧 1.14 **Erarbeitung** 1. **Hören:** *Listen and find out: Who's in the shop now?* (An der Tafel evtl. eine Auswahl möglicher Personen geben.) Lösung: *Mr Kapoor, Mark, Dilip*

🎧 1.14 SB geöffnet. 2. **Hören/Stilles Lesen:** Die S erfassen, was Mark abholen möchte. L gibt an der Tafel drei Gegenstände vor (Silbenrätsel oder Zeichnungen). Mündliche Kontrolle. Dann werden die Wörter richtig an die Tafel geschrieben. Lösung: *newspaper(s)*

ga-zine-ma
per-news-pa
deo-vi

L erläutert, dass die *Times* eine überregionale Tageszeitung ist (der *Süddeutschen Zeitung* und der *Frankfurter Allgemeinen Zeitung* vergleichbar) und geht kurz auf die Rolle der *paper boys* ein.

> **INFO-BOX**
>
> In Großbritannien dürfen Jugendliche ab 13 Jahren bis zu zwölf Stunden wöchentlich arbeiten (an Schultagen bis zu zwei Stunden, an Ferientagen bis zu fünf). Viele Jugendliche tragen unter der Woche Zeitungen aus (so genannte **paper boys/girls**), morgens die nationalen und abends die lokalen. Das Gehalt ist jedoch recht niedrig.

Überleitung *How many newspapers for Mark? Let's count. One for number 2, one for number 3, one for number 8, two for number 19. That's five newspapers.*

12 The numbers

Erarbeitung
Einbeziehung von
Grundschulenglisch

SB geschlossen. Sicher werden einige S aus der Grundschule die Zahlen bis 20 kennen. Diese Kenntnisse sind wahrscheinlich nur mündlich abrufbar. Bevor das Schriftbild eingeführt wird, sollte die Aussprache der Zahlen (und Betonung) gefestigt werden, besonders bei einigen schwierigen Zahlwörtern:

1 *one* [wʌn]
3 *three* [θriː]   13 *thirteen* [ˌθɜːˈtiːn]   30 *thirty* [ˈθɜːti]
4 *four* [fɔː]   14 *fourteen* [ˌfɔːˈtiːn]   40 *forty* [ˈfɔːti]
5 *five* [faɪv]   15 *fifteen* [ˌfɪfˈtiːn]   50 *fifty* [ˈfɪfti]

Zusatz Vorschläge zur mündlichen Festigung:
1. Chorsprechen: Mithilfe von Zifferkarten werden Zahlen hochgehoben und benannt.
2. 👥 S1 „schreibt" S2 mit dem Finger Ziffern auf den Rücken, S1 nennt die eng-

lische Zahl. Wenn richtig geraten wurde, wird getauscht.

3. *Buzz game*: Beim Zählen wird jede dritte Zahl (vierte, fünfte, ...) nicht genannt und durch das Wort *buzz* ersetzt. S, die die Zahl nennen, scheiden aus.

4. L und S schreiben einfache Rechenaufgaben in Ziffern auf, die von den S mündlich gelöst werden.

Zusatz KV 7. **Bingo:** Die KV bietet eine Blankovorlage für das beliebte Zahlenspiel. Die S tragen die vereinbarten Zahlen ein (1–25, 25–50, ...). L sagt die Zahlen durcheinander an. Hat ein S drei Zahlen in einer senkrechten, waagrechten oder diagonalen Reihe, beginnt ein neues Spiel.

Kopiervorlage 7

SB geöffnet. Die Zahlen werden im Chor gelesen. L ermuntert die S zu ersten Beobachtungen bezüglich der Schreibung. Besondere Aufmerksamkeit sollte auf die im SB farbig markierten Zahlwörter gelenkt werden.

> **Language awareness**
>
> Anhand der Zahlwörter lässt sich die **Wortbildung** im Englischen und Deutschen vergleichen:
> - Alle Zahlen von 13 bis 19 haben die Endung *-teen* (dt. -zehn).
> - Alle Zehnerzahlen ab 20 haben die Endung *-ty* (dt. -zig).
> - Bei den Zahlengruppen 3, 13, 30 / 4, 14, 40 / 5, 15, 50 ändert sich der Wortstamm (nicht im Deutschen).

Zusatz Eine Übung zur Festigung des Schriftbildes: *Number race*: L lässt die S in Gruppen (Bankreihen oder kleinere Gruppen) an die Tafel treten und die Zahlen (1–14, 11–20, ...) anschreiben. Der jeweils erste S schreibt die erste Zahl und gibt die Kreide an den nächsten S weiter, der die nächste Zahl anschreibt usw. Gewonnen hat die Gruppe, die die Zahlwörter am schnellsten richtig geschrieben hat.

13 Telephone numbers

Erarbeitung **SB geöffnet.** L liest den Beispieldialog vor und semantisiert *What's your (telephone) number?, o/zero, double*. Durchführung:

1. 👥👥👥 S1 schreibt seine Telefonnummer an die Tafel und bestimmt S2, der die Nummer nennen soll. Wenn die Antwort richtig war, scheibt S2 seine Nummer an.

2. 👥👥 S1 diktiert seine Telefonnummer, S2 schreibt diese als Ziffern auf. Dann wird gewechselt. Die Partner können auch andere Telefonnummern verwenden (von Freunden, Nummer der Polizei usw.)

14 POEM Numbers

🎧 1.15 **Erarbeitung** **SB geöffnet.** L spielt/liest das Gedicht vor, S betrachten die Bilder. Beim zweiten Vorlesen/Vorspielen ahmen die S die auf den Bildern dargestellten Tätigkeiten nach (ggf. *I can do tricks.* semantisieren). Dann sprechen die S das Gedicht gemeinsam als Rap.

Zusatz KV 8. **Poem Skip:** Das Zahlengedicht kann von den S gerappt werden. Alternative: L liest das Gedicht vor, die S stehen auf einem Bein. Bei jedem *skip* hüpfen die S auf das andere Bein. Folgt auf eine Zahl kein *skip*, macht L eine deutliche Pause. Bei *hop* hüpfen die S auf beiden Beinen, bei *stop*

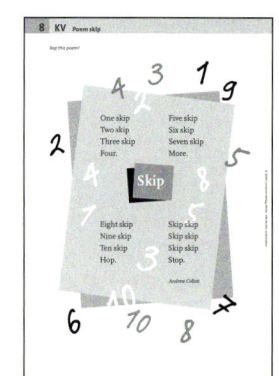

Kopiervorlage 8

bleiben sie stehen. Diese Bewegungsübung kann noch abgewandelt werden: die S, die trotz fehlendem *skip* hüpfen, setzen sich. Alle S, die am Ende noch stehen, (und bei *stop* auch stillstehen), haben gewonnen.

▶ ▶ WB 9–10

Welcome 55

S. 16/17

INHALT Die Familie Hanson führt eine Frühstückspension, die nach dem Papagei der Familie benannt ist: das *Pretty Polly Bed and Breakfast*. Mr Hanson, der im Rollstuhl sitzt, kümmert sich um die Gäste, wobei ihm Jack manchmal hilft. Mrs Hanson arbeitet in einem Büro. Heute verabschiedet Mr Hanson einen Gast aus Deutschland (Frau Schmidt).

KOMMUNIKATIVE KOMPETENZEN
  Hör-Seh-/Leseverstehen: Bildgestützten Texten wesentliche Informationen entnehmen; digitale und analoge Zeitangaben verstehen; ein höfliches Gespräch verstehen und wichtige Redewendungen erfassen
  Sprechen: Höflich nach der Uhrzeit fragen und Auskunft geben (Partnerdialog)
  Schreiben: Mithilfe vorgegebener Satzmuster einen Steckbrief über sich verfassen (Dossier)

SPRACHLICHE MITTEL
Wortschatz A15: Bed and Breakfast (B&B) • parrot • They welcome you to … • wheelchair • at work
  I can…: GS-Wortschatz: Box „What's the time?", *Voc.*, S. 155
  A16: Excuse me, … (+Box „Entschuldigung", *Voc.*, S. 155) • You're welcome. (+Box „welcome", *Voc.*, S. 156)
  A17: Good luck (with …)! • trip • back to Germany
Redemittel A16: Excuse me, what's the time, please? • It's … • Thank you. • You're welcome.

METHODISCHE KOMPETENZEN
  Gelenkte Aufgaben zum Hör- und Leseverstehen bearbeiten; einen eigenen Text nach einer Vorlage gestalten (Dossier)

MATERIALIEN CD, KV 9, KV 10, VAS Welc B, Spielzeuguhr; die S legen einen Schnellhefter, eine Faltmappe oder einen Ringordner für ihr Dossier an

15 Welcome to the Pretty Polly Bed and Breakfast

Erarbeitung SB geöffnet. L liest Titel: *Welcome to the Pretty Polly Bed and Breakfast*. Who is pretty Polly? – (S zeigen auf den Papagei) *Yes, that's Polly. She's a parrot.* – *The Hansons welcome you to* (einladende Geste) *their bed and breakfast*. Who are the Hansons? *(Jack Hanson, Mary and Peter Hanson) Mr Hanson is in a wheelchair.* (Foto)
L erklärt kurz das Wesen des *bed & breakfast* (B&B) und lenkt den Blick auf die Piktogramme: *Who can stay/sleep at the Pretty Polly Bed and Breakfast?* Lösung: *people with wheelchairs, families, pets*

> *Jack's family*
> *Peter Hanson, father*
> *Mary Hanson, mother*
> *The Hanson live in 28 Cooper Street in Bristol.*
> *They've got a B&B: the Pretty Polly B&B*

INFO-BOX

Das **bed and breakfast (B&B)** ist eine in Großbritannien weit verbreitete und relativ günstige Übernachtungsmöglichkeit. Das „Zimmer mit Frühstück" wird meist von Privatleuten angeboten, die z.B. das ehemalige Kinderzimmer oder die Einliegerwohnung für Gäste freihalten. Gastgeber können auch kleine Familienpensionen sein.

🎧 1.16 SB geschlossen. 1. Hören: *Who is at the bed & breakfast today? (Mr Hanson, Jack, Polly).* Anschließende Frage: *What about Mrs Hanson? – She isn't there. She's at work.* (übersetzen: Sie ist bei der Arbeit. / Sie arbeitet.)

🎧 1.16 2. Hören: *What day is it? What's the time?* (auf eine Spielzeuguhr zeigen oder Uhr ohne Zeiger an die Tafel zeichnen)
Lösung *It's Monday (– the last day of the holidays.) It's twelve fifteen. / a quarter past twelve.* (S zeichnet/stellt Zeiger ein.)

🎧 1.16 3. Hören: *It's Jack's first day at school tomorrow. When is it time to get up?* (ggf. übersetzen) Die S sagen/zeigen auf der Uhr, wann Jack aufstehen muss *(half past seven).*

Überleitung *Can you say what the time is? What's the time now?* L stellt volle, halbe und viertel

Stunden auf der Spielzeuguhr ein bzw. zeichnet an der Tafeluhr die Zeiger in verschiedenen Positionen.

Einbeziehung von Grundschulenglisch

> **I can ...**
>
> ... say what the time is.
>
> **Mögliches Vorwissen:** What's the time? • It's eleven o'clock. • It's quarter past 11. • It's half past 11. • It's quarter to 12.
>
> **SB geschlossen.** In der Grundschule haben die S die Uhrzeiten mit vollen Stunden sowie halben und viertel Stunden gelernt. L stellt diese Zeiten auf einer Spielzeuguhr ein (oder zeichnet entsprechende Zeiger in die Uhr an der Tafel). L korrigiert ggf. und ergänzt fehlende Zeitangaben (wichtig: *o'clock* nur bei vollen Stunden). Mit einer Skizze verdeutlicht L *quarter past/to* und *half past (eleven)* (dt. halb Zwölf). Dann geht L mithilfe einer (gemalten) Digitaluhr auf die übrigen Zeitangaben ein: *It's eleven thirty/o nine./...* (dt. Es ist elf <u>Uhr</u> dreißig/<u>neun</u>./...)

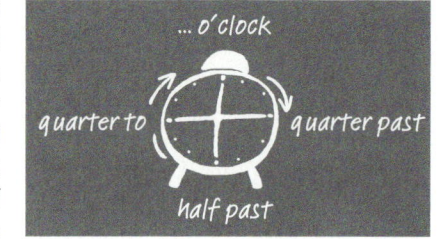

○ **Differenzierung**

Lernschwächere S können sich auf die digitalen Zeitangaben konzentrieren. Sie müssen die analogen Angaben verstehen, nicht aber produktiv anwenden.

> **SB geöffnet.** Gemeinsam werden die Zeitangaben gelesen.
> 👥 Festigung des Laut- und Schriftbildes: Die Partner decken die Bildunterschriften ab. S1 zeigt auf eine Uhr, S2 nennt die Uhrzeit. S1 kontrolliert die Antwort. Partnerwechsel, bis alle Uhrzeiten genannt wurden.

● **Differenzierung**

In lernstarken Gruppen kann schon *am* und *pm* eingeführt werden (ansonsten Einführung in Unit 4, SB-Seite 81).

> **INFO-BOX**
>
> Im Englischen verwendet man im Alltag kein 24-Stunden-System bei der Angabe von Uhrzeiten (Ausnahme: Fahrpläne). 15.00 Uhr und 03.00 Uhr entsprechen also beide *3 o'clock*. Die Unterscheidung **am** *(ante meridiem)* für vormittags und **pm** *(post meridiem)* für nachmittags wird in der Regel nur dann benutzt, wenn Verwechslungen möglich sind. Aus diesem Grund spricht man auch von *noon* und *midnight*.

Festigung

16 Now you

a) Die S lesen die Uhrzeiten laut vor.

○ ● **Differenzierung**

Lernschwächere S brauchen nur die digitale Angabe zu nennen, lernstarke S nennen beide.

Lösung

six o five / five past six • nine fifteen / quarter past nine • four twenty-five / twenty-five past four • seven forty-five / quarter to eight • three forty / twenty to four • eight thirty / half past eight • twelve eighteen / eighteen past twelve • ten fifty-five / five to eleven • two thirty-six / thirty-six past two • five o'clock

🎧 1.17

b) 1. Hören: Vorgehen gemäß SB. Es können analoge oder digitale Uhren gezeichnet werden. Digitale Uhren eignen sich allerdings besser für eventuelle Korrekturen.

🎧 1.17
Lösung

2. Hören: 👥 Die S korrigieren die Ergebnisse ihrer Partner mit Bleistift.

1 5.15 *(five fifteen)* 2 8.45 *(quarter to nine)* 3 9.05 *(nine o five)*
4 4.40 *(four forty)* 5 5.30 *(half past five)*

Hörtext

1 **Boy 1** Let's play football after school.
   Boy 2 OK, good idea. Let's go to the park. 5.15, OK?
   Boy 1 5.15 in the park? OK. See you at 5.15. Bye.

2 **Man** Excuse me, what's the time, please?
   Boy It's quarter to nine.

Man Is it really quarter to nine?
Boy Yes, it's quarter to nine.
Man Oh, no! My bus! ... And thank you!

3	**DJ**	Hello, good morning! It's nine 9.05 here on the Morning Show – 9.05. Your Radio Bristol time-check this morning: 9.05.	5 **Girl**	Excuse me, what's the time, please?
			Woman	It's half past five.
4	**Girl**	Mum?	**Girl**	Thank you.
	Mum	Jenny? Oh! What's the time?	**Woman**	You're welcome.
	Girl	It's 4.40, Mum!		
	Mum	4.40?! Oh no! Is it really 4.40? I'm sorry, Jenny. I'm on my way!		

c) L spielt den Dialog einmal mit einem guten S durch und semantisiert dabei *Excuse me, ...* und *You're welcome*.

👥 Vorgehen gemäß SB. Die S sollten nach 3–4 Durchgängen das SB schließen und den Dialog auswendig führen.

INFO-BOX

Please (ebenso *excuse me* und *thank you*) wird im Englischen weit häufiger verwendet als „bitte" im Deutschen. Wenn L *please* stets bei Aufforderungen verwendet und *excuse me* sowie *thank you* häufig verwendet, werden die S diese Höflichkeitsformeln allmählich in ihren Sprachgebrauch übernehmen.

▶ *WB 11–13 • Folie 6*

Zusatz 👥 Zur Festigung der Uhrzeit eignet sich eine Tandem-Übung. L stellt die Aufgaben für Partner A und B zusammen. Partner A liest die (in Ziffern geschriebene) Uhrzeit vor, Partner B kontrolliert mithilfe des Lösungssatzes. Dann liest Partner B sein Beispiel, Partner A kontrolliert usw.

Lernstarke S können eigene Tandem-Übungen schreiben und mit anderen S tauschen. Beispiel:

Partner A (you start)	Partner B
It's 11.23.	It's eleven twenty-three
It's half past nine. / It's nine thirty.	It's 9.30.
...	

Didaktisch-methodischer Hinweis

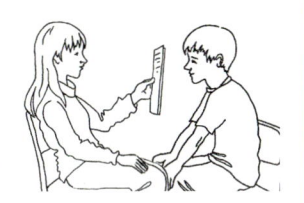

Die **Tandem-Übung** (auch „*face-to-face*-Übung") eignet sich zum Festigen von Wortschatz und Strukturen, wobei die S ihre Lösungen selbstständig überprüfen. Aufgaben und Lösungen werden, abwechselnd für Partner A und B, nebeneinandergeschrieben (s. Beispiel). Das Blatt wird in der Mitte länger gefaltet, sodass jeder Partner nur seinen Teil sehen kann. Partner A löst seine erste Aufgabe, Partner B bestätigt/verbessert durch Vorlesen der Lösung. Dann löst Partner B seine erste Aufgabe usw.

Zusatz **KV 9. What's the time?:** 👥 Die S erhalten zu zweit eine KV und schneiden die Teile der Uhr aus. Dann stellen sie abwechselnd Uhrzeiten ein und fragen sich gegenseitig:
S1: *What's the time?*
S2: *It's ten o'clock.*

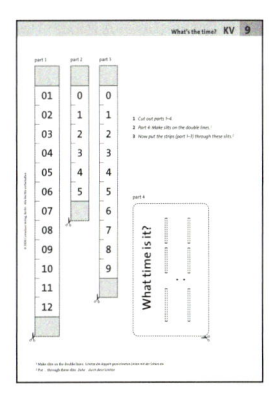

Kopiervorlage 9

		17 Good luck!
Einstieg		SB geschlossen. L: *Can you remember Mr Hanson's work?* S: *(He's got) a bed and breakfast.* L: *And in his bed and breakfast he welcomes a lot of guests. Today he's got a guest. The guest is a woman.*
🎧 1.18	Erarbeitung	1. **Hören:** *Listen and find out: What's her name? Where's she from?* Lösung: *Mrs Schmidt; She's from Germany.*
🎧 1.18		SB geöffnet. 2. **Hören/Mitlesen:** Nach dem Hören/Mitlesen notieren die S, wie man sich in bestimmten Alltagssituationen sprachlich äußert:

1 sich entschuldigen ——————— *Excuse me.*
2 sich bedanken ——————————— *Thank you.*
3 auf Dank reagieren ————————— *You're welcome.*
4 sich verabschieden ————————— *Excuse me, can I say goodbye?*
5 eine gute Reise wünschen ———— *Goodbye and a nice trip back.*
6 viel Glück für etwas wünschen —— *Good luck with (your new school).*

Bei Bedarf erklärt L *(Have) a nice trip back to Germany* und *Good luck (with ...)*. Hinweis auf den Unterschied zwischen *excuse me* und *sorry* (▶ Box „sorry", *Voc.*, S. 157). Dann werden alle Redewendungen übersetzt.

O Differenzierung	Lernschwächere S erhalten die Übung als *matching exercise* mit vorgegebenen englischen Redewendungen.
Zusatz 1	**Lesen:** Die S lesen/spielen den Dialog mit verteilten Rollen. Da es sich um eine wichtige Kommunikationssituation handelt, lohnt es sich, den Dialog auswendig zu lernen.
Zusatz 2	👥 Die S entwickeln auf Grundlage des Musterdialogs eigene Gespräche. Je nach Leistungsstand entscheidet L individuell, wie viele Vorgaben *(role cards, dialogue flow charts)* die S erhalten.

> **DOSSIER: About me**
>
> Mithilfe der Satzmuster im SB schreiben die S einen Steckbrief über sich und ihre Interessen, den sie mit einem Foto und evtl. Zeichnungen gestalten. Dieser Steckbrief dient als erste Seite des Dossiers, in dem die S von nun an besonders gelungene Arbeiten sammeln können.

> **Didaktisch-methodischer Hinweis**
>
> Im **Dossier** sammeln die S gelungene Arbeiten aus dem Englischunterricht. Neben den Vorschlägen, die das SB macht, können dies schön gestaltete Reime oder Lieder, Bilder aus Zeitschriften, die zu Unterrichtsthemen passen, und vieles mehr sein. Manche S haben bereits eine Sammlung angelegt, die sie vielleicht weiterverwenden möchten. Ansonsten eignen sich ein Schnellhefter, eine Einschlagmappe oder ein Ringordner. Bei Arbeiten, die für das Dossier bestimmt sind, arbeiten die S entsprechend ihrer individuellen Fähigkeiten. Durch Differenzierungsmöglichkeiten (z.B. das Ergänzen oder das eigenständige Schreiben kleiner Texte) entstehen sehr unterschiedliche und individuelle Arbeiten, in denen sich der Lernstand der S widerspiegelt.

▶	▶ VAS Welc B
Zusatz	**KV 10 (A/B/C). Your English book rally:** Die *book rally* hilft den S, sich auf spielerische Weise mit dem Aufbau des Buches vertraut zu machen. Je nach Kenntnisstand der S kann die Rallye auf Englisch (Teil A) oder Deutsch (Teil B) bearbeitet werden. Die Lösungen befinden sich auf dem Zertifikat (Teil C), das die S am Ende der Rallye erhalten.

Kopiervorlage 10

New school, new friends — Unit 1

Übersicht

Storyline Die Lehrwerkskinder erleben ihren ersten Schultag an der *Cotham School*. Ananda, Sophie, Jack sowie die Zwillinge Dan und Jo sind in einer Klasse (Form 7PK) und werden von ihrem Klassenlehrer Mr Kingsley begrüßt. Vor dem Unterricht und später in der Schulkantine haben die Kinder Gelegenheit, sich kennen zu lernen.

Themen und Sprechabsichten Alphabet • Schulfächer und Schulalltag • Unterrichtssprache • Auskünfte zu Personen geben und erfragen • sagen, was man tun/nicht tun kann • um Erlaubnis bitten

Grundschulenglisch **Grundschulthemen:** Schule und Schulutensilien • Unterrichtssprache

Im *Lead-in* (SB-Seiten 18/19) regt ein offener Bildimpuls zu den Bereichen „Schule und Essen" die S dazu an, ihre unterschiedlichen Vorkenntnisse einzubringen. Mithilfe der *I can-Box* (SB-Seite 18), die aus der Grundschule bekannte Redemittel auflistet, beschreiben die S die Fotos in ganzen Sätzen. Die zahlreichen *Games* und *Activities* (SB-Seiten 19, 20, 21, 22, 28) knüpfen an den spielerischen Ansatz der Grundschule an. Die *Songs* (SB-Seiten 22 und 23) regen zur pantomimischen Nachahmung (TPR) an.

Grammatik Personalpronomen und Formen von *be*; *can/can't*; der Imperativ; *have got/has got*

Lern- und Arbeitstechniken **Wörter lernen.** Als eine wichtige Voraussetzung zum eigenständigen Vokabellernen lernen die S, welche Informationen das *Vocabulary* des SB enthält. (SB-Seite 23) Im dazugehörigen *Skills File* lernen die S verschiedene Techniken des Wörterlernens kennen. (SB-Seiten 122/123)

Stop – Check – Go. Im Sinne der Selbstevaluation werden die S dazu angeregt, ihren eigenen Lernprozess zu beobachten. (SB-Seite 30)

Sprachmittlung **New friends.** In einem kurzen Dialog stellen sich die S einander vor und stellen Fragen zur Person und zu Vorlieben. (SB-Seite 30)

Dossier **My school bag.** Die S malen ein Bild vom Inhalt ihrer Schultasche und beschriften es. (SB-Seite 19)

My school. Die S schreiben einen Steckbrief zu ihrer Schule und ihren Schulerfahrungen. (SB-Seite 24)

Topic **Make a birthday calendar.** Die S lernen die Monatsnamen und Datumsbezeichnungen. Dann schreiben und gestalten sie gemeinsam einen Geburtstagskalender oder Jahresplaner für die Klasse. (SB-Seiten 34/35)

Lead-in

S. 18/19

INHALT Die Kinder aus Bristol beginnen den Morgen ihres ersten Schultages. Die Zwillinge Dan und Jo müssen noch ihre Schulsachen suchen, während Jacks Schultasche bereits gepackt ist. Ananda ist schon zum Frühstücken bereit, doch Sophie schläft noch.

KOMMUNIKATIVE KOMPETENZEN
  Hör-Sehverstehen/Leseverstehen: Einen Hörtext mithilfe von Fotos verstehen; Fotos und vorgegebene Stichwörter in einer Tabelle zuordnen
  Sprechen: Sagen, was man auf einem Foto sieht; einen gezeichneten Gegenstand benennen (Gruppendialog)
  Schreiben: Schulsachen malen und beschriften

SPRACHLICHE MITTEL
Wortschatz S. 18: GS-Englisch: Box, *Voc., S.156* • **lots of** • **comic** • **there's** • **there are** • (⁺Box „There's …/There are …", *Voc., S.156*)
  S. 19: **in the morning** • **word** • **clock** • **lamp** • **milk** • **mobile** • **phone** • **money** • **sandwich box** • ⁺Box
Redemittel S. 18: I can see … • There's …/There are …
  S. 19: Is it (a/an) …?

METHODISCHE KOMPETENZEN
  Bilder versprachlichen; eine Tabelle anlegen und Informationen zuordnen; ein einfaches Ratespiel durchführen

MATERIALIEN CD, KV 11

I can …

… say lots of things in English.

Mögliches Vorwissen: comic • book • CD • money • table (Foto A) • milk • marmalade • cornflakes • plate • orange • banana • apple • chair (Foto B) • bed • table • clock • teddy bear • lamp • book (Foto C) • sandwich (box) • pencil case • school bag (Foto D)

Einstieg

SB geschlossen. L schreibt die Überschrift der Unit an die Tafel: *Who is at a new school? Where are they from? How old are they?* Die S reaktivieren ihr Wissen über die Lehrwerksfiguren.

Erarbeitung
Einbeziehung von Grundschulenglisch

SB geöffnet. Mit den Fotos des *Lead-in* (alternativ: mit Realien oder den Bildkarten von KV 11) werden die aus der Grundschule und aus *Welcome* bekannten Wörter reaktiviert bzw. neuer Wortschatz eingeführt. *Mobile phone* (Foto B) kann mit Hilfe eines Handys semantisiert werden. Offener Lehrerimpuls: *What can you see in the photos? What words do you know?* Als Antworten sind vor allem konkrete Substantive zu erwarten, die von lernstärkeren S mit Farbadjektiven verbunden werden können. Ihren Vorkenntnissen entsprechend benutzen die S die vorgegebenen Satzanfänge *(I can see … /There's/There are …)* oder nennen Einzelwörter *(milk, (a) comic, …)*. L korrigiert ggf. durch Einflüstern. Während der Beschreibung der Fotos vermittelt bzw. festigt L die Verwendung von *there's/there are* sowie *lots (of)*.
Hinweis: L hält die S durch deutliches Vorsprechen zur korrekten Verwendung des unbestimmten Artikels *a/an* an. Die Ausspracheregel kann im Anschluss an **A1** mithilfe von **P2** bewusst gemacht werden.

Language awareness

Anhand des deutschen Wortes Handy (engl. *mobile phone*) kann L auf das Phänomen der *false friends* aufmerksam machen: Wörter aus unterschiedlichen Sprachen werden zwar ähnlich geschrieben oder gesprochen, haben jedoch verschiedene Bedeutungen. Im Falle von Handy handelt es sich um einen Pseudo-Anglizismus, da das Wort aus dem Englischen zu stammen scheint, dort jedoch in Wahrheit nicht existiert (bzw. eine völlig andere Bedeutung hat). Weitere Beispiele: Showmaster (engl. *host*), Smoking (engl. *dinner jacket*). *False friends* lassen sich formal nicht von **good friends** (▶ SB-Seiten 18/19: *CD, comic, cornflakes*) unterscheiden.

Zusatz 1	👥👥👥 Spiel mit zwei Gruppen: L legt eine Decke über Realien (im *Lead-in* gezeigte Gegenstände). Abwechselnd ertastet je ein S aus den Gruppen einen Gegenstand und benennt ihn auf Englisch. Eine richtige Antwort gibt einen Punkt für die jeweilige Gruppe.
Zusatz 2	**KV 11. What can you see?** Die Bild- und Wortkarten lassen sich auf verschiedene Weise zur Festigung des Wortschatzes einsetzen:
	1. Die S sortieren die Wörter nach Sachgruppen, z.B. Frühstückszutaten, Schulsachen und Spielsachen.
	2. 👥👥 Die S spielen jeweils zu zweit (oder in Kleingruppen) Memory.
● **Differenzierung**	3. 👥👥 S mit Vorkenntnissen führen mithilfe der Bildkarten Minidialoge. Sie verwenden dabei Redewendungen, die sie aus der Grundschule kennen (▶ Box, *Voc., S. 156*). Beispiele:
	S1: *In my school bag there's a rubber. What about your school bag?*
	S2: *In my school bag there are lots of books …*
	S1: *I like milk and cornflakes in the morning. What about you?*
	S2: *I don't like cornflakes. I like sandwiches in the morning.*

Kopiervorlage 11

Überleitung	*It's the first day of the new school year for the Bristol kids. It's eight o' clock in the morning: time for breakfast.*

1 In the morning

Erarbeitung	**a) SB geöffnet.** L: *Let's listen and find out: Who is in the photos?* Die S übertragen die Tabelle in ihr Heft und lassen genügend Platz für die zweite Zeile, wo sie bei Aufgabe c) die abgebildeten Gegenstände eintragen.
🎧 1.20 **Lösung**	**b)** 1. **Hören:** Die S schreiben die Buchstaben der Fotos in die erste Zeile.
	Ananda: B • Dan and Jo: A • Jack: D • Sophie: C
🎧 1.20	**c)** 2. **Hören:** L erklärt vorab die Arbeitsanweisung (°*word*, °*box*). Die S ordnen die genannten Gegenstände den jeweiligen Namen zu.
Lösung	

	Ananda	Dan + Jo	Jack	Sophie
Photo	B	A	D	C
Words	apple, banana, cornflakes, milk	comic, money	school bag, pencil case, mobile phone, sandwich box	book, clock, lamp

○ **Differenzierung**	Lernschwächere S notieren sich während des Hörens nur die beiden Anfangsbuchstaben eines Wortes. Alternativ legen sie von L vorbereitete Wortkarten auf die entsprechenden Spalten. Anschließend werden die vollständigen Wörter aufgeschrieben.
● **Differenzierung**	S mit Vorkenntnissen notieren weitere Wörter, die auf den Fotos zu sehen bzw. auf der CD zu hören sind, wie *breakfast, football boots, toast, …* (je nach Vorwissen).

Hörtext

1

Mrs Kapoor	It's 8 o'clock: breakfast! School today.
Dilip	Yeah, Mum, school today. And where are my football shorts?
Mrs Kapoor	In your sports bag, Dilip. And your tea is ready … and toast.
Mrs Kapoor	Your brother! Now, Ananda dear, cornflakes?
Ananda	No thank you, Mum.
Mrs Kapoor	Toast? … An apple? … A banana?
Ananda	No thank you, Mum.
Mrs Kapoor	Well, have a glass of milk.

2

Mr Shaw	Breakfast?
Dan	Yeah! Can I have toast today, please, Dad?
Jo	Me, too.
Mr Shaw	OK, boys, five minutes!
Jo	Oh, no! Where's my dinner money?
Dan	On the table, next to the comic.
Jo	Ah! Thanks.
Dan	Oh, no! Where are my football boots?
Jo	Here, on the table, next to the CDs.
Mr Shaw	Breakfast!

3

Jack	Right, schoolbag … exercise book … ruler and a glue stick, now, where's my pencil case? Ah, here it is. And here's my mobile …
Mrs Hanson	Jack, have you got your sandwich box?
Jack	Sandwich box, sandwich box, where … ah, here's my sandwich box. Yes, Mum.
Mr Hanson	And your pencil case?
Jack	Yes, Dad.
Mrs Hanson	And your mobile phone?
Jack	Yes, Mum.
Mr Hanson	Good. Then you're ready!

4

Sophie	Ugh … mmm … Who? What?
Mrs Carter-B.	Sophie! Are you all right?
Sophie	Oh, It's you! I'm OK, Mum. You are noisy, Prunella.
Prunella	Sorry.
Sophie	And look: my books are on the floor, and my diary and my clock!
Prunella	But not your lamp! Hee hee hee!
Sophie	Thank you, Prunella!

▶ ▶ *P 1–2* • *WB 1–2*

INFO-BOX

Zu einem **typisch englischen Frühstück** gehören Spiegeleier, Speck, gebackene Tomaten und Pilze, häufig ergänzt durch Würstchen und *baked beans* (weiße Bohnen in Tomatensoße). Diese gehaltvolle Variante wird in den meisten englischen Familien nur am Wochenende genossen. Unter der Woche hat sich ein leichteres Frühstück durchgesetzt: Tee mit Milch, Orangensaft und Toast mit (gesalzener) Butter und *marmalade* (Marmelade aus Zitrusfrüchten). Dazu gibt es *cereals,* wozu alle Arten von Frühstücksgetreide wie Müsli, Cornflakes oder Haferflocken zählen.

Anwendung des Wortschatzes

2 Extra 👥👥👥 **Game**

Spielablauf wie im SB beschrieben. Vor Beginn des Spiels sollten Frage und Kurzantworten eingeübt werden: L zeichnet einen Gegenstand (z.B. eine Uhr) nach Art der „Montagsmaler" in mehreren Schritten an die Tafel. Die S raten während des Entstehens, worum es sich handelt. Besonders in lernschwächeren Gruppen sollte L die Redemittel an die Tafel schreiben, damit die S während des Spiels auf sie zurückgreifen können.

DOSSIER: *My school bag*

L kann es den S überlassen, ob sie die Schulutensilien lieber zeichnen oder eine Collage aus Zeitschriftenbildern anfertigen möchten. Die Beschriftung sollten die S zunächst mit Bleistift vornehmen und erst nach der gegenseitigen Kontrolle mit einem Partner oder in der Gruppe mit Füller oder Buntstiften ins Reine schreiben.

Differenzierung

In lernschwächeren Gruppen kann L eine Gruppenarbeitsphase vorschalten, in der die S Wörter zum Thema sammeln, z.B. mithilfe einer *placemat* (▶ HRU-Seite 200). S mit guten Grundschulkenntnissen sollten möglichst gleichmäßig in den Gruppen vertreten sein.

A-Section

S. 20

INHALT Dan und Jo, die sich nach außen hin cool geben, stehen nervös vor ihrem neuen Klassenzimmer. Dort treffen sie auf ihre neuen Mitschüler Ananda und Jack, die beim Vorstellen Mühe haben, die Zwillinge auseinanderzuhalten.

KOMMUNIKATIVE KOMPETENZEN
Hör-Seh-/Leseverstehen: Die wesentliche Aussage eines Textes verstehen und Bilder sinngemäß ordnen
Sprechen: Kurze Aussagen über Mitschüler verstehen und sprachlich korrekt reagieren

SPRACHLICHE MITTEL
Wortschatz A1: before • lessons • lesson • student • nervous • first • clever • mad • Don't listen to Dan. • Come. • Sit with me.
A2: wrong

Grammatik   Personalpronomen, Kurz- und Langformen von *be*

Redemittel A2: I've got … • He's/She's … years old / from Bonn / clever. • Yes, that's right. / No, that's wrong.

METHODISCHE KOMPETENZEN
Paradigmen eines sprachlichen Phänomens zusammenstellen und Regeln formulieren; sich in einer fremden Sprache kooperativ mit anderen verständigen

MATERIALIEN CD, KV 12, LAS 1A–B; Schachtel und Papierzettel (A2)

1 Before lessons

Einstieg SB geschlossen. L erzählt kurz die Geschichte einer Schülerin, die ihren ersten Schultag an einer neuen Schule erlebt, evtl. mithilfe einer Skizze: *This is Clarissa. It's her first day at our school. She's a new student at our school. So she's very nervous.* (Gestik, Mimik) …
Anschließend kann mit den S eine kurze Situation gespielt werden, in der die neue Schülerin auf ihre Mitschüler trifft. Dabei werden *lesson, Come …, Sit with me, first* (dt. „zuerst") semantisiert.
Hinweis: Die Imperative *Come and sit …* und *Don't listen to …* werden an dieser Stelle lexikalisch eingeführt. Sie dürften vielen S aus der Grundschule vertraut sein. In der Unterrichtssprache können weitere Aufforderungen wie *Don't write in your books* verwendet werden. Die Systematisierung des Imperativs erfolgt nach der Behandlung von **A11**.

Überleitung *It's the first day at a new school for the Bristol kids too. They are new students. Let's see: Are Dan and Jo nervous?*

Einstieg SB geöffnet: Die S spekulieren anhand der Fotos: *Yes./No.* (L ergänzt: *Dan and Jo are/aren't nervous.*)

🎧 1.21 **Erarbeitung** 1. Hören: Die S bestätigen bzw. korrigieren ihre Vermutungen: *Dan and Jo are nervous.*

🎧 1.21 2. Hören: Die S decken den Text ab und betrachten die Fotos. L: *Look at the photos. Who can you see?* S: *Dan and Jo, Ananda, Jack* – L: *Now listen and put the pictures in the right order.*

Lösung B – C – A

🎧 1.21 3. Hören/Stilles Lesen: Die S ergänzen das Tafelbild, bei dem nur die Anfangsbuchstaben vorgegeben sind. Unter Nutzung des Tafelbilds semantisiert L den restlichen Wortschatz: *clever; mad* (Mimik, Strichzeichnung); *Don't listen …* (Gestik).

```
Ananda + Jack = new friends
Dan    + Jo   = twins
                clever/mad?
```

Zusatz 1	**Lesen:** Der Dialog wird mit verteilten Rollen gelesen oder nachgespielt. Zur Darstellung der Zwillinge kann L zwei gleich aussehende Papiermasken mitbringen, damit die Verwechslungssituation besser nachvollziehbar ist.
Zusatz 2/ Transfer	👥 Die S stellen sich gegenseitig vor. Die dafür notwendigen Redemittel (aus **A1**, zweiter Abschnitt) sollten währenddessen auf Folie/an der Tafel stehen.
● Differenzierung	👥👥 Lernstärkere S arbeiten in Kleingruppen (3–4 S) und stellen analog zum SB-Text nicht nur sich, sondern auch ihre Mit-S vor.

2 👥 ACTIVITY

Erarbeitung	L schreibt je einen Namen auf zwei Zettel und demonstriert den Spielablauf mit zwei lernstärkeren S. Dabei semantisiert L *wrong (opposite: right)* und hebt beim Sprechen die Redemittel *I've got …* und *He's/She's …* hervor. Spielablauf gemäß SB. **Hinweis:** *Have got* wird nach **A14**, die Formen von *be* werden nach **A3** bewusst gemacht. Wenn die S während des Spiels Fehler machen, korrigiert L individuell durch Einflüstern.

Looking at language

Bewusstmachung Personalpronomen Formen von *be*	Die meisten Personalpronomen und die dazugehörigen (Kurz-)Formen von *be* sind den S aus dem Grundschulunterricht bekannt. L systematisiert die Personalpronomen mithilfe der bildgestützten Übersicht des *Looking at language*. Die S suchen die dazugehörigen Formen von *be* aus **A1**, L erstellt an der Tafel eine Übersicht. Der Text enthält nur Beispiele für Kurzformen, da diese in der gesprochenen Alltagssprache die gängigen Formen sind. In der geschriebenen, formellen Sprache werden dagegen meist die Langformen verwendet. Die S überlegen, welcher Buchstabe jeweils durch den Apostroph ersetzt wird. Dann werden die entfallenen Buchstaben im Tafelbild ergänzt.
Kurz- und Langformen	

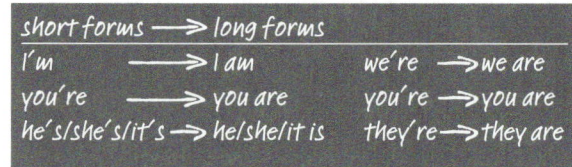

short forms	⟶	long forms
I'm	⟶ I am	we're ⟶ we are
you're	⟶ you are	you're ⟶ you are
he's/she's/it's	⟶ he/she/it is	they're ⟶ they are

● Differenzierung/ Einbeziehung von Grundschulenglisch	Wenn die S Vorwissen aus der Grundschule mitbringen, sind ihnen die verneinten Formen von *be* durch Wendungen wie *There isn't …* und *No, I'm not* geläufig. L kann in diesem Fall die Bewusstmachung der *negative statements* hier beginnen und mit Beispielen aus **GF 2a** ergänzen. Andernfalls wird die Bildung der verneinten Aussagen mit *be* nach **A3** behandelt.

I'm Dan. I'm not Jo.
You're Jessica. You aren't Nina.

short forms	⟶	long forms
I'm not	⟶ I am not	
you aren't	⟶ you are not	
he/she/it isn't	⟶ he/she/it is not	

Alternative	Die S erarbeiten das Grammatikthema mithilfe von *Language Action Sheet* (LAS) 1A–B (1. Abschnitt). Lernstarke Lerngruppen können die Aufgaben weitgehend selbstständig bearbeiten. (▶ Vorwort, HRU-Seite 24, zum didaktischen Ansatz der LAS)

▶ *GF 1–2a: Personal pronouns/Verb (to) be* • *P 3–4* • *WB 3–6* • *LAS 1A–B*

Zusatz	**KV 12. Long forms and short forms:** Zur Festigung der Kurz- und Langformen ordnen die S die passenden Wortkarten einander zu: zunächst die Pronomen und die Langformen von *be*, dann die dazugehörigen Kurzformen. Die Wortkarten mit den negativen Formen können nach der Bearbeitung von **A3** hinzugefügt werden.

Kopiervorlage 12

S. 21

INHALT Die Kinder aus Bristol lernen sich näher kennen und erzählen von ihren Eltern. Dabei erfahren sie, dass Anandas indischer Vater aus Uganda stammt, während ihre Mutter in Bristol geboren wurde. Die Mutter der Zwillinge lebt mit ihrem neuen Partner in Neuseeland.

KOMMUNIKATIVE KOMPETENZEN
Hör-/Leseverstehen: Detailinformationen zu den Lehrwerkskindern erfassen
Sprechen: Eine pantomimische Darstellung versprachlichen (Gruppendialog)

SPRACHLICHE MITTEL
Wortschatz   A3: °Indian • our • her • together • I'm sorry. (+Box „sorry", *Voc., S.157*) • teacher
Grammatik   *be:* verneinte Aussagesätze, Entscheidungsfragen und Kurzantworten
Redemittel   A5: Are you a dog/mad/ ...? • Yes, I am. / No, I'm not.

METHODISCHE KOMPETENZEN
Ein Mobile (oder Poster) basteln, das die Formen von *be* illustriert; ein Spiel in englischer Sprache durchführen

MATERIALIEN CD, KV 13, LAS 1B–C; für ein Mobile (A4): festes DIN A4-Papier oder Karteikarten (farbig), Schnur, Kleiderbügel

---

3 Ananda is a nice name

Einstieg SB geöffnet. Die S betrachten die Fotos und beantworten folgende Fragen: *Who can you see in the pictures? Where are they? – Let's see what they're talking about.*

🎧 1.22 Erarbeitung
Lösung
1. Hören: Die S beantworten die Fragen im SB.
Her dad is from Uganda. – Ananda
Their mum is in New Zealand. – Dan and Jo.

🎧 1.22 2. Hören/Stilles Lesen: Die S sammeln Informationen zum Alter der Kinder und der Herkunft ihrer Eltern, die L in einer Tabelle festhält. Anschließend berichten die S über die Lehrbuchkinder, dabei sema-
tisiert L *your, our, her, together: Ananda is eleven. Her mum is from Bristol and her dad is from Uganda. Dan and Jo are twelve. Their dad is from Bristol, but their mum is in New Zealand with her new*

name	how old?	mum/dad
Ananda	11	Bristol/Uganda
Jo and Dan	12	New Zealand/Bristol
Jack	11	?

partner. Their mum and dad aren't together (dt.). *Jack is eleven. I think his mum and dad are from Bristol too ...*

Hinweis: Die Possessivbegleiter *your, our* und *her* werden an dieser Stelle lexikalisch eingeführt und in Unit 2 systematisch behandelt.

Übriger Wortschatz: *teacher* (evtl. aus Grundschule bekannt); *I'm sorry* (mithilfe der *blue box* im *Vocabulary* (▶ SB-Seite 157) die Bedeutungen „Entschuldigung.", „Das tut mir leid." und „Wie bitte?" gegenüberstellen)

Zusatz Die S suchen Indien, Uganda und Neuseeland im Atlas oder auf einer Karte.

INFO-BOX

Ugandan Asians: Im August 1972 verkündete General Idi Amin, Präsident von Uganda, dass alle Asiaten das Land innerhalb von 90 Tagen zu verlassen hätten. Von den ca. 60.000 Asiaten kamen etwa 30.000 mithilfe einer eilends arrangierten Luftbrücke zwischen Kampala und Stansted nach Großbritannien. Die meisten Flüchtlinge hatten kaum Zeit, etwas mitzunehmen, zumal ihre gesamte Habe enteignet wurde. Da die Asiaten in Uganda die treibende Kraft in Wirtschaft und Handel waren, wurde die Vertreibung von der ugandischen Bevölkerung zunächst begrüßt. Dies änderte sich, als die Wirtschaft des Landes zusammenbrach. Heute sind die *Ugandan Asians* eine der erfolgreichsten und wohlhabendsten Einwanderungsgruppen in Großbritannien. Die meisten von ihnen sind Hindus.

Bewusstmachung Verneinung von *be*	Nach **A3** kann L die verneinten Formen von *be* sowie die Bildung von Entscheidungsfragen und Kurzantworten bewusst machen. Ausgehend von den Beispielen *We aren't eleven*, *Our mum isn't here* und *Our mum and dad aren't together* spekulieren die S, wie die Verneinung bei den übrigen Personen gebildet wird. Das Paradigma kann mithilfe von **GF 2a** vervollständigt werden.
Fragen mit *be* und Kurzantworten	Um zu den Fragen mit *be* und den Kurzantworten überzuleiten, nimmt L Anandas Frage *Are you eleven too?* auf und lässt die S eine Fragekette bilden (L beginnt mit einem S mit Grundschulkenntnissen): S1: *Are you eleven too?* S2: *Yes./No.* (L ergänzt: *Yes, I am. / No, I'm not.*) – *Are you eleven too?* S3: *Yes, I am / No, I'm not.* – *Are you …?*
Erarbeitung	L lässt Frage und Antwort übersetzen. Dabei wird deutlich, dass man im Unterschied zum Deutschen im Englischen auf Entscheidungsfragen gewöhnlich nicht mit *yes* und *no* antwortet, sondern eine Kurzantwort verwendet. Angelehnt an den Dialog in **A3** stellt L den S weitere Fragen, die sie mit einer Kurzantwort (mit verschiedenen Personen) beantworten müssen. Bei der Gegenüberstellung der verneinten und bejahten Kurzantworten hebt L hervor, dass nach *yes* die Langform steht, nach *no* hingegen die Kurzform. Die S überlegen, wie die restlichen Formen gebildet werden und überprüfen ihre Vermutung in **GF 2b–c**. Dann ergänzt L im Tafelbild Beispiele für *be*-Fragen mit Fragewort. Dabei ist zu beachten, dass *is* nach dem Fragewort oft verkürzt wird.

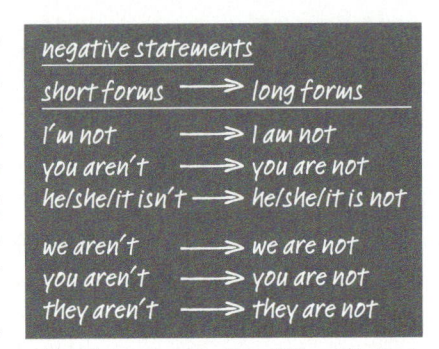

negative statements

short forms	→	long forms
I'm not	→	I am not
you aren't	→	you are not
he/she/it isn't	→	he/she/it is not
we aren't	→	we are not
you aren't	→	you are not
they aren't	→	they are not

questions with be and short answers

	+	–
Am I your friend?	Yes, you are.	No, you aren't.
Are you eleven?	Yes, I am.	No, I'm not.
Is your mum from Jena?	Yes, she is.	No, she isn't.
Are they girls/boys?	Yes, they are.	No, they aren't.
	→ long form	→ short form

What's your name? (→ What is …?)
Who's that? (→ Who is …?)
Where are my pencils?

Alternative	Alternativ kann **LAS 1B–C** zur Bewusstmachung der Verneinung und der Entscheidungsfragen sowie zu deren Festigung eingesetzt werden.
▶	▶ GF 2b–c: Verb (to) be • P 5–7 • WB 7–8 • LAS 1B–C
Zusatz	**KV 13. Questions and short answers:** Die S zerschneiden das Trimino und legen es so zusammen, dass sich jeweils eine Entscheidungsfrage und die passende Kurzantwort gegenüberliegen. Richtig zusammengelegt ergeben die Einzeldreiecke ein großes Dreieck.
Festigung	**4 ACTIVITY** Die S fertigen ein Mobile (oder ein Poster) mit den Personalpronomen und den Formen von *be* an, das im Klassenraum aufgehängt wird. Für das Mobile befestigen sie Kärtchen aus buntem Zeichenkarton (alternativ: Karteikärtchen) mit Garn an einem Drahtbügel (vgl. Abbildung im SB). Da sich das Mobile ständig bewegt, sollten die Karten auf beiden Seiten beschriftet werden.
Zusatz	Wenn man an den Garnenden kleine Häkchen befestigt, können die Karten ausgetauscht werden. So können die S an dem Mobile wechselweise verschiedene Grammatikthemen oder Wortgruppen aufhängen.

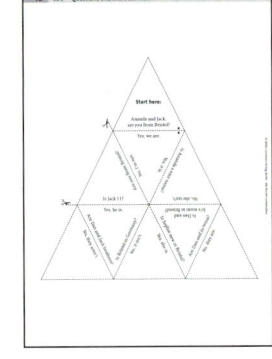

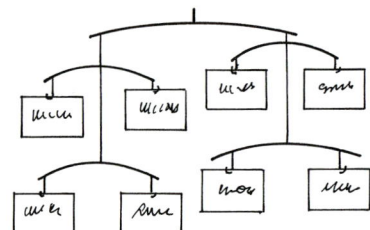

Kopiervorlage 13

> **Didaktisch-methodischer Hinweis**
>
> **Gruppenarbeit (II):** Produktorientierte Gruppenarbeit und Spiele können von **Kooperation** oder **Wettbewerb** geprägt sein. Wenn Wettbewerb als motivatorisches Element gewählt wird, sollte das Leistungsniveau der Gruppen möglichst gleich sein. Besonders für lernschwächere S ist der Wettbewerb zwischen ungefähr gleich starken Teams motivierender als der Wettkampf zwischen einzelnen.
> Die **Bewertung** sollte sich bei Gruppenarbeit möglichst nicht auf kognitive Fähigkeiten beschränken, sondern soziale Kompetenzen und kreative Fähigkeiten einschließen: engagiertes Zusammenarbeiten, kreative Einfälle, schauspielerische Fähigkeiten usw. So kann Gruppenarbeit auch für sprachlich schwache S eine positive Lernerfahrung sein.

Festigung

5 GAME

Wenn einzelne S das Spiel aus der Grundschule kennen, können sie helfen, der Klasse den Spielablauf zu demonstrieren. Dazu verwenden sie die Entscheidungsfrage *Are you ...?* und die Kurzantwort *Yes, I am. / No, I'm not.* Vorab sollten die nachzuahmenden Begriffe gemeinsam gelesen und das Verständnis gesichert werden. Das Spiel kann auch parallel in mehreren Kleingruppen gespielt werden, damit mehr S zum Zuge kommen.

Zusatz Um weitere Formen von *be* und deren Kurzantwort zu üben, stellen die S Fragen zu den Lehrwerkscharakteren, sich selbst oder ihnen bekannten Personen (das Nachahmen fällt hier weg). Beispiel: *Is Ananda a baby? No, she isn't. – Are Jo and Dan nervous? Yes, they are. – Am I eleven? Yes, you are.*

> **Didaktisch-methodischer Hinweis**
>
> Die S sind es aus der Grundschule gewohnt, Sprache pantomimisch umzusetzen. Die meisten S haben viel Freude daran, etwas vorzumachen. Durch die **Pantomime** können die S lernen, welche Bedeutung Mimik, Gestik und Körpersprache als unterstützendes Kommunikationsmittel besitzen. Ruhige Hintergrundmusik kann schüchternen S helfen, Hemmungen abzubauen. Außerdem lässt sich mit Musik der Spielablauf steuern, da klar Beginn und Ende einer Spielphase signalisiert werden können.

▶ *Folie 7*

	S. 22

INHALT Die Kinder der Klasse 7PK lernen ihren Klassenlehrer Mr Kingsley kennen, der sie in Englisch und Sport unterrichtet. Jo wird von Mr Kingsley ermahnt, weil er sich über Sophies Doppelnamen lustig macht.

KOMMUNIKATIVE KOMPETENZEN

Hör-/Leseverstehen: Einem Dialog Detailinformationen zu den Lehrwerkskindern entnehmen

Sprechen: Ein Interview zum Thema „Sport" führen (Partnerdialog) und darüber berichten; einen Rap darstellend vortragen; Namen buchstabieren

SPRACHLICHE MITTEL

Wortschatz   A6:   GS-Wortschatz: Box zum Thema „Klassenzimmer", *Voc., S. 157* • **form** • **Tell me your names.** • **PE** • **enough** • **quiet** • **joke** • **bad** • **Can you remember that?**
A7:   **or**
A8:   **alphabet** • **Throw a ball.** • **Climb a tree.** • **Write ...** • **Do what I do.**
A9:   **Spell ...** • °**dot**

Grammatik   *can*: bejahte und verneinte Aussagesätze, Entscheidungsfragen und Kurzantworten

Redemittel   A7:   Can you play football/...?
A9:   Can you spell your name, please? • It's ...

METHODISCHE KOMPETENZEN

Sich mit dem Partner in der Fremdsprache verständigen, um Informationen zu erfragen und weiterzugeben

MATERIALIEN   CD, LAS 1D

6 Meet Mr Kingsley

Einstieg **SB geschlossen.** L erinnert die S an die Vorstellungssituation des ersten Schultags und semantisiert dabei neuen Wortschatz: *Good morning. You know I'm your English teacher. You are Form 5 ... I'm* (oder: *Mrs/Mr ... is*) *your form teacher. Your PE teacher is Mr/Mrs ...* (dt. oder Skizze an der Tafel); *Please tell me your names again* (auf einzelne S zugehen). *What's your name? – Quiet, please* (Finger an den Mund). *– It's enough now* (Stoppzeichen). *Can you remember that?* (dt.)

Überleitung L: *Today the Bristol kids are going to meet their new form teacher. Let's find out about him.*

Erarbeitung **SB geöffnet.** L: *Look at the photo. This is the new form teacher. Who is he?*

🎧 1.23   1. **Hören/Stilles Lesen (1. Abschnitt):** Die S sammeln aus dem ersten Abschnitt (Mr Kingsley stellt sich vor) Informationen zu Mr Kingsley. L hält die Antworten stichwortartig an der Tafel fest.

> Mr Kingsley:
> – teacher at Cotham School
> – English and PE teacher
> – form teacher of Form 7PK
>   (Paul Kingsley)

🎧 1.23   2. **Hören/Stilles Lesen:** Die S beantworten die Verständnisfragen im SB: *Who can play football? (Jo)*
Lösung

🎧 1.23   3. **Hören/(Stilles) Lesen:** Wenn der Dialog laut gelesen werden soll, klärt L zunächst den restlichen Wortschatz: *joke, bad (opposite: good)* Weitere Verständnisfragen: *Who can't play football? (Ananda)   What's Sophie's family name? (Carter-Brown)   Who makes a joke about Sophie's family name? (Jo)*

> **INFO-BOX**
>
> Das **britische Schulsystem** untergliedert sich in *primary school* (5–11 J.) und *secondary school* (11–16/18 J.). Zu Beginn der *secondary school* sind die S also in der 7. Klasse. Der Übergang zur *secondary school* ist mit einem Schulwechsel verbunden. Für das deutsche Wort „Schulklasse" gibt es in Großbritannien zwei Entsprechungen: *form* und *class*. Die Klassen werden häufig mit den Initialen ihrer Klassenlehrer/innen gekennzeichnet (Form 7PK ist nach Paul Kingsley benannt). Viele Schulen sind in *houses* eingeteilt, in denen es verschiedene *tutor groups* gibt. In diesen Gruppen lernen die Schüler/innen gemeinsam. Die *Cotham School* ist nach dem Stadtteil Cotham (Aussprache: [ˈkɒtəm]) benannt, der im Norden von Bristol liegt.

Zusatz L erklärt (auf Deutsch), welche soziale Bedeutung ein Doppelname in Großbritannien hat (s. *Info-Box*). Jos Verhalten kann Anstoß zu einem Gespräch über den sozialen Umgang in der Schule geben. Weiterführend kann die Klasse gemeinsam ein (deutsch- oder englischsprachiges) Plakat mit Umgangsregeln erstellen: *Don't laugh about names/clothes/mistakes/ ...*

> **INFO-BOX**
>
> Ähnlich wie in Deutschland entscheiden sich manche britischen Paare bei ihrer Heirat für einen **Doppelnamen**, besonders wenn sie einen sehr häufigen Namen haben. Doppelnamen werden oft mit der Oberschicht *(upper class)* und der gehobenen Mittelschicht *(upper middle class)* assoziiert. Deshalb empfindet Jo (der selbst der Mittelschicht angehört) Sophies Doppelnamen als eingebildet.

Bewusstmachung *can*: Aussagesätze und Fragen

Die S lesen noch einmal **A6** und suchen Beispielsätze mit *can* und *can't*, mit denen man
1. ausdrückt, dass jemand etwas kann
2. ausdrückt, dass jemand etwas nicht kann
3. fragt, ob jemand etwas kann

L schreibt einige Beispiele an die Tafel. Um Beispiele für *we* und *they* zu ergänzen, fragt L einige S in der Klasse *Can you play football?* und macht Aussagen wie *Tina can play football. Niklas can play football too. But they can't play tennis ...* Die S stellen fest, dass es bei *can/can't* nur eine Form für alle Personen gibt. Bei der Übersetzung der Aussagesätze wird die unterschiedliche Satzstellung deutlich: Im Englischen stehen *can/can't* und das Verb direkt hintereinander, das Objekt steht nach dem Vollverb.

```
                        can and can't

+  I can play hockey.                  →   Ich kann Hockey spielen.
   Niklas/Tina (he/she) can play football.
   We can play football.

–  I can't play football.              →   Ich kann nicht Fußball spielen.
   They can't play tennis.

?  Can you play football?              →   Kannst du Fußball spielen?
   → Yes, I can. / No, I can't.        →   Ja. / Nein.
```

Mit der höflichen Frage *Can I open the window, please?* kann L verdeutlichen, dass *can* auch mit „dürfen" übersetzt werden kann (▶ **GF 3d**). Wenn man besonders höflich um Erlaubnis bittet, verwendet man im Englischen *may*: *May I open the window, please?* (▶ **GF 3d**, *Extra*)

Alternative Die S erarbeiten das Grammatikthema mithilfe von LAS 1D.

▶ ▶ GF 3: *can* • P 8 • LAS 1D • Folie 8

Transfer **7** **Now you**

Die S folgen dem Beispiel im SB und befragen ihre Partner. Die Bezeichnungen der Sportarten sind teils bekannt, teils handelt es sich um *good friends*. Besonders bei *badminton, basketball, football* sollte zuvor die Aussprache gesichert werden. Um nach dem Interview über ihren Partner berichten zu können, machen sich die S tabellarisch Notizen.

Martin	can play	can't play
badminton		X
basketball	X	
football	X	
hockey		X
ice hockey		X
tennis		X

8 SONG Alphabet rap

Einstieg SB geschlossen. L führt die englischen Buchstaben anhand der Namen der S ein und sichert die Aussprache von *alphabet*. Danach spricht L die einzelnen Buchstaben langsam vor, die S sprechen im Chor nach. (▶ Liste *The English alphabet*, SB-Seite 149)

Erarbeitung

🎧 1.24

SB geöffnet. Die Bedeutung von *rap* dürften die S kennen, L sollte jedoch auf die richtige Aussprache achten.

1. Hören: L stellt den Text pantomimisch dar, um den unbekannten Wortschatz zu semantisieren: *Throw a ball; Climb a tree; Write ...; Do what I do* (ggf. dt.); *enough* (dt.)

A B C D E F G	
Throw a ball, climb a tree	(Werfen und Klettern andeuten)
H I J K L M N	
Write your name, drop your pen.	(Schreibbewegungen machen, die Hand öffnen)
O P Q R S T U	
Yes, that's right. Do what I do.	(Nicken; zuerst auf eine andere Person, dann auf sich selbst zeigen)
V W X Y Z	
Enough, enough, your face is red.	(Stopzeichen, Gesicht mit dem Finger nachziehen)

🎧 1.24

2. Hören (mehrmals): Die S machen die Bewegungen mit und sprechen den Rap rhythmisch im Chor, danach gruppenweise (Mädchen und Jungen, vordere und hintere Klassenhälfte abwechselnd usw.).

🎧 1.25

Anschließend rappen die S zur Playback-Fassung.

> **Didaktisch-methodischer Hinweis**
>
> Durch die Verbindung von Sprache und Bewegung beim rhythmischen Sprechen eines **Rap** wird es den S erleichtert, den Inhalt des Rap zu verstehen und sich die verwendeten Redemittel und Strukturen einzuprägen.
>
> Das Einüben von Raps und Reimen lässt sich abwechslungsreich gestalten, indem die Form des Nachsprechens der einzelnen Zeilen variiert wird. So können S paarweise, in Gruppen oder mit verteilten Rollen den gesamten Rap oder Teile davon sprechen.

Festigung

9 👥 **Now you**

L buchstabiert einen Namen an der Tafel und semantisiert dabei *(to) spell* und °*dot*. Anschließend buchstabieren die Partner abwechselnd ihre Namen. Der zuhörende S sollte mitschreiben, um besser kontrollieren zu können, ob richtig buchstabiert wurde. L geht herum und korrigiert die Aussprache der S.

● **Differenzierung**

Lernstärkere S, die mit der Lautschrift vertraut sind, kontrollieren die Aussprache selbstständig mithilfe der Liste *The English alphabet* (▶ SB-Seite 149).

▶ ▶*WB 9–11*

Zusatz 1 Die S buchstabieren weitere Namen und Wörter *(Can you spell 'enough'?)*.

Zusatz 2 Spiel: 👥 Die S einer Kleingruppe (4–5 S) schreiben den Namen eines Popstars, Sportlers o.ä. auf ein Stück Papier und legen es in eine Schachtel. Ein S zieht einen Zettel und buchstabiert den Namen. Wer den Namen errät, darf als nächster ziehen. Beispiel: *O-R-L-A-N-D-O B- ... Oh, it's Orlando Bloom!*

Alternative zu Zusatz 2 👥 Wettstreit zwischen zwei großen Gruppen: L zählt dabei die Anzahl der Buchstaben, die es dauert, bis eine Gruppe den Namen errät. Am Ende gewinnt die Gruppe mit der niedrigeren Punktzahl.

S. 23

INHALT Mr Kingsley gibt der Klasse 7PK den neuen Stundenplan bekannt.

KOMMUNIKATIVE KOMPETENZEN
Hör-/Leseverstehen: Einem Text wesentliche Aussagen entnehmen; einen vorgegebenen Stundenplan mithilfe eines Hörtextes ergänzen; einzelne Schulfächer aus einem Lied heraushören
Schreiben: Schulfächer in einem Stundenplan ergänzen

SPRACHLICHE MITTEL
Wortschatz A10: timetable • Take out ... • Write down ... • at 8.45 • on Tuesday (+Box „on", Voc., S. 158) • with • +Box „School subjects", Voc., S. 158 • after • break
A11: lunch

Grammatik Imperativ

METHODISCHE KOMPETENZEN
Aufbau und Informationsgehalt des Vocabulary (chronologische Wortschatzliste) kennen lernen, um es selbstständig zu nutzen; in Partnerarbeit Ergebnisse überprüfen und Fehler korrigieren

MATERIALIEN CD, KV 14

10 Timetable time

Einstieg SB geschlossen. L zeigt auf den Stundenplan der Klasse: *This is our timetable. Today is Monday and we've got English at 9.40. When is our next English lesson? – On Wednesday at 8.30.* Anhand des Stundenplans lassen sich *break, with, after* sowie *subject* und *Geography* semantisieren (die übrigen Schulfächer schlagen die S vor Bearbeitung von A11 im *Vocabulary* nach).

Überleitung *Now let's find out about Form 7PK's timetable.*

Erarbeitung SB geschlossen. Hinweis: A10 und A11 sollten möglichst zeitnah bearbeitet werden, da der Hörtext zu A11 die Fortsetzung des Abschnitts A10 ist.

🎧 1.26 1. **Hören:** L gibt drei Schulfächer in Einzelbuchstaben an der Tafel vor: *Which school subject does Mr Kingsley write on the board? (Geography). Can you spell it?* Danach kann L auch die anderen beiden Schulfächer buchstabieren lassen.

🎧 1.26 2. **Hören:** Nach dem Hören richtet L Mr Kingsleys Anweisungen an die Klasse, um das Verständnis zu überprüfen (viele S dürften die Anweisungen aus der Grundschule kennen): *Take out your exercise books, please. / Write down the date. / Look at the board.* (auf den Tafelanschrieb deuten). Die S führen die Anweisungen zunächst gemeinsam, dann in Gruppen und schließlich einzeln aus.

Überleitung L: *Now listen and write down 7PK's timetable for Tuesday.*

11 Form 7PK's timetable

Erarbeitung *a)* SB geöffnet. Die S übertragen die Tabelle von A11 in ihr Heft. Dann schlagen sie die ihnen unbekannten Schulfächer sowie *lunch (break)* im *Vocabulary* (▶ Box „School subjects", Voc., S. 154) nach, anschließend sichert L die Aussprache. Die *Study Skills Box* „Wörter lernen" kann L an dieser Stelle oder im Anschluss an die Grammatikbehandlung besprechen (▶ HRU-Seite 71).
Anhand der im Stundenplan vorgegebenen Informationen beantworten die S folgende Fragen: *When is Geography? (at 9.40) Where is Geography? (in room 16) When is morning/lunch break? (at 10.35/at 12.40)*

Kopiervorlage 14

Alternative **KV 14. Form 7PK's timetable:** Die S füllen die vorgegebene Tabelle aus.

🎧 1.27 **b) 1. Hören:** Die S achten nur auf die Schulfächer, die Mr Kingsley nennt. Während des Hörens notieren sie die Anfangsbuchstaben der Fächer und ergänzen sie anschließend.

🎧 1.27 **2. Hören:** Nun notieren die S die Zimmernummern.

🎧 1.27 **c) 👥 3. Hören:** Die S tauschen die Hefte mit ihren Partnern aus und überprüfen beim weiteren Hören die Ergebnisse.

Hörtext

Mr Kingsley	At eight forty-five on Tuesday it's English with me, here in Room 14. Then it's Geography in Room 16.
Jo	Mr Kingsley? I'm sorry. Can you spell 'Geography', please?
Mr Kingsley	That's OK, Jo. I can write it on the board: G–E–O–G–R–A–P–H–Y.
Jo	Thank you, Mr Kingsley.
Mr Kingsley	You're welcome, Jo. After the morning break it's Drama. That's Drama from ten fifty to eleven forty-five. Drama lessons are in Room 21. So, please write 'Drama' next to 'ten fifty', then 'Room 21'. At eleven forty-five you've got Science in Room 6. So, that's eleven forty-five to twelve forty, Science, Room 6. After Science, you've got your lunch break. The lunch break is from twelve forty to one forty. That's one hour for your lunch break. After lunch, go to Room 2 for your Music lesson. From one forty to two thirty-five it's Music. That's in the Music Room, Room 2. Music, Room 2. Your last lesson today is Maths, from two thirty-five to three thirty. That's in Room 9. Maths, two thirty-five to three thirty, Room 9.

Bewusstmachung Imperativ

Einbeziehung von Grundschulenglisch

Die S werden einige Imperative bereits (rezeptiv) aus dem Grundschulunterricht kennen. L richtet verneinte und bejahte Aufforderungen an mehrere S (Verständnis mit Gestik und Mimik unterstützen). Dann lässt L auch die S einige Aufforderungen an ihre Mit-S richten: *Take out your pen, Sarah. Take out your pens, Timo and Nele. Don't talk, Lena and Susanne ...* Die Beispiele werden an der Tafel notiert. Die S suchen aus A11 Mr Kingsleys Aufforderungen an die Klasse heraus, die Beispiele werden im Tafelbild ergänzt. L verdeutlicht, dass es im Englischen für den Singular und den Plural nur eine Form gibt.

> **Imperatives**
> Take out your pen, Sarah.
> Don't talk, Lena and Susanne.
> (Be) quiet, please.
> Take out your exercise books, please.
> Listen and write down the timetable.
> singular/plural:
> + Talk.
> – Don't talk.

▶ *GF 4: Imperatives • P 9–11 • WB 12–15 • Folie 9*

STUDY SKILLS | Wörter lernen

Lern- und Arbeitstechnik

Die S lernen, dem *Vocabulary* Informationen wie Aussprache, Verwendung und deutsche Bedeutung von neuen Wörtern zu entnehmen, um diese nachhaltiger und zunehmend selbstständig zu lernen.
Eine Vertiefung des Themas bietet das *Skills File* (SF) 1. Es stellt verschiedene Techniken des Wörterlernens vor. Die S sollten im Laufe des Schuljahres möglichst viele Techniken ausprobieren (jede Technik mindestens drei Wochen lang), um herauszufinden, wie sie am besten lernen können. Zwischendurch sollten die S in Kleingruppen berichten, mit welcher Technik sie gut zurechtkamen bzw. womit sie Schwierigkeiten hatten.

Alternative

L beauftragt einzelne S, eine bestimmte Technik drei Wochen lang auszuprobieren und sie in einem Kurzreferat der Klasse vorzustellen.

▶ *SF 1 • P 12 • WB 16–17*

12 Extra SONG Wonderful World

Neuer Wortschatz °Algebra

a) In *Wonderful World* erkennen die S bekannte Schulfächer wieder. L erläutert *Algebra* (Lehre von mathematischen Gleichungen). Die S schreiben die vorgegebenen Schulfächer ab und tauschen kurz mit ihrem Nebensitzer die Hefte, um die Schreibung zu kontrollieren.

🎧 1.28
Lösung

b) **Hören:** Vorgehen gemäß SB.
History, Biology, Science, French, Geography, Algebra

Wonderful World
by Sam Cooke

Don't know much about History
Don't know much Biology
Don't know much about a science book
Don't know much about the French I took.

But I do know that I love you
And I know that if you love me too
What a wonderful world this would be.

Don't know much about Geography
Don't know mauch Trigonometry
Don't know much about Algebra
Don't know what a slide rule is for.

But I do know that one and one is two
And if this one could be with you
What a wonderful world this would be.

INFO-BOX

Sam Cooke hatte mit *Wonderful World* 1960 einen seiner größten Hits. Der Musiker wurde 1931 geboren und am 11. Dezember 1964 in Los Angeles unter mysteriösen Umständen in einem Motel erschossen.

Trigonometry/Algebra: Die Teildisziplinen der Mathematik werden an amerikanischen High Schools oft in Sequenzen unterrichtet, daher sind die beiden „Fächer" in dem Lied getrennt aufgelistet. Ein Durchschnittscurriculum beinhaltet z.B. Kurse in *Algebra, Geometry, Technical Mathematics, (Pre-)Calculus, Statistics, Probabilities, Integrated Mathematics*.

S. 24

INHALT Während der Mittagspause unterhalten sich Ananda, Dan, Jo, Jack und Sophie in der Schulkantine über ihre Lieblingsschulfächer und ihre neuen Lehrer. In Jacks Fantasie sieht der Geographielehrer Mr Barker wie ein Bankräuber aus.

KOMMUNIKATIVE KOMPETENZEN
Hör-/Leseverstehen: Einem Dialog entnehmen, über welche Themen gesprochen wird
Sprechen: Nach vorgegebenem Muster einen Dialog über Unterrichtsfächer und Lehrer vorbereiten und vortragen (Partnerdialog)
Schreiben: Einen Steckbrief zur eigenen Schule verfassen

SPRACHLICHE MITTEL
Wortschatz A13: food • really • I haven't got a chair. • ⁺Box „at", Voc., S. 159 • bank robber • all • like • him • °wanted • idea • What have we got next?
A14: boring • class

Grammatik have got: bejahte und verneinte Aussagesätze, Fragen

Redemittel A15: Can I sit with you? • Do you like …? • He's/She's OK/very nice/boring/… • What have we got next? • Oh, I like … • You're mad. I like … • Oh, I like … too. • Is the food OK? • It's OK/great/really good.

METHODISCHE KOMPETENZEN
Ein Rollenspiel vorbereiten und durchführen

MATERIALIEN CD, KV 15, KV 16, KV 10 (Book rally), LAS 1E–F, VAS 1A

13 Lunch break

Einstieg SB geöffnet. *It's 12.40 now. It's lunch break. The students at Cotham School are having lunch at the school canteen. Where do you have lunch? (in the school canteen/at home/…)*

Überleitung *Who can you see in the photo? (Ananda, Sophie, Jack, Jo and Dan)*

🎧 1.29 **Erarbeitung** 1. **Hören:** *What are the kids talking about?* L semantisiert die neuen Wörter *food, bank robber* und °*wanted* (mithilfe des *Wanted*-Posters). Die S finden heraus, über welche Themen die Kinder sich unterhalten und kreuzen sie an der Tafel/auf Folie an.

> drinks   food ✓   Mr Kingsley
> bank robbers ✓   parents   Music
> Maths ✓   Mr Barker ✓

🎧 1.29 2. **Hören/Stilles Lesen:** Die S machen sich zu weiteren Fragen Notizen. Zuvor semantisiert L *What have we got next?* (als feste Wendung einführen); *idea* (vgl. Dt.).
1 Is Mr Baker a bank robber? (No, he isn't.) • *2 What's the next lesson after lunch? (Music)* • *3 Who has got mad ideas: Jo, Sophie or Jack? (Jack)* • *4 Who likes Maths? (Ananda)*
Anschließend semantisiert L den übrigen Wortschatz: *really; like; him* (lexikalisch); *lasagne* und *pizza* (*good friends*, auf Aussprache achten: [ləˈzænjə], [ˈpiːtsə])

Zusatz 1 **Lesen:** Der Dialog zwischen den Lehrwerkskindern eignet sich gut zum szenischen Lesen oder zum Vorspielen.

Zusatz 2 Im Zusammenhang mit dem *Wanted*-Poster sollte L darauf aufmerksam machen, dass Jack eine rege Fantasie hat, die ihn oft zu vorschnellen Urteilen führt. Diese Eigenschaft wird in den weiteren Units eine wichtige Rolle spielen. Denn Jack verdächtigt einen neuen Gast im B&B seiner Eltern, kriminelle Pläne zu verfolgen. Die Geschichte um den Gast Mr Green wird in Unit 2 (▶ SB-Seite 48) angebahnt und beginnt in Unit 3 mit der Gründung eines Detektivteams (▶ SB-Seiten 65/66).

Bewusstmachung Hier können Funktion und Bildung von *have got* bewusst gemacht werden. S mit Vor-
have got/has got wissen sind *I've got (a) …* als fester Wendung begegnet. L kann dieses Vorwissen mit einer Fragekette reaktivieren: *I've got a blue pen. And you?* S1: *I've got a red pen. And you?*
Einbeziehung von S3: … Die S stellen fest, dass man mit *have got* ausdrücken kann, dass man etwas hat
Grundschulenglisch oder besitzt. Dann suchen sie Beispiele in A13, bei denen
1. jemand etwas hat   2. jemand etwas nicht hat
Die Beispiele werden an der Tafel festgehalten. Die S erkennen, dass die 3. Person Sin-

gular *has got* verlangt. In **A13** werden die Kurzformen verwendet, da diese in der gesprochenen Umgangssprache geläufiger sind (Ausnahme: Bei der 3. Person Singular steht die Langform, um die Verwechslung von *he's (= he is)* und *he's got (= he has got)* zu vermeiden.).

> **have got / has got**
> + I've got the lasagne.
>   He has got a face like a bank robber.
> − I haven't got a chair.
> ? What have we got next?
>   Have you got a chair?
>
> → he, she, it: has got / hasn't got
>   I, you, we, they: have got / haven't got

Ausgehend von dem Beispiel *What have we got next?* bespricht L die Wortstellung bei Fragen mit *have got* (*got* steht nach dem Subjekt) sowie die Entscheidungsfragen und Kurzantworten (*got* entfällt bei der Kurzantwort) mithilfe von **GF 5**.

Alternative Das Grammatikthema kann auch mithilfe von LAS 1E–F erarbeitet werden.

▶ ▶ GF 5: have got • P 13–15 • WB 18–21 • LAS 1E–F • Folie 10

14 👥 My lunch break

a) Vorgehen gemäß SB. Das Sprachmaterial sollte im Vorfeld wiederholt und gesammelt werden, z.B. Adjektive: *OK – good – very good – great; boring – funny; clever – stupid; ...*

b) Die S üben den Dialog und tragen ihn möglichst auswendig vor.

> **DOSSIER: My school**
>
> Die S verfassen mithilfe der vorgegebenen Satzanfänge einen Steckbrief: Sie schreiben über ihre eigenen Schulerfahrungen, Lieblingsfächer und Klassenkameraden. L kann die S dazu anregen, ihren Text mit Farben und Zeichnungen zu gestalten.
>
> **Extra** In ihrem selbst gestalteten Stundenplan können die S durch Zeichnungen und Symbole hervorheben, welche Fächer sie gern mögen oder nicht mögen. Mit verschiedenen Schriften, Unterstreichungen und Farben können sie Pausen, besonders anstrengende Schultage usw. markieren.

Zusatz 1
Festigung des
Unit-Wortschatzes

KV 15. Word grid: school words: In dem Wortgitter ist Wortschatz aus verschiedenen Themenfeldern der Unit versteckt. Die S suchen und markieren die Wörter.

Zusatz 2

KV 16. Make a word grid:
👥 Nach dem Vorbild von KV 14 entwerfen die S ein eigenes Wortgitter (mit Lösungsschlüssel) und lassen es von ihrem Partner lösen. Das Blanko-Wortgitter von KV 15 kann auch in den weiteren Units zur Wortschatzarbeit verwendet werden.

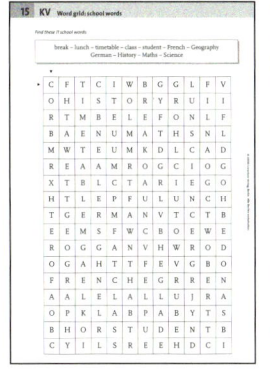

Kopiervorlage 15

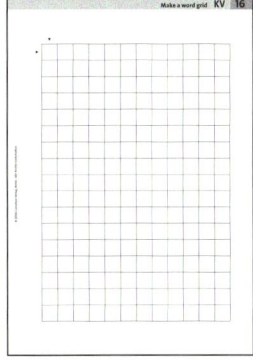

Kopiervorlage 16

Zusatz 3
English book rally

KV 10. Your English book rally (A–C): Wenn die *book rally* nicht am Ende von *Welcome* (▶ HRU-Seite 58) durchgeführt wurde, empfiehlt sich der Einsatz am Ende von Unit 1. Die S kennen jetzt die Lehrwerkskinder und haben bereits mit dem *Vocabulary*, *Grammar File* und *Skills File* gearbeitet, sodass sie die meisten Aufgaben ohne Schwierigkeiten bewältigen werden. Nun werden auch mehr S in der Lage sein, die englische Version der *book rally* zu bearbeiten.

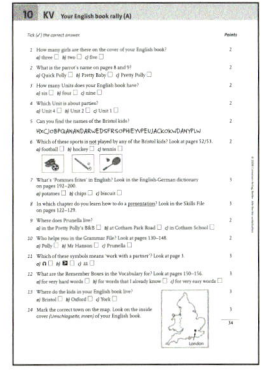

▶ ▶ VAS 1A

Kopiervorlage 10

Practice

S. 25

1 WORDS   Two pictures – What's different?

Neuer Wortschatz   different

Einstieg   SB geschlossen. Abhängig vom Leistungsstand der Klasse zeigt L Gegenstände *(books, pencils, pencil case, ...)*. Die S benennen diese: *There's a pencil. There are three biros.* L erklärt die Arbeitsanweisung: °*Work with a partner* im Gegensatz zu (*Work alone/in a group*)

Erarbeitung   *a)* SB geöffnet. Vorgehen gemäß SB.

Alternative   Die S arbeiten in A-Teams und B-Teams (je 3 S). Sie notieren in möglichst kurzer Zeit, was auf ihrem Bild zu sehen ist (L kann ein Zeitlimit vorgeben).

b) Partner A und Partner B (bzw. Team A und B) beschreiben abwechselnd ihre Abbildungen und weisen auf Unterschiede hin, z.B.:
A: *There's one apple in picture A.*   B: *There are two apples in picture B. That's different.*

Lösung   A: *one apple • three plates • one exercise book • one orange pencil case • two skateboards • two school bags • one red parrot • three books • four glue sticks • one girl*
B: *two apples • two plates • two exercise books • one blue pencil case • two skateboards • three school bags • one green parrot • three books • three glue sticks • one boy*

2 Pronunciation   'a' or 'an'?

🎧 1.30   **Erarbeitung**   *a)* SB geschlossen. 1. **Hören (mehrmals):** Die S sprechen im Chor, dann in kleinen Gruppen nach.

🎧 1.30   2. **Hören:** L bittet S, darauf zu achten, wann der Artikel *a* und wann *an* lautet. Die S versuchen nach dem Hören, eine Regel für die Verwendung von *a* und *an* zu formulieren.

🎧 1.30   SB geöffnet. 3. **Hören:** Die S lesen die Beispiele im SB mit und überprüfen ihre Vermutungen. Anschließend wird die Regel im SB gelesen. L geht dabei auf den Unterschied zwischen Schreibung und Lautung bei *u-* im Anlaut *(uniform, unit)* sowie bei den Konsonanten *f, h, m, n, r, s, x* in Initialwörtern (z.B. *an MP3 player, an SMS*) ein.

b) Anwendung der Regel: Die S erstellen eine Tabelle mit zwei Spalten (*a* und *an*) und ordnen die Wörter bzw. Wortgruppen zu. Der Artikel sollte jeweils hinzugefügt werden, damit er geläufig wird.

O **Differenzierung**   Lernschwächere S schreiben zunächst Liste der Wörter/Wortgruppen ab und markieren den ersten Buchstaben mit zwei unterschiedlichen Farben, je nachdem ob sie den Artikel *a* oder *an* vermuten. Erst nach der Ergebnisüberprüfung schreiben sie die Wortgruppen (mit Artikel) in eine Tabelle.

🎧 1.31   *c)* **Hören:** Die S überprüfen ihre Lösungen. Abschließend lesen die S die Wortgruppen mit dem jeweils korrekten Artikel laut vor.

Lösung   Lösungen s. rechts.

a	*an*
a rubber, a blue ball, a pencil case, a felt tip, a nervous mum, a student	an English teacher, an orange chair, an exercise book, an old house, an empty box
! a uniform [ju:]	! an MP3 player [em]

S. 26

3 Photos (Personal pronouns)

Lösung a) 2 This is Dan. He's in my form too.
3 This is Dan with Jo. They're twins.
4 This is Ananda. She's very nice.
5 This is my school. It's very big.
6 This is me. I'm at school here.
7 This is me with Ananda. We're friends.
8 And this is you, Dad. You're with Polly!

Alternative 👥 Partner Check: Die S tauschen ihre Hefte mit einem Partner und überprüfen ihre Lösungen selbstständig. Anschließend werden die Ergebnisse im Plenum besprochen oder von den S selbst mithilfe eines Lösungsblattes korrigiert.

> **Didaktisch-methodischer Hinweis**
>
> **Partner Check:** Bei dieser kooperativen Lernform gibt L den S Zeit, gemeinsam mit einem Partner Ideen zu sammeln oder Ergebnisse zu besprechen, bevor sie sich melden. Dies erhöht die Schüleraktivität und baut bei lernschwächeren S Hemmungen ab, Ergebnisse vor der Klasse zu präsentieren. Die Gespräche der Partner sollten möglichst auf Englisch geführt werden: Partner A: *I've got '...' here. And you? / Do you think that's right? / What do you think about ...?* Partner B: *I've got ... (too). / Yes, I think that's right. (No, I think that's wrong.) / I think ...*

b) **Extra** Die S zeichnen skizzenhaft zwei oder mehrere Mit-S und beschreiben

Lösungsbeispiel sie. A: *This Melanie. We're friends. She's ...* B: *Who's that? Is that Patrick?* A: *No, this is ...*

4 The new school (be: positive statements)

Lösung 2 Dan and Jo are at school. It's the first day. They're nervous.
3 Ananda is at school too. She's in the classroom.
4 Jack is in the classroom too. He's with Ananda.
5 Jo: Hi, I'm Jo. This is my brother, Dan. We're twins.
6 Dan: I'm the clever twin. He's the mad twin.
7 Jo: Dan! You're nervous.
8 Jack: Dan and Jo, you're mad!

Differenzierung Lernschwächere S erhalten eine Kopie der Übung und unterstreichen die Nomen in den Sätzen 2, 3 und 4, damit es ihnen leichter fällt, die jeweils zugehörigen Pronomen zu erkennen. Um das Verständnis der Sätze 5–8 (wörtliche Rede) zu sichern, können diese ins Deutsche übertragen werden.

Zusatz KV 17. She's a nice girl: 👥 Die KV bietet weitere Beispielsätze als so genannte Tandem-Übung an. Die S falten die KV entlang der vorgezeichneten Linie. Partner A liest einen Satz und ergänzt die Form von *be*. Partner B korrigiert anhand des Lösungssatzes, der auf der gegenüberliegenden Seite des Blattes steht. Partner A und B wechseln sich ab, bis alle Sätze gelesen wurden.

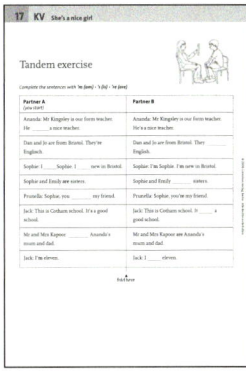

Kopiervorlage 17

5 Prunella isn't a parrot (be: negative statements)

a) + b) **Extra**
2 Polly isn't a poltergeist. *She's a parrot.*
3 I'm not from Bristol. *I'm from Voerde.*
4 Mr and Mrs Hanson aren't Sophie's parents. *They're Jack's parents.*
5 Sophie and Emily aren't twins. *They're sisters.*
6 Dan and Jo Shaw aren't sisters. *They're brothers.*

7 Jack isn't 12 years old. *He's 11 years old.*
8 Bristol isn't in Germany. *It's in England.*
9 My friend and I aren't teachers. *We're students.*

Zusatz KV 18. Sentence dice: 👥👥👥 L kopiert für jede Kleingruppe (4–5 S) eine Vorlage (auf kartoniertes Papier kopieren, damit die gebastelten Würfel stabiler sind). Auf Würfel 1 stehen bereits die Personalpronomen und Kurzformen von *be*. Auf Würfel 2 übertragen die S die Wörter von einer der beiden vorgegebenen Wortlisten. Spiel: Die S würfeln nacheinander mit beiden Würfeln und bilden aus den oben liegenden Satzteilen einen Satz: aus *she's* und *friend* kann *She's my friend* gebildet werden. Für jeden richtigen Satz erhalten die Spieler einen Punkt (im Zweifelsfall fungiert L als Schiedsrichter). Gewonnen hat der Spieler mit den meisten Punkten.

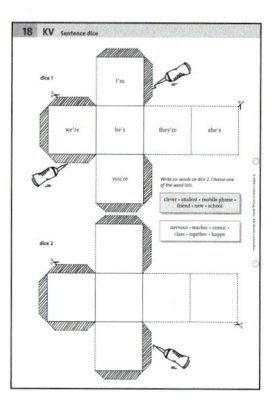

Kopiervorlage 18

S. 27

6 Yes, he is. / No, he isn't. (be: questions and short answers)

Lösung a) 2 *Yes, it is.* • 3 *Yes, they are.* • 4 *Yes, I am.*
Lösung b) 2 *No, it isn't.* • 3 *No, they aren't.* • 4 *No, we aren't.*

Alternative 1 Einzelne S erhalten ein Lösungsblatt (max. 6 pro Klasse) mit dem sie in der Klasse herumgehen und die Lösungen ihrer Mit-S korrigieren.

Alternative 2 Kontrollpunkte: An verschiedenen Stellen im Klassenraum werden Lösungsblätter ausgelegt. Die S überprüfen ihre Lösungen selbstständig.

> **Didaktisch-methodischer Hinweis**
>
> Die Ergebnisüberprüfung mithilfe von **Kontrollpunkten** („Checkpoints") stellt eine einfache Form der Selbstkorrektur dar. Sie hält die S dazu an, ihre Aufgaben sorgfältiger zu lesen. Dies ist eine gute Vorbereitung auf die Selbstkorrektur beim Überarbeiten von Textentwürfen.
> Vorgehen: Nach dem Bearbeiten einer Aufgabe gehen die S mit ihrem Heft zu einem der Kontrollpunkte und überprüfen ihre Lösungen. Kontrollpunkte können auch für Laufdidakte genutzt werden: Die S lesen bei jedem Gang einen Satz und versuchen, ihn sich einzuprägen. Dann gehen sie zurück zu ihrem Platz und schreiben den Satz auf usw. Zum Schluss werden alle Sätze am Kontrollpunkt überprüft.

7 About you (be: questions and short answers)

Lösungsbeispiel a) Individuelle Antworten. Diese Übung ist gut als schriftliche Hausaufgabe geeignet. Mögliche weitere Fragen: *Is your pencil case blue? Is your sister nice?*

8 👥 **Can Ananda play hockey?** (can/can't)

a) Hinweis: Die Partner tauschen nach jedem Bild die Rollen des Fragenden und des Antwortenden.

Lösung
1 *Can Ananda play hockey? – Yes, she can.*
2 *Can the twins do tricks? – No, they can't.*
3 *Can Prunella open and close things? – Yes, she can.*
4 *Can Dilip play tennis? – Yes, he can.*
5 *Can the baby talk? – No, she can't.*
6 *Can Mr Kingsley play football? – Yes, he can.*
7 *Can Sophie and Emily find their school things? – No, they can't.*
8 *Can Jack sing? – No, he can't.*

b) Gemäß Beispiel im SB.

Alternative — **KV 19. Can you …?** Die S füllen den Fragebogen zunächst für sich aus. Allein oder mit einem Partner überlegen sie sich zwei weitere Fragen und notieren sie. Dann befragen sie drei S über ihre Fähigkeiten. Anschließend berichten sie in der Klasse.

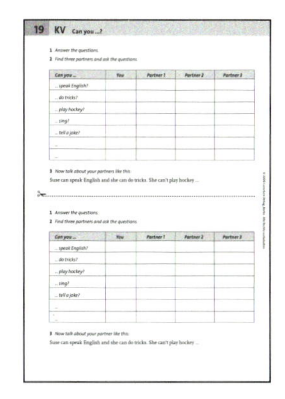

Kopiervorlage 19

S. 28

9 WORDS Classroom English

Erarbeitung **a)** L erläutert die Bedeutung von *classroom phrases (what teachers and students say in class)*. S, die Vorkenntnisse aus der Grundschule mitbringen, dürften die meisten *classroom phrases* kennen. In schwächeren Lerngruppen sichert L vor dem Abspielen der CD das Verständnis und die Aussprache. An dieser Stelle sollte L die S auch auf den Anhang *Classroom English* (▸ SB-Seite 202) hinweisen, wo die häufigsten *classroom phrases* aufgeführt sind.

🎧 1.32   1. Hören: Die S heben die Hand, wenn sie einen der aufgelisteten Sätze hören.

b) Die S übertragen die Tabelle in ihr Heft und vervollständigen sie (oder verwenden KV 21).

🎧 1.32   2. Hören: Die S überprüfen ihre Ergebnisse.

Lösung teacher: *Quiet, please!* • *What's that in English?* • *Look at the picture on the worksheet.* • *Sorry?* •
student: *Can I open the window, please?* • *Sorry, I haven't got my exercise book.* • *What page are we on, please?* • *Can I go to the toilet, please?* • *Can we work with a partner?* • *Can you help me, please?* • *It's your turn* • *What's for homework?* • *Can we go now, please?*

Alternative **KV 20. Classroom English:** Die S haken in der Tabelle ab, welche Aussagen im Hörtext von einem Schüler bzw. von dem Lehrer gemacht werden.

Lösung **c)** teacher and student: *Quiet, please!* • *What's that in English?* • *Look at the picture on the worksheet.* • *Sorry?* • *Can I open the window, please?* • *Can you help me, please?*

d) 👥 Die Partner erarbeiten gemeinsam die englischsprachigen Reaktionen in den vorgegebenen Situationen.

Lösung
1 *Can I open the window, please?*
2 *Quiet, please!*
3 *Can I work with a partner, please?*
4 *What page are we on, please?*
5 *It's your turn.*
6 *Sorry?*
7 *What's that in English?*
8 *What's for homework?*

Kopiervorlage 20

Zusatz 1 👥 Partner Check: Die Partner vergleichen ihre Ergebnisse mit einem anderen Paar.

Zusatz 2 👥 In Kleingruppen (4 S.) erstellen die S Dialoge. Um zu vermeiden, dass zu kurze Dialoge entstehen, macht L die Vorgabe, dass jeder S sich mindestens zweimal zu Wort melden muss. Innerhalb der Gruppen sollten die S sebsstständig die Rollen tauschen, sodass jeder einmal die Rolle der Lehrkraft übernimmt.

◐ Differenzierung In lernschwächeren Gruppen wird der Dialog schriftlich fixiert, damit ein S beim anschließenden Vorspielen die Rolle des Souffleurs übernehmen kann.

Zusatz 3 In den folgenden Stunden überlegen sich die S je eine *classroom phrase*, die sie dann im Verlauf des Unterrichts gezielt und sinnvoll anbringen, z.B.: *Can I open the window, please?* Dafür kann es eine Belohnung geben.

Hörtext

Teacher	Quiet please! Quiet please! Thank you! Yes, Laura?
Laura	Kann ich das Fenster aufmachen?
Teacher	What's that in English, Laura?
Laura	Can I open the window ... please?
Teacher	Yes, you can open the window.
Teacher	Now .... Yes, Anton?
Anton	Sorry, I haven't got my exercise book.
Teacher	Well, it's okay today, Anton. I've got some worksheets for you all. Maria, can you help me, please?
Teacher	Now, boys and girls, look at the picture on the worksheet. What can you see? Yes, Max? What is it?
Max	What page are we on, please?
Teacher	Don't look at the book, Max. Look at the picture on the worksheet! Yes, Anton?
Anton	A cat.
Teacher	Sorry?
Anton	A cat.
Teacher	Right. You can see a cat in the picture. And ... yes, now it's your turn, Simon ... Simon, come on, it's your turn. Yes, Laura?
Laura	Can I go to the toilet, please?
Teacher	Yes you can.
Teacher	Err ... I'm a bit cold: Can I close the window, please? Now, the picture ... Oh, erm ... please write down the words on the worksheet.
Anton	Can we work with a partner?
Teacher	Yes, yes, you can work with a partner.
Max	Okay, let's start. Look at the picture.
Marlen	There's a cat and a dog and a house and ... er, what's that in English? Can you help me please, Max?
Max	Yes, I think it's a tree.
Marlen	A tree – yes! Now it's your turn – what can you see?
Teacher	Okay, everybody, that's enough for today.
Voices	What's for homework? / Yeah, what's for homework?
Teacher	For tomorrow please write five sentences in your exercise books about the picture.
Laura	Can we go now, please?
Teacher	Yes, you can!

10 ACTIVITY DOs and DON'Ts (Imperatives)

Neuer Wortschatz out, (to) shout, (to) forget, desk, Box „*Classroom English*", *Voc., 159*

Einstieg **SB geschlossen.** Spiel: Die S stellen sich in einen Kreis und führen pantomimisch Anweisungen der L, dann eines Mit-S aus. Mögliche Anweisungen: *My robot, stand up. Don't talk. Sing a song. Be quiet ...*
Anschließend schreibt L *DOs and DON'Ts in the classroom* an die Tafel und erläutert den Begriff (ggf. dt.). Die S nennen positive und negative Aufforderungen. Die Aufforderungen werden ungeordnet an die Tafel geschrieben (am besten auf Wortkarten).

Erarbeitung **SB geöffnet.** Die noch fehlenden Aufforderungen werden aus dem SB ergänzt, dabei semantisiert L *(to) shout, (to) forget* (jeweils Gestik) und *desk* (zeigen).
In Kleingruppen (4–5 S) ordnen die S die Aufforderungen den *Dos* und *Don'ts* zu. Anschließend tauschen die Gruppen ihre Listen aus und kontrollieren gegenseitig ihre Ergebnisse.
Gestaltung der Poster: Damit nicht mehrere gleiche Poster entstehen, sollte die Hälfte der Klasse für die *DOs*, die andere Hälfte für die *DON'Ts* zuständig sein. Innerhalb der Gruppen übernehmen mehrere S die Aufgabe, die Aufforderungen auf farbige Papierstreifen zu schreiben. Künstlerisch begabte S fertigen Illustrationen an. Andere S sind für das Poster zuständig (mind. DIN A3 groß), auf dem der Titel steht und auf das die Satzstreifen und die Illustrationen aufgeklebt werden.

Zusatz Folgende gebräuchliche Anweisungen kann L den S nach und nach vermitteln:
Stand up (at the beginning of the lesson). • *Don't write in your book.* • *Don't listen to your MP3-player.* • *Don't use your mobile in class.* • *Don't sit on your desk.* • *Don't shout out the answer.* • *Put your hand up.*

S. 29

11 **WORDS** **The new timetable**

a) + b) *Information gap activity:* Partner A arbeitet auf SB-Seite 29, Partner B auf SB-Seite 114. Vorgehen wie im SB beschrieben.

Alternative KV 21 (A). **Information gap (Unit 1):** Die S erhalten die Tabellen der SB-Seiten 29 und 114 als KV und füllen diese aus.

c) **Extra** Die Partner bereiten ihre Wunsch-Stundenpläne zu Hause vor und führen in der folgenden Stunde Dialoge nach dem Vorbild des Musterdialogs im SB.

Kopiervorlage 21

12 STUDY SKILLS **Das Vocabulary**

Erarbeitung *a)* Die Wortschatzfragen beziehen sich auf *Hello, Welcome* und Unit 1. Die S schlagen auf den entsprechenden Seiten des *Vocabulary* (▶ SB-Seiten 150–155) nach.

Lösung
2 *too* steht am Ende des Satzes
3 *in the photo*
4 *full*
5 θ
6 'exercise book' (auf der ersten Silbe)
5 *at work*

Alternative Partner A bearbeitet die Aufgaben 2–4, Partner B die Aufgaben 5–7. Dann versuchen die S, jeweils die Aufgaben des anderen zu lösen. Dabei übernimmt der S, der die Aufgaben bereits gelöst hat, die Expertenrolle.
Kontrollpunkte: L schreibt die Lösungen auf die Rückseite der Tafel. Die S kontollieren ihre Ergebnisse selbstständig.

b) **Extra** Die S bereiten die Partnerarbeit schriftlich zu Hause vor. Weiteres Vorgehen gemäß SB.

Alternative Kleingruppen (4 S) stellen jeweils acht Fragen zu den SB-Seiten 18–20. Anschließend tauschen die Gruppen ihre Aufgaben. Dies kann mit einem Wettkampf verbunden werden, bei dem die Gruppe siegt, die innerhalb einer bestimmten Zeit (ca. 5 Min.) die meisten richtigen Antworten gefunden hat.

o **13 Jo has got a twin brother** (have got/has got)

Lösung *a)* 2 *The twins have got a great dad.*
3 *Sophie has got two sisters.*
4 *Prunella has got a nice room.*
5 *The Kapoors have got a shop.*
6 *Jack has got a parrot.*
7 *Ananda has got a nice name.*
8 *Mr and Mrs Hanson have got a B&B.*

b) S bilden (als schriftliche Hausaufgabe) fünf Sätze mit *I've got.*

S. 30

14 What have they got? (have got/has got)

Lösung *a)* (*Jack has got a pet. But he hasn't got a brother.*) *And he hasn't got a sister.*
Ananda has got a brother. But she hasn't got a sister. And she hasn't got a pet.
Dan has got a brother. And he has got a pet. But he hasn't got a sister.

b) **Extra** Die S befragen ihren Partner gemäß dem Dialogbeispiel im SB.

Alternative Die S erstellen zu Hause eine Tabelle wie im SB. Dann stellen sie drei verschiedenen Partnern Fragen und notieren deren Antworten. Anschließend stellen sie ihre Ergebnisse in der Klasse vor.

15 GETTING BY IN ENGLISH New friends

Erarbeitung *a)* Die S suchen die englischen Übersetzungen auf den angegebenen Seiten. Die Sätze werden an der Tafel gesammelt, damit sie für den Dialog verfügbar sind.

Lösung
1 *I'm Dan.*
2 *Come and sit with me.*
3 *Thank you. – You're welcome.*
4 *Do you like the Geography teacher?*
5 *You're mad.*
6 *I like music.*

b) + c) Die Partner erarbeiten den Dialog schriftlich. Dann üben sie ihn ein und spielen ihn (weitgehend frei) der Klasse vor.

Lösung
A: *Hello. My name is Jens.*
B: *Hello. My name is Nina.*
A: *Come and sit with me.*
B: *Thank you.*
A: *How old are you?*
B: *I'm twelve. And how old are you?*
A: *I'm eleven. Do you like English?*
B: *Yes, I like English. But my favourite subject is Maths.*
A: *You're mad.*

O Differenzierung **KV 22 (A). Getting by in English (Unit 1):** Lernschwächere S ordnen die Satzstreifen des vorgegebenen Musterdialogs.

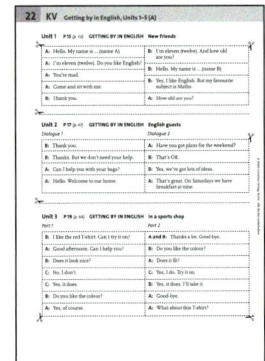

Kopiervorlage 22

STUDY SKILLS Stop – Check – Go

Lern- und Arbeitstechniken Für das selbstständige Lernen ist es eine wichtige Voraussetzung, dass S ihre Leistungen realistisch einschätzen und Defizite weitgehend selbstorganisiert ausgleichen können. Die *Study Skills Box* gibt exemplarisch für Unit 1 Anleitungen, wie die S ihren Lernerfolg überprüfen können.
Das *Workbook* bietet nach jeder Unit eine Seite mit Aufgaben *(Checkpoints)*, bei denen die S Lexik und Strukturen einer Unit anwenden. Der Lösungsschlüssel ermöglicht ihnen die selbstständige Kontrolle. Nach Unit 3 und Unit 6 werden diese *Checkpoints* durch Selbsteinschätzungsseiten ergänzt, mit deren Hilfe die S ihren Lernzuwachs beurteilen können. Am Ende dieser Seiten reflektieren die S, wie sie sich verbessern könnten. Dazu kreuzen sie verschiedene Lern- und Arbeitstechniken an.

▶ *SF 2* • *WB* **Checkpoint 1**

Text: How's the new school?

S. 31–33

INHALT Die Fotogeschichte zeigt Ananda und Dilip im Geschäft ihrer Eltern. Ananda muss nach ihrem ersten Schultag alle möglichen Fragen zu ihrer neuen Schule beantworten. Als Dilip sie damit aufziehen will, plaudert Ananda aus, dass Dilip eine Schwäche für Sophies Schwester Emily zu haben scheint.

KOMMUNIKATIVE KOMPETENZEN
Hör-Seh-/Leseverstehen: Einen bildgesteuerten Text detailliert verstehen; Sprechblasen zu Personen zuordnen
Sprechen: Einen Dialog ausdrucksstark vortragen
Schreiben: Einen Dialog mithilfe von Vorgaben vervollständigen; nach einem Muster eigene Dialoge verfassen

SPRACHLICHE MITTEL
Wortschatz   S. 31: end • Hurry up. • poor Sophie • Come in. • everything • tea • classmate
 S. 32: How was …? • world • Go on. • a packet of mints • little • Bye. • more • Dilip likes … • her

METHODISCHE KOMPETENZEN
Gelenkte Aufgaben zum Hör-/Leseverstehen bearbeiten (Sprechblasen zuordnen); mit einem Partner einen Dialog erarbeiten und vorspielen

MATERIALIEN CD, KV 23

Einstieg

SB geöffnet. Die S betrachten die Fotos und lesen den Titel sowie den einleitenden Satz. Mithilfe von Leitfragen spekulieren sie über den Inhalt der Geschichte: *Who can you see in pictures 1 and 2? (Ananda, Dilip, Sophie and Emily) Where are they going? (home) Who can you see in pictures 5 and 6? (Ananda, Dilip, Mr and Mrs Kapoor) Where are they? (in the shop) What are they talking about? (about school)* Dabei kann L einen Teil des Wortschatzes semantisieren, der übrige Wortschatz kann abschnittsweise erläutert werden.

🎧 1.33 **Erarbeitung**

1. **Hören:** L gibt an der Tafel/auf Folie in Stichworten vor, worüber Ananda berichtet. Die S ordnen den Stichwörtern Smileys zu, die jeweils Anandas Stimmung wiedergeben.

☺ Mr Kingsley   ☺ form   😐 timetable
☺ classmates   😐 Jack   ☺ Dan and Jo
☺ Sophie   ☹ Emily

Differenzierung

Lernstarke S machen sich in einer Liste kurze Notizen zu Anandas Aussagen:
teacher: *very nice*   Jack: *very nice, mad ideas (great!)*
form: *very nice*   Dan and Jo: *very nice*
timetable: *OK*   Sophie: *very nice*
classmates: *great*   Emily: *not nice, very pretty, Dilip likes her.*
Anschließend bilden die S mit den Stichwörtern Sätze.

2. **Stilles Lesen:** Die S lesen die Fotogeschichte für sich und notieren, welche Wörter sie nicht verstehen. Im anschließenden Klassengespräch wird der unbekannte Wortschatz gemeinsam geklärt. Dabei sollten zunächst die S Gelegenheit haben, Worterklärungen zu geben, die sie sich z.B. aus dem Kontext erschlossen haben. L weist auf die doppelte Bedeutung von *tea* (dt. „Tee" sowie „leichte Nachmittags- oder Abendmahlzeit") hin.

Working with the text

1 Who says it?

Lösung *a)* Mrs Kapoor: E, D, F, I • Ananda: A, B, C, G, H

Lösung *b)* C – I – G – F – B – D – H – E – A

2 After the first day at the new school

Erarbeitung *a)* Die S schreiben einen Dialog, wie er sich zwischen Jack und seinem Vater abspielen könnte. Dazu schreiben sie den Lückentext in ihr Heft und setzen die passenden Antworten und Fragen aus der Box und den Sprechblasen ein. Anschließend tauschen sie mit ihrem Partner die Hefte und kontrollieren ihre Ergebnisse.

Lösung
Mr H: How is your new school?
Jack: Well, the form is nice.
Mr H: And who is your form teacher?
Jack: His name is Mr Kingsley. He's nice too.
Mr H: Are there girls in your form, too?
Jack: There are two nice girls, Ananda and Sophie.
Mr H: Are there nice boys in your class too?
Jack: Yes, Dan and Jo are twins. They're clever.
Mr H: That's great! I need my tea now.
Jack: Good idea, Dad!

Zusatz Kontrollpunkte: L legt die Lösung an verschiedenen Stellen im Klassenzimmer aus, damit die S ihre Dialoge selbstständig korrigieren können.

b) **Extra** Nach dem Muster des Dialogs in *a)* schreiben die S einen Dialog zwischen Sophie und Prunella bzw. zwischen Dan, Jo und ihrem Vater.

Differenzierung KV 23. **The first day at school:** Die KV bietet zwei Musterdialoge für die im SB vorgegebenen Personenkonstellationen in Form von *scrambled dialogues*. Lernschwächere S schneiden die Satzstreifen aus und ordnen die Dialoge.

▶ Folie 11

Kopiervorlage 23

Topic: Make a birthday calendar

S. 34/35

INHALT Die S lernen die Monats- und Datumsangaben (Ordnungszahlen) kennen und wenden ihr Wissen bei der Gestaltung eines Jahresplaners oder Geburtstagskalenders an.

KOMMUNIKATIVE KOMPETENZEN
Lese-/Hörverstehen: Aus einem Lied die Monatsnamen in der richtigen Reihenfolge heraushören; geschriebene und gesprochene Datumsangaben verstehen
Sprechen: Monatsnamen und Datumsangaben richtig aussprechen; Dialoge über Monat und Datum führen (Partnerdialog); sich über die Planung und Gestaltung eines Jahresplaners verständigen (Gruppendialog)
Schreiben: Einen Steckbrief zur eigenen Person schreiben

SPRACHLICHE MITTEL
Wortschatz S. 34: **Make a calendar.** • **GS-Wortschatz: Box zum Thema „Monatsnamen"**, *Voc., S. 160* • **birthday** • **when?** • **+Box „birthdays"**, *Voc., S. 161* • °**next** • **Christmas** • °**Valentine's Day** • °**Halloween** • **date**
S. 35: °year planner • °text • °project • °party • °disco

Redemittel S. 34: What's the first/the next month? • What's the date today/tomorrow/next Monday/...? • It's the ...
S. 35: What about ...? • That's a good/great idea. • What date is ...?

METHODISCHE KOMPETENZEN
Vergleiche zwischen englischen und deutschen Monatsnamen anstellen; einen Jahresplaner in Gruppenarbeit planen und gestalten

MATERIALIEN CD, KV 24, VAS 1B; für den Jahresplaner/Geburtstagskalender: farbiges kartoniertes Papier, Bindfaden

---

Einstieg

Einbeziehung von Grundschulenglisch

> **I can ...**
>
> ... say when my birthday is.
>
> **Mögliches Vorwissen: the months of the year • January • February • March • April • May • June • July • August • September • October • November • December**
>
> **SB geschlossen.** Im Englischunterricht der Grundschule werden die S bereits Geburtstage gefeiert und so auch einige Monatsnamen kennen gelernt haben. L beginnt eine Fragekette: *My birthday is in February.* (auf einen Kalender zeigen) *When's your birthday?* L fragt zunächst einige S mit Grundschulkenntnissen. Dann fragen sich die S gegenseitig. Wenn die S einen Monatsnamen nicht wissen, zeigen sie entweder auf den Kalender im Klassenzimmer (L nennt den englischen Monatsnamen) oder umschreiben ihn mithilfe eines Monatsnamen, den sie schon kennen: *It's before/after June.* Auf diese Weise werden einige Monatsnamen gesammelt und deren Aussprache geübt.
>
> L: *How many months are missing?* S: *Three/five ... months.*
>
> **SB geöffnet.** L führt die restlichen Monatsnamen ein.

Zusatz Die S geben Auskunft über die Geburtstage ihrer Freunde und Familie. L gibt den Satzanfang vor: *My mum's/dad's/best friend's/... birthday is in ...*

1 Months of the year

Erarbeitung **a)** **SB geöffnet.** Nachdem die Aussprache der Monatsnamen gefestigt wurde, üben die S nun die Schreibung, indem sie die Monatsnamen in der richtigen Reihenfolge aufschreiben

b) 👥 Die Partner vergleichen ihre Ergebnisse. Anschließend markieren sie Unterschiede zum Deutschen:

Lösung J<u>a</u>nuary • Februar<u>y</u> • Mar<u>ch</u> • April • Ma<u>y</u> • Jun<u>e</u> • Jul<u>y</u> • August • September • O<u>c</u>tober • November • De<u>c</u>ember

🎧 1.34 **c)** 1. **Hören (ggf. mehrmals):** Mit dem *Calendar Song* überprüfen die S die Reihenfolge der Monatsnamen und üben noch einmal deren Aussprache. Besonders bei den Monatsnamen, die im Deutschen und Englischen sehr ähnlich sind (z.B. *August, September*) werden die S dazu neigen, diese deutsch auszusprechen.

🎧 1.35 2. **Hören (mehrmals):** Die S singen das Lied zur Plackback-Fassung.

d) L erläutert die im SB genannten Feiertage: *Christmas (24th/25th December)*, °*Valentine's Day (14th February)* und °*Halloween (night of 31rst October/1st November)*. Die Aufgabe eignet sich als schriftliche Hausaufgabe.

e) Extra 👥 Die S sollten die Zeichnungen zu Hause vorbereiten. In der Folgestunde versuchen sie, die vom Partner dargestellten Monate zu erraten:
S1: *Is it November?* S2: *Yes, that's right. / No, that's wrong.*

Hörtext **Calendar Song**
by Boney M.

January, February, March April, May, June, July,
August, September, October, November, December.

2 Dates

Einstieg **SB geschlossen.** L schreibt das Datum des Tages an die Tafel: *This is the date today. It's the ninth of September two thousand and six.* (jeweils auf die Bestandteile des Datums zeigen). L schreibt weitere Datumsangaben an, um die mündliche Hinzufügung von *on* und *of* zu üben. Zunächst sollte L nur Ordnungszahlen verwenden, die mit *-th* enden *(4th, 5th, 6th, …)*.

> *9th September 2006*
> *(the ninth of September two thousand and six)*

🎧 1.36 **Erarbeitung** **a)** 1. **Hören:** Mithilfe der CD üben die S die Aussprache der Ordnungszahlen. L stoppt die CD (mit der Pause-Taste) nach jeder Ordnungszahl, die S sprechen im Chor nach.

🎧 1.36 2. **Hören:** L stoppt die CD nach jeder Dreiergruppe, die S sprechen im Chor nach.

🎧 1.36 3. **Hören:** Die S sprechen die gesamte Übung nach.

Zusatz 1 Nach dem dritten Hören werden die Ordnungzahlen abwechselnd von verschiedenen Gruppen gesprochen: Mädchen/Jungen, rechte/linke Sitzreihe usw.

Zusatz 2 L oder S nennt eine Grundzahl, die S nennen die dazugehörige Ordnungszahl. (Auch als Gruppenarbeit oder Wettspiel geeignet.)

SB geöffnet. Einführung der Schreibung: L schreibt die Grundzahlen von 1 bis 10 an die Tafel. Die S lesen die dazugehörige Ordnungszahl vor. Dann achten sie auf die unterschiedliche Schreibweise und Schreibbesonderheiten (im SB farbig und fett gedruckt). Gemeinsam wird eine Regel zur Bildung der abgekürzten Ordnungszahlen formuliert: In der Regel wird die Endung *-th* angefügt. Ausnahmen: *1st, 2nd, 3rd*.

b) L erläutert zunächst noch einmal die Aussprache der Jahreszahl *(1998: nineteen ninety-eight)*. Dann lesen die S laut die Ordnungszahlen und Datumsangaben.

c) Extra 👥 Vorgehen gemäß SB.

▶ WB 24–26, Activity page 1 • Folie 12

Zusatz **KV 24. Make a calendar:** 👥/👥👥 L kopiert auf kartoniertes Papier eine Vorlage pro Paar bzw. pro Gruppe. Die S basteln einen verstellbaren Kalender und führen Dialoge:
S1: *What's the date today?*
S2: *It's the 3rd December. – What's the date today?*
S1: *It's the …*

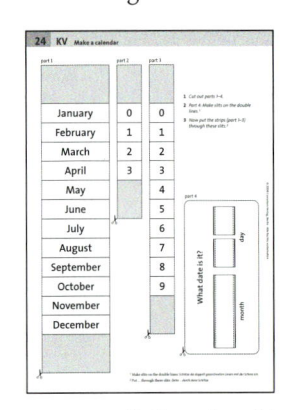

Kopiervorlage 24

3 Extra ACTIVITY Make a calendar for your class

A birthday calendar

Vorbereitung Die Klasse entscheidet zunächst, ob sie einen *birthday calendar* oder einen *year planner* (s. u.) anfertigen möchte. Wenn die Klasse im selbstständigen Arbeiten geübt ist, kann L auch beide Produkte parallel erarbeiten lassen.

Durchführung Die Klasse vereinbart, welche Informationen auf den Geburtstags-Steckbriefen der einzelnen S stehen sollen (vgl. Beispiele im SB). L hält die Redemittel an der Tafel fest, die S übertragen sie in ihr Heft. Die S entscheiden individuell, wie sie ihre Steckbriefe gestalten möchten. Sie sollten jedoch farbiges kartoniertes Papier verwenden. Die Ausarbeitung kann zu Hause erledigt werden.

> I'm …
> I'm from …
> My birthday is on …
> I'm … years old.
> I like …

Wenn alle S ihre Steckbriefe mitgebracht haben, werden diese mit einem Bindfaden verbunden und im Klassenzimmer aufgehängt.

A year planner

Vorbereitung *a)* Zunächst wird gemeinsam die Box im SB gelesen. Der neue Wortschatz lässt sich leicht erschließen, die Aussprache sollte geübt werden *(°test, °project, °party, °disco)*. Anschließend sammeln die S in Kleingruppen (4–5 S) Ideen, was in einem Jahresplaner festgehalten werden könnte. Die Ideen werden im Plenum zusammengetragen, wobei L sie auf einem Plakat/auf Folie notiert. Dann darf jeder S 4 Kreuze/Punkte vergeben. Die fünf Vorschläge mit den meisten Kreuzen/Punkten werden in dem Jahresplaner der Klasse umgesetzt.

Durchführung *b)* In Kleingruppen wird für jeden Monat ein Blatt erstellt. Wenn der Zugang zu einem Computerraum möglich ist, können die Seiten elektronisch erstellt werden. Die Ausschmückung der Seiten sollte den einzelnen Gruppen überlassen werden.

▶ *VAS 1B*

A weekend at home — Unit 2

Übersicht

Storyline Sophie, Jack, Ananda, Dan and Jo erzählen in einem Beitrag des Schulradios *Cotham Radio* von ihrem Zuhause und ihren Haustieren. Übers Wochenende müssen die Kinder für Mr Kingsley einen Aufsatz schreiben, der von einem gewöhnlichen Tag in ihrem Leben handeln soll. Sophie macht sich gleich am Samstagnachmittag an die Hausaufgabe, wobei ihr Prunella kritisch über die Schulter schaut. Dan und Jo haben am Sonntagnachmittag ihre Großeltern zu Besuch und sprechen angesichts des Familienstammbaums über ihre Familie.

Themen und Sprechabsichten Räume • Haustiere • Schulfächer • Verwandtschaftsverhältnisse • Tageszeiten • über sein Zuhause/über Haustiere sprechen • über Gewohnheiten sprechen • sagen, wem etwas gehört

Grundschulenglisch **Grundschulthemen:** Haustiere • Familie • Zuhause

Aus der Grundschule bringen die S Kenntnisse aus den Bereichen „Wohnen und Haustiere" mit, die sie im *Lead-in* (SB-Seiten 36/37) einbringen und erweitern können. Der *Song* This is the way I ... (SB-Seite 38), der darstellend gesungen wird (TPR), dürfte vielen Kindern aus der Grundschule bekannt sein.

Grammatik Plural der Nomen • *simple present:* Aussagesätze • Possessivbegleiter • s-Genitiv

Lern- und Arbeitstechniken **Mindmaps.** Die S lernen mithilfe von Mindmaps Ideen zu sammeln und zu ordnen, um sie für weiterführende Aufgaben (Sprechen, Schreiben) nutzen zu können. (SB-Seite 38).

Kooperative Lernformen *Information gap activity* (SB-Seite 44), weitere Formen von Partner- und Gruppenarbeit (SB-Seiten 37, 40, 41, 42, 43, 44, 45)

Sprachmittlung **English guests.** Die S versetzen sich in die Rollen eines deutschen Gastgebers und seines englischen Gastes. (SB-Seite 47)

Dossier **My room.** Die S beschriften ein Foto oder eine Zeichnung ihres Zimmers. (SB-Seite 36)
My family tree. Mithilfe eines Musters erstellen die S einen Familienstammbaum. (SB-Seite 41)
A day in the life of ... Die S schreiben einen kurzen Aufsatz und illustrieren ihn. (SB-Seite 49)

Topic **My dream house.** Die S zeichnen ihr Wunschhaus und stellen es in einem virtuellen Rundgang vor. (SB-Seiten 50/51)

2 Lead-in

S. 36/37

INHALT Sophie, Jack, Ananda, Dan und Jo berichten in einem Interview für *Radio Cotham* darüber, wie ihr Zuhause aussieht, welche Haustiere sie besitzen und wie diese im Haushalt mit ihnen leben.

KOMMUNIKATIVE KOMPETENZEN

Hör-Seh-/Leseverstehen: Einem Radiointerview mithilfe von Fotos Informationen entnehmen; einem Hörtext Informationen entnehmen und sie in einer vorgegebenen Tabelle zuordnen

Sprechen: Fotos mithilfe von vorgegebenen Redemitteln beschreiben; sich über Arbeitsergebnisse austauschen (Partnerdialog); sich zu seinen Wohnverhältnissen und Haustieren äußern

Schreiben: Einen kurzen Text über die *Bristol pets* schreiben; ein Foto/Bild des eigenen Zimmers beschriften (Dossier)

SPRACHLICHE MITTEL

Wortschatz
S. 36: weekend • at home (+ Box „home", *Voc.*, S. 161) • GS-Wortschatz: Box zum Thema „Wohnen", *Voc.*, S. 161 • garden • small • I share a room with … • people
S. 37: GS-Wortschatz: Box zum Thema „Haustiere", *Voc.*, S. 161 • hutch • cage • basket • budgie • tortoise

Redemittel
S. 36: I live in a house/flat. • There are … rooms in my … • We have/haven't got a garden/… • I've got a big/small room. • I share a room with my … • In my room there's …/there are … • What about your room?
S. 37: The rabbits are / The dog is in a hutch/… • I've got a pet. • My friend/… has got … • He/She has got a basket/… in the … • I/We haven't got a pet. • We can't have … in our house/flat. • We haven't got a garden.

METHODISCHE KOMPETENZEN
Gelenkte Aufgaben zum detaillierten Hörverstehen bearbeiten (Notizen in einer Tabelle ankreuzen); eine arbeitsteilige Aufgabe bearbeiten und die Arbeitsergebnisse mit dem Partner besprechen *(information gap activity)*; eigene Texte nach Vorlage schreiben

MATERIALIEN CD, KV 25, KV 21; Bilder von Tieren (Fotos, Zeitschriften); die S bringen Fotos/Zeichnungen ihres Zimmers

---

Einstieg
Einbeziehung von Grundschulenglisch

> **I can …**
>
> …talk to my partner about my home.
>
> **Mögliches Vorwissen: bedroom • living room • kitchen • bathroom • wardrobe • lamp • a shelf/two shelves**
>
> In der Grundschule sprechen die S in der Regel über ihre eigene Wohnsituation, vereinzelt können auch Kenntnisse aus dem Wortfeld „Möbel" vorhanden sein.
> **SB geöffnet.** L bittet die S, ihre eigene Wohnsituation zu beschreiben: *Where do you live? In a house or a flat? Have you got a big or a small room? What's in your room?* L zeichnet den Grundriss einer Wohnung an die Tafel/auf Folie, der von L und S mit Skizzen gefüllt und beschriftet wird. Die S bringen ihr Vorwissen aus der Grundschule, dem *Welcome* und Unit 1 ein *(a house, a flat (over a shop), lamp, table, computer, …)*. L ergänzt im Verlauf der Stunde den Lernwortschatz (auf die Präpositionen bei *home* im Vergleich zum Deutschen sowie auf das stumme *r* bei *wardrobe* und *garden* hinweisen).
>
> **Erarbeitung**
>
> **SB geöffnet.** L: *What can you see in the pictures?* Die S beschreiben die Fotos: *There is/There are …* Dabei semantisiert L den Lernwortschatz, der im Vorgespräch noch nicht genannt wurde. Anschließend bildet jeder S in einer Fragekette 1–3 Sätze über seine Wohnsituation. Die S rufen sich gegenseitig auf und verwenden die überleitenden Redewendungen *What about you?* und *What about your room?*

Überleitung L: *A lot of children in our class live in flats, some live in houses.* (Evtl. eine kurze Erhebung machen: *Let's check. Who lives in a house/flat?*) – *What about the Bristol families? Where do they live?*

1 House or flat?

a) Die S vervollständigen die Sätze im SB aus dem Gedächtnis.

Lösung I think ... the Shaws live in a house.
the Kapoors live in a flat.
the Hansons live in in a house.
the Carter-Browns live in a house.

Zusatz Wenn die meisten S der Klasse in Wohnungen leben, wird es ihnen vielleicht ungewöhnlich erscheinen, dass fast alle Lehrwerkskinder in Häusern wohnen. In diesem Fall sollte L darauf hinweisen, dass es in England weitaus üblicher (und erschwinglicher) ist, ein Haus zu kaufen oder zu mieten.

> **INFO-BOX**
>
> **Wohnen in Großbritannien:** Die meisten Familien wohnen – anders als in Deutschland – in einem eigenen, oft aber sehr kleinen Haus. Zahlreiche lokale *housing associations* (gemeinnützige Bauträger) ermöglichen es auch einkommensschwächeren Briten, ein Haus zu kaufen oder zu mieten.
>
> Anders als in Deutschland wird die Wohnungsgröße im angelsächsischen Raum meist durch die Anzahl der *bedrooms* ausgedrückt, unabhängig davon, ob die Räume tatsächlich als Schlafräume genutzt werden. Demnach entspricht eine Drei-Zimmer-Wohnung mit Wohnzimmer, Schlafzimmer, Kinderzimmer, Küche und Bad einer *two-bedroom flat*. Kinderzimmer werden als *bedroom* bezeichnet. Tatsächlich benutzen kleinere Kinder das Kinderzimmer hauptsächlich zum Schlafen und verbringen die meiste Zeit in den Gemeinschaftsräumen der Familie.

🎧 1.38 *b)* **Extra** Hören: Die S überprüfen ihre Antworten mithilfe des Radiointerviews. Da der Hörtext recht lang ist, sollten die S beim Hören nur auf die Stichwörter *house* und *flat* achten. Alternativ gibt L eine Tabelle vor, in der die S das Entsprechende ankreuzen. Vor allem S ohne Grundschulerfahrung sollten ausdrücklich darauf hingewiesen werden, dass sie nicht alles verstehen müssen. Eine weitere Auswertung des Hörtextes erfolgt in A2 b).

Lösung

	house	flat
the Shaws	✓	
the Kapoors		✓
the Hansons	✓	
the Carter-Browns	✓	

Hörtext

Mervyn This is a report for Radio Cotham. It's about where you live ...
Millie ... and it's about where your pets live. Sophie?
Sophie Hello. I'm Sophie-Carter Brown. I live in an old house. My family is big, so the house is big, too. Err ...
Mervyn And your pets?
Sophie Oh yes. We've got lots of pets. There's our dog – her name is Sheeba. Sheeba is a great dog. And we've got two rabbits: Hip is a boy rabbit and Hop is a girl rabbit. Oh, and we've got a hamster, Harry.
Millie And they all live in the house with you?
Sophie Well, the dog and the hamster live in the house. There's a basket for Sheeba in the kitchen. And there's a cage for Harry the hamster in the living room. There's a hutch for the rabbits, Hip and Hop. But the hutch isn't in the house – it's in the garden.
Mervyn Thank you Sophie. Now, Jack?
Jack Hi, my name is Jack Hanson. I live in a nice house. Our house is the Pretty Polly Bed and Breakfast. Why 'Pretty Polly'? Well, my pet is a parrot and her name is Polly. Polly lives in a cage. Sometimes her cage is in the kitchen and sometimes her cage is in the living room.
Millie Thank you, Jack. Now, Ananda?
Ananda Hi. My name is Ananda Kapoor. I live in a flat. It's over our shop. My room is little, but very nice. We haven't got a pet.
Mervyn Thank you Ananda. Oh, and now the twins, Dan and Jo.
Dan Hi, I'm Dan Shaw ...
Jo ... and I'm Jo Shaw.
Dan I live in a house with my dad and Jo.

Jo	We've got a little garden and there are two bedrooms in our house. My room ...
Dan	... our room ...
Jo	Sorry, we share a room. Well, our room is nice. The cats ...
Dan	Bill, he's my cat ...
Jo	... and Ben, he's my cat, well, the cats sleep in our room, too ...
Dan	In a basket. It's a very nice basket ...
Millie	Thank you, Dan, thank you Jo.

> **DOSSIER: My room**
>
> Die Zeichnung/Fotografie ihres Zimmer sollten die S zu Hause vorbereiten, die Beschriftung kann auch in der Schule erfolgen. Diese Dossier-Aufgabe bietet für Folgestunden einen guten Sprechanlass zum Thema „Wohnverhältnisse".
>
> • **Differenzierung**
>
> Lernstärkere S können mithilfe der Redemittel von SB-Seite 36 einen kurzen Text zu ihrem Zimmer verfassen.

▶ *WB 1–2*

2 Where are the pets?

Einstieg
Einbeziehung von
Grundschulenglisch

SB geöffnet. L: *What animals can you see in the photos?* Die S benennen die Haustiere, die sie auf Englisch kennen, L führt ggf. neuen Wortschatz ein (die Bezeichnungen der Behausungen kennen die S vermutlich nicht).
Mögliches Vorwissen: *rabbit, a mouse/five mice, horse, a fish/five fish, guinea pig, hamster, bird.* (▶ Box zum Thema „Haustiere", *Voc.*, S. 161)

Alternative/
○ **Differenzierung**

KV 25. Pets and their homes: Die S ordnen die abgebildeten Tiere ihren Behausungen zu. Da die KV zunächst rein bildgesteuert bearbeitet werden kann, eignet sie sich auch für S ohne Vorkenntnisse. Nach der Sicherung des Schriftbildes werden die Bilder beschriftet.

Erarbeitung
Lösung

a) Die S vervollständigen mündlich die Sätze im SB.
The rabbits are in a hutch in the garden.
The dog is in a basket in the kitchen.
The parrot is in a cage in the living room.
The hamster is in a cage in the living room.
The cats are in a basket in the bedroom.

Kopiervorlage 25

🎧 1.38

b) 👥 **Hören:** *Information gap activity:* Partner A arbeitet mit der Tabelle auf SB-Seite 37, Partner B auf SB-Seite 114. Die S übertragen die Tabellen in ihr Heft. **Hören:** Die S machen an entsprechender Stelle ein Häkchen. (Hörtext ▶ HRU-Seiten 91/92)

Lösung

Partner A (SB-Seite 37):

	A	B	C	D	E
Sheeba	✓			✓	
Hip and Hop			✓		
Harry		✓			
Polly					✓
Bill and Ben					

Partner B (SB-Seite 114):

	Sophie	Jack	Ananda	Dan+Jo
Sheeba	✓			
Hip and Hop	✓			
Harry	✓			
Polly		✓		
Bill and Ben				✓

Alternative **KV 21 (A). Information gap (Unit 2):** Die Partner füllen jeweils die vorgegebenen Tabellen aus.

c) 👥 Die Partner sprechen über die Fotos und verwenden dabei ihre Informationen aus **b)** und den Lückentext im SB. Hinweis: Wenn die S **d)** bearbeiten sollen, müssen sie sich die Informationen ihres Partners notieren.

d) Extra Als Hausaufgabe geeignet: Die S verwenden den in **c)** vorgegebenen Lückentext und ihre Notizen, um Sätze zu den Haustieren der Lehrwerkskinder zu schreiben.

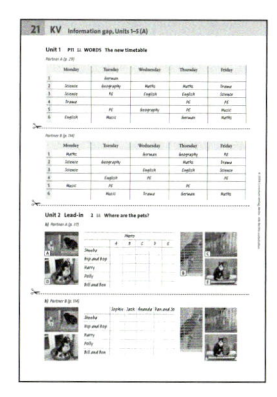

Kopiervorlage 21

Transfer **3 Now you**

L führt unbekannte Tiernamen ein, sofern nicht beim Einstieg zu **A2** geschehen. Je nach Lernstand der Klasse kann L die Übung im L-S-Gespräch vorbereiten. Dabei können die S einen oder mehrere Sätze sagen.
👥 / 👥👥 Anschließend sprechen die S mit ihrem Partner oder in Kleingruppen über das Thema „Haustiere".

> **Language awareness**
>
> Anhand des Beispielsatzes *He/She has got a basket in the ...* weist L darauf hin, dass man Tiere im Englischen gewöhnlich mit dem Pronomen *it* bezeichnet. Dagegen richtet sich bei **Haustieren**, die einen Namen haben, das **Pronomen** *(he, she)* nach dem Geschlecht des Tieres.

▶ ▶ P1 • WB 3–4 • Folie 13

Zusatz 👥👥 Als Transfer führen die S eine Umfrage zu den Haustieren der Klasse durch. Dazu werden Kleingruppen (4–5 S) gebildet. Die S arbeiten selbstständig, L hilft nur bei Wortschatzfragen (z.B. ungewöhnliche Haustiere). Die Ergebnisse werden am Ende ausgewertet. Beispiel für einen Fragebogen:

	I	*Maxine*	...
Have you got a pet?	no	yes	
What is your pet?	–	a rabbit	
Where is your pet?	–	in my bedroom	
What is your pet's name?	–	Mini	
How old is your pet?	–	3	
What colour is your pet?	–	black and white	

A-Section

S. 38

INHALT Am Freitagnachmittag sind die Schüler der *Cotham School* auf dem Heimweg. Ananda, Jack, Dan und Jo unterhalten sich über ihre Hausaufgabe: Sie sollen einen Aufsatz über einen gewöhnlichen Tag in ihrem Leben schreiben.

KOMMUNIKATIVE KOMPETENZEN

Hör-/Leseverstehen: Ein Lied pantomimisch umsetzen; einen Dialog verstehen und Einzelinformationen in einer Mindmap wiederfinden
Sprechen: Ein Lied nachsingen; über seinen Tagesablauf sprechen
Schreiben: Seinen Tagesablauf in Form einer Mindmap notieren

SPRACHLICHE MITTEL

Wortschatz **I can ...: I can act** the song. • °**This is the way ...** • **I clean my teeth.** • **tooth,** *pl* **teeth** • **I wash my face.** • **early**
A1: **afternoon** (+Box „**The day: morning – afternoon – evening**", *Voc.*, *S. 162*) • **plan** • **essay (on, about)** • **life,** *pl* **lives** • **easy** • **I get up** at ... • (to) **get up** • **every** • (to) **sleep** • **hand** • **bus** • (to) **read**

Grammatik Plural der Nomen

METHODISCHE KOMPETENZEN

Gelenkte Aufgaben zum Hören und Lesen bearbeiten; für mündliche und schriftliche Produktionen eigene Ideen sammeln und ordnen (Mindmap)

MATERIALIEN CD, KV 26, KV 27

Einstieg
Einbeziehung von
Grundschulenglisch

🎧 1.39

🎧 1.39

🎧 1.39

🎧 1.40

Alternative

I can ...
... sing and act the song 'This is the way I ...'

Mögliches Vorwissen: Das Lied dürfte vielen S aus der Grundschule bekannt sein. Die S werden es ganzheitlich aufgenommen und mit Bewegungen begleitet haben, ohne den Text im Einzelnen genau zu verstehen.

SB geschlossen. 1. Hören: L spielt das Lied einmal vor, um herauszufinden, wer es schon kennt. S mit Vorwissen machen die passenden Bewegungen gleich mit.

2. Hören: Die S machen die Bewegungen und summen das Lied leise mit. L überprüft das Textverständnis, indem sie die S auffordert, einzelne Tätigkeiten auszuführen: *Wash your face, please.* / *Eat your toast, please.* (*toast* ist ein *good friend*) / *Clean your teeth, please.* (unregelmäßiger Plural) / ... (aus dem Kontext erschließbar: *act the song*; übersetzen: °*This is the way ...* und *early*).

3. Hören (mehrmals): SB geöffnet. Die S singen das Lied mit und machen die Bewegungen. Gemeinsam können auch andere Bewegungen entwickelt werden.
Schließlich singen die S das Lied zur Playback-Fassung.

KV 26. This is the way ...: 👥 Die S erhalten das zeilenweise zerschnittene Lied. Die Partner hören das Lied und ordnen die Schnipsel. Kontrolle mit einem anderen Paar, dann mithilfe von Folienschnipseln auf dem OHP.

Kopiervorlage 26

Didaktisch-methodischer Hinweis

Umgang mit Liedern: Lieder helfen den S bei der Aussprache fremder Laute. Durch häufiges Singen bekannter Lieder prägen sich Aussprache, Intonation, Rhythmus und Satzmuster besonders gut ein.

Lieder mit sich wiederholenden Zeilen können von unterschiedlichen Gruppen gesungen werden, wobei sich die Gruppen im Klassenraum verteilen sollten.

Viele Lieder können individuell abgewandelt werden, indem Textelemente ersetzt werden: *This is the way I drink my tea / ride my bike / ...* Wenn die S selbst Strophen vorschlagen, haben sie die Gelegenheit zu aktivem und kreativem Umgang mit der Sprache.

Transfer
Einbeziehung von Grundschulenglisch

L: *The song is about things you do in the morning. Tell me some more things, please: What can you do every day?* Die S nennen Tätigkeiten, die sie von dem Lied oder aus der Grundschule kennen. L schreibt diese in einen Zeitstrahl, der den Ablauf eines Wochentages zeigt (zur Wiederverwendung auf Folie). Die S versprachlichen die Auflistung: *I get up at 6.45 ...*

```
6.45  — get up
7.00  — eat toast, drink milk
7.20  — clean my teeth
7.30  — go to school
13.10 — come home
13.15 — have lunch
14.30 — do homework
16.00 — meet friends
...
```

O Differenzierung

Wenn die S wenig Vorwissen haben, erzählt L zunächst von ihrem Tag. L kann dabei einen Teil des Lernwortschatzes von **A1** semantisieren, um die Textarbeit vorzuentlasten:. *(to) get up, every (morning), afternoon, (to) sleep, hands, bus* (je nach Vorwissen).

Hörtext

This is the way I clean my teeth,
clean my teeth, clean my teeth,
This is the way I clean my teeth,
Early in the morning.

This is the way I wash my face,
wash my face, wash my face,
This is the way I wash my face,
Early in the morning.

This is the way I eat my toast,
eat my toast, eat my toast,
This is the way I eat my toast,
Early in the morning.

This is the way I go to school,
go to school, go to school,
This is the way I go to school,
Early in the morning.

1 Friday afternoon

Einstieg

SB geschlossen. Wenn das Lied in der vorangegangenen Stunde gelernt wurde, sollte es zum Einstieg noch einmal gesungen werden. L: *The song says what you do every morning and every day. What's different at the weekends? Do you get up early on Sundays? What do you do on a Saturday afternoon?* L ergänzt in dem Zeitstrahl, was die S am Wochenende nachmittags tun, oder erstellt einen neuen Zeitstrahl (zur Wiederverwendung auf Folie): *listen to music, watch TV* **(A2)**, *meet friends, do homework, ...* Wenn die S *homework* nicht nennen, spricht L das Thema „Hausaufgaben am Wochenende" an: *Do you do homework at the weekends? What homework do you do: write an essay, ...?*

Überleitung

L: *Let's see what our Bristol kids do at the weekend.*

🎧 1.41 **SB geöffnet. 1. Hören:** L gibt an der Tafel eine Auswahl an Tätigkeiten: *What are their plans for the weekend? Listen and find out.*
Antwort: *do homework (write an essay for Mr Kingsley)*

```
Plans for the weekend
watch TV
play computer games
do homework ✓
get up late
```

🎧 1.41 **2. Hören:** Die S beantworten die *multiple-choice*-Aufgabe: *What's the essay about? It's about ...*
... *the way you clean your teeth. / ... what you do every day.* ✓ / *... how to write essays.*
Vor dem stillen Lesen semantisiert L den restlichen Wortschatz.

🎧 1.41 **3. Stilles Lesen:** Der Frage im SB entsprechend finden die S heraus, dass die Mindmap Dans Tagesablauf darstellt. Tipp: Die S sollten auf die Uhrzeiten im Text achten und diese mit den Uhrzeiten in der Mindmap vergleichen.
Lösung: *It's Dan's day.* (Dan steht um 7.15 Uhr auf, Jo schläft bis 7.45.)
Hinweis: Die S sollten im Falle einer englischsprachigen Begründung möglichst nicht in ganzen Sätzen antworten, da sie die 3. Pers. Sg. des *simple present* erst nach **A2** bewusst gemacht wird.

Bewusstmachung Plural der Nomen

Einbeziehung von Grundschulenglisch

Die S sind in der Grundschule und im bisherigen Englischunterricht bereits vielen Pluralformen begegnet, darunter auch einigen unregelmäßigen wie *mice, teeth* und *feet*. L kann die S zunächst bitten, einige Plurale zu nennen. Anhand dieser Wortsammlung erklärt L die Regel der Pluralbildung.
Deutschen Lernern fällt besonders die Unterscheidung zwischem stimmhaftem [-z] und stimmlosem [-s] schwer. Durch häufige Übung können die S hierfür ein Sprachgefühl entwickeln.

```
Plural of nouns
s-plural (regular):
books  pets    ...         [-s]
plans  hands  babies       [-z]
! life  lives
houses, faces              [-ɪz]
other plurals (irregular):
mice, teeth, feet, fish, ...
```

O Differenzierung	In schwachen Lerngruppen empfiehlt es sich, der Aussprache des *s*-Laut nicht allzu viel Gewicht beizumessen. Auch auf die grammatische Regel zur Schreibung und Aussprache sollte nur kurz anhand von **GF 6** eingegangen werden.

▸ ▸ *GF 6: Plural • P 2 • WB 5–6*

Zusatz — **KV 27. Plural maze:** Die verschiedenen s-Laute des Plurals führen die S durch das Labyrinth: Bei [-z] und [-ɪz] dürfen sie weitergehen, bei [-s] müssen sie einen anderen Weg suchen.

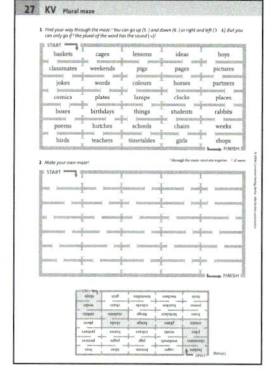

Kopiervorlage 27

Alternative — Die Pluralbildung kann auch zu einem späteren Zeitpunkt bewusst gemacht werden. In diesem Fall schließt sich die Bearbeitung der Lerntechnik Mindmaps inhaltlich an die Textarbeit zu **A1** an.

Lern- und Arbeitstechnik

> **STUDY SKILLS** **Mindmaps**
>
> Ausgehend von der **Mindmap**, die den Tagesablauf von Dan Shaw darstellt, geht L auf die Arbeitstechnik des Mindmapping ein. Vielleicht haben die S bereits in der Grundschule mit Mindmaps gearbeitet oder sind mit der einfacheren Form des Network (▸ HRU-Seite 47) vertraut.
> Eine Mindmap bietet die Möglichkeit, Ideen übersichtlich in einer „Gedankenkarte" anzuordnen. Im Gegensatz zu einer linearen Liste bietet sie mehr Möglichkeiten der visuellen Gestaltung: Zusammengehöriges steht beieinander, alle Ideen können vernetzt werden, Farben und Zeichnungen heben Wichtiges hervor. Die einzelnen Arbeitsschritte werden anfangs viel Zeit in Anspruch nehmen, bis die S eine Routine entwickelt haben und Mindmaps eigenständig als Arbeitstechnik einsetzen können.
> Die Arbeitsschritte:
> 1. Ideen sammeln: Um die Ideen später leichter ordnen zu können und zeitaufwändige Schreibarbeit zu vermeiden, sollten die Ideen auf einzelne Kärtchen geschrieben werden.
> 2. Ideen ordnen und Oberbegriffe finden: Hier werden die S, v. a. die mit geringen Sprachkenntnissen, anfangs die Hilfe der L brauchen.
> 3. Mindmap zeichnen: Bei ungeübten S (und bei Zeitmangel) kann auf die zeichnerische Darstellung verzichtet werden. Stattdessen werden die Wortkärtchen (farbige Karten für die Oberbegriffe) auf einem großen Papier hin- und hergeschoben, bis eine gute Anordnung gefunden ist. Erst dann werden sie aufgeklebt und mit Netzlinien verbunden.
> 4. Nutzung der Mindmap. Die Mindmap kann als Grundlage für mündliche oder schriftliche Äußerungen verwendet werden. Wenn es um die Auswertung eines behandelten Themas geht, können die individuellen Mindmaps verglichen und ausgewertet werden. Daraus kann eine Klassen-Mindmap entstehen.

▸ ▸ *SF 3 • P 4 • WB 7*

S. 39

INHALT Sophie ist an jedem Samstagmorgen schon vor dem Frühstück damit beschäftigt, die vier Haustiere der Familie zu füttern: Hund Sheeba, Hamster Harry sowie die Hasen Hip und Hop. Ihr jüngerer Brunder Toby hilft ihr dabei.

KOMMUNIKATIVE KOMPETENZEN
 Hör-/Lesverstehen: Einem Text entnehmen, was die einzelnen Haustiere fressen
 Sprechen: Ein Gedicht vortragen
 Schreiben: Auf Grundlage eines Textes Notizen in einer Tabelle festhalten; ein Gedicht über ein Haustier schreiben (Dossier)

SPRACHLICHE MITTEL
Wortschatz **A2:** (to) **get dressed** • (to) **give** • (to) **feed** • **meat** • **carrot** • (to) **watch** • +(to) **watch TV** (+**Box „(to) look – (to) see – (to) watch"**, *Voc., S. 163*) • (to) **try to help/to play/...** • (to) **put** • °**hay** • **after that** • **food** • (to) **drink**
 A3: **bowl** • **all day / the time** • °(to) **wonder**
Grammatik *Simple present:* bejahte Aussagesätze

METHODISCHE KOMPETENZEN
 Ein Gedicht auswendig lernen und vortragen; ein Gedicht nach einem Vorbild und mithilfe von Textbausteinen schreiben; die Regelhaftigkeit von sprachlichen Strukturen erkennen

MATERIALIEN CD, LAS 2A; eine Rolle Tapete oder Packpapier (stilles Schreibgespräch)

2 On Saturday mornings

Einstieg SB geschlossen. L knüpft an den Zeitstrahl an, der die Nachmittagsaktivitäten der S an einem Wochenende zeigt (▶HRU-Seite 95): *What do you do on Saturday and Sunday mornings? When do you get up / get dressed / have breakfast? What do you do after breakfast?* Die S-Antworten werden in den Zeitstrahl geschrieben. (Für die Zeitangaben kann L nach einer Blitzumfrage einen Mittelwert festlegen.)

```
Saturday mornings
9.00  — get up
9.05  — wash
9.15  — have breakfast
9.35  — get dressing
9.45  — go shopping with
         mum and dad
11.00 — play
12.00 — have lunch
```

Alternative 👥👥👥 Stummes Schreibgespräch: Die Klasse wird in 3–4 Gruppen geteilt (dabei sollten S mit Vorwissen gut auf die Gruppen verteilt werden). Die Gruppen schreiben ca. 5 Min. lang ihre Einfälle zum Thema *Saturday morning* auf eine lange Papierbahn. Weitere 5 Min. dürfen die S die Ideen der übrigen Gruppenmitglieder lesen und kommentieren. L kann die sprachliche Arbeit zusätzlich absichern, indem sie ein Klassengespräch anschließt und dabei einige Tätigkeiten in einem Zeitstrahl notiert (s.o.).

> **Didaktisch-methodischer Hinweis**
>
> Bei einem **stummen Schreibgespräch** kommunizieren die Gruppen schriftlich und bei absolutem Schweigen auf einer langen Papierbahn (ca. 1 x 2 Meter) miteinander. Die Gruppenmitglieder benutzen farblich unterschiedliche Stifte.
> 1. Die S notieren – bei absolutem Schweigen – spontan ihre Gedanken zu einem Thema in Form von Worten, Sätzen, Zeichnungen oder Symbolen.
> 2. Das eigentliche Schreibgespräch beginnt: Die S notieren ihre Kommentare zu den Äußerungen der anderen Gruppenmitglieder (auch in Form von Symbolen wie z.B. *smileys*). Auch hierbei wird geschwiegen.
> 3. Eine mündliche Nachbesprechung kann aber muss sich nicht anschließen.
> Tipp: Für jeden Arbeitsschritt sollte L ein Zeitlimit setzen.

Überleitung L: *Let's find out about Sophie's Saturday mornings. Are they different (from yours)?*

🎧 1.42 **Erarbeitung**

SB geschlossen. 1. Hören: L gibt auf Satzkarten vier von Sophies Tätigkeiten vor (semantisieren: *(to) get dressed, (to) give (the pets their breakfast), (to) feed)*. Die S ordnen die Sätze chronologisch.
Beim anschließenden Vorlesen achtet L auf die Aussprache der 3. Person Singular im *simple present* ([-z] bei *feeds*) und führt *after that* ein: *Sophie gets up at 9 o'clock. After that she gets dressed ...*

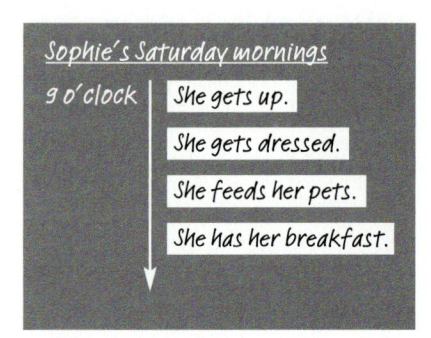

Sophie's Saturday mornings	
9 o'clock	She gets up.
	She gets dressed.
	She feeds her pets.
	She has her breakfast.

● **Differenzierung**

Lernstarke S stellen zusätzlich Vergleiche an zwischen Sophies und ihrer eigenen Routine an einem Samstagmorgen: *Sophie gets up at 9 o'clock. I get up at 9.30. Sophie feeds her pets before breakfast. I listen to music before breakfast ...*

🎧 1.42

SB geöffnet. 2. Hören/Mitlesen: L semantisiert anhand des Fotos *Toby watches. He tries to help Sophie. He puts hay in the cage.*
L: *Now please look at the chart. You can see Sophie's pets (one pet is missing: a rabbit). Let's find out what they eat and drink.* Die Tabelle wird an die Tafel/ins Heft geschrieben.
Hinweis: Wenn die S den Text nur hören, sollte L die neuen Wörter *meat, °hay, carrots* und *rabbit food* als Wortkarten vorgeben (die Bedeutung ist aus dem Kontext bzw. der Ähnlichkeit mit dem Deutschen erschließbar).

Food and drink for pets		
pet	eats	drinks
a dog	meat	water
a hamster	toast, carrots	water
a rabbit	rabbit food, carrots	water

3. Stilles Lesen: Die S kontrollieren ihre Ergebnisse. Anschließend Ergebnissicherung im Plenum: *A dog eats meat and drinks water ...*

4. Lautes Lesen: Der Text wird abschließend laut gelesen. Dabei achtet L auf die Aussprache der 3. Person Singular (stummes *e* bei *gives*, [-z] bei *feeds, tries* und [-ɪz] bei *watches*).

Bewusstmachung
***Simple present*:**
bejahte Aussagesätze

Looking at language

Um die Funktion des *simple present* zu verdeutlichen, bittet L die S noch einmal, über ihre Gewohnheiten an einem Wochentag zu sprechen. Diese werden Dans Aussagen in **A1** gegenübergestellt. L notiert wenige Sätze an der Tafel. Anhand der Beispiele

Every morning:	
you	Dan
I get up at 7 o'clock.	He gets up at 7.15.
I wash my face.	He washes his face.
I have breakfast.	He has breakfast.

wird eine Kurzregel formuliert: Mit dem *simple present* kann man sagen, was man regelmäßig tut. Bei *he (she, it)* wird ein *-s* bzw. *-es* angehängt.
a) Die Kurzregel wird durch weitere Beispiele bestätigt und erweitert: Die S suchen die entsprechenden Formen des *simple present* aus **A1** und **A2** und vervollständigen die Tabelle.
b) Die Regel für das *-s* der 3. Person Singular finden die S durch die Beispiele in **A2** bestätigt. Lernstarke S bilden einen Satz mit *it*, der in der Tabelle ergänzt wird.
Anhand der Beispiele *goes, watches, tries* geht L auf die Schreib- und Aussprachebesonderheiten der 3. Person Singular ein (vgl. **GF 7b**).

The simple present				
singular		plural		
I	I get up at 7.15 every morning.	we	Then we go to school.	
you	You get up at 7.45.	you	You two write boring essays.	
he/she/it	Sophie gets up at 9 o'clock. He likes toast and carrots. Our school starts at 7.45.	they	They like rabbit food, carrots and water.	

▶ ▶ GF 7a–b: Simple present • P 5–7 • WB 8–10 • LAS 2A • Folie 14

3 POEM My fish Wanda

🎧 1.43 **Erarbeitung** **SB geschlossen. 1. Hören:** L: *Listen to a poem about a pet. What pet is it? What's her/his name?* Antwort: *The pet is a fish. Her name is Wanda.*

🎧 1.43 **SB geöffnet. 2. Hören:** Mithilfe der Zeichnung beantworten die S weitere Fragen:
Where does Wanda live? – She lives in a <u>bowl</u>.
What does she do <u>all</u> day? – She plays all day.
What does she eat and drink? – She eats fish food and drinks (water).
What does she think? – She thinks 'Feed me – please!'.
Anschließend semantisiert L °*(to) wonder* (Gestik, ggf. übersetzen)

🎧 1.43 **3. Hören (mehrmalig):** 👥 Während des Hörens murmeln die S das Gedicht mit. Dann sprechen die Partner es sich gegenseitig halblaut vor und korrigieren ihre Aussprache. Die S lernen das Gedicht auswendig. Anschließend tragen einzelne S das Gedicht der ganzen Klasse vor.

Zusatz Vortragsvarianten mit der ganzen Klasse:
- In zwei Gruppen: die Gruppen lesen abwechselnd eine Zeile.
- In zwei Gruppen: eine Gruppe spricht vor, die andere nach.
- Die Klasse spricht das Gedicht rhythmisch, unterstützt durch Klatschen, Schnipsen, Rhythmusinstrumente usw.

4 Now you

Einstieg **SB geschlossen.** L schreibt das Gedicht *My fish Wanda* an die Tafel (mit großzügigen Abständen zwischen den auszutauschenden Wörtern). Das Gedicht wird noch einmal gemeinsam gelesen.

Überleitung L: *Now let's write a poem about your pet.*

Erarbeitung L richtet sich an einen S: *Have you got a pet? What's his/her name?* L wischt die entsprechenden Wörter an der Tafel aus und setzt das neue

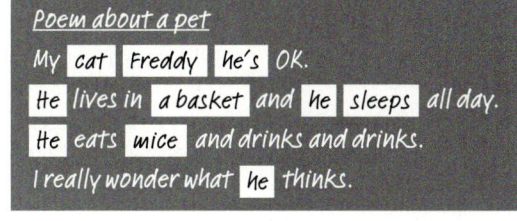

> *Poem about a pet*
> My [cat] [Freddy] [he's] OK.
> He [lives in] [a basket] and [he] [sleeps] all day.
> He [eats] [mice] and drinks and drinks.
> I really wonder what [he] thinks.

Haustier und seinen Namen ein (eine andere Farbe oder Satzkarten verwenden). Bei den übrigen Fragen wird die Klasse einbezogen und genauso verfahren: *What does he/she do all day? What does he/she eat?* Die Ideen, die nicht ins Gedicht geschrieben werden, notiert L auf der Seitentafel, damit sie für weitere Gedichte der S verwendet werden können.

a) **SB geöffnet.** Die beiden Beispiele im SB *(my dog Hasso, my hamster Flecki)* werden gemeinsam gelesen, um sicherzugehen, dass die S die Satzbautafel verstehen. Die individuellen Gedichte können von den S zu Hause geschrieben werden.

○ Differenzierung Lernschwächere S erhalten eine Ideensammlung, in der spaltenweise Vorschläge gemacht werden:

Pets	where they live	what they do	what they eat
guinea pig, dog, tortoise, …	cage, basket, hutch, bowl, …	sleep, eat, play, run, …	hay, carrots, meat, bananas, …

b) Wenn die Gedichte ins Dossier gelegt werden sollen, kann L dazu anregen, sie kalligrafisch zu gestalten (unterschiedliche Schriftarten und -größen) und mit Zeichnungen zu illustrieren.

▶ ▶ P 8–9 • VAS 2A

S. 40

INHALT Am Samstagnachmittag schreibt Sophie an ihrem Aufsatz mit dem Titel *A day in the life of the Carter-Brown family*. Prunella bietet ihre Hilfe an und findet beim Durchlesen so viele Ungenauigkeiten, dass sie den Aufsatz zerreißt und vorschlägt, gemeinsam einen neuen zu schreiben.

KOMMUNIKATIVE KOMPETENZEN
Hör-Seh-/Leseverstehen: Einem bildgestützten Dialog Informationen entnehmen; anhand eines Beispiels eine Spielregel erkennen und den Dialog entsprechend weiterführen
Sprechen: Einen Dialog einer Spielanleitung entsprechend weiterführen (Gruppengespräch)

SPRACHLICHE MITTEL
Wortschatz A5: Thanks. • †help • of course • Here you are (+Box „bitte", *Voc.*, S. 163) • This is **all wrong**. • sometimes • (to) **argue** • (to) **do judo** • **till** • **night**
A6: letter • °point

Grammatik *Simple present*: verneinte Aussagesätze

Redemittel A6: My friend ... likes ... But she/he doesn't like ... • Sorry. I can't go on. • Two points for our team. • It's our turn.

METHODISCHE KOMPETENZEN
In einer Gruppenarbeit (Spiel) eine kleine Rolle in englischer Sprache übernehmen

MATERIALIEN CD, LAS 2B

5 Saturday afternoon

Einstieg SB geöffnet. L: *On Saturday mornings Sophie usually feeds her pets. On Saturday afternoons she usually plays with them. But not today ...*
Bildbetrachtung mit Leitfragen: L: *Who can you see? (Prunella, Sophie) Where are they? (They're in Sophie's room.) What can you see on Sophie's desk? (a dictionary, a letter/an essay) – It's an essay. Imagine: what is the essay about? Can you remember the homework for Mr Kingsley? (It's about a day in the life of Sophie Carter-Brown.) Is Sophie happy or not happy? (not happy) – Let's find out why Sophie isn't happy.*

🎧 1.44. **Erarbeitung** 1. **Hören:** Die S ergänzen per *multiple choice* den Satz *Sophie isn't happy because ... Prunella doesn't like her.* • *Prunella can't help her.* • *Prunella thinks the essay isn't very good.* ✓

🎧 1.44 2. **Hören/Stilles Lesen:** L gibt folgende Namen an der Tafel vor: *Prunella, Sophie, Emily, Sophie's mum and dad, Toby*. L schreibt folgende Verständnisfragen an die Tafel (neuen Wortschatz semantisieren). Die S beantworten die Fragen mit den vorgegebenen Namen.

> WHO ... helps Sophie with her homework? (Prunella)
> says, 'This is <u>all wrong</u>.'? (Prunella)
> <u>argues</u> all the time? (Sophie and Emily)
> does judo? (Toby)
> watches TV <u>till</u> 11.30 every <u>night</u>? (Sophie's mum and dad)
> writes a new essay? (Sophie and Prunella)

3. **Lautes Lesen:** Bevor die S den Dialog mit verteilten Rollen lesen, festigt L den restlichen Lernwortschatz: *Thanks; help* (erschließbar aus *(to) help*); *Of course; Here you are* (▶ auch **Box „bitte"**, *Voc.*, S. 163); *sometimes* (kontrastieren mit *all the time*)

Zusatz 👥 Der Dialog eignet sich gut zum szenischen Lesen. Die S üben den Dialog in Partnerarbeit ein. Sie sollten dabei versuchen, Prunellas und Sophies wechselnde Gefühle durch unterschiedliche Intonation hervorzuheben. Einfache Requisiten (z.B. ein Blatt Papier zum Zerreißen) erleichtern es den S, sich in die Rollen hineinzuversetzen. Freiwillige Paare können den Dialog anschließend der Klasse vorspielen.

Anübung	**6** 👥 **GAME My friend Nora**
Einstieg	SB geöffnet. Bei dem Spiel verwenden die S die neue Struktur (*simple present* in verneinten Sätzen) in der festen Wendung *she doesn't like*, ohne die Grammatikregel zu kennen.
Die Beispieldialoge werden laut gelesen, dabei semantisiert L *letters* und °*points*. Dann lesen die S den Text still und versuchen (evtl. in Partnerarbeit), das Prinzip der Satzkette herauszufinden. Anschließend werden die Spielregeln formuliert und an der Tafel festgehalten (ggf. auf Deutsch).
● Differenzierung	In lernstärkeren Gruppen kann ausschließlich mit Wortfeldern gearbeitet werden, aus denen die S Wortpaare wählen. Dadurch profitieren schwächere S von den Vokabelkenntnissen der anderen S. Damit auch S mit geringem Wortschatz Spaß an dem Spiel haben, sollten auch Eigennamen zugelassen werden (z.B. Comicfiguren, Prominente aus Film, Musik und Sport).
Erarbeitung	Die Klasse wird in mehrere Großteams eingeteilt (z.B. Bankreihen). Jedes Team stellt einen Schiedsrichter, der L bei der Spielleitung unterstützt: Sie achten darauf, dass die Anfangsbuchstaben richtig sind, dass die Wortpaare stimmen und dass die Punkte notiert werden.
Alternative	👥 Damit die S möglichst viel sprechen, ist die Durchführung in Kleingruppen (4–6 S) sinnvoll. Um dem Spiel einen Wettbewerbscharakter zu verleihen, kann nach jedem Satz, der nicht vervollständigt wird, ein Pfand abgegeben werden. Wer am Ende des Spiels noch die meisten Pfandstücke besitzt, hat gewonnen.

My friend Nora: the rules
1. Say a name with N (P, E, …).
2. Say a word (pair) with N (P, E, …) and a different letter: numbers – letters, never – yesterday, no – yes, newspapers – comics, …
3. You get a point for each correct answer.

school: PE, Maths, Music, …
animals: pigs, dogs, …
food: pizza, carrots, marmalade, …
sport: basketball, football, …
numbers: nine, one, two, …
music/film/sport stars: Nena, …

Bewusstmachung *Simple present: verneinte Aussagen*	**Looking at language**
Die S sind der Verneinung mit *do* bereits vielfach begegnet und haben sie in festen Redewendungen wie *I don't like …* und *she doesn't like …* verwendet. Wenn das Spiel von **A6** bereits eine Stunde zurückliegt, knüpft L mit einer Fragekette daran an: *I like Sundays, but I don't like Mondays. What about you?* S1: *I like red, but I don't like green. What about you?* S2: … (Die Anfangsbuchstaben der Wörter spielen keine Rolle.)
a) Die S suchen aus **A5** Formen, mit denen man ausdrückt, dass jemand etwas nicht tut. Die Übersicht des SB wird gemeinsam an der Tafel vervollständigt.
b) Aufgrund ihres Vorwissens werden die S schnell feststellen, dass die 3. Person Singular mit *doesn't* gebildet wird. L hebt mit Farbe hervor, dass die Verneinung in *don't* bzw. *doesn't* steckt. Das mit *don't*/*doesn't* verneinte Verb steht immer im Infinitiv.

Simple present: negative statements

I	**don't** need your help.
You	**don't** like me.
He	**doesn't** do judo on Saturdays.
We	**don't** need the old essay.
You	**don't** argue sometimes.
They	**don't** go to bed early.

I, you, we, they: don't + infinitive
he, she, it: doesn't + infinitive (no s!)

▶ ▶ GF 7c: Negative statements • P 10–12 • WB 11–14 • LAS 2B

S. 41

INHALT Am Sonntagnachmittag sind Oma und Opa Thompson, die Eltern von Dan und Jos Mutter, zu Besuch bei den Shaws. Die Großeltern zeigen den beiden Jungen den Familienstammbaum und erläutern die Verwandtschaftsverhältnisse. Als der Großvater von einer „großen, glücklichen Familie" spricht, reagiert Dan etwas unwirsch, weil er darunter leidet, dass seine Eltern getrennt leben.

KOMMUNIKATIVE KOMPETENZEN
Hör-Seh-/Leseverstehen: Einem Stammbaum Einzelinformationen entnehmen; einen Dialog über Familienverhältnisse verstehen und einzelne Informationen im Stammbaum wiederfinden
Sprechen: Über Familienverhältnisse sprechen; sich über einen selbst gezeichneten Stammbaum unterhalten (Partnerdialog)
Schreiben: Einen Stammbaum beschriften

SPRACHLICHE MITTEL
Wortschatz A7: grandma • grandpa • grandparents • ⁺parents • at the top (of) • because • dead • child, *pl* children • son • daughter • uncle • aunt • married (to) • cousin • so • grandchild, *pl* grandchildren • single • divorced • without • just

Grammatik Possessivbegleiter • s-Genitiv

Redemittel A8: Is that your ...? • That's ... • This is my ... • What's his/her name? • Who's that?

METHODISCHE KOMPETENZEN
Gelenkte Aufgaben zum Hör-/Leseverstehen bearbeiten (einem Stammbaum Informationen entnehmen); einen Stammbaum nach einem vorgegebenen Muster schreiben und gestalten (Dossier)

MATERIALIEN CD, KV 28, KV 29, VAS 2A; S bringen Familienfotos oder Zeichnungen mit

7 Sunday afternoon: Tea at the Shaws' house

Einstieg
Einbeziehung von
Grundschulenglisch

SB geöffnet. Anhand des Stammbaums der Familie Shaw reaktiviert L das Vorwissen der S im Bereich Familie: *What family words do you know?* L sammelt die genannten Wörter an der Tafel und verwendet sie, um den Stammbaum zu beschreiben. Dabei führt L den Familienwortschatz ein, der von den S nicht geannt wurde: *Jo and Dan's parents, Catherine Thompson and Michael Shaw, are divorced. Dan and Jo live in Bristol with their father, but without their mum. Their mum's parents are Mr and Mrs Thompson. They're Dan and Jo's grandparents* (stummes d bei *grand-*): *Grandma Thompson and Grandpa Thompson ...*). L geht nach und nach auf alle dargestellten Verwandtschaftsverhältnisse ein *(cousin, uncle, aunt)*.

Alternative

SB geschlossen. L stellt die Zusammensetzung der Familie Shaw (oder einer selbst erfundenen Familie) dar: L schreibt Dan und Jo (oder andere Namen) in den Stammbaum und gibt die Namen der übrigen Familienmitglieder auf der Seitentafel vor, evtl. mit Porträts (Fotos aus dem SB bzw. Zeitschriftenfotos). L und S entwickeln schrittweise einen Stammbaum, der sich auf die zur Vokabeleinführung notwendigen Personen beschränkt *(Dan and Jo's parents are Catherine Thompson and Michael ...)*.

> **Language awareness**
>
> **Verwandtschaftsbezeichnungen** wie *mum, dad, aunt, uncle* usw. werden im Englischen großgeschrieben, wenn sie in Verbindung mit einem Eigennamen stehen oder in direkter Anrede gebraucht werden. Nach dem Lesen von **A3** können die S zunächst versuchen, selbst eine Regel für die Groß- und Kleinschreibung von Verwandtschaftsbezeichnungen zu formulieren.

○ **Differenzierung**	**KV 28. Family words:** In Lerngruppen mit geringem Vorwissen sollten die Familienwörter mithilfe des Wortgitters der KV gefestigt werden.
Erarbeitung (Stammbaum)	**SB geöffnet.** L: *Find Dan and Jo in the family tree.* Die S betrachten den Stammbaum der Familie Shaw und beantworten die Fragen im SB: *Their dad is Michael. Their mum is Catherine.* L stellt weitere Fragen zu den Verwandtschaftsbeziehungen und entwickelt mit den S-Antworten ein Tafelbild zu den Possessivbegleitern: *Find Catherine Thompson. Is her sister Jane or Elizabeth? (Elizabeth) Find Harry Thomson. Is his son Mark or James? (Mark)*

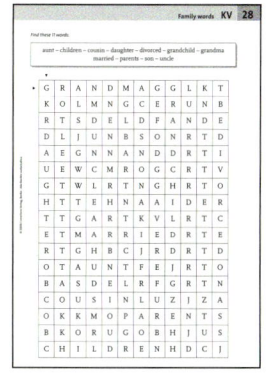

Kopiervorlage 28

Bewusstmachung Possessivbegleiter **Einbeziehung von Grundschulenglisch**	Die S sind den Possessivbegleitern *(possessive determiners)* bereits in mehreren Kontexten begegnet, die meisten Formen haben sie in kommunikativen Übungen verwendet. *My* (evtl. auch *our, her, his*) ist den S aus dem Englischunterricht der Grundschule vertraut. S mit Vorwissen formulieren Beispielsätze zu *my* und *our*. L ergänzt einen Satz zu *its* (einführen). Anschließend nennen die S die entsprechenden Personalpronomen. Übung **P15**

Possessive determiners

I	<u>My</u> mum and dad are from Werder.
you	<u>Your</u> parents are from Berlin.
he	<u>His</u> son is Mark.
she	<u>Her</u> sister is Elizabeth.
it	The hamster is in <u>its</u> cage.
we	<u>Our</u> school is nice.
you	Where are <u>your</u> school bags?
they	<u>Their</u> dad is Michael.

kann sich an die Textarbeit zu **A7** anschließen. Mithilfe von **GF 8** weist L auf die Verwechslungsgefahr von *your – you're, their – they're, his – he's* und *its – it's* hin.

● **Differenzierung**	Lernstarke S stellen weitere Fragen zum Stammbaum der Shaws, die von der Klasse beantwortet werden: *Find Anne Thompson. Is her uncle Harry or Michael?* etc.
▶	▶ *GF 8: Possesive determiners • P 13–15 • WB 15–16, 18*
🎧 1.45 **Erarbeitung (Text)**	**SB geöffnet. 1. Hören:** *Look at the family tree and listen to the text.* Die S versuchen, die Ausführungen von Grandma und Grandpa Thompson in dem Stammbaum nachzuvollziehen. Mit einem *pointer* (Radiergummi o.ä.) markieren sie jeweils den Teil des Stammbaums, von dem gerade gesprochen wird.
🎧 1.45	**2. Hören/Stilles Lesen:** Nach dem Hören/Lesen bearbeiten die S folgende *right/wrong*-Aussagen: 1 Grandma Shaw is <u>dead</u>. *(wrong: Grandpa Shaw is dead.)* 2 Grandma and Grandpa Thompson have got three children. *(right)* 3 Uncle Harry is Michael Shaw's brother. *(wrong: He is Catherine Thompson's brother.)* 4 Anne and Mark are Dan and Jo's cousins. *(right)* 5 Grandma and Grandpa Thompson have got four grandchildren. *(wrong: five)* Bei der Besprechung der Ergebnisse sichert L den neuen Wortschatz: *dead, °cross, married to* (kontrastieren mit *single, divorced*), *so, without, just*
Weitere Textarbeit	Abschließend kann L die besondere Familiensituation der Shaws thematisieren, die bereits in Unit 1 **(A3)** angeschnitten wurde: Dan und Jos Eltern sind geschieden, die Mutter lebt mit ihrem neuen Partner in Neuseeland. Dan leidet sehr darunter und zeigt dies auch. Jo versucht, sich mit der Situation zu arrangieren. Mögliche Fragen: *Are the Shaws one big happy family? What do Grandpa Thompson, Dan and Jo think?* (L gibt Namen an der Tafel vor, die S zeichnen die passenden *smileys*.) *Are Dan and Jo's parents married? (No, they're divorced.) Where's their mum? (She's in New Zealand with her new partner.)*

One big happy family?
Grandpa Dan Jo
☺ ☹ 😐

Bewusstmachung s-Genitiv	Anhand der Beispiele in **A7** macht L die Schreibung des s-Genitivs *(possessive form)* bewusst. Die Bildung des Genitivs („Besitzform") mit einem -s wird den S keine Schwierigkeiten bereiten, da es dieses Phänomen auch im Deutschen gibt. Die S werden bei einer Gegenüberstellung des englischen und deutschen Genitiv (Singular) schnell erkennen, dass das Genitiv-s im Englischen durch ein Apostroph abgetrennt wird. Danach geht L auf die Endstellung des Apostroph nach dem Plural-s ein.

> *The s-genitive*
> *Jo is Dan's brother.*
> *Jo ist Dans Bruder.*
>
> *singular: noun + 's*
> *mum's brother, Harry's son*
>
> *plural: plural of noun (-s) + '*
> *the Shaws' house, my parents' car*
> *but: the children's room*

▶ ▶ GF 9: Possessive form • P 16 • WB 17 • Folie 15

Festigung KV 29. A family tree: 👥 *Information gap activity:* Jedes Paar erhält eine Vorlage, die in der Mitte durchgeschnitten wird. Partner A liest die Informationen zum Stammbaum von Partner B vor (und umgekehrt). Der zuhörende Partner schreibt die Namen der Familienmitglieder in den Stammbaum und beantwortet die Frage.

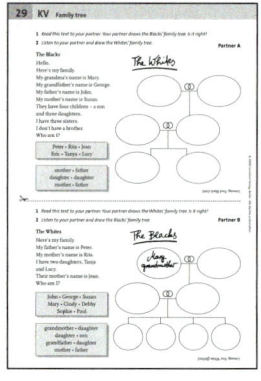

Kopiervorlage 29

Transfer **8** `Extra` **Now you**

L erläutert die Arbeitsanweisung (Gegensatz von *real* und *dream family*).

a) Die Gestaltung und Beschriftung des Stammbaum kann als Hausaufgabe erledigt werden. L sollte den S einige Tage Zeit geben, Fotos ihrer Familienmitglieder zu besorgen. S, die nicht über ihre Familie sprechen möchten, stellen sich aus Zeitschriftenfotos oder selbst gemalten Bildern eine fiktive Familie zusammen.

L sollte vorab den Aufbau und die verschiedenen Möglichkeiten der Gestaltung eines Stammbaums besprechen: z.B. Stammbaum als schematische Zeichnung oder als wirklicher Baum gezeichnet, Verwendung

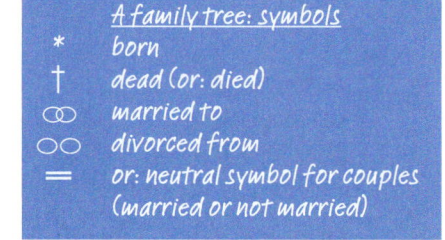

> *A family tree: symbols*
> * *born*
> † *dead (or: died)*
> ⚭ *married to*
> ⚬⚬ *divorced from*
> = *or: neutral symbol for couples (married or not married)*

von weiteren Symbolen, zusätzliche Informationen usw. Die S entscheiden, wie sie ihren eigenen Stammbaum gestalten und welche Fassung sie in ihr Dossier legen.

Tipp: Die S sollten die Namen (und zusätzlichen Informationen) zunächst auf einzelne Kärtchen schreiben und diese probeweise auf ein DIN-A3-Blatt legen. Erst wenn die endgültige Aufteilung feststeht, sollten sie den eigentlichen Stammbaum zeichnen und beschriften.

b) 👥 Die S können die Dialoge individuell zu Hause vorbereiten, indem sie die Satzanfänge im SB zu ihrem Stammbaum passend ergänzen. Im Unterricht werden die Dialoge in Partner- oder Gruppenarbeit durchgeführt.

○ Differenzierung Besonders für lernschwächere S empfiehlt es sich, mögliche Fragen und Antworten auf Dialogkarten zu notieren: auf der Vorderseite steht eine Frage (mit Varianten), auf der Rückseite die passende Antwort (mit Varianten). Diese Dialogkarten können die S am Anfang ihres Gesprächs verwenden, um sich dann allmählich von ihren Notizen zu lösen.

> *Is that your …?*
> *mum, dad, grandma, grandpa, sister, brother, aunt, mum's new partner*
>
> *This is my …*
> *mum, dad, grandma, grandpa, sister, brother, aunt, mum's new partner*

▶ ▶ P 17

Practice

S. 42

1 REVISION   Bristol people and pets (Personal pronouns)

Neuer Wortschatz   here („hierher"; ⁺Box „here – there – where", Voc., S. 164)

Lösung
Die Übung ist auch als mündliche Partnerübung geeignet.
2   Ananda hasn't got a pet. She can't have pets in her flat.
3   Sophie has got two rabbits. They're in a hutch in the garden.
4   'Dan and I like pets. We've got two cats – Bill and Ben.'
5   'Bill and Ben, where are you? You aren't in your basket.'
6   Sheeba has got a nice basket. It's in the kitchen.
7   'Come here, Sheeba! You're a good dog!'

2 PRONUNCIATION   Plurals

Ausgehend von den Bildern im SB verdeutlicht L den Unterschied zwischen stimmhaftem und stimmlosem *s*, der in vielen deutschen Dialekten keine Rolle spielt. Die S können den Unterschied greifbar spüren, wenn sie zwei Finger an den Kehlkopf halten und abwechselnd stimmhafte [b, d, g] und stimmlose [p, t, k] Konsonanten sprechen. Danach machen sie die Probe mit stimmhaftem und stimmlosem *s*.

🎧 1.46   **a)** 1. **Hören:** Die S sprechen die Wörter der Box im SB, zunächst im Chor, dann einzeln. Mit dem Finger am Kehlkopf kontrollieren sie den s-Laut.

🎧 1.46   **b)** Die Wörter werden nochmals gemeinsam gesprochen. Für die Endungen [-s], [-z] und [-ɪz] können die S jeweils einen roten, blauen und grünen Stift hochhalten (vgl. Farben im SB).
2. **Hören:** Vor dem Hören ordnen die S die Wörter in die Tabelle ein und markieren die Pluralendungen mit drei verschiedenen Farben (s.o.). Während des Hörens vergleichen und korrigieren sie ggf. ihre Ergebnisse.

c) 👥 Partner Check: Die S tauschen ihre Hefte und kontrollieren die Ergebnisse des Partners (evtl. drittes Hören). Anschließend Ergebnissicherung im Plenum.

Lösung

[-s]	[-z]	[-ɪz]
boats, books, cats, months, raps, shops, streets	beds, boys, budgies, colours, dogs, friends, plans, things	boxes, cages, hutches, pages, pencil cases

3 Weekends (Simple present: positive sentences)

○ **a)** Zur mündlichen Bearbeitung oder als schriftliche Hausaufgabe geeignet. Individuelle Lösungen.

Alternative   👥👥👥 Um die Aufmerksamkeit der S zu erhöhen, teilt L die Klasse in zwei Gruppen und gibt den S ca. 1 Min. Zeit, sich einen Satz zu überlegen. Dann nennen die S aus den Gruppen abwechselnd einen Satz, wobei kein Satz wiederholt werden darf. Jeder richtige Satz gibt einen Punkt für die Gruppe. (Zeitlimit vorgeben!)

👥👥👥 *Sentence chain:* Die S arbeiten in Kleingruppen (4–6 S). S1 nennt einen Satz, S2 wiederholt den Satz und nennt einen neuen usw.

b) **Extra** Als Hausaufgabe geeignet. Individuelle Lösungen.

4 STUDY SKILLS Pets (Mind maps)

a) Die Gestaltung der Mindmap empfiehlt sich als Hausaufgabe, da sie sehr zeitaufwändig ist und einer ruhigen Arbeitsatmosphäre bedarf.
Nachdem die S in **SF 3** den Zweck von Mindmaps und die einzelnen Arbeitsschritte kennen gelernt haben, üben sie nun an einer vorstrukturierten Mindmap zum Thema „Haustiere". Die S sollten die Einzelwörter und Überschriften auf (farbige) Karten schreiben und mit diesen die Mindmap vorstrukturieren.

Lösungsbeispiel
pets: rabbit, hamster, dog, guinea pig, tortoise, cat, fish, budgie, parrot, mouse, ...
homes: hutch, cage, house, basket, garden, ...
What they do: play, do tricks, sleep, eat, drink, run, sing, sit, ...
What they eat/drink: milk, water, meat, carrots, fish/dog/cat food, ...

b) Die S halten einen Kurzvortrag zum Thema „Haustiere". Hierzu verwenden sie ihre Mindmaps und die Redemittel im SB.

O Differenzierung Besonders lernschwächeren S hilft es, den Kurzvortrag vorher mit einem Partner oder in einer Kleingruppe zu üben.

Zusatz L kopiert besonders gelungene Mindmaps auf Folie und bespricht sie mit der Klasse. Zur weiteren Übung erstellen die S eine Mindmap zum Thema *My class*. Die S sollten möglichst viele Gelegenheiten haben, mit Mindmaps zu arbeiten: Im Klassenzimmer können Mindmaps aufgehängt werden, die z.B. als Grundlage eines Kurzvortrags oder einer Themenwiederholung benutzt werden können.

S. 43

5 Extra PRONUNCIATION The '-s' in the simple present

🎧 1.47 *a)* SB geschlossen. 1. Hören: L überprüft das Globalverständnis: *Who is the poem about? (Prunella)*

🎧 1.47 SB geöffnet. 2./3. Hören: Die S achten auf die unterschiedlichen *s*-Laute. Beim dritten Hören sprechen sie das Gedicht leise mit.

b) L erläutert die Bedeutung von °*sounds* anhand der Beispiele. Die S schreiben das Gedicht ab und markieren die *s*-Laute in den Farben, die im SB verwendet werden (vgl. **P2**).

🎧 1.47 *c)* 4. Hören: Die S überprüfen ihre Lösungen mithilfe der CD.
Lösung
[-s] *sits, thinks, drops*
[-z] *comes, goes, listens, opens*
[-ɪz] *watches, closes*

Zusatz Die S lernen das Gedicht auswendig und tragen es in Kleingruppen oder in der Klasse vor.

6 Every day after school (Simple present: positive statements)

a) Die Aufgabe kann mündlich oder schriftlich (auch als Hausaufgabe) bearbeitet werden.

Lösung
2 *Jack feeds Polly every day.*
3 *Ananda eats an apple every day.*
4 *Dan plays computer games every day.*
5 *Sophie reads books every day.*
6 *Dilip listens to music on his MP3 player every day.*
7 *Jack writes e-mails every day.*
8 *Prunella opens and closes things every day.*

b) *Sentence chain:* Die Gruppen bilden unabhängig voneinander Satzketten.

Alternative Die Gruppen treten im Wettstreit gegeneinander an. Jede Gruppe bekommt einen Schiedsrichter (S aus einer anderen Gruppe). Während einer festgelegten Zeit (ca. 10 Min.) bilden die S möglichst lange Satzketten. Wenn ein Fehler auftritt (Wiederholung einer bereits genannten Tätigkeit, Vergessen einer Tätigkeit), muss die Gruppe von vorn beginnen. Sieger ist die Gruppe, die die längste Satzkette gebildet hat.

S. 44

7 What they do every day (Simple present: positive statements)

Information gap activity: Partner A arbeitet mit SB-Seite 44, Partner B mit SB-Seite 114.

a) Die Aufgabe kann mündlich oder schriftlich bearbeitet werden. Bei schriftlicher Bearbeitung sollten die S vorher die Tabelle im SB in ihr Heft übertragen (vorbereitende Hausaufgabe) oder KV 21(B) verwenden.

Lösung

	Jack	Ananda
get up	at 7.15	at 7.30
get dressed	at 7.30	at 7.40
have breakfast	at 7.45	at 7.50
go to school	at 8.10	at 8.05
come home from school	at 4.00	at 4.10
listen to the CDs	at 6.15	at 7.30
go to bed	at 9.00	at 8.45

b) Die S haben ca. 3 Min. Zeit, um Uhrzeiten zu ihrem eigenen Tagesablauf zu ergänzen, dann tauschen sie sich mit ihrem Partner aus. Wenn sich Aufgabe *c)* anschließen soll, müssen die S die Angaben ihres Partners notieren.

Alternative **KV 21 (B).** *Information gap* **(Unit 2):** Die KV gibt die Tabellen von SB-Seiten 44 und 114 vor. Jedes Paar erhält eine Kopie der KV und schneidet sie an der gestrichelten Linie auseinander. Weiteres Vorgehen siehe *a)* und *b)*.

c) Extra Als Hausaufgabe geeignet. Die S üben die 3. Person Singular des *simple present*, indem sie mithilfe ihrer Notizen einen kurzen Bericht über ihren Partner schreiben.

Kopiervorlage 21

8 LISTENING At the pet shop

a) SB geöffnet. Die S sehen sich das Bild ca. 2 Min. lang an, wobei sie auf die verschiedenen Tierarten und deren Anzahl achten.
SB geschlossen. Nun nennen die Partner abwechselnd je ein Tier, an das sie sich erinnern.

b) SB geöffnet. Die S notieren in ihr Heft, welche und wie viele Tiere zu sehen sind.
Lösung *3 rabbits, 2 cats, no dog, 1 parrot, 5 guinea pigs, 4 fish*

1.48 c) Hören: Die S vergleichen ihre Liste mit dem Hörtext und schreiben die gehörten Zahlen mit einer anderen Farbe in ihre Liste.
Lösung *1 rabbit, 1 cat, no dog, 1 parrot, 4 guinea pigs, 3 fish*

d) L erläutert die Aufgabe (°*are missing*).
Lösung *2 rabbits, 1 cat, 1 dog, 1 guinea pig, 1 fish*

Hörtext
Jo Hey, Dan, look at the animals.
Dan Oh, wow! They're great! I really like the cat.
Jo The cat? Oh, in the basket there?

Dan	Yes, the black and white cat in the basket.
Jo	Mmmm. Bill and Ben are nicer.
Dan	Hey look. Can you see the white rabbit?
Jo	Where's the rabbit?
Dan	Over there ... over there in its hutch.
Jo	Oh, yes. Sophie has got rabbits.
Dan	Yes. I'd like a rabbit, too.
Jo	I love the parrot.
Dan	Yes, the parrot looks great. What a nice red colour! It's a pretty parrot.
Jo	The fish are nice, too. Look: there are three lovely fish in that bowl.
Dan	I can only see two fish. No, you're right: there are three fish in the bowl. – The guinea pigs are nice, too. I like guinea pigs.
Jo	Guinea pigs? Where?
Dan	In the cage – there.
Jo	Oh yes, I see them. One, two, three, four. – Four baby guinea pigs.
Dan	No dogs.
Jo	No, no dogs. I like dogs.
Dan	But Bill and Ben don't like dogs. Come on, let's go!

S. 45

9 WORDS   Clean a sandwich?

Einstieg SB geschlossen. L demonstriert sinnvolle und absurde Handlungen, um zu verdeutlichen, dass der Gebrauch von Verben in sinnvollen Kontexten erfolgen muss. Beispiel: L packt ihr Frühstücksbrot aus und beginnt zu essen *(I can eat a sandwich.)*. Dann beißt L in einen Apfel *(I can eat an apple.)*, zuletzt nimmt sie ein Buch und tut so, als wolle sie davon abbeißen *(And now I want to eat this book ... Oh, you can't eat a book!)*.

Erarbeitung SB geöffnet. L: *What sentence °goes with this cartoon?* S: *You can't clean a sandwich.*
Lösung
1 clean a cage / the board
2 write an essay / a book
3 listen to the teacher / a CD
4 go to the shops / school
5 play a computer game / football
6 live in a house / at 13 Paul Road

● **Differenzierung** Lernstarke S bilden zu einigen Beispielen vollständige Sätze: *Jack cleans Polly's cage every week. The students clean the board after every lesson ...*

10 I don't, he doesn't (Simple present: negative statements)

Lösung **a)** don't like   don't see   don't see   don't play   don't play   don't like

Lösung **b)** doesn't make   doesn't read   doesn't write   doesn't feed   doesn't sing   doesn't play

Alternative 👥 *Partner check:* Die S wählen eine der beiden Rollen und füllen in Stillarbeit die Lücken. Dann lesen die S den Dialog mit verteilten Rollen und korrigieren sich gegenseitig. Dann werden die Dialoge im Plenum gelesen und ggf. korrigiert.

11 Can you remember? – A quiz (Simple present: positive and negative statements)

Neuer Wortschatz (to) remember, quiz, *pl* quizzes

a) Als schriftliche Hausaufgabe geeignet.
Lösung
2 *The Kapoors don't live in a flat over a B&B. They live in a flat over their shop.*
3 *Jack and his parents don't live in London. They live in Bristol.*
4 *Polly doesn't sleep in a hutch in the garden. She sleeps in a cage in the house.*
5 *Sophie doesn't get up at 6 o'clock on Saturdays. She gets up at nine o'clock.*
6 *Emily doesn't help Sophie with the pets on Saturdays. Toby helps with the pets.*
7 *Dan doesn't do judo on Saturdays. Toby plays football on Saturdays.*
8 *Ananda doesn't play football at school. She plays hockey.*

Alternative 👥 Die Aufgabe kann auch in mündlicher Partnerarbeit gelöst werden. L legt die Lösungen anschließend als Folie auf.

b) Extra 👥 Die Vorbereitung und Durchführung des Quiz umfasst etwa eine Unterrichtsstunde. Die S schreiben ihre Quizfragen auf Karteikarten (Lösungen auf der Rückseite).

● **Differenzierung** Lernstarke S können die Quizfragen auch als Hausaufgabe vorbereiten.

Zusatz L sammelt die Quizkarten ein, korrigiert sie ggf. und verwendet sie für ein Klassenquiz.

S. 46

● **12 WORDS The right word**

Lösung 1 to … about   2 to … with   3 to … at   4 to … in   5 in … over

● **Differenzierung** Hausaufgabe für lernstarke S: Die S schreiben drei weitere Sätze auf Karteikarten, wobei sie Lücken für die Präpositionen lassen. Die Lösungen werden auf die Rückseite geschrieben. L korrigiert die Sätze und stellt sie den S für Partnerübungen zur Verfügung.

13 WORDS The fourth word

Lösung *a)* 2 do   3 divorced   4 father   5 aunt   6 hutch

b) Extra Anspruchsvolle Übung (als Hausaufgabe geeignet).

Lösung 1 open – close / push – pull   2 throw – ball / climb – tree   3 eat – carrots / drink – water

14 Extra **WORDS The family tree**

Die Übung eignet sich gut als Hausaufgabe, da die S ihre Lösung anhand des *family tree* (SB-Seite 41) selbstständig überprüfen können.

Lösung Grandma • daughters • aunt • son • cousin • married • divorced • dead

15 My home, your home (Possessive determiners)

Lösung *a)* 1 Its   2 their   3 his   4 our … her … your   5 my … her … their

b) Individuelle Lösungen nach den Beispielen im SB.

S. 47
---

16 Polly's cage – the Shaws' garden (Possessive form)

L erläutert die Aufgabenstellung *(°Follow the lines.)*.

Lösung

…'s	…s'
Polly's cage, Prunella's plate, Jack's mobile phone, Mr Hanson's wheelchair, Bill's basket, Mr Kingsley's pen	the Shaws' garden, the Thompsons' house, the rabbits' hutch, the twins' football

Zusatz Als Hausaufgabe zeichnen die S zwei Gegenstände, die entweder den Lehrwerkscharakteren oder S der Klasse gehören (jeder Gegenstand wird möglichst groß auf ein extra DIN-A4-Blatt gezeichnet). In der folgenden Stunde verwendet L die Zeichnungen zum stillen Bilddiktat: L hält die Zeichnungen nacheinander hoch, die S schreiben die Lösung auf. Anschließend gemeinsame Kontrolle der Lösungen.

17 GETTING BY IN ENGLISH English guests

Neuer Wortschatz guest

a) Die S suchen die englischen Übersetzungen auf den angegebenen SB-Seiten. Die Sätze werden anschließend an der Tafel gesammelt.

Lösung
1 *Have you got plans for the weekend?*
2 *(to) have breakfast*
3 *Can I help you with your homework?*
4 *No, thanks. I don't need your help.*

b) Partner A empfängt englische Gäste, Partner B stellt einen englischen Gast dar.

Lösung
Dialogue 1:
A: Hello. Welcome to our home.
B: Thank you.
A: Can I help you with your bags?
B: Thanks. But we don't need your help.

Dialogue 2:
A: Have you got plans for the weekend?
B: Yes, we've got lots of ideas.
A: That's great. On Saturdays we have breakfast at 8:30.
B: That's OK.

Differenzierung KV 22(A). Getting by in English (Unit 2): Für lernschwächere S kopiert L die beiden Dialoge von der KV (evtl. auf verschieden farbiges Papier kopieren). Die S schneiden die Satzstreifen auseinander und legen sie in die richtige Reihenfolge. Ergebniskontrolle im Plenum.

Kopiervorlage 22

c) Die S üben den Dialog mit ihrem Partner und präsentieren ihn zunächst zwei anderen S. Anschließend tragen mehrere Paare den Dialog möglichst frei im Plenum vor. Die andern beiden S können als Souffleure aushelfen, wenn die Vortragenden nicht weiterwissen.

Text: A day in the life of ...

S. 48/49

INHALT Jack, Prunella und Dan haben auf unterschiedliche Weise Mr Kingsleys Aufsatzthema *A day in the life of ...* umgesetzt: Jack schreibt über seinen Alltag und die interessanten Gäste des *Pretty Polly B&B*. Besonders der neue Gast, Mr Green, regt Jacks Phantasie an: Da Mr Green stets eine Sonnenbrille trägt und sich zurückzieht, hält Jack ihn für einen Verbrecher. Hier deutet sich bereits die Detektivgeschichte an, die in Unit 3 beginnt. (Text 1)
Prunella beschreibt, wie sie – vorwiegend nachts – ihre Streiche mit der Familie Carter-Brown spielt. (Text 2)
Dan schreibt über einen Tag im Leben der beiden Katzen Bill und Ben. (Text 3)

KOMMUNIKATIVE KOMPETENZEN
Hörverstehen/Hör-Sehverstehen: Einen Text grob verstehen und situativ einordnen; Detailfragen zum Text beantworten
Sprechen: Leseeindrücke zu verschiedenen Texte wiedergeben
Schreiben: Einen Aufsatz mithilfe vorgegebener Textbausteine schreiben

SPRACHLICHE MITTEL
Wortschatz S. 48: by • (to) have a shower • shower • (to) get things ready • ready • again • (to) do homework • interesting • other • country • spy • (to) wear • sunglasses • +glasses • us • (to) fit • story (+Box „Der Plural von Wörtern auf '-y'", *Voc., S. 161*)
S. 49: difficult • silly

METHODISCHE KOMPETENZEN
Informationen aus einem Text erschließen und bewerten; gelenkte Aufgaben zum Textverständnis bearbeiten; einen eigenen Text nach einer Vorlage gestalten und dabei eine Mindmap verwenden

MATERIALIEN CD

Einstieg SB geschlossen. L reaktiviert das Vorwissens zur *storyline: Mr Kingsley's class has to write an essay. What is the essay about? What's the title?* S: *A day in the life of ...* Dann spekulieren die S darüber, was Jack in seinem Aufsatz schreiben könnte. Die Antworten werden in Stichworten an der Tafel festgehalten.

Alternative Stummes Schreibgespräch: L schreibt das Thema *Jack's essay* an die Tafel. S übertragen die Frage in ihr Heft und bilden Gruppen (4–5 S). Jeder S notiert in seinem Heft, wovon der Aufsatz handeln könnte (Stichwörter oder vollständige Sätze). Nach ca. 2 Min. wandert das Heft innerhalb der Gruppe im Uhrzeigersinn weiter. S ergänzen die Vermutungen ihrer Mit-S (ca. 2 Min.). Die Aufgabe endet, wenn jeder S sein Heft zurück hat. Anschließen tragen die S ihre Ergebnisse vor, L hält sie an der Tafel/auf Folie fest.

> A DAY IN THE LIFE OF ...
> Jack Hanson writes about ...

A day in the life of Jack Hanson

SB geöffnet. Die S lesen die Überschriften der Texte. L: *Who is the writer of the first/second/third story?* S: *Jack/Prunella/Dan.* (*by Jack* semantisieren)
Bildbetrachtung: L führt den neuen Wortschatz ein: L: *Who/What can you see in the picture?* S: *There's a man in the room / Polly, the parrot /...* L: *The man is a guest at the Pretty Polly B&B. There are a lot of different guests. They come from different countries like Germany and France. Some guests are very interesting: they look interesting or do interesting things. This man looks very interesting: He wears sunglasses in the house! Can you imagine why?* S: *He's a bank robber / he's blind / ...* L: *Or maybe he's a spy like James Bond! – We can find out more about the man in Jack's essay.*

🎧 1.49 Erarbeitung 1. Stilles Lesen/Hören (Zeilen 10–20): Die S beantworten folgende Fragen zu dem geheimnisvollen Gast:
1 What's the new guest's name? (Mr Green)
2 What does he do? (he wears sunglasses, he doesn't talk to the Hansons)
3 What does Jack think about him? (he's a bank robber or a spy)

🎧 2.18   **2. Stilles Lesen/Hören (ganzer Text):** *Read Jack's story and find out about his day. Put Jack's day in the right order.* (beim gemeinsamen Lesen der Aufgabenstellung den neuen Wortschatz semantisieren)

1 go to school
2 *get things ready* for breakfast
3 make the bed
4 get up early
5 watch TV
6 go to bed at 9 o'clock
7 play computer games or listen to music or write *stories*
8 have a shower
9 *do homework* or help parents
10 come home *again* at 4 o'clock

Lösung: 4 – 3 – 8 – 2 – 1 – 10 – 9 – 5 – 7 – 6

● **Differenzierung**   Lernstärkere S beschreiben Jacks Tagesablauf in ganzen Sätzen (mündlich oder als schriftliche Hausaufgabe). Dabei sollten sie folgende Konjuktionen verwenden: *first, (and) then, after breakfast/school/...*
Beispiel: *First he gets up early. Then he makes his bed has a shower ...*

Extra A day in the 'life' of a poltergeist

Neuer Wortschatz   °(to) hear, °alarm clock

Einstieg   **SB geschlossen.** L: *What can Prunella write about? What do you know about Prunella?* In einem Brainstorming nennen die S Stichwörter, die ihnen zu Prunella einfallen:

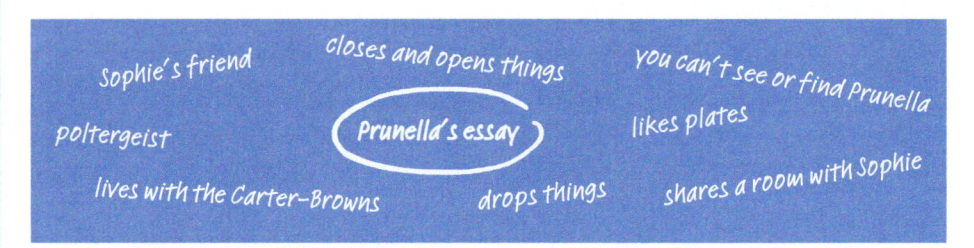

> sophie's friend   closes and opens things   you can't see or find Prunella
> poltergeist   **Prunella's essay**   likes plates
> lives with the Carter-Browns   drops things   shares a room with Sophie

🎧 1.50 **Erarbeitung**   **SB geschlossen/geöffnet. 1. Hören/Stilles Lesen:** Die S markieren alle Stichwörter an, die tatsächlich in Prunellas Aufsatz vorkommen. Anschließend sichert L das Verständnis von °*(to) hear* und °*alarm clock* (aus dem Kontext erschließbar).

🎧 1.50   **2. Stilles Lesen/Hören:** *Match the times and the actions:*
1) 1 o'clock   a) drop Emily's school bag
2) 2 o'clock   b) open the window in Mr and Mrs Carter-Brown's room
3) 3 o'clock   c) push and pull Sophie's bed
4) 7:30   d) Mr and Mrs Carter-Brown argue
Lösung: 1b – 2d – 3a – 4c
At 1 o'clock Prunella opens the window in Mr and Mrs Carter-Brown's room. At 2 o'clock Mr and Mrs Carter-Brown argue ...

Extra A day in the life of Bill and Ben

Neuer Wortschatz   °door, °them, °(to) go out, °hungry, °thirsty, °no („kein"), °signal, °miaow, °(to) chase, °away, °before, °after that, °(to) wait for

Einstieg   **SB geöffnet.** Die S beschreiben die beiden Bilder im SB (in Stichwörtern oder ganzen Sätzen): Bild 1: *There are Bill and Ben. And there are birds. They're in a park. Bill and Ben run (after the birds) ...* Bild 2: *There's a man and there are Bill and Ben. They run out of a shop. It's a fish shop ...*
L kann zur Vorentlastung des Textes einen Teil des unbekannten Wortschatzes semantisieren. Die S dürften den Text aber auch ohne vorherige Vokabeleinführung verstehen, da sich die Wörter gut aus dem Kontext erschließen lassen.

🎧 1.51 **Erarbeitung**   **SB geöffnet. 1. Hören/Mitlesen:** Die S ordnen die Textabschnitte den Bildern zu und nennen zur Begründung die relevanten Stellen im Text. Lösung:
Bild 1/Zeilen 37–42: *First the two cats go to the park. They play their favourite game, 'Chase the birds'.*
Bild 2/Zeilen 43–53: *Their favourite shop is Mr King's fish shop.*

Post-reading-Aufgabe: Match the verbs and the objects. Then put them in the right order:

| play • take • drink • watch • run • go • have • wait | to the park • water • Mr King in the Fish shop • home • a fish • lunch • their favourite game • for Jo and Dan |

Lösung: 1 *go to the park*   2 *play their favourite game*   3 *drink water*   4 *watch Mr King in the fish shop*   5 *take a fish*   6 *have lunch*   7 *run home*   8 *wait for Jo and Dan*

Working with the text

1 Right or wrong?

Die Übung eignet sich als Hausaufgabe.

a) Jack's essay

Lösung
2 *wrong – Jack helps his parents.*   3 *right*   4 *wrong – He thinks Mr Green is a spy.*
5 *right*

b) **Extra** Prunella's essay

Lösung
1 *wrong – Prunella doesn't get up. She doesn't sleep!*
2 *right*
3 *wrong – Sophie doesn't need a new alarm clock.*

c) **Extra** Dan's essay

Lösung
1 *wrong. They play chase the birds.*
2 *Wrong. He doesn't like cats in the shop.*
3 *right*

2 Now you

Einstieg L schreibt die im SB vorgegebenen Adjektive an die Tafel (*difficult* und *silly* semantisieren). Die S ordnen die Adjektive nach Gegensätzen (*boring – interesting, clever – silly, …*) oder steigern sie in einem „Wortthermometer" (*nice – good – great*).

● **Differenzierung** S mit Vorwissen können passende Adjektive ergänzen.

Erarbeitung Die S äußern ihre Meinung zu den Geschichten. Dabei verwenden sie die Redemittel im SB.

3 Your essay

a) Mithilfe ihrer Mindmap (▶ SB-Seite 38) und der Satzbausteine im SB schreiben die S einen Aufsatz über ihren Tagesablauf (bzw. eines Freundes oder eines Haustieres). Anschließend lesen sie dann ihren Aufsatz einem Partner vor und versuchen, selbstständig ihren Text zu verbessern.

b) **Extra** Als Hausaufgabe zu empfehlen. Die S malen ein Bild (oder eine Bildergeschichte) zu ihrem Aufsatz und legen beides in ihr Dossier. Die S, die dies möchten, stellen ihre Bilder im Klassenraum aus. Ihre Mit-S raten, wessen Tagesablauf dargestellt ist.

▶ ▶ *WB 19* • *WB* **Checkpoint 2**

Topic: My dream house

S. 50/51

INHALT Prunella führt Uncle Henry durch das Haus der Familie Carter-Brown. Uncle Henry, ein kopfloser Geist aus dem 18. Jahrhundert, hat das Haus zum letzten Mal vor hundert Jahren gesehen und steht nun teils staunend, teils kopfschüttelnd vor den technischen Errungenschaften unseres Jahrhunderts. Prunella muss ihm deshalb alles genau erklären.

KOMMUNIKATIVE KOMPETENZEN

Hör-Sehverstehen: Einem Hörtext mithilfe von Illustrationen und einer Mindmap Detailinformationen entnehmen
Sprechen: Unter Nutzung eines Bildes und einer Mindmap Fragen zum Haus der Carter-Browns stellen und Fragen aus dem Gedächtnis beantworten (Partnerdialog); das eigene Traumhaus (Traumzimmer) vorstellen
Schreiben: Mindmaps zum Thema „Wohnen" erstellen

SPRACHLICHE MITTEL

Wortschatz S. 50: dream • downstairs • upstairs • stairs *(pl)* • armchair • sofa • dining room • cooker • cupboard • dishwasher • fridge • sink • bath • stereo • washing machine
S. 51: tour (of the house) • visitor • (to) look different/great/old • a lot • (to) happen (to) • swimming pool

Redemittel S. 50: What colour is the kitchen/...? • Where's the stereo/...? • What's in the ... room? • I think it's yellow/... • In the ... • I don't know. • A bed/...
S. 51: This is my dream house/flat/... • It has got ... rooms. • I've got a ... in my room. • I/... sit/...here. • My mum/... eats/... here. • It's very nice/... • What's that? • Have you got a ...?

METHODISCHE KOMPETENZEN

Eine Mindmap gestalten und als Grundlage für einen Partnerdialog verwenden; gelenkte Aufgaben zum Hörverstehen bearbeiten (im Hörtext genannte Wörter in einer Mindmap wiederfinden); nach vorgegebenem Muster ein Fantasiehaus malen und in einem Hausrundgang erläutern

MATERIALIEN CD, KV 30, VAS 2B

Erarbeitung
Einbeziehung von
Grundschulenglisch

1 The Carter-Browns' house

a) **SB geöffnet.** Vor der Bildbeschreibung stellt L sicher, dass allen S die Anordnung der Räume klar ist (ggf. Skizze an der Tafel): *This is the Carter-Browns' house. How many rooms are there?* S: *There are six rooms.* L: *That's right. There are three rooms <u>upstairs</u> and three rooms <u>downstairs</u>* (zeigen). *Let's see: What rooms are upstairs?* S: *There are two bedrooms and a bathroom ...* Dann beschreiben die S die Einrichtung des Hauses, L führt den unbekannten Wortschatz ein (je nach Vorwissen). Zur Vorbereitung der Mindmap (**1b**) können alle Wörter in Listen sortiert an der Tafel gesammelt werden.

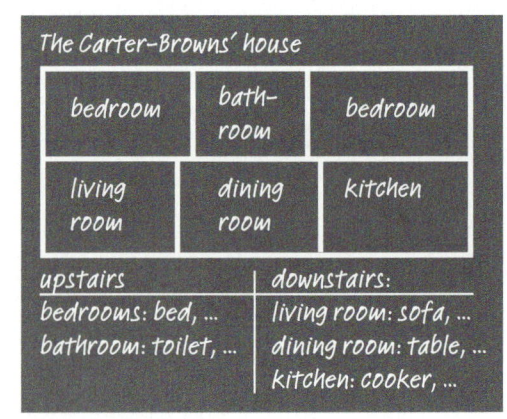

Mögliches Vorwissen: *bed, bedroom, kitchen, living room, table, window.*

b) Die S gestalten nach dem vorgegebenen Muster eine Mindmap zu dem Haus der Carter-Browns. Um Zeit zu sparen, kann dies auch als Hausaufgabe getan werden. Hinweis: Da die Mindmaps für **3a** benötigt werden, ist es wichtig, dass jeder S eine korrekte Fassung besitzt.
Korrektur durch Partner Check: Die Partner vergleichen ihre Mindmaps und korrigieren sie ggf. Nach ca. 5 Min. werden die Ergebnisse besprochen. Alternativ legt L eine vorbereitete Mindmap als Folie auf und gibt den S weitere 5 Min. Zeit, ihre Mindmaps zu vervollständigen. Dabei geht L herum und gibtHilfestellungen.

2 Can you remember?

Erarbeitung

Vorgehen gemäß SB. In lernschwächeren Gruppen sollte L den Ablauf anhand von zwei Fragen mit einem S demonstrieren und dabei die Redemittel des SB verwenden (evtl. an die Tafel schreiben). Während der Partnerarbeit können die S ihre Mindmaps von **1b** verwenden.

3 Prunella's tour of the house

Einstieg

SB geöffnet. Die S betrachten die Bilder. L: *Today Prunella has got a visitor (a guest). Who is her visitor?* S: *Uncle Henry.* L: *And how does she welcome him?* S: *She says: Come in, Uncle Henry.* L: *Look at Uncle Henry and Prunella. They look very different. What's different?* S/L: *Uncle Henry hasn't got a head and he's wearing a big hat, a coat and boots.* L: *That's because Uncle Henry lived 300 years ago. Now he is a ghost. He's visiting the Carter-Browns' house after 100 years and sees a lot of new things: A lot can happen in 100 years! Can you imagine what's different after 100 years?* S: *The TV, the stereo, …*

Überleitung

L: *Let's listen to Prunella's tour of the house (Prunella shows Uncle Henry the house).*

🎧 1.52 Erarbeitung

a) 1. **Hören:** Die S markieren die genannten Räume und Einrichtungsgegenstände in ihrer Mindmap.

🎧 1.52

2. **Hören:** Die S tauschen ihre Mindmap mit einem Partner und korrigieren bzw. vervollständigen die Markierungen

Lösung

living room (TV, armchair, sofa) – kitchen (fridge, cooker, sink, dishwasher)

🎧 1.52 Lösung

b) *the TV, the fridge, the dishwasher*

Hörtext

Uncle Henry	Can I see the house then?
Prunella	Yes, Uncle Henry. Come with me. This is the living room. The family sits here in the evenings. They talk, listen to music or watch TV.
Uncle Henry	TV? What's that?
Prunella	That box there. That's the TV.
Uncle Henry	And they sit and watch the box? Very strange!
Prunella	Well, not really. You see, er … well, yes, it is strange.
Uncle Henry	I like the yellow sofa. It looks very comfortable.
Prunella	Yes, Mr and Mrs Carter-Brown sit on the yellow sofa. The children sometimes sit on the floor or on the red sofa.
Uncle Henry	When they watch the box?
Prunella	Yes, that's right. … And this is the kitchen.
Uncle Henry	Oh! This looks very different. Is that big white thing a wardrobe?
Prunella	The big white thing? Oh, that's the fridge.
Uncle Henry	The what?
Prunella	The fridge. You put food in there. It's cold.
Uncle Henry	But why? I like my food hot.
Prunella	You like your food hot? Then you can put it on the cooker.
Uncle Henry	The cooker?! Is that that thing over there?
Prunella	Yes, Uncle Henry. That's the cooker.
Uncle Henry	Hmm … A cooker – interesting: cook-er. … And after they eat, they do the dishes here in the sink, right?
Prunella	No, they don't. They put them in the dishwasher. That's this box here …

4 A tour of your dream house

a) + b) Das Malen des Traumhauses (Traumzimmers) und die schriftliche Vorbereitung des Rundgangs können zu Hause erledigt werden. Die S können sich einfache Notizen machen oder nach dem Vorbild von **1b** eine Mindmap gestalten.

c) Mithilfe der Redemittel im SB tauschen sich die S über ihre Zeichnungen aus.

> **DOSSIER: *My dream house***
>
> Die S beschriften ihr Traumhaus (Traumzimmer) und legen es in ihr Dossier. L sollte eventuelle Fehler nur auf Nachfrage der S korrigieren. L kann mit den S generell vereinbaren, dass sie Beschriftungen zunächst mit Bleistift vornehmen und erst nach der Korrektur ins Reine schreiben. Wenn die Bilder im Klassenzimmer ausgestellt werden, kann L anschließend häufig auftretende sprachliche Schwierigkeiten besprechen und an der Tafel festhalten. Es sollte möglichst in die Verantwortung der S gelegt werden, diese Korrekturen zu übernehmen.

KV 30. My house, your house: Die *information gap activity* der KV kann zur Vorbereitung des Partnerdialogs von **4c** eingesetzt werden. Bei Zeitmangel kann die KV auch anstelle der gesamten Aufgabe **4** bearbeitet werden. Jeder S erhält eine Vorlage. Die S schneiden die Bildkarten aus. Partner A richtet sein Haus ein und beschreibt es Partner B. Partner B richtet sein Haus der Beschreibung entsprechend ein. Dann Rollenwechsel.

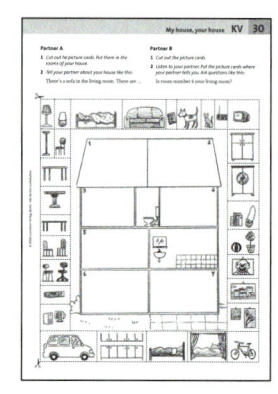

▶ *VAS 2B • Folie 16*

Kopiervorlage 30

Sports and hobbies

Unit 3

Übersicht

Storyline Im Rahmen eines Englischprojekts sollen die Lehrwerkskinder über ihre sportlichen Aktivitäten und andere Hobbys berichten. Während Ananda, Dan, Jo und Sophie sportbegeistert sind – selbst Prunella spielt (nachts!) Tennis –, interessiert sich Jack nicht für Sport. Außerdem muss er häufig in der Pension seiner Eltern mithelfen. Eines Abends überrascht Jack einen Unbekannten vor dem Zimmer des geheimnisvollen Pensionsgastes Mr Green. Daraufhin beschließen er und seine Freunde, ein Detektivteam zu gründen: das *SHoCK Team*.

Themen und Sprechabsichten Hobbys • Sportarten • Kleidung • Einkaufen • Vorlieben und Abneigungen nennen • über Interessen und Hobbys sprechen • etwas einkaufen • sagen, was man oft/nie/... tut • sagen, was man tun muss

Grundschulenglisch **Grundschulthemen:** Sport und Freizeitaktivitäten • Kleidung

Das *Lead-in* (SB-Seiten 52/53) spricht mit dem Thema „Freizeitaktiviäten" die Interessen der S an und motivert sie, über sich zu sprechen und ihre Vorkenntnisse zu aktivieren. Das *Listening* (SB-Seite 56) und der *Song* (SB-Seite 57) regen zur Nachahmung, zum Mitsingen und zur kreativen Umgestaltung an. Die *Listening-Übungen* vertiefen das in der Grundschule erworbene Hörverstehen (SB-Seiten 53, 56, 62).

Grammatik *Simple present:* Entscheidungsfragen und *wh*-Fragen • Häufigkeitsadverbien: Wortstellung • *(to) have to*

Lern- und Arbeitstechniken **Wörter nachschlagen.** Die S werden zu einem selbstständigen Umgang mit dem englisch-deutschen Wörterverzeichnis angeleitet. (SB-Seite 55)

Kooperative Lernformen Appointment-Methode (SB-Seite 60), weitere Formen von Partner- und Gruppenarbeit (SB-Seiten 52/53, 54, 55, 57, 59, 60, 64).

Sprachmittlung **Shopping.** In einem Dialog versetzen sich die S in verschiedene Rollen und führen ein Einkaufsgespräch auf Englisch. (SB-Seite 64)

Dossier **My sports and hobbies.** Die S gestalten eine Seite mit Fotos und Kurztexten, in denen sie über ihre Freizeitaktivitäten schreiben. (SB-Seite 53)

Topic **An English jumble sale.** Die S lernen einen typischen *jumble sale* kennen. Dabei üben sie Aussprache und Verwendung des britischen Pfund und des Euro. Das Topic gibt Anleitungen für ein Rollenspiel oder die Durchführung eines echten *jumble sale*. (SB-Seite 67)

3

Lead-in

S. 52/53

INHALT Die Kinder der Klasse 7PK berichten über ihre verschiedenen Freizeitaktivitäten, die sie mithilfe von Fotos auf einem Klassenposter dokumentieren.

KOMMUNIKATIVE KOMPETENZEN
Hör-/Sehverstehen: Die vorgestellten Freizeitaktivitäten den Schülern der Klasse 7PK zuordnen
Lese-/Sehverstehen: Vorgegebene Begriffe den richtigen Fotos zuordnen
Sprechen: Sich über Freizeitaktivitäten unterhalten (Partnerdialog); mithilfe von Fotos über sein Hobby sprechen
Schreiben: Einen zusammenhängenden Text über sein Hobby schreiben

SPRACHLICHE MITTEL
Wortschatz   S. 52/53:   GS-Wortschatz: Box „My hobbies", *Voc.*, S. 162 • sport • free • free time • (to) collect • stamp • card • (to) go riding • +(to) ride • dancing lessons • +(to) dance • model • guitar • (to) be right • I like swimming/dancing/… • Box „Sports", *Voc.*, S.162

Redemittel   S. 52/53:   After school / On Mondays I play / go to … lessons. • What about you? • I play / I read / I watch … / I listen to … music / I meet … in my free time. • I think Sophie goes … / plays … • Yes, you're right. • No, I think she … • I go to … on Monday afternoons. • I like swimming / … a lot.

METHODISCHE KOMPETENZEN
Anhand von Fotos auf Inhalte schließen; während des Hörens Notizen anfertigen; ein Klassenposter gestalten

MATERIALIEN CD, KV 31; Bildmaterial aus Zeitschriften zum Thema Freizeit; S bringen Fotos oder Zeichnungen, auf denen sie ihr Hobby ausüben

---

Einstieg

Einbeziehung von Grundschulenglisch

I can …

… talk to my partner about sports and hobbies.

Mögliches Vorwissen: Can you play …? • **(to) play ball/tennis** • **basketball** • **(to) ride a bike/a horse** • **football** • **mountain bike** • **skateboard** • **(to) go skiing/swimming** • **(to) sing (a song)** • **(to) swim**

SB geöffnet/geschlossen. Mithilfe der Fotos des Lead-in oder Bildern aus Zeitschriften reaktiviert und sichert L den Wortschatz zum Thema „Freizeit". L entwickelt zwei Listen an der Tafel und erläutert den Unit-Titel *Sports* and hobbies. Zur Vorentlastung der Partnerdialoge kann L auch die Zeitangaben reaktivieren: *When can you do sports or hobbies?* S: *at school, after school (= in your free time), in the afternoon, on Saturdays, at the weekend, on Monday afternoon …*

play football	read books
play basketball	listen to CDs
play volleyball	play computer games
go swimming …	play games …
= sports	= hobbies

👥 **SB geöffnet.** Zwei S mit Vorkenntnissen führen mithilfe der Beispiele einen Dialog vor. Anschließend führen je zwei S ähnliche Gespräche.

Alternative   **KV 31. Sports and hobbies:** L verwendet die ausgeschnittenen Bildkarten der KV, um die Sportarten und Hobbys zu präsentieren. L kann die Bilder an einzelne S verteilen, die die Hobbys pantomimisch darstellen. Dann ordnen die S die Bild- und Wortkarten einander zu. Die Karten können auch zur Unterstützung der Partnerdialoge oder als Memory dienen.

Zusatz   👥👥👥 Die S fertigen mit Bildern (selbstgemalt, aus Zeitschriften) eine illustrierte Vokabelsammlung zum Thema an und hängen sie im Klassenraum auf. Die Sammlung kann im Verlauf der Unterrichtseinheit von den S ergänzt werden.

Kopiervorlage 31

Language awareness

Die S sollten auf die unterschiedliche Pluralbildung bei „Hobby" im Englischen und Deutschen aufmerksam gemacht werden.
Englisch   hobbies   ponies   parties
Deutsch   Hobbys   Ponys   Partys

1 Form 7 PK's hobbies

Erarbeitung SB geöffnet. L: *Let's see what our Bristol kids do in their free time.* Bildbeschreibung: *Who can you see? (Dan and Jo, Ananda, Sophie, Jack, other children.)* Aus der Überschrift und den Abbildungen schließen die S, dass es sich um weitere S der Klasse 7PK handelt. L: *What are their hobbies? (go swimming, play computer games, …)*
L semantisiert anhand der Fotos den neuen Wortschatz (je nach Vorwissen: *collect stamps/cards, make models, go riding, …*).

Language awareness

Besonders bei Wörtern, die im Englischen und Deutschen ähnlich sind (sogenannte *good friends*), neigen die S zu falscher Betonung. Diese sollte besonders geübt werden, z.B. bei *model* ['mɒdl], *assistant* [ə'sɪstənt], *project* ['prɒdʒekt], *detective* [dɪ'tektɪv].

a) Hinweis: Die S sollten rechts neben der Liste Platz lassen.

🎧 2.03   1. Hören: Vorgehen gemäß SB. Kontrolle mithilfe der CD (Lösungen s.u.).

🎧 2.03   **b)** 2. Hören: Die S erweitern dem Beispiel im SB gemäß die Liste zu einer Tabelle. Während des Hörens machen sie an entsprechender Stelle ein Häkchen.

● **Differenzierung** Lernstarke S ergänzen die Namen weiterer S der Klasse 7PK, die im Hörtext genannt werden: Anne *(play the guitar)*, Michelle *(go riding)*, Simon *(collect stamps)*.

Lösung

	Sophie	Jack	Jo	Ananda	Dan	Anne	Michelle	Simon
1 play football			✓					
2 play hockey				✓				
3 make models		✓						
4 play the guitar						✓		
5 collect stamps				✓				✓
6 go riding	✓						✓	
7 go to dancing lessons	✓							
8 go swimming	✓		✓	✓	✓			

c) 👥 Während die Partner mündlich ihre Lösungen vergleichen, achtet L auf die korrekte Aussprache der 3. Person Singular des *simple present* (noch keine Bewusstmachung)

Hörtext

Jack	Well, what do you think of our poster?
Ananda	It's a good poster! I really like your photo, Sophie.
Jack	I can't see it. What number is it?
Ananda	It's right there, Jack. Number 7.
Jack	Oh, yes. When do you go to dancing lessons, Sophie?
Sophie	In the lunch break on Thursdays. I like dancing a lot.
Jack	I don't like dancing.
Sophie	No! Lots of boys don't like dancing.
Ananda	Do you like football, Jack? Look at photo number 1.
Jack	Number 1? Ah, yes, that's Jo. He plays football a lot. But no, I don't like football. What about you, Ananda?
Ananda	Me? Football is OK, but I like hockey more. Look, there's my picture – number 2.
Sophie	You play hockey for the school, don't you?

Ananda	Yes, that's right.	
Jack	That's great, Ananda. But I don't like hockey.	
Sophie	Where are you on the poster, Jack? I can't see your picture.	
Jack	Look, number 3. That's me. I make models.	
Ananda	So you make models? No sport?	
Jack	No, I hate sport. But I'm not the only one. Look at number 5. Simon doesn't do sport. He collects stamps … and cards.	
Ananda	I collect stamps too. I get lots of nice stamps from my aunties in India.	
Jack	Hey, Jo does a lot of sport. Look, here he is again, with Dan – there, number 8.	
Ananda	Yes, they go swimming every Saturday, I think. I like swimming too.	
Jack	You're mad, Ananda!	
Sophie	But swimming is great. And riding … riding is great, too. I love riding. Just like Michelle. She goes riding. There's a nice picture of her. Here, number 6.	
Jack	Number 6 … oh, yeah …	
Ananda	Well, how about music? Look here, number 4. Anne plays the guitar.	
Jack	She plays the guitar? Great! I love music!	
The others	No! Stop! Thank you, Jack!	

Transfer

2 Extra Activity

a) + b) Die Vorbereitung eines kurzen Textes zum Foto kann gut als Hausaufgabe erledigt werden (s. Beispiel im SB). In der Schule werden alle Fotos an die Pinnwand geheftet oder auf ein großes Stück Packpapier geklebt und nummeriert. Die S stellen ihre Hobbys mündlich in der Klasse vor. Sie sollten dazu angeregt werden, dies auswendig zu tun und nur im Zweifelsfall auf ihre Notizen zurückzugreifen.

▶ *P 1–3 • WB 1–2 • Folie 17*

Alternative

Die S bringen Gegenstände und Kleidungsstücke mit, die sie zur Ausübung ihrer Hobbys benötigen, wie z.B. Begleitheft eines Computerspiels, Bauanleitung eines Modells oder einer Badekappe. Diese stellen sie in einem „Schaukasten" aus. Die S raten (gemeinsam oder einzeln), welches Accessoire für welches Hobby steht.

DOSSIER: *My sports and hobbies*

Vor dem Schreiben sollten die Ideen und Redemittel mithilfe einer Mindmap gesammelt werden (im Plenum oder in Kleingruppen).
Hinweis: Die Wendung *I like swimming/dancing/…* sollte lexikalisch, d.h. ohne Bewusstmachung des Gerundiums, eingeführt werden. Die Bildung dürfte den S in Analogie zu *go swimming* leicht fallen.

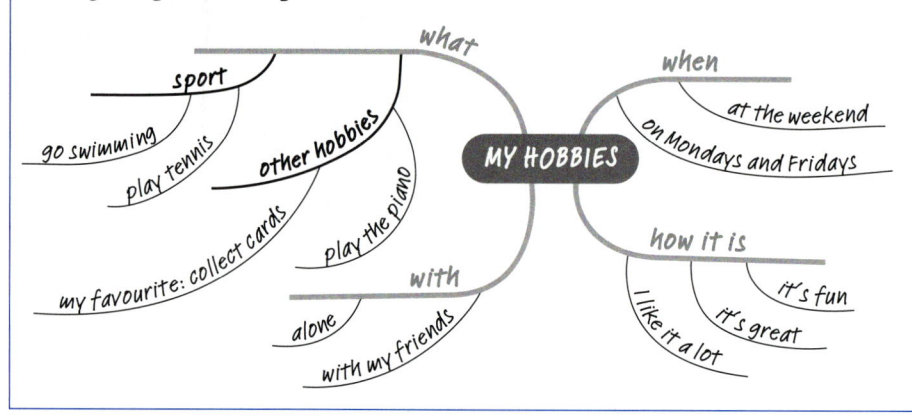

ND
A-Section

S. 54

INHALT Ananda ist mit ihrer Mutter in einem Sportgeschäft, um Hockeyschuhe zu kaufen. Nach einigem Hin und Her entscheidet Ananda sich für ein Paar rot-weißer Hockeyschuhe.

KOMMUNIKATIVE KOMPETENZEN
  Hör-/Leseverstehen: Details in einem Gespräch im Sportgeschäft verstehen
  Sprechen: Ein Einkaufsgespräch führen (Partnerdialog)

SPRACHLICHE MITTEL
Wortschatz A1: GS-Wortschatz: Box zu Kleidung, *Voc., S. 163* • shop assistant • Good afternoon. • size • (to) try on • these • …, you know. • +(to) know • them • (to) want • We'll take them.
  A2: • top

Grammatik *Simple present*: Entscheidungsfragen und Kurzantworten

Redemittel A2: Good morning/afternoon • Can I help you? • I need … • Size …, please. • Here you are. • Do they/Does it fit? • Do you like them/it? • I'll take them.

METHODISCHE KOMPETENZEN
  Mit dem Partner einen Einkaufsdialog erarbeiten; grammatische Regelmäßigkeiten erkennen

MATERIALIEN CD, KV 32, KV 33, LAS 3A; S bringen Kleidungsstücke (Sport- und Alltagsbekleidung) mit

1 The Kapoors at the sports shop

Mögliches Vorwissen: *boots, dress, cap, hat, jeans, scarf, shirt, shoes, shorts, skirt, socks, T-shirt.* (▶ **Box zu Kleidung**, *Voc., S. 167*)

Einstieg
Einbeziehung von
Grundschulenglisch

SB geschlossen. L hat in der vorangehenden Stunde einzelne S beauftragt, Kleidungsstücke (▶ Wortschatzliste oben) mitzubringen. In einer Art Modenschau präsentieren die S diese Kleidung. Die S nennen die englischen Bezeichnungen, die sie bereits kennen. Dabei führt L die neuen Wörter von **A2** ein. Lernstärkere S sollten dazu ermutigt werden, Kombinationen aus bekannten Wörtern zu bilden, z.B. *riding cap, tennis skirt* … Die Kleidungsstücke können dann nach verschiedenen Kriterien sortiert werden: *clothes for boys/girls/sport clothes* … Auf einzelne Kärtchen geschrieben lassen sich die Wörter an der Tafel leicht umgruppieren.

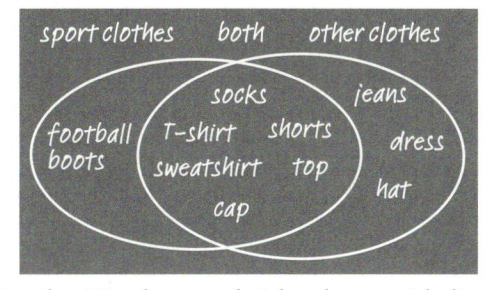

Alternative/Zusatz **KV 32. Clothes:** An dieser Stelle oder vor Bearbeitung von **A2** kann L den Wortschatz zum Bereich „Kleidung" mit den Bild- und Wortkarten der KV einführen bzw. festigen.

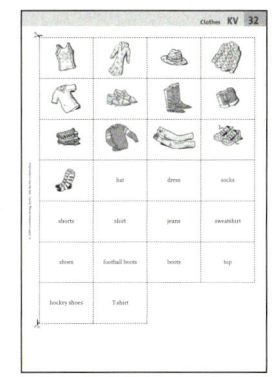

Überleitung L: *What clothes can you buy in a sports shop?* S: *shorts, socks, …* L: *What's Ananda's sport?* S: *Hockey.* L: *So what clothes does she need?* S: *She needs a hockey skirt, hockey shoes, …* – L: *Let's see what she buys at the sports shop today.*

Erarbeitung SB geöffnet. L: *Look at the photos. Who can you see?* S: *Ananda, her mum, a man.* L: *That's right. The man works at the sports shop. He's a shop assistant. You can ask him when you need help. First you say what you want and your size. My shoes are size 38. What size have you got? – When you buy new shoes, you have to try them on. Do they fit?* (mit deutlich zu großen/zu kleinen Schuhen demonstrieren) S: *No./Yes.* (L kann die S-Antwort unter Verwendung der korrekten Kurzantwort wiederholen: *No, they don't. They're too small/big.*)

Kopiervorlage 32

INFO-BOX

Schuhgrößen werden in Deutschland und Großbritannien unterschiedlich angegeben. In Deutschland findet man häufig zwei Größenangaben, wobei es sich in der Regel um die deutsche und die US-amerikanische Größe handelt.

Tabelle für Damengrößen:

D	GB	US	D	GB	US
35	2	4	39	6	8
36	3	5	40	7	9
37	4	6	41	8	10
38	5	7	42	9	11

🎧 2.04 **Lösung**

1. **Hören:** Die S beantworten die Textfrage im SB: *Ananda wants red and white shoes.* Anschließend semantisiert L den übrigen Wortschatz: *Good afternoon., these/them* (lexikalisch einführen), *you know, (to) know, want, We'll take them.*
Hinweis: *We'll take them/it.* sollte als feste Wendung eingeführt werden, ohne die grammatische Struktur (*will* bei spontanen Angeboten oder wenn man etwas bestellt) bewusst zu machen.

🎧 2.04

2. **Hören/Stilles Lesen:** *What's Ananda's size?* – 4 (Anhand der Größentabelle finden die S heraus, dass dies der deutschen Größe 37 entspricht.)

3. **Lesen:** Der Dialog wird mehrmals mit verteilten Rollen gelesen und evtl. nachgespielt, sodass sich bereits wichtige Redemittel einprägen.

Language awareness

Im Englischen sind Lautung und Schreibung eines Wortes oft sehr verschieden. Schwierigkeiten bereitet den S häufig der „stumme Konsonant": *know, answer, walk.*

Anübung

Entscheidungsfragen und Kurzantworten

2 👥 Now you

L bespricht mit den S, wie das Flussdiagramm im SB zu lesen ist: Die orangene und die grüne Spalte bieten Alternativen an, je nachdem ob man bei einem Kleidungsstück den Singular oder den Plural verwendet. Innerhalb der Spalten entscheiden die S, ob sie eine positive oder negative Antwort geben. L sollte mit einem S einen Dialog mithilfe des Flussdiagramms vortragen.
Die Partner schreiben ihren Dialog auf. Durch mehrmaliges Üben des Dialogs lösen sie sich vom Blatt, sodass sie ihn weitgehend auswendig vorspielen. Requisiten können den S helfen, sich besser in ihre Rollen hineinzuversetzen.

Zusatz

Während die Dialoge vorgetragen werden, machen sich die zuhörenden S in einer Tabelle Notizen zur gekauften Ware sowie zu deren Farbe und Größe.

	what	colour	size
dial. 1	T-shirt	green	M
dial. 2	...		

O Differenzierung

KV 33. Scrambled dialogues: shopping: Alternativ zu **A2** ergänzen lernschwächere S zwei Dialoge mithilfe von Satzkarten und lesen sie mit einem Partner vor. Daran anschließend entwickeln die S eigene Dialoge.

Zusatz

Gemeinsam werden Kriterien für einen guten Vortrag erarbeitet. Die zuhörenden S beurteilen anhand dieser Punkte den Vortrag der Dialogpartner. Damit sich die S bei Kritik nicht bloßgestellt fühlen, sollte ein vertrauensvolles Verhältnis bestehen. Mögliche Kriterien:
- Sprechen die Vortragenden laut und deutlich (kann ich sie gut verstehen)?
- Sprechen die Vortragenden frei oder lesen sie vom Blatt ab?
- Wirkt das Gespräch „echt"?

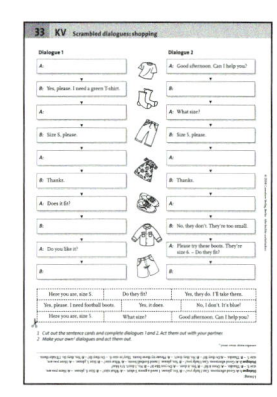

Kopiervorlage 33

Bewusstmachung
Simple present
in Fragen und Kurzantworten

Looking at language

Nachdem die S in dem Dialog **A2** Entscheidungsfragen und Kurzantworten imitativ verwendet haben, wird ihnen nun deren Bildung bewusst gemacht. Die im SB vorgegebenen Sätze werden ergänzt und untereinander ins Heft / an die Tafel geschrieben (genügend Abstand zwischen den Wörtern lassen).

simple present: questions and short answers				
auxiliary	subject	verb	object	short answer
Do	I	want	them?	Yes, I do.
Do	you	like	the colour?	No, I don't.
Do**es**	she	like	the colour?	No, she doesn't.
Do**es**	it	fit?		Yes, it does.

Die S erkennen, dass Entscheidungsfragen mit einem Hilfverb (*do* bzw. *does*) und einem Vollverb (im Infinitiv) gebildet werden. Die Wortstellung ist die gleiche wie beim Aussagesatz. In einem zweiten Schritt formulieren die S, dass *does* bei der 3. Person Singular verwendet wird. Anschließend werden die entsprechenden Kurzant-worten ergänzt. Den S fällt auf, dass die Kurzantwort mit einer Form von *do* gebildet wird, wobei das Vollverb nicht wiederholt wird.

Alternative 1

L schreibt einen Beispielsatz aus **A2** auf Karteikarten, wobei auf jeder Karte ein Satzteil steht (verschiedene Farben für die Satzteile). Die S ordnen die Karten. Dann gibt L einen weiteren Satz auf gleiche Weise vor. Beim er-

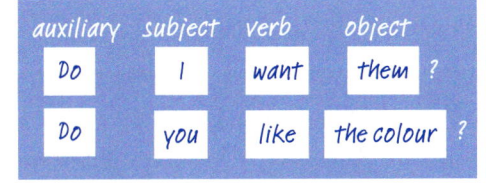

auxiliary	subject	verb	object	
Do	I	want	them	?
Do	you	like	the colour	?

neuten Ordnen erkennen die S, dass beide Sätze das gleiche Satzbaumuster haben. Gemeinsam werden die Satzteile benannt.

Alternative 2

Das Grammatikthema kann auch mithilfe von **LAS 3A** erarbeitet werden.

▶ ▶ *GF 10 a–b: Simple present: questions/short answers • P 4–8 • WB 3–7 • LAS 3A • Folie 18*

S. 55

INHALT Prunella möchte mit Sophie spielen, doch diese hat keine Zeit, denn für ein Schulprojekt soll sie Leute zu ihren Freizeitaktivitäten befragen. Prunella bietet sich zum Interview an und erzählt von ihren diversen Aktivitäten. Ihr ausgefallenstes Hobby ist das nächtliche Tennisspiel mit Uncle Henry.

KOMMUNIKATIVE KOMPETENZEN
  Hör-/Leseverstehen, Schreiben: Einem Dialog Details zu Prunellas Freizeitaktivitäten entnehmen und Notizen machen
  Sprechen: Sich über Freizeitaktivitäten unterhalten (Partnerdialog)

SPRACHLICHE MITTEL
Wortschatz A3: project (on, about) • (to) ask • piano • +(to) play the piano • alone • head • always • (to) win • °racket • neighbour • anyway

Grammatik *Simple present:* wh-Fragen

Redemittel A4: What do you do in your free time? • I play tennis/… and I … • You …? Alone? • No, I … with … • When do you …?

METHODISCHE KOMPETENZEN
  Wörter in einem alphabetischen Wörterverzeichnis nachschlagen

MATERIALIEN CD, KV 34

3 Prunella plays tennis

Einstieg **SB geschlossen.** L erzählt eine kurze Geschichte über Prunella und semantisiert dabei einen Teil des neuen Wortschatzes. Das Erzählen sollte mit viel Gestik und Mimik begleitet werden, so wie die S aus der Grundschule kennen: *You all know Prunella. She's a poltergeist. So she doesn't have to go to school and she doesn't have to do homework. Oh yes, Prunella has got a lot of free time! In her free time she opens and closes things. And she drops things – plates and bowls. But she also collects plates. That's her hobby. Prunella has got other hobbies. She loves music: she sings and she plays the piano. But sometimes she thinks: 'This is so boring. I don't want to be alone. I want to play tennis. But I can't ask real people to play with me. And Sophie hasn't got time for me. She always has to do homework and she always plays with her friends from school. But I can't play tennis alone. What can I do?' Suddenly Prunella has got an idea …*

Überleitung L: *Who can be Prunella's tennis partner? (Remember: people can't see Prunella, only Sophie can.)* S: *She can play with Uncle Henry.* (vgl. Topic 2, S. 53)

Erarbeitung **SB geöffnet.** Anhand der Bilder werden die ersten Vermutungen der S überprüft und weiterer Wortschatz eingeführt: *project (on, about), (to) ask* (ggf. gleichzeitig einführen: *(to) answer), head, racket*.
Hinweis: Die Wörter *neighbours* und *anyway* werden im Anschluss an die Textarbeit gemeinsam im *Dictionary* nachgeschlagen (▶ HRU-Seite 125)

🎧 2.05 1. **Hören/Stilles Lesen:** Die S übertragen die Tabelle aus dem SB in ihr Heft und machen sich Notizen:

Lösung

what?	with?	how?	when?	where?
plays tennis	Uncle Henry	with Sophie's racket	at night	in the garden

🎧 2.05 2. **Hören/Stilles Lesen:** L gibt die Tätigkeiten, die im Text vorkommen, ungeordnet an der Tafel vor (am besten auf Wortkarten). Die S ordnen sie Prunella oder Sophie zu.
Who does what?
do an English project (S) – *collect plates* (P) – *play the piano* (P) – *ask questions* (P)
play tennis (P and S) – *sing* (P)

Zusatz Mithilfe der richtigen Antworten schreiben die S einen kurzen Text über Prunellas Freizeitaktivitäten: *Prunella sings, plays the piano and plays tennis in her free time. She plays tennis with Uncle Henry. They play in the garden at night.*

Anübung
wh-Fragen

4 Extra 👥 **Now you**

L: *Ask your partner about his or her free-time activities.* Wenn die S den Dialog von **A3** mehrmals gelesen haben, dürften ihnen die wichtigsten Wendungen im Gedächtnis sein. L wiederholt kurz die *wh*-Fragen, die für das Interview wichtig sind (keine Bewusstmachung der Struktur). Die S können ggf. die Mindmap für das Dossier (▶ HRU-Seite 120) wiederverwenden.

Looking at language

Bewusstmachung
Simple present
wh-Fragen

Die S nennen Fragen, die sie im Interview verwendet haben, oder suchen Fragen aus **A3**. Die *wh*-Fragen werden untereinander an die Tafel geschrieben (Abstand zwischen den Wörtern lassen).

simple present: wh-questions				
question w.	aux.	subject	verb	
What	do	you	do	in your free time?
How	do	you	play	tennis?
When	do	you	play	tennis?
Where	do	you	play	tennis?
When	do*es*	Prunella	play	tennis?

L deckt die Fragewörter ab. Die S erkennen, dass die Satzstellung bei *wh*-Fragen und Entscheidungsfragen gleich ist. Als Beispiel für die 3. Person Singular ergänzt L eine entsprechende Frage (S stellen zunächst Vermutungen über die Bildung an).
Hinweis: Die Unterscheidung zwischen Subjekt- und Objektfragen mit *what* und *who* wird in Band 2 behandelt.

● **Differenzierung**

In lernstarken Gruppen ergänzt L eine Frage mit Präposition (*Where do you come from?*) und zeigt, dass die Präposition am Ende des Satzes steht.

▶ ▶ *GF 10c: wh-questions • P 9–10*

Zusatz

KV 34. Questions, questions, questions: Die S schneiden die Satzkarten aus und bilden Fragen mit und ohne Fragewort. Dann ordnen sie die passenden Antwortkarten zu.

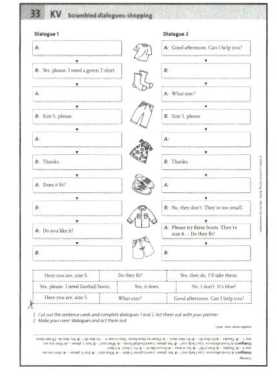

Kopiervorlage 34

STUDY SKILLS   Wörter nachschlagen

L und S blättern gemeinsam zum *Dictionary* (ab SB-Seite 179). Allein oder mit einem Partner suchen die S die Wörter *know, neighbour* und *anyway* und ermitteln die Ausprache und die deutschen Bedeutungen. Die einführenden Erläuterungen (SB-Seite 179) werden gemeinsam gelesen: Hinweise zu Symbolen und Abkürzungen sowie zur Angabe des Erstbelegs.
Anhand der Beispiele erkennen die S, dass die Wörter alphabetisch und unitübergreifend geordnet sind. Sie lernen das *Dictionary* als ein Hilfsmittel kennen, in dem sie ihrem individuellen Vokabelwissen entsprechend Wörter nachschlagen können. Die Benutzung des *Vocabulary* (▶ SB-Seite 23) sollte im Vergleich noch einmal besprochen werden.

Alternative

Wenn die Textarbeit nicht unterbrochen werden soll, kann die *Study Skills Box* auch direkt nach **A3** bearbeitet werden.

▶ ▶ *SF 4 • P 11 • WB 8–9*

S. 56

INHALT	Im Rahmen ihres Englischprojekts schickt Ananda ihrem Cousin Jay, der in New York lebt, eine E-Mail, um ihn über seine Hobbys zu befragen. Am nächsten Morgen erhält sie seine Antwort und erfährt, dass er Basketball über alles liebt.

KOMMUNIKATIVE KOMPETENZEN

Hör-/Leseverstehen: Den Aufbau einer E-Mail erkennen und ihren Inhalt detailliert verstehen; einen Hörtext verstehen und pantomimisch nachahmen **(A7)**
Schreiben: Mithilfe einer Satzbautafel kurz über eigene Freizeitgewohnheiten schreiben)

SPRACHLICHE MITTEL

Wortschatz A5: often • **Dear** Jay ... • quick • (to) answer • ⁺answer (to) • some • question • ⁺(to) ask questions • match • Love ... • the next morning/day • never • usually • (to) walk • **Say hi to** Dilip **for me.**

Grammatik Stellung der Häufigkeitsadverbien

Redemittel A6: My favourite hobby/sport is ... • I always/ usually/often/never ... play football/... after school/...

METHODISCHE KOMPETENZEN

Die typischen Merkmale einer E-Mail erkennen

MATERIALIEN CD, KV 35, (Luftpost-)Brief

5 An e-mail to Jay

Einstieg — **SB geschlossen.** L zeigt den S einen Brief, der an eine Adresse in einem fernen Land gerichtet ist. Auf dem Brief sollten eine Briefmarke und ein Luftpostaufkleber zu sehen sein. L: *This is a letter to my friends in the USA. It says 'by airmail'. It's a fast/quick way to send a letter to the USA. It takes five days. Do you know another quick way to write to people in different countries? (that takes only a few minutes)* S: *An e-mail.*

Überleitung — L: *Do you write e-mails to your friends? And how quick do your friends answer? When do they usually write back? The next morning/day/week?*

Erarbeitung — **SB geöffnet.** Die S decken den Text der E-Mail ab, L führt in die Situation ein: *Ananda often writes to her cousin. She usually writes to him every weekend.* Zunächst lenkt L die Aufmerksamkeit auf den Kopf des E-Mail-Programmes, dem die S erste Informationen über den Inhalt der E-Mail entnehmen können:
1. Adresszeile: *Ananda writes to her cousin. What's his name? (Jay Gupta)*
2. E-Mail-Adresse: *Where does Jay live? (in New York)*
3. Betreffzeile: *What's Ananda's e-mail about? (Jay's hobbies)*

Einige S können sicher anhand der Symbole die Bedeutung von *send, save, attach* und *tools* erschließen. Unbekanntes erläutert L (s. u.).

> **INFO-BOX**
>
> Die Symbole und Optionen sind im englischen und deutschen E-Mail-Format gleich.
> **E-mail** = Elektronische Post **Send:** Abschicken
> **To:** E-Mail-Adresse des Empfängers **Save:** Speichern
> **Subject:** Betreffzeile **Tools:** Werkzeuge (z.B. Rechtschreibüberprüfung)
> **Attach(ments):** angehängte Dateien

Vor dem Hören fragt L: *What questions can Ananda ask?* Die S nennen Fragen, L notiert einige davon an der Tafel.

🎧 **2.06** **Stilles Lesen/Hören (Ananda's E-Mail):** *Read/Listen and compare. Does Ananda ask different questions?* Fragen, die vorher nicht genannt wurden, werden im Heft/an der Tafel notiert:

What are your hobbies? (basketball)   *Have you got a bike? (yes)*
How often do you do them? (every day)   *How often do you ride it? (not often)*
Do you go to school matches? (sometimes)

Die Fragen werden laut gelesen und das Verständnis gesichert.

INFO-BOX
Baseball: Das amerikanische Ballspiel wird im Sommer gespielt. Es entstand im 19. Jh. als eine Mischung von *cricket* und *rounders*. Die beiden gegeneinander spielenden Teams bestehen aus je neun Spielern. Das Spielfeld ist unterteilt in ein Außenfeld und ein viereckiges Innenfeld *(diamond)*, an dessen Ecken sich Zielpunkte *(bases)* befinden. Zum Spiel gehören Schläger *(bat)*, Handschuh *(glove)* und Ball *(baseball)*. **(American) Football:** Populärster Ballsport der USA im Herbst, der mit dem einem Endspiel *(Superbowl)* abschließt. Ursprünglich dem Fußball *(soccer)* ähnlich, ist das heutige Spiel 1875 aus dem Rugby entstanden. Der Ball ist wie beim Rugby oval, jedes Team hat elf Spieler. Ziel ist es, den Ball in der Endzone des Gegners abzulegen *(touchdown)*.

🎧 2.06 **Stilles Lesen/Hören (Jay's e-Mail):** *Find the answers to Ananda's questions. Write notes.* Die S erschließen die neuen Wörter weitgehend aus dem Kontext (*answer* (Verb bekannt), *never, (American) football* (erklären), *walk, Say hi to Dilip for me* (dt.)). Sie notieren Jays Antworten (▶ HRU-Seite 126) in Stichwörtern und berichten dann kurz über Jay: *Jay's hobby is basketball. He plays basketball every day ...*

O **Differenzierung** Lernschwächere S vervollständigen diesen Lückentext:
Jay plays ... every day. He ... for the school team. So he always goes to the school basketball games, of course. And he ... goes to school baseball games. But he ... goes to football games. He thinks they're .... He has got a ..., but he doesn't ... ride it. He ... walks
(*basketball • plays • sometimes • never • boring • bike • often • usually*)

Zusatz Anschließend kann L die in E-Mails gebräuchlichen (informellen) Redewendungen bewusst machen:
Begrüßung: *Hi, ... ; Dear ...*
Einleitung: *Just a quick e-mail today ...; Here's a quick answer to your e-mail ...*
Verabschiedung: *Love ...; Say hi to ... for me.*

Language awareness
Ananda, die britisches Englisch spricht, fragt: *Do you go to school <u>matches</u>?* Jay antwortet in amerikanischem Englisch: *I sometimes go to school baseball <u>games</u>.*

Bewusstmachung Stellung der Häufigkeitsadverbien Anhand der Beispiele aus **A5** (oder des Lückentextes (s.o.)) kann L auf die Häufigkeitsadverbien eingehen. An der Tafel hebt L die Adverbien farblich hervor und klärt die Bedeutung (z.B. Skala von „immer" bis „nie": *always – often – sometimes – never*). In einer anderen Farbe wird jeweils das Vollverb markiert: Die S erkennen, dass die Häufigkeitsadverbien im

> I <u>sometimes</u> **go** to school baseball games.
> But I <u>never</u> **go** to football games.
> I <u>usually</u> **walk**.
> I've got a bike. But I **don't** <u>often</u> **ride** it.
> I'm usually nice to Sophie.
> Stellung: • direkt vor dem Vollverb
> • nach am/is/are

Gegensatz zum Deutschen <u>vor</u> dem Vollverb stehen. Anhand des Satzes aus dem **GF 11** *I'm usually nice to Sophie* verdeutlicht L, dass die Häufigkeitsadverbien <u>nach</u> den Formen von *be* stehen.

Hinweis: Auf die Stellung der *adverbial phrases* (wie z. B. *every day, on Fridays*) sollte hier nur bei Nachfrage seitens der S eingegangen werden. Das Thema wird in EG21, Band 2 behandelt. Die S verwenden in mehreren kommunikativen Übungen (z.B. **A6**) *adverbial phrases* imitativ, sodass ihnen die Stellung unbewusst geläufig wird.

▶ ▶ GF 11: Adverbs: word order • P 12–15 • WB 10–13

Transfer **6 Now you**
Die S beantworten die Fragen der E-Mail auf einem extra Blatt. Die Blätter werden vermischt ausgeteilt und die Antworten laut vorgelesen. Die S raten, um wen es sich handelt.

Alternative	Mehrere Gruppen (4–5 S) entwickeln einen Fragebogen, auf dem sie ca. fünf Fragen formulieren. Die Gruppen befragen sich gegenseitig und präsentieren ihre Ergebnisse. Fragetypen für eine Umfrage: 1. *right/wrong statements:* Antwortkästchen für *yes* und *no*. 2. *multiple choice:* 3–4 mögliche Antworten vorgeben.
O Differenzierung	**KV 35. An interview about sports and hobbies:** Lernschwächere S ergänzen die vorgegebenen Frageanfänge und befragen drei Partner.
Zusatz	Projekt: In Form eines E-Mail-Fragebogens kann die Befragung auf andere Klassen, den Freundeskreis oder eine befreundete Schule im Ausland ausgeweitet werden. Die S sollten die Umfrageergebnisse auswerten, indem sie Vergleiche anstellen und diese z.B. in Form eines Säulendiagramms darstellen.

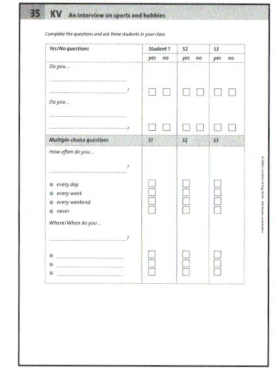

Kopiervorlage 35

7 Extra LISTENING Lazy Larry

Neuer Wortschatz	°lazy
Einstieg	L fragt die S: *Who likes/doesn't like sports? – Well, some people like sports, but they don't play them. They watch them on TV. One of them is Lazy Larry: He doesn't do sports. He likes to sit and watch. Let's listen to Lazy Larry and find out what he likes and what he doesn't like.*
🎧 2.07 **Erarbeitung**	1. **Hören** (bis: *Well, listen and do them with me.*): *What can Larry do?* Die S stellen Vermutungen an: *He can sleep, eat, sit, talk to a friend, …*
🎧 2.07	2. **Hören** (abschnittweise): *What does Larry do?* Die S zeigen pantomimisch, welche Tätigkeiten Larry ausführt (Auf Umschreibungen und Hintergrundgeräusche achten!). Dann erst werden die Tätigkeiten von L/S genannt:
Lösung	1. *drink tea* 2. *read a book* 3. *eat an apple* 4. *write a shopping list* 5. *phone a friend* 6. *take the remote control / press numbers*
	Die Bewegungen werden gemeinsam geübt. Um die Aufmerksamkeit der S zu steigern, kann L immer nur einen Teil der S auffordern, die Bewegungen auszuführen: 1. *Now all girls drink tea, all boys eat an apple.* 2. *All students with jeans read a book.* 3. *All students with shoe size 37 phone a friend.* usw.
🎧 2.07	3. **Hören:** Die S ahmen die Bewegungen zunehmend ohne Hilfe der L nach.
	Abschließende Frage: *Why do people say Larry is lazy?* S: *He always sits on his sofa. He doesn't move.*
Hörtext	Hi. My name is Larry. Some people call me Lazy Larry. I don't know why. I just don't do sport. Yes, I watch tennis and basketball, table tennis and badminton. But I don't play them – I don't like sport. I like my sofa! But I don't just sit there, oh no! I do lots of things. 'What things?' you ask. Well, listen and do them with me. First I drink my tea. You can do it too: drink your tea … Then I read my book … page one … then, turn to page two … Come on, you read too … and turn the pages: one … and two … and three … Now I'm hungry, I want an apple. I take … … an apple from the fruit bowl. Go ahead – you get an apple. With your right hand … yes, that's good. And then I eat it. Mmmm. You eat your apple, go on!

**Fortsetzung
Hörtext**

Mmmmm, that was the last apple. I have to make a shopping list! I need some paper ...
Go ahead, get some paper. With your left hand ... yes, that's it. Good.
And I need a pen ...
Come on. You too! With your right hand, reach for a pen. Come on.
Now, what do I put on my list? Ah yes, aaaaa...pples.
And snacks, lots of snacks! Write with me now! S – n – a – c – k – s, snacks!
OK, now write your list, and I can write my list. Go on!
What's next? Oh, I think I want to phone a friend. Where's the phone? Oh dear, over there on the right.
Go on, get the phone. It's on the right. There you go! You've got it. And now the number.
Go on. You phone a friend too!
Oh well, I can phone him later ...

Now I'd like to watch TV. Where's the remote control? Ah, there it is! There on the left.
Got it! Now you get your remote control too. It's on the left. Go on. Get it. Good.
Now let's see what's on TV. I press number one ... – you do it too: Press number one.
Oh no. Let's try two. Press the number.
... no! Three ...
... no! Four ...
... no! And five ...
... Yes! Sport. Right ...
Oh dear, I'm tired already. Now why do people say I'm lazy?
What's next? Oh, I think I want to phone a friend. Where's the phone? Oh dear, over there on the right.
Go on, get the phone. It's on the right. There you go! You've got it. And now the number.
Go on. You phone a friend too!
Oh well, I can phone him later ...

Now I'd like to watch TV. Where's the remote control? Ah, there it is! There on the left.
Got it! Now you get your remote control too. It's on the left. Go on. Get it. Good.
Now let's see what's on TV. I press number one ... – you do it too: Press number one.
Oh no. Let's try two. Press the number.
... no! Three ...
... no! Four ...
... no! And five ...
... Yes! Sport. Right ...
Oh dear, I'm tired already. Now why do people say I'm lazy?

S. 57

INHALT Während seine Freunde in ihrer Freizeit begeistert Sport treiben, hasst Jack jegliche sportliche Betätigung. Deshalb fällt ihm die Arbeit an seinem Projekt schwer. Hinzu kommt, dass er im Haus helfen muss, während seine Eltern Sport treiben. Jack beklagt sich bitter bei Polly.

KOMMUNIKATIVE KOMPETENZEN
 Hör-/Leseverstehen: Einem Text Informationen zu Jacks häuslichen Pflichten entnehmen; einen Liedtext verstehen und pantomimisch nachahmen
 Sprechen: Über Tätigkeiten sprechen, die man tun muss
 Schreiben: Nach einem vorgegebenen Muster einen Liedtext verfassen

SPRACHLICHE MITTEL
Wortschatz A8: (to) hate • (to) have to do • at least • most people • (to) understand • (to) lay the table • dinner • +(to) have dinner
 A9: right now • (to) teach • (to) learn

Grammatik Have to und has to

Redemittel A9: I have to … • He/She has to …

METHODISCHE KOMPETENZEN
 In Gruppenarbeit nach einem vorgegebenen Muster einen Liedtext verfassen

MATERIALIEN CD, KV 36, LAS 3B, VAS 3A

8 I hate sport

Einstieg SB geschlossen. L: *What do the Bristol kids do in their free time? What hobby has Jack got?*
Die S stellen fest, dass nur Jack keinen Sport treibt (▶ SB-Seiten 52/53, bsd. Hörtext 2.03).

> Ananda plays hockey.
> Sophie goes to dance classes.
> Jo and Dan go swimming.
> Jo plays football.
> Jack plays computer games and makes models.

🎧 2.08 **Erarbeitung** 1. **Hören:** L: *Listen and find out what Jack and his parents think about sport: Who likes sport and who hates (doesn't like) sport?*
Die Antworten werden in Form von Smileys an der Tafel festgehalten.

> Jack Jack's parents
> ☹   ☺

SB geöffnet. Betrachten der Bilder: *Jack is in the kitchen with Polly. He has to do an English project about free time – it's his homework.* (*has to* lexikalisch einführen)

🎧 2.08 2. **Stilles Lesen/Hören:** *Complete these sentences.* (vorab neuen Wortschatz klären, zusätzlich: *at least*):
1 Jack's mum does … *(does yoga)*
2 Jack's dad … *(plays basketball)*
3 What do *most* people do in their free time? …! *(sport)*
4 On Wednesday Jack has to do …, his English project about … *(his homework, free time)*
5 At … he has to *lay the table* for *dinner*. *(5.30)*

Zusatz L: *What do you have to do every day/every weekend?* Mögliche S-Antworten: *do my homework, help in the kitchen, lay the table, clean my room, play with my little brother/sister, buy milk, feed my pet, wash my hands and face, …*

KV 36. **I have to …**: Die S füllen den Fragebogen für sich aus. Dann berichten sich jeweils zwei S gegenseitig, welche Pflichten sie zu Hause haben. Der zuhörende Partner macht in seinem Fragebogen Notizen. Schließlich berichten sie vor der Klasse: *Steffen has to lay the table and …*
Die KV kann auch alternativ zu **P18** und als Einstieg zu dem Lied in **P9** verwendet werden.

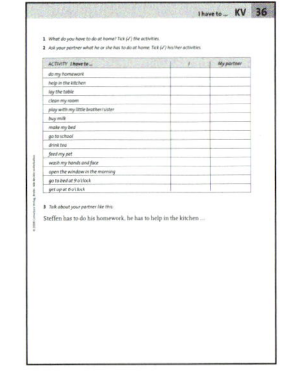

Kopiervorlage 36

Zusatz Als Hausaufgabe schreiben die S ihre Pflichten (eines Wochentags/Wochenendes) in Form einer To-do-Liste oder eines Zeitstrahls auf.

🎧 2.09 **Erarbeitung**

🎧 2.09

Alternative
🎧 2.09

🎧 2.09

9 👥 **SONG I have to get up**

a) SB geschlossen/geöffnet. 1. Hören: Die S achten darauf, welche Personen in dem Lied genannt werden. L schreibt die Personen an die Tafel (evtl. auf Wortkarten).

2. Hören: L gibt die Tätigkeiten, die getan werden müssen *(have to)*, ungeordnet an der Tafel vor: *Match the people and the actions.* Neuen Wortschatz semantisieren: *teach* things (teacher), *learn* things (Ähnlichkeit mit dt. lernen).

👥 L verteilt den Liedtext in Schnipseln (vergrößerte Kopie), wobei auf jedem Schnipsel eine Strophe steht. In Vierergruppen lesen sich die S die Textabschnitte vor und ordnen sie gemeinsam während des **Hörens**.

3. Hören (mehrmals): Zuvor wird der Text zeilenweise gelesen (Chorsprechen, Einzelsprechen). Die Klasse wird in sieben Gruppen (der Anzahl der Tätigkeiten entsprechend) geteilt. Jede Gruppe vereinbart, wie sie ihre Tätigkeit darstellt. Beim gemeinsamen Singen ahmt die Klasse die Bewegungen der jeweiligen Gruppe nach. Zum Singen können Jungen und Mädchen in zwei Gruppen geteilt werden: Die Mädchen singen die Zeile *He has to get up …* und zeigen auf die Jungen und umgekehrt.

Neuer Wortschatz °trainer, °(to) train, °player, °(to) shout at

b) Extra Die S verfassen in Gruppen einen eigenen Text nach dem Muster des Liedes. Vorgehensweise:
1. Zusammentragen von Personengruppen: *I, player, trainer* oder *I, brother/sister, parents/mum/dad* etc.
2. Den Personen Tätigkeiten zuordnen *You /… clean the room; My brother /… makes his /… bed; my parents /… drink tea, watch TV* etc.

🎧 2.10
3. Einüben und Vortragen des Liedes mit der Playback-Fassung.

Bewusstmachung *have to/has to*

L kann Form und Funktion *have to/has to* mit Beispielen aus dem Lied bewusst machen. L heftet je eine Karte für *have to* und *has to* an die Tafel. Die S verschieben die Karten und versuchen mündlich aufgrund ihres Vorwissens (*-s* bei der 3. Person Singular), mündlich korrekte Sätze zu bilden. Richtige Lösungen werden angeschrieben. Die S erkennen, dass die 3. Person Singular *has to* verlangt und nach *to* der Infinitiv steht. Dann lässt L die S aus **A8** einen verneinten Satz mit *have to* suchen: *At least I don't have to do yoga …* Von diesem Beispiel leiten die S die Verneinung der 3. Person Singular ab: *Jack doesn't have to do yoga.* Beispiele zur Fragebildung werden aus **GF 12** ergänzt (und mit LAS 3B vertieft).

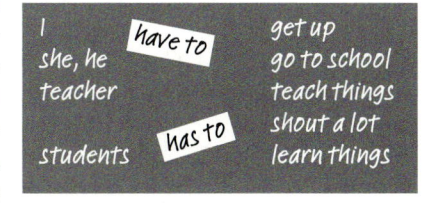

Alternative Das Grammatikthema kann auch mithilfe von **LAS 3B** erarbeitet werden.

▶ ▶ GF 12: (to) have to • P 16–19 • WB 14–16 • LAS 3B • VAS 3A • Folie 19

Zusatz 👥 Spiel. Vorgehensweise:
1. Die S schreiben Uhrzeiten von 8 bis 17 Uhr untereinander.
2. Sie tragen fünf verschiedene Tätigkeiten ein, die sie zu verschiedenen Zeiten machen müssen. (Bei lernschwächeren S eine Auswahl vorgeben.)
3. Sie nennen ihrem Partner die fünf Tätigkeiten. Der Partner muss erraten, wann diese Tätigkeiten auszuführen sind. Beispiel:

```
8   get up              1  help in the kitchen
9   make my bed         2
10                      3
11  clean my room       4
12                      5  do my homework
```

Partner A: *Do you have to clean your room at 9?*
Partner B: *No, I don't. I have to make my bed at 9.*

Practice

S. 58

1 REVISION   Jo plays football, he doesn't … (Simple present statements)

Lösungen

a) 2 go swimming, don't go riding   3 makes, doesn't make   4 play, don't play
5 go, don't go   6 does, doesn't do   7 collects, doesn't collect   8 likes, doesn't like

b) Individuelle Lösungen

2 WORDS   A word snake

Neuer Wortschatz: snake

Lösungen

a) dancing, judo, guitar, comics, riding, swimming, tricks, stamps, badminton, models

b) go: dancing, riding, swimming • play: the guitar, badminton • do: judo, tricks •
make: comics, models • collect: stamps, comics, models

c) **Extra**   Individuelle Lösungen.

3 WORDS   A mind map

Lösungsvorschlag

- computer: play games, write e-mails, do homework, …
- sports: do judo/dancing/yoga, play football/basketball/tennis/hockey/badminton, go swimming, go riding, ride a bike
- watch: football matches, tennis, …
- other hobbies: make models
- collect: stamps, comics, plates, cards, …
- music: play the guitar, take piano lessons, sing, …

S. 59

4 Do you like them? (Simple present questions)

Lösungen

a) Do they • Do they • Do you • Do I

b) 2 Does he   3 Does it   4 Does he   5 Does she

5 Does it fit? (Simple present questions)

Lernstärkere S bearbeiten die Parallelübung auf SB-Seite 118.

Lösungen: 2 Do 3 Do 4 Do 5 Does 6 Do

Alternative: Partner Check: Jeweils zwei S tragen ihren vervollständigten Dialog einem weiteren Paar vor. Zu viert werden die Lösungen verglichen. Anschließend gemeinsame Ergebniskontrolle im Plenum.

6 Extra   Hi Kelly! (Simple present questions)

Lösungen

1 Do 2 Do 3 Does 4 Does 5 Do 6 Does 7 Does 8 Do

7   A quiz about the families in your English book
(Simple present: questions and answers)

Die S bilden eine zuvor festgelegte Anzahl an Fragen und schreiben sie auf. Die Fragebögen werden mit dem Partner ausgetauscht und schriftlich beantwortet (oder vorgelesen und mündlich beantwortet). L sollte darauf achten, dass die S Kurzantworten verwenden. Individuelle Lösungen.

S. 60

8 **Do you know your classmates?** (Simple present: questions and short answers)

Neuer Wortschatz know, (to) meet, appointment

a) + b) Besonders in lernschwächeren Gruppen sollten die Aussagen zunächst laut gelesen werden, um das Verständnis zu sichern. Dann suchen die S sich nach der *Appointment*-Methode (s. u.) drei Gesprächspartner. Anschließend übertragen die S Tabelle aus dem SB in ihr Heft und füllen die Spalte für *me* aus.

Alternative **KV 37. Appointments:** Die S notieren die Aussagen ihrer Gesprächspartner in der Tabelle. Gemeinsam können auch weitere Fragen erarbeitet werden, die auf die spezielle Klassensituation passen. Weiteres Vorgehen s. u.

c) Um ihren Gesprächspartner zu befragen, müssen die S die Aussagesätze zu Fragen umformulieren. Dies sollte an zwei Beispielen gezeigt werden.

d) Um über den Partner zu berichten, formulieren die S die ich-Aussagen in die 3. Person Singular um.

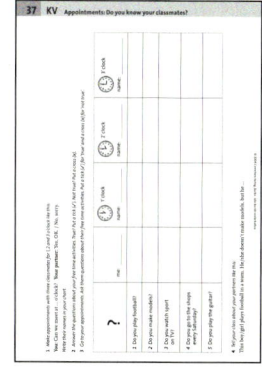

Kopiervorlage 37

Didaktisch-methodischer Hinweis

Kooperative Lernform **Appointment** ist eine gesteuerte Form von wechselnder Partnerarbeit.
1. Die S schreiben drei (vorgegebene) Uhrzeiten untereinander. Dann gehen sie zu drei Mit-S und fragen: *Can we meet at 1/2/3 o'clock?*. Sie tragen die Namen der Mit-S bei der entsprechenden Uhrzeit ein.
2. Die S beantworten die Aufgabenstellung zunächst für sich.
3. Wenn L sagt *It's 1 (2, 3) o'clock*, gehen die S zu dem Mit-S, mit dem sie um 1 (2, 3) Uhr verabredet sind, und befragen ihn.
4. Anschließend berichten die S im Plenum über ihre Umfrageergebnisse.
Tipp: L sollte immer als Joker zur Verfügung stehen

9 **Sport in different countries** (Simple present: wh-questions)

a) Information gap activity: Partner A bearbeitet SB-Seite 60, Partner B blättert zu SB-Seite 115. Vorgehen gemäß SB.

Lösung Partner A/Partner B:

Name	Sophie	Yoko	Sanjay	Britta and Lars	Your partner
Where ... come from?	Bristol	Tokyo	Delhi	Stockholm	...
What sport ...do?	goes riding	does judo	plays table tennis	play basketball	...
When ... do sport?	on Saturdays	at the weekend	every Monday	on Mondays and Fridays	...

Alternative **KV 21 (B). Information gap (Unit 3):** Partner A und B tragen ihre Informationen in die Tabellen der KV ein.

b) **Extra** Die Ausformulierung des Textes eignet sich als Hausaufgabe.

Lösung *Sophie comes from Bristol. She goes riding on Saturdays. Yoko comes from Tokyo. She does judo at the weekend. Sanjay comes from Delhi. He plays table tennis every Monday. Britta and Lars come from Stockholm. They play basketball on Mondays and Fridays. My partner ... comes from ...*

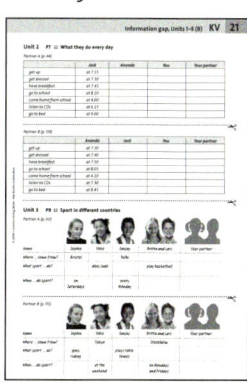

Kopiervorlage 21

S. 61

// ○

10 An interview about hobbies (Simple present: questions)

Neuer Wortschatz interview

// ● Lernstärkere S lösen die Parallelaufgabe auf SB-Seite 118.

Lösung
a) 1 Do you like sport? 5 When do you play?
2 What sports do you like? 6 Do you do other things in your free time?
3 Do you play for a team? 7 What do you collect?
4 Where do you play? 8 Do you like music?

Alternative 👥 Partner Check: Je zwei S kontrollieren gegenseitig ihre Lösungen und lesen/spielen sie anschließend dialogisch vor.

Neuer Wortschatz °(to) interview

b) **Extra** 👥 Nach einer ausführlichen Festigungsphase können die S nun weitere Interview-Fragen formulieren. Individuelle Lösungen.

11 STUDY SKILLS   Wörter nachschlagen

Neuer Wortschatz under, sentence

Lösung
a) 1 dead, different, difficult, divorced
2 class, classmate, clever, climb
3 place, plan, plate, play
4 wear, Wednesday, week, well
5 thing, think, third, this

Zusatz 👥 Die Partner suchen abwechselnd je vier Wörter mit demselben Anfangsbuchstaben, der andere ordnet sie alphabetisch.

Lösung
b) 1. Spalte (a – answer): *act, activity, all, again*
2. Spalte (anyway – bag): *ask, at, aunt, baby, back*
3. Spalte (ball – break): *bowl, band, because, bedroom*

c) Vor der Bearbeitung sollten die Fragen gemeinsam gelesen und das Verständnis gesichert werden.

Lösung
1 before: wanted; after: was 4 under 'get' and 'dressed'
2 d 5 before: lemonade; after: lessons
3 aunt /ɑː/; August /ɔː/ 6 page 48: He wears sunglasses all day!
▶ ▶ SF 4

S. 62

12 PRONUNCIATION [æ] and [eɪ]

Neuer Wortschatz (to) **skate**, °hat

🎧 2.11 *a)* **Hören:** Das Gedicht wird vorgespielt und das Verständnis gesichert. Dann lesen die S das Gedicht zeilenweise (Chorlesen, Lesen in Gruppen). Die S üben die Aussprache der Reimwörter *(skate-words)* gesondert, bevor sie das Gedicht auswendig vortragen.

b) **Hören:** Gedicht mit *black-words:* Vorgehen wie bei *a).*

🎧 2.12

c) Die S schreiben auf drei Stück Pappkarton/Papier jeweils die Zahlen 1, 2 und 3 (mit dickem Filzstift). Die Wörter werden gemeinsam laut gelesen. Wenn das erste Wort aus der Reihe fällt, heben die S das Schild mit der Nummer 1 usw. Dann notieren sie jeweils die Nummer. **Hören:** Ergebniskontrolle mithilfe der CD.

🎧 2.13   1 baby   2 dad   3 plan   4 make   5 flat

d) Als Hausaufgabe geeignet.
cat-words: bank, band, dad, plan, mad, match, flat
day-words: baby, date, day, play, page, make, great, name

13 LISTENING Sport on the radio

Neuer Wortschatz on the radio

a) Die Sportarten auf den Fotos werden benannt und an die Tafel geschrieben: *football, basketball, hockey, volleyball, judo, tennis.*

🎧 2.14 **1. Hören:** L sollte die S vor dem Hören darauf hinweisen, dass sie nicht alles verstehen müssen und nur auf Sportbegriffe und typische Hintergrundgeräusche achten sollen. Die S machen sich während des Hörens Notizen (ggf. jeweils die Anfangsbuchstaben der Sportarten).

Lösung 1 tennis   2 judo   3 basketball   4 football

🎧 2.14 *b)* **2. Hören:** Die S achten auf Wörter, die sie auch aus deutschsprachigen Sportberichten kennen. L sollte nach jedem Bericht eine Pause machen. Die S nennen die ihnen bekannten Wörter, L sammelt sie ggf. an der Tafel.

Lösung
1 court, set, return, volley, Australian Open
2 mat, world champion
3 stadium, NBA, playoff, point, ball, dribble, foul, penalty
4 semi-final, fans, United, pass, Arsenal, referee, team

c) **Extra** Als Hausaufgabe geeignet. Die Collage kann anschließend ins Dossier zum Thema „Sport und Hobbys" geheftet werden.

Hörtext
1
… Here come the players walking out onto the court again. And with one set each, it is Muller's turn to serve – but he serves into the net. and it's a good serve now, and a clean return too, a backhand volley from Muller. And it's good. A friendly crowd here at the Australian Open, while Muller gets ready for …

2
… So now it's down to these two: the Japanese champion Mitsu Yakahama and Australian outsider Matt Kowalski. The two contestants meet in the middle of the mat for the traditional greeting … And now the Australian moves in quickly, he tries to throw the Japanese to the mat right away, but Yakahama is ready for him and fends off the attack. Oh, now Kowalski goes down, a swift move by Yakahama and yes, he gets his first three points. The Australian gets up immediately and …

3
… It's very quiet here in the arena for the NBA playoff game: the Houston Rockets can make two more points here, but oh, the ball bounces off the hoop, and Jerry West gets the rebound for the Knicks – a quick attack by them, here's West under the basket – oh and a foul, a personal foul called against Houston's Tom Thorpe, his fourth in the game. So it's two penalty throws for the New York Knicks …

4
… So after a slow first half, the semi-final is full of drama now. Just listen to the 60,000 fans here. Robinson on the ball now for United, a smart pass down the centre to Hart, but he is tackled by the Arsenal number 10, Hill. Hart goes down; now was that a foul? The referee says it was, so it's a free kick to United just outside the Arsenal penalty area. United are playing as a team now. The free-kick comes in and Robinson gets a chance to shoot – ah – over the top and into the crowd …

14 WORDS Opposites

Neuer Wortschatz opposites

Hinweis an die S: *answer* wird einmal als Verb und einmal als Nomen verwendet.

Lösung *full – empty; play – work; late – early; answer – ask; right – wrong; always – never; black – white; go to bed – get up; question – answer*

Alternative Die S schreiben die Wörter auf kleine Karteikarten, stellen die Gegensatzpaare zusammen und schreiben die richtigen Lösungen in ihr Heft. Im Lauf der Zeit können weitere Gegensatzpaare ergänzt und von Zeit zu Zeit wiederholt werden.

S. 63

15 Prunella and the computer (Adverbs: word order)

a) 2 My brother sometimes plays tennis.
3 My dad always watches sports at the weekend.
4 My mum never goes riding.
5 She always walks in the morning.
6 My friends and I always watch school matches.
7 Our class usually goes swimming on Friday.
8 Our rabbits never do sport.

b) Extra Individuelle Lösungen.

c) Extra Individuelle Lösungen.

Zusatz KV 38. A computer virus: Zur Festigung der Wortstellung ordnen die S die Satzschnipsel und kleben sie nach der Ergebniskontrolle auf die KV.

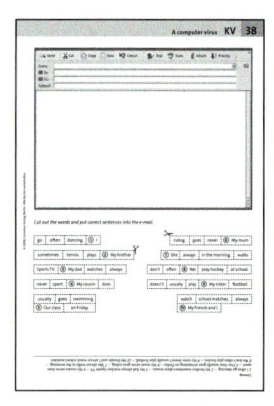

Kopiervorlage 38

16 WORDS Link the words

Neuer Wortschatz (to) link

a) come: home • do: homework, judo • like: CDs, computer games, homework, music, shoes, stories, teacher, tennis • listen to: CDs, music, stories, teacher • make: bed, music • play: computer games, music, piano, tennis • write: e-mails, music, stories

b) 2 home, homework 3 stories 4 plays 5 likes, listens to

17 Who has to wash the car? (have to/has to)

Neuer Wortschatz car

Lösung **a)** Emily and Toby have to clean the bathroom.
Sophie and Toby have to feed the pets.
Mum and Emily have to go shopping.
Mr Carter-Brown has to make dinner.

Lösung **b)** Als Hausaufgabe zu empfehlen.
Emily and Toby don't have to clean the bathroom. Mum has to do it.
Mum and Emily don't have to go shopping. Dad and Sophie have to do it.
Mr Carter-Brown doesn't have to make dinner. Mrs Carter-Brown has to do it.

S. 64

18 My partner and I (have to/has to)

a) Die S übertragen die Liste mit Pflichten in ihr Heft. Dann unterhalten sich die Partner dem Musterdialog entsprechend. Dabei notieren sie hinter den Tätigkeiten den Anfangsbuchstaben des Familienmitglieds, das die Aufgabe zu erledigen hat.

b) Als Hausaufgabe geeignet. Mithilfe ihrer Notizen und der Satzmuster schreiben die S Sätze über sich und ihren Partner. Individuelle Lösungen

19 GETTING BY IN ENGLISH In a sports shop

Neuer Wortschatz part

Lösung

a)
1 Good afternoon. Can I help you?
2 What size?
3 Size 4, please.
4 Try it on.
5 Does it fit?
6 Do you like the colour?
7 What about these shoes?
8 Can I try them on, please?
9 Do they look nice?
10 Yes, of course.
11 Thanks a lot.
12 OK, we'll take them.

b) 👥 Die S arbeiten in Dreiergruppen. Nach der Verteilung der Rollen schreibt jeder S die Sätze für seine Rolle auf. Gemeinsam werden die Ergebnisse kontrolliert. Dann wird der Dialog geübt und vorgespielt.

Lösung

Part 1
A: Good afternoon. Can I help you?
B: I like the red T-shirt. Can I try it on?
A: Yes, of course.
B: Does it look nice?
C: Yes, it does.
B: Do you like the colour?
C: No, I don't.

Part 2
A: What about this T-shirt?
B: Do you like the colour?
C: Yes, I do. Try it on.
A: Does it fit?
B: Yes, it does. I'll take it.
B und C: Thanks a lot. Goodbye.
A: Goodbye.

● **Differenzierung** Lernstärkere S, die ihre Rolle bereits sicher können, tauschen beim mehrmaligen Spielen des Dialogs mit S anderer Gruppen (auch mit Rollenwechsel). So wird der Dialog mehrmals in spontanen Situationen geübt.

○ **Differenzierung** **KV 22 (A). Getting by in English (Unit 3):** Alternativ zu Aufgabenteil **b)** bringen lernschwächere S die auf der KV vorgegebenen Dialogteile in die richtige Reihenfolge. Anschließend spielen sie den Dialog in einer Dreiergruppe. Das Einkaufsgespräch kann auch auf zwei Personen reduziert werden (Käufer und Verkäufer).

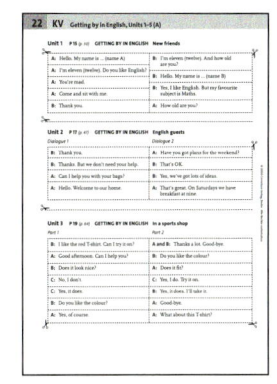

Kopiervorlage 22

Text: The SHoCK Team

S. 65/66

INHALT Jack ist eines Abends allein zu Hause. Da taucht plötzlich ein schwarz gekleideter Mann vor Mr Greens Zimmer auf. Als Jack ihn überrascht, läuft der Mann davon. Am nächsten Morgen erzählt Jack seinen Freunden von dem Besucher und sie beschließen, unter dem Namen *SHoCK Team* mehr über den mysteriösen Mr Green herauszufinden.

KOMMUNIKATIVE KOMPETENZEN
Hör-Seh-/Leseverstehen: Detailfragen zu einem längeren Lesetext über das SHoCK-Team beantworten
Schreiben: Jacks Bericht über das *SHoCK Team* vervollständigen

SPRACHLICHE MITTEL
Wortschatz S. 65: **man**, *pl* **men** • ⁺**woman**, *pl* **women** • **the only** guest • **suddenly** • **noise** • **outside** his room • **scary** • (to) **run** • **out of …** • (to) **call** • **police** *(pl)* • °**locked** • **maybe** • **This is about** Mr Green. • (to) **find out (about)** • **detective**
S. 66: **a piece of paper** • (to) **add (to)** • (to) **start** • °**synchronize** • **watch** • They **plan to** watch …

METHODISCHE KOMPETENZEN
Anhand von Bildern über den Textinhalt spekulieren; gelenkte Aufgaben zum Leseverstehen bearbeiten *(multiple choice, right/wrong statements)*; Handlungsstränge richtig wiedergeben

MATERIALIEN CD, KV 40, Material zum Bedrucken von T-Shirts (z.B. Transferfolie)

Einstieg SB geschlossen. Reaktivieren der Kenntnisse über das *Pretty Polly B&B* und *Mr Green* (▶ SB-Seite 48). L: *Who lives at the Pretty Polly B&B? (the Hanson Family: Jack and his parents and Polly, the parrot) Do they have guests? (Mr Green – he's the only guest) What can you remember about Mr Green?* Mit den S-Antworten entwickelt L ein Network:

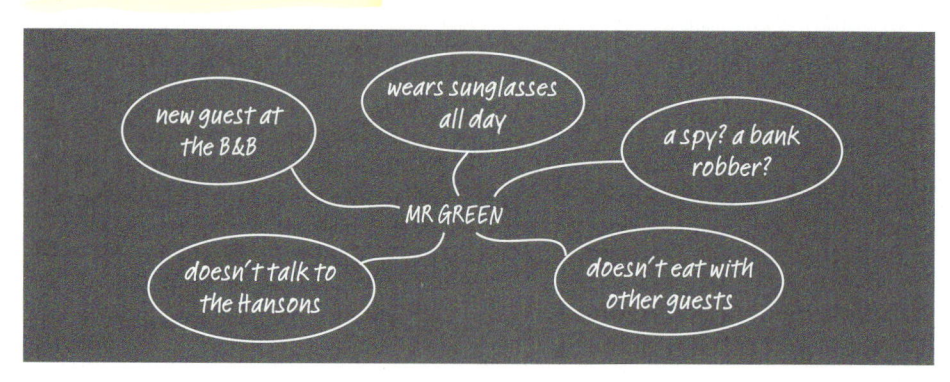

[Network: MR GREEN — new guest at the B&B; wears sunglasses all day; a spy? a bank robber?; doesn't talk to the Hansons; doesn't eat with other guests]

L: *Does Jack know that Mr Green is a spy or does he think he is a spy?* S: *He thinks he is a spy.* (L: *maybe he's a spy*) L: *Do you think Jack can find out about Mr Green?* (dt.) S: *Yes, he can. He can watch him. / No, he can't. He needs help: his friends, the police, a detective*.

Erarbeitung SB geöffnet. L: *Find out about the story.* Anhand des Titels und der Bilder beantworten die S die *pre-reading questions*:

Lösung 1 *I think the man is a spy / a guest / Mr Green, …*   2 *Jack and his friends.*

Der Text sollte in zwei Abschnitten gehört/gelesen werden:

🎧 2.15 **1. Hören/Stilles Lesen (Z. 1–21.):** *Tick the correct parts of the sentences.* (Die Sätze werden vorher gemeinsam gelesen und der neue Wortschatz erklärt.)
1 *Jack is alone … in his room* ✓ / *in the kitchen.*
2 *Mr Green … is / isn't in his room.* ✓
3 *There's a man … inside Mr Green's room / outside Mr Green's room.* ✓
4 *The man in black looks nice / scary.* ✓
5 *The man in black sees Jack and runs … outside* ✓ */ upstairs.*
6 *Jack … calls the police / doesn't call the police.* ✓

Anschließend klärt L den restlichen Wortschatz: *suddenly, noise, (to) call, °locked*.

🎧 2.15 **2. Hören/Stilles Lesen (Z. 22–Ende):** *Answer the questions:*
Who is in the SHoCK Team? – Sophie, Jack, Ananda, Jo and Dan.
What is their job? – They are detectives. They watch Mr Green.
Der neue Wortschatz ist aus den Bildern und dem Kontext erschließbar: *piece of paper, (to) add, start, °Synchronize watches!* (Unterschied zu *clock* erläutern).

> **INFO-BOX**
>
> Mit dem Ausspruch *Synchronize watches!* imitieren Jack und seine Freunde eine aus Detektivgeschichten bekannte Szene: Das Detektivteam hat noch einmal das geplante Vorgehen besprochen. Bevor die Detektive auseinander gehen, nehmen sie zur Sicherheit den obligatorischen Uhrenvergleich vor.

Zusatz Zur Festigung des neuen Wortschatzes werden Sätze mit einigen neuen Wörtern und die dazugehörigen Erläuterungen ungeordnet an der Tafel/auf Folie vorgegeben. Die S ordnen die Sätze einander zu.

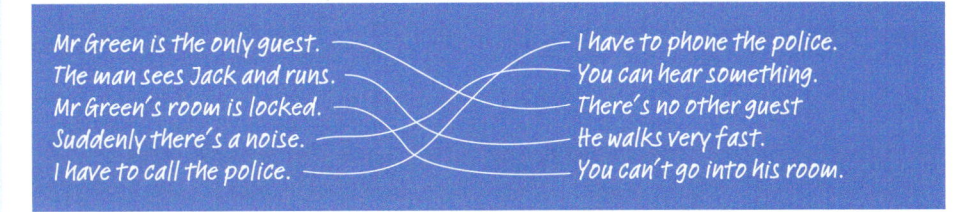

> Mr Green is the only guest. — There's no other guest
> The man sees Jack and runs. — He walks very fast.
> Mr Green's room is locked. — You can't go into his room.
> Suddenly there's a noise. — You can hear something.
> I have to call the police. — I have to phone the police.

Zusatz Die Geschichte eignet sich gut zum szenischen Lesen. Als anschließendes Projekt können die S eine Hörspielfassung (mit Geräuschen etc.) planen und aufnehmen. In diesem Fall sollte die Geschichte vorher nur als Lesetext behandelt werden, damit die S eigene Ideen entwickeln können.

Working with the text

1 What's the story about

Lösung b)

2 Right or wrong?

Lösung
1 wrong (Jack is alone in the house.)
2 right
3 wrong (The next day Jack tells his friends about the scary visitor.)
4 wrong (They start a detective team – the SHoCK Team.)
5 right

● **Differenzierung** 👥 Lernstärkere S formulieren je zwei weitere Aussagen zum Text. Sie besprechen die Aussagen in ihrer Gruppe und stellen sie auf einem Arbeitsblatt zusammen (mit Lösungsschlüssel). Dieses Arbeitsblatt wird von den übrigen S als Hausaufgabe bearbeitet.

3 Extra Jack's report

Lösung *Report on the SHoCK Team*
The name of our new team of detectives is the SHoCK Team: S for Shaw, H for Hanson, C for Carter-Brown and K for Kapoor. We watch Mr Green. Mr Green is a guest at the B&B. Scary men come to his room. I think Mr Green is a spy or a bank robber.
Jack

4 Extra Join the SHoCK Team

Zu Beginn stimmt die Klasse darüber ab, ob sie ein Motiv für alle haben möchte (z.B. für eine Klassenfahrt oder als Mannschaftstrikot) oder ob es mehrere Motive geben soll. Im ersten Fall entwerfen mehrere Kleingruppen je ein Motiv. Die Motive werden ausgestellt und diskutiert. Mit Klebepunkten wählt jeder S seinen Favoriten. Das Motiv mit den meisten Punkten wird von einer Kleingruppe ausgearbeitet.

Die Vorlage wird eingescannt und auf einer speziellen Transferfolie (für Tintenstrahldrucker) ausgedruckt. Anschließend wird das Motiv mit einem Bügeleisen auf das T-Shirt aufgebügelt. Wenn diese Möglichkeit nicht gegeben ist, können die S ihre Motive im Copy-Shop auf T-Shirts drucken lassen (teurere Alternative).

Zusatz Die S beginnen ein Tagebuch, in dem sie alle Beobachtungen des *SHoCK Team* eintragen. Für ihre Notizen können die S die letzten beiden Seiten in ihrem Englischheft, einen kleinen Notizblock oder KV 39 verwenden. Die ersten Eintragungen werden gemeinsam in der Klasse gemacht, wobei L zeigt, wie Stichwörter und Kurzsätze notiert werden. Dies kann in Unit 4 anhand der Study Skills Box „Notizen machen" (▶ SB-Seite 71) vertieft werden. Alle weiteren Beobachtungen schreiben die S in Einzel- oder Partnerarbeit und weitgehend ohne Hilfe der L auf. Als ersten Tagebucheintrag verwenden die S die Notizen des Tafelbilds zu Mr Green (▶ HRU-Seite 138).

> Mr Green:
> – new guest at the Pretty Polly B&B
> – doesn't talk to the Hansons
> – doesn't eat with other guests
> – wears sunglasses all day
> → Is he a spy? A bank robber?

Bevor das Rätsel um Mr Green in Unit 6 (▶ SB-Seite 110/111) aufgelöst wird, vergleichen die S ihre Notizen und stellen Vermutungen über den Ausgang der Detektivgeschichte an.

Alternative **KV 39. The SHoCK-Team diary:** Die S basteln sich mit der Vorlage von KV 39 ein Tagebuch. Das Deckblatt wird auf einen Karton geklebt. An den eingezeichneten Stellen werden die linierten Blätter mit einem Bindfaden an das Deckblack geheftet (S mit großer Handschrift benötigen ggf. eine größere Menge linierter Blätter). Die S können ihre Notizhefte mit Farben gestalten und mit Zeichnungen illustrieren.

▶ *Folie 20*

Kopiervorlage 39

Topic: An English jumble sale

S. 67

INHALT Die S lernen einen typischen *jumble sale* kennen. Anschließend spielen sie Verkaufssituationen nach oder veranstalten einen echten Wohltätigkeitsbasar.

KOMMUNIKATIVE KOMPETENZEN
Hörverstehen: Gegenstände und Preise zuordnen
Schreiben: Preislisten erstellen
Sprechen: Preise diskutieren (Gruppendialog); im Rollenspiel Gegenstände auf einem Basar kaufen und verkaufen

SPRACHLICHE MITTEL
Wortschatz S. 67: jumble sale • pound (£) • pence (p) *(pl)* • ⁺penny • euro (€) • cent (c) • What about …? • too much • How much is/are …? • It's £1. • only • (to) take 10 c off • change

Redemittel 2: What about … for this? • Good idea! • That's too much/not enough.
3: Excuse me, how much is/are …? • Let's see: It's/They're … • That's too much. I've only got … • Well, I can take … off • OK, I'll take it. Here's … • Here's your change.

METHODISCHE KOMPETENZEN
Sich in Gruppen in der Fremdsprache über Preise für Verkaufsgegenstände verständigen; Rollenspiel: mithilfe eines Flussdiagramms über Preise verhandeln

MATERIALIEN CD, KV 40, VAS 3B, Anzeige einer wohltätigen Organisation, britisches Spielgeld (aus dem Workbook); S bringen alte Spiele, Kleider, Bücher, CDs usw. für den Basar mit

Einstieg SB geschlossen. L zeigt ein Plakat/eine Zeitungsanzeige, wo zu Spenden aufgerufen wird. In einem Gespräch über gemeinnützige Organisationen erläutert L kurz *charity*, *Oxfam* und *used (clothes)*: *How do charities like* Brot für die Welt *and* Caritas *help people?* *(they give money, food, old/used clothes; they tell people about poor people's problems; they start projects (like schools) in these countries …) Do you know other charities?* (L stellt die Organisation Oxfam kurz vor, wenn sie nicht von den S genannt wird.)

Überleitung *How can you help charities? Do you give money to charities?* Vielleicht haben manche S schon einmal etwas von ihrem Taschengeld gespendet, manche haben vielleicht schon bei einer wohltätigen Veranstaltung mitgemacht (in der Grundschule, in ihrer Gemeinde). L leitet zum *English jumble sale* über: *In Britain people have jumble sales.*

Erarbeitung SB geöffnet. L erläutert die Idee des *jumble sale* mithilfe des Fotos und des Einleitungstextes. – L: *Why not have a jumble sale in our class? What do we need?* S: *old things, money, …* L sammelt an der Tafel erste Ideen, die in der Gruppenarbeit (Aufgabe 2) vertieft werden.

INFO-BOX

Jumble Sales haben eine lange Tradition in Großbritannien. Sie finden oft in Schulen, Kirchen oder Gemeindezentren statt. Meist wird Geld für wohltätige Zwecke gesammelt. Der *jumble sale* ist mit einem deutschen Wohltätigkeitbasar vergleichbar, nicht aber mit einem Flohmarkt, bei dem man i.d.R. das verdiente Geld selbst behält. Der Begriff *jumble sale* erinnert daran, dass früher alles in einem großen *jumble pile* auf einem Tisch lag, aus dem sich interessierte Käufer Sachen heraussuchen konnten.
Charity ist in Großbritannien ein wichtiger Begriff. Sehr viele Briten arbeiten ehrenamtlich in wohltätigen Einrichtungen, z.B. gibt es sogenannte *charity shops*, in denen die unterschiedlichsten Dinge *second hand* verkauft werden. Die bekannteste Kette von *charity shops*, **Oxfam**, hat auch Filialen in Deutschland. Oxfam steht für *Oxford Committee for Famine Relief* und wurde 1942 gegründet. 1995 entstand mit **Oxfam International** eine aus 12 unabhängigen internationalen Organisationen bestehende Dachorganisation. Oxfam engagiert sich in Langzeitprojekten in Entwicklungsländern, leistet Katastropheneinsätze und versucht mit Öffentlichkeitsarbeit ein wachsendes Bewusstsein für die Probleme der Entwicklungsländer zu schaffen.

Party, party!

Unit 4

Übersicht

Storyline
Im Mittelpunkt der Unit steht Sophies Geburtstagsfeier. Sophie schreibt Einladungskarten an ihre Freunde und am Tag der Feier ist die gesamte Familie Carter-Brown mit den Vorbereitungen beschäftigt. Die in Unit 3 begonnene Geschichte um das *SHoCK Team* wird fortgesetzt: Als Jack und Ananda nach einem Geschenk für Sophie suchen, taucht plötzlich Mr Green auf. Ananda folgt ihm bis zum Bahnhof, wo sie merkwürdige Dinge beobachtet. Deshalb trifft Ananda verspätet auf Sophies Geburtstagsfeier ein.

Themen und Sprechabsichten
Speisen und Getränke • Körperteile • über (Lieblings-)Speisen und Getränke reden • etwas anbieten und annehmen bzw. ablehnen • sagen, was man haben möchte • jemanden einladen • über ein Geschenk reden • etwas begründen • sagen, was jemand gerade tut/beobachtet

Grundschulenglisch
Grundschulthemen: Essen und Trinken • Feste feiern • Mein Körper

Im *Lead-in* (SB-Seiten 68/69) regt das Büffet eines Kindergeburtstages die S dazu an, ihre unterschiedlichen Vorkenntnisse zum Wortfeld „Essen und Trinken" einzubringen. Zwei *Action Songs* (SB-Seiten 70, 80) und ein *Spiel* (SB-Seite 74) führen den musischen und bewegungsorientierten Ansatz der Grundschule fort.

Grammatik
Objektform der Personalpronomen • *present progressive* • *some* und *any*

Lern- und Arbeitstechniken
Notizen machen. Die S üben anhand eines Hör- und eines Lesetextes Stichwörter zu notieren. Dabei lernen sie die wesentliche Aussage eines Satzes zu erkennen. (SB-Seite 71)

Kooperative Lernformen
Think-Pair-Share (SB-Seite 69), *information gap activity* (SB-Seiten 73, 76, 77), weitere Formen von Partner- und Gruppenarbeit (SB-Seiten 69, 71, 74, 75, 77, 79, 80, 82)

Sprachmittlung
Would you like …? In der Dolmetschübung übernehmen die S die Rolle eines Jungen, der beim Abendessen seiner Großmutter und einem britischen Austauschschüler bei der Verständigung hilft. (SB-Seite 80)

Dossier
My party invitation. Die S schreiben und gestalten eine Einladungskarte für eine Party. (SB-Seite 70)
My favourite party food. Die S erstellen eine Liste ihrer Lieblings-Partygerichte. (SB-Seite 75)

Topic
Extra Party doorstoppers … Die S lernen ein englisches Partyrezept kennen. Je nach Geschmack kann der *Triple-Decker Doorstopper* (ein dreistöckiges Sandwich) rezeptgetreu nachgemacht oder ein eigenes Sandwich-Rezept geschrieben werden. (SB-Seite 83)

Lead-in

S. 68/69

INHALT Das Foto zeigt ein typisch britisches Partybüfett mit kalten und warmen Speisen.

KOMMUNIKATIVE KOMPETENZEN
Sprechen: Über Lieblingsspeisen sprechen; die abgebildeten Speisen und Getränke beschreiben (Partnerdialog); Speisen anbieten, annehmen und ablehnen (Partnerdialog); Listen für ein Traumbüfett besprechen (Partner- und Gruppendialog)
Schreiben: Speisen und Getränke zuordnen und abschreiben; eine Liste von Speisen und Getränken erstellen

SPRACHLICHE MITTEL
Wortschatz S. 68/69: (to) **have ... for breakfast** • **chips** *(pl)* • **biscuit** • **crisps** *(pl)* • **fruit salad** • **sausage** • **sweets** *(pl)* • ⁺**sweet** • GS-Wortschatz: Box „Food and drink", *Voc., S. 171* • **bottle** • **glass** • **jug** • Box zu Behältnissen, *Voc., S. 171* • **Would you like ...?** • **Would you like some?** • **I'd like ...** (= I would like ...)

Redemittel
1: It's/They're on the red plate / in the green bottle / ... • That's right. Your turn. / That's wrong. Try again.
2: Let's have chips / ... • Yes, good idea. / No, I hate chips.
3: What's on the big white plate? • That's chicken / ... • Would you like some? • Yes, please. / No, thank you. • What about a drink? • Yes, I'd like a glass of cola, please. • Here you are. • Thanks.

METHODISCHE KOMPETENZEN
Sich zuerst mit dem Partner, dann in der Gruppe auf eine gemeinsame Liste für ein Partybüfett einigen (kooperative Lernform: Think-Pair-Share)

MATERIALIEN CD, KV 41; die S besorgen Bilder von Speisen und Getränke sowie (farbiges) Posterpapier

---

Einstieg

Einbeziehung von Grundschulenglisch

> **I can ...**
>
> ... talk to my partner about food and drink.
>
> **Mögliches Vorwissen:** bread • butter • cake • cheese • chicken • chocolate • ham • hot dog • ice cream • orange juice • lemonade • pizza • potato • sandwich • spaghetti • strawberry • tomato • sweet • plate • hungry • drink
>
> **SB geschlossen.** Im Bereich „Essen und Trinken" werden die S aus der Grundschule und dem Alltag gute Vorkenntnisse mitbringen *(cheese burger, pizza, ...)*. L leitet die Situation ein: *It's my birthday next week and I want to prepare a party buffet. Can you help me to plan it? What party food do you know?* Mit den S-Antworten entwickelt L im Laufe der Stunde ein Network. L sichert Verständnis und Aussprache durch Rückfragen: *Do you like ...? What's your favourite food? What do you have for breakfast?* (Vorentlastung der folgenden S-Dialoge)
> L ergänzt nach und nach den Lernwortschatz und weist besonders auf Wörter hin, die im Deutschen ähnlich sind: *chips* (*false friend*, dt. Pommes frites!) im Unterschied zu *crisps* (dt. Kartoffelchips); Aussprache: stummes *d* in *sandwich*, stummes *u* in *biscuit*; Betonung: 'salad, 'biscuit, 'lemonade; Aussprache der sogenannten *good friends party* (stummes r), *pizza* [iː], *spaghetti* [sp], *hamburger* [æ],[ɜː].
> **SB geöffnet.** 👥 / 👥👥 Mithilfe des Fotos und der Redemittel im SB sprechen die S in Zweier- oder Viergruppen über ihr Lieblingsessen und ihre Essgewohnheiten.
>

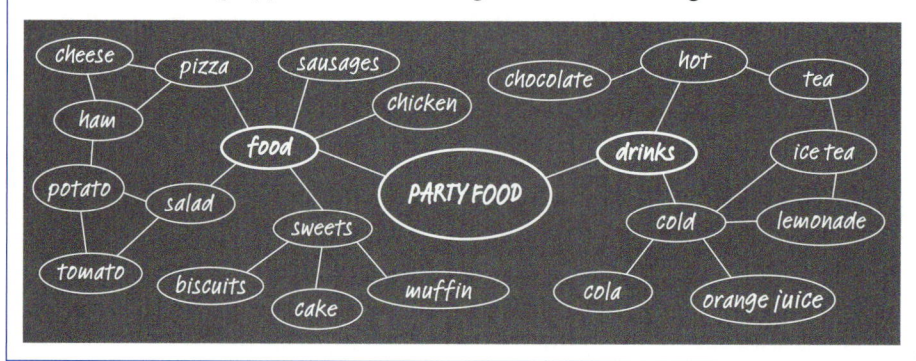

Alternative	SB geschlossen. 👥👥👥 Damit möglichst viele Partner ihre Gedanken austauschen, setzen sich die S nach der Kugellager-Methode in einen doppelten Stuhlkreis. Die Redemittel sollten zuvor an die Tafel geschrieben und geübt werden.
Überleitung	SB geöffnet. *Let's have a look at a party buffet. – So much to eat and drink! Let's check what's there ...*

1 Food and drink

Lösung

a) 1 chips • 2 salad • 3 lemonade • 4 cola • 5 orange juice • 6 sweets • 7 chocolate biscuits • 8 sandwiches • 9 cheese • 10 fruit salad • 11 crisps • 12 birthday cake • 13 chicken • 14 sausages

Die S überprüfen ihre Lösungen selbstständig an verschiedenen Kontrollpunkten im Klassenzimmer.

Überleitung

The party buffet looks really nice. There are lots of <u>bottles</u>, <u>bowls</u>, <u>glasses</u>, <u>jugs</u> and plates (anhand des Fotos semantisieren). *The plates and bowls all have different colours. What colours can you see? (blue, green, ...) What's on the red plate? (a birthday cake) – Let's play a game: guess what I can see.*

Festigung des Wortschatzes

b) 👥 **GAME What is it?**
Vor dem Ratespiel wird der Musterdialog im SB gemeinsam gelesen und mit einem weiteren Beispiel durchgespielt. L achtet auf die Verwendung der Präpositionen *on* und *in*.

Zusatz

KV 41. Food crossword: Das Kreuzworträtsel dient der Festigung des Wortfelds *party food*.

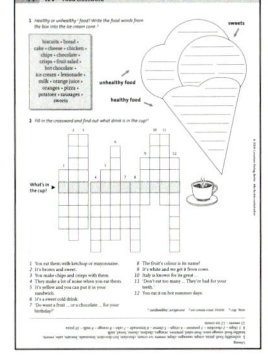

2 Extra Food for your dream party

Kopiervorlage 41

a) Da die S zum ersten Mal der Methode Think-Pair-Share begegnen, sollte L sie ausführlich erklären (s. u.). Bei ihrer individuellen Party-Liste können die S ihr unterschiedliches Vokabelwissen anwenden. Fehler in Schreibung oder Aussprache werden erst in der Gruppenarbeitsphase (mit Hilfe der L) korrigiert.

b) 👥 *+ c)* 👥👥👥 Die Redemittel aus dem SB sollten an die Tafel geschrieben werden, damit die S sich vom Buch lösen und ihrer Fantasie freien Lauf lassen können.

Didaktisch-methodischer Hinweis

Kooperative Lernform

Bei der Lernform **Think-Pair-Share** gelangen die S von einer individuellen zu einer gemeinsamen Lösung:
1. Jeder S denkt allein über die Aufgabenstellung nach und macht sich ggf. Notizen.
2. Die S bilden Paare. Sie vergleichen und diskutieren ihre Lösungen. Die S ergänzen ggf. ihre Notizen.
3. Zwei Paare bilden eine Vierergruppe und besprechen ihre Lösungen. Dann werden die Notizen vervollständigt.

Tipp: Für jeden Arbeitsschritt sollte L ein Zeitlimit setzen.

---

3 👥 A food poster

Die S besprechen im Vorfeld, wer welches Bildmaterial besorgt. L präsentiert ein Poster und spielt den Musterdialog mit einem guten S vor. Dabei kann die Plural-Wendung *These are chocolate biscuits/...* eingeführt werden.

Hinweis: Die S benutzen die Wendungen *Would you like some?* und *I'd like ...* imitativ ohne die Bewusstmachung der grammatischen Formen.

▶ *P 1–2 • WB 1–3*

A-Section

S. 70

INHALT Sophie schreibt Einladungen für ihre Geburtstagsfeier. Prunella ist sehr enttäuscht, dass sie und Onkel Henry nicht auf der Gästeliste stehen. Sophie muss Prunella erklären, dass Geister leider keinen Platz auf einer Party für Menschen haben.

KOMMUNIKATIVE KOMPETENZEN
Lese-/Hörverstehen: Aus einer Liste die Personen nennen, die Sophie einlädt
Sprechen: Einen Rap darstellend vortragen
Schreiben: Eine Einladungskarte für eine Party schreiben

SPRACHLICHE MITTEL
Wortschatz **A1:** invitation (to) • ⁺(to) invite (to) • long • ⁺short • (to) want to do • both • real
A2: °barbecue • °fancy-dress party • °Halloween • °sleepover
Grammatik Personalpronomen: Objektformen

METHODISCHE KOMPETENZEN
Eine Einladungskarte nach vorgegebenem Muster schreiben und gestalten; sprachliche Strukturen erkennen und Vergleiche zum Deutschen anstellen

MATERIALIEN CD, KV 42, LAS 4A; Bilder/Realia zum Thema Party und zu verschiedenen Party-Typen

1 A party invitation

Einstieg **SB geschlossen.** L: *We have talked about party food. What else do you need for a party? Tell me more party words (music, games, guests, presents, ...).* Als Impuls kann L Gegenstände zeigen, die teils zum Thema „Party" gehören (Spiele, ...), teils nichts damit zu tun haben (Schulbuch, ...): *What do you need for a party?* (Die S müssen nicht alles benennen können.)

Überleitung *Now tell your friends about your party: invite your friends. You can tell them on the phone, but you can also write an invitation (a card, an e-mail). Let's have a look at Sophie's party invitation.*

Erarbeitung **SB geöffnet.** Die S betrachten die Einladung und beantworten folgende Fragen: *What kind of party is it? Where is the party? When is it? What's Sophie's phone number? Who is Sophie's guest?*

🎧 2.18
Lösung
1. **Hören/Mitlesen:** *And who are Sophie's other guests? Let's find out.*
Ananda, Dan, Jack, Jo.

🎧 2.18
2. **Hören/Stilles Lesen:** Zum tieferen Verständnis beantworten die S zwei *multiple-choice*-Aufgaben:
1 *Why does Sophie invite Ananda, Dan, Jack and Jo?*
Because they're in her class. • *Because they're her friends.* ✓ • *Because they're cool.*
2 *Why doesn't Sophie invite Prunella and Uncle Henry?*
Because they're old. • *Because they play tennis with her racket.* • *Because they aren't real people.* ✓
Semantisierung des neuen Wortschatzes: *Prunella and Uncle Henry aren't real people, they're poltergeists. Who are real people on the list in the book? (Ananda, Dan, ...). This is only a short list. But Sophie's invitation list is a long list (Gestik). Who is on both lists: the list in the book and Sophie's list?*

● **Differenzierung** Lernstarke Gruppen suchen für den folgenden Lückentext die passenden Namen aus **A1** (die Objektformen müssen noch nicht thematisiert werden).
1 *Sophie invites ... because she likes her.*
2 *Sophie invites ... (and) ... because she likes them.*
3 *Sophie doesn't invite ... (and) ... because the party is for real people.*
Lösung: **1** Ananda **2** Dan and Jo **3** Prunella and Uncle Henry

Zusatz — **Lesen:** Der Dialog eignet sich gut zum szenischen Lesen. Den S fällt es sicher leicht, sich in Prunellas Siuation zu versetzen, die enttäuscht ist, dass sie nicht eingeladen wurde. Auch das Thema des Andersseins berührt die Erfahrungswelt der S.

Looking at language

Bewusstmachung Objektformen der Pronomen — L schreibt die drei Sätze aus der Box an die Tafel, die S nennen die Bezugswörter: *it – list*, *her – Ananda*, *them – Dan and Jo*. Die S übersetzen die drei Pronomen. Sie erkennen, dass die dt. Objektform „sie" im Englischen drei Entsprechungen hat: *it* (Dinge, Tiere ohne Namen), *her* (eine weibliche Person) und *them* (mehrere Personen oder Dinge). Die S suchen die dazugehörigen Subjektsätze aus **A1** heraus, L notiert sie an der Tafel. Dann werden Objekt- und Subjektformen für die übrigen Personen aus **A1** ergänzt.

```
Personal pronouns

object form                  subject form
You can help me.             I can't do this homework.
I can't invite you.          You're a poltergeist.
Because I like him.          And Jack? (he)
Because I like her.          Why do you want to invite Ananda? (she)
Let's look at it.            Where's the invitation list …? (it)
You don't like us.           Because we're different.
I like you both.             (Prunella and Uncle Henry, you're my friends.)
I like them too.             And Jo and Dan? / They're my friends.

English                      German
You can help me.             Du kannst mir helfen.
You can ask me.              Du kannst mich fragen.
```

Anschließend suchen die S ein Beispiel für *me* aus **GF 13**. Mithilfe der Beispiele in **GF 13** verdeutlicht L, dass es im Englischen nur *eine* Objektform gibt, während es im Deutschen *zwei* Objektformen gibt, nämlich Akkusativ und Dativ.

Alternative — Das Grammatikthema kann auch mithilfe von LAS 4A erarbeitet werden.

▶ GF 13: Personal pronouns: object forms • P 3–5 • WB 4–6 • LAS 4A

Zusatz — **KV 42 (A/B). Language dice:** Die S erhalten Teil B der KV (ohne Lösungen). Die Spielleitung erhält den Würfel von Teil A sowie Teil B mit Lösungen. Die Sätze werden gemeinsam gelesen. Dann würfelt der Spielleiter und liest das erwürfelte Pronomen vor. Die anderen S suchen unter ihren Satzstreifen einen passenden Satz. Die Spielleitung vergleicht die abgegebenen Satzstreifen mit den Lösungen. Falsche Satzstreifen werden zurückgegeben. Richtige Lösungen werden mit dem Namen des Spielers versehen und zur Seite gelegt. Sieger ist, wer nach einer bestimmten Anzahl von Runden die meisten Satzstreifen hat.

Kopiervorlage 42

Alternative — Wenn L vor der Bewusstmachung der Grammatikstruktur das Thema „Einladungen" vertiefen möchte, kann auch die *Activity* (**A2**) vor dem *Looking at language* behandelt werden. In diesem Fall schließt sich der *invitation rap* (**A3**) direkt an die Grammatikbehandlung an.

2 ACTIVITY

Einstieg **SB geschlossen.** L schreibt die Partybezeichnungen an die Tafel und zeigt passende Utensilien oder Bilder. Die S versuchen, die Bilder/Realien den Begriffen zuzuordnen. Dann klappt L die Tafel auf, wo Erklärungen zu den Begriffen stehen. Nachdem sich die S kurz mit einem Partner beraten haben, werden die Annahmen der S gemeinsam korrigiert bzw. bestätigt.

```
barbecue            — You wear funny clothes and costumes.
disco               — It's in November. You wear scary masks and look
                      like ghosts.
fancy-dress party   — The party is in the garden. You eat grilled food
                      like sausages and steaks.
Halloween           — You stay at a friend's house over night.
sleepover           — At this party you listen to music and dance.
```

Erarbeitung *a)* **SB geöffnet.** Die S sammeln ausgehend von dem Muster im SB Ideen, was auf einer Einladung stehen sollte: Anlass *(birthday, sleepover, …)*, Datum, Zeit, Ort. Die S ergänzen Bitten an die Gäste: *Please bring/Don't forget … (CDs, your pyjamas, …)*. Die Einladungskarten selbst können bei Zeitmangel zu Hause gestaltet werden. Andernfalls eignet sich die *Activity* für die Arbeit im Computerraum, wofür L zwei Schulstunden veranschlagen sollte.

b) **Extra** Werden die Einladungskarten ausgestellt oder ins Dossier gelegt, sollten zuvor die Merkmale einer guten Gestaltung besprochen werden: ästhetische Kriterien (Farben, Illustrationen, Schrift) und inhaltliche Kriterien (Vollständigkeit der Informationen).

c) Vgl. Kommentar zu *b)*.

Festigung der Objektpronomen
🎧 2.19

3 SONG The invitation rap

Hören (mehrmals): L spricht den Text nach dem ersten Hören langsam vor, die S sprechen im Chor nach. Dann wird der Rap mehrmals rhythmisch mitgesprochen, unterstützt durch Händeklatschen. Gemeinsam erarbeiten die S eine Choreografie: Die Klasse kann in mehrere Gruppen aufgeteilt werden, die die Sätze abwechselnd singen. Die Gruppen können auch Schilder mit den verschiedenen Pronomen tragen, die an der passenden Textstelle hochgehoben werden. Eine Gruppe kann als Vorsänger fungieren, die anderen S singen im Chor nach usw. Je abwechslungsreicher die Vortragsweisen sind, desto mehr Spaß werden die S am Rappen haben.

🎧 2.20 Wenn die S den Text sicher beherrschen, rappen sie zur Playback-Fassung.

S. 71

INHALT Ananda und Jo sind im Kaufhaus und überlegen, was sie Sophie zum Geburtstag schenken könnten. Da sieht Jack plötzlich Mr Green auf der Straße vorbeieilen. Da Mr Green ihn kennt, nimmt Ananda die Verfolgung auf. Unterdessen sind auch Dan und Jo auf Geschenksuche.

KOMMUNIKATIVE KOMPETENZEN
  Hör-/Leseverstehen: Aus einem Dialog Jacks und Ananda Geschenkideen herausfinden
  Hörverstehen/Schreiben: Einem Dialog entnehmen, welche Geschenke Dan vorschlägt und was Jo dazu sagt, und dies notieren (**A5**)
  Sprechen: Sich über ein Geburtstagsgeschenk für einen Freund beraten (Partnerdialog)

SPRACHLICHE MITTEL
Wortschatz   **A4:** present • still • (to) buy • soap • funny • expensive • any? • earring • not (…) any • (to) be in a hurry • (to) follow
  A5: key word • another

Grammatik   *Some* und *any:* bejahte und verneinte Aussagesätze, Fragen

Redemittel   **A6:** Let's buy Tim/… a book/… • No, he/she has got lots of … • Have you got any ideas? • Yes, I have. Let's buy him/her a …/some …

METHODISCHE KOMPETENZEN
  Ausgehend von Lese- und Hörtexten Notizen zu einer Fragestellung machen (*Study Skills: Notizen machen*); sprachliche Strukturen erkennen und in einer Tabelle anordnen

MATERIALIEN   CD, KV 43; L: Realien für einen Geburtstagstisch; S: *SHoCK-Team diary*

4 A present for Sophie

Einstieg
Einbeziehung von
Grundschulenglisch

Remember: It's Sophie's birthday party on Saturday. Jack and Ananda are looking for a birthday present (a book, a CD). But they still (dt.) haven't got one. Can you think of good presents? Den S sollte genügend Zeit gegeben werden, ihren Vokabelkenntnissen entsprechend Geschenkideen zu nennen. L führt dabei *soap* und *earring* ein und kommentiert die Ideen der S: *Oh, that's a funny/great present. / Isn't that expensive?* (Gestik)

Zusatz   Die Geschenkideen der S werden in einer Liste notiert. Die S markieren beim ersten Hören, welche Geschenkideen Jack und Ananda nennen. (*Soap, socks, earrings* sollten möglichst auf der Liste stehen, andernfalls werden sie nach dem Hören ergänzt: *What's missing?*)

Überleitung   *Ananda and Jack have got ideas for a present too. What are their ideas?*

> *Jack's ideas*
> *soap*
> *funny socks*
>
> *Ananda's ideas*
> *earrings*

🎧 2.21 Erarbeitung
Lösung

SB geöffnet. 1. Hören/Stilles Lesen: Jacks und Anandas Ideen werden untereinander an der Tafel/im Heft notiert (rechts Platz lassen).

🎧 2.21   **2. Hören/Stilles Lesen:** Zuvor semantisiert L *(to) be in a hurry* und *(to) follow* (vormachen); *any* ist aus dem Kontext verständlich (die Regeln für *some* und *any* werden später bewusst gemacht).
Die S bearbeiten folgende *right/wrong*-Aussagen:
1 *Soap is a funny present.* (wrong. *Soap is boring.*)
2 *Sophie hasn't got any earrings.* (right)
3 *Funny socks are expensive.* (right)
4 *Jack follows Mr Green.* (wrong. *Ananda follows Mr Green.*)

Zusatz   **SHoCK-Team diary:** L erinnert die S daran, Neues zu Mr Green zu notieren: *In town: Mr Green (with sunglasses) in a hurry; Ananda follows him*

Überleitung   **3. Lesen:** Die S lesen den Dialog von **A4** laut (mit verteilten Rollen).

STUDY SKILLS | **Notizen machen**

Lern- und Arbeitstechnik

Ausgehend von den Notizen zu Anandas und Jacks Geschenkideen (▶ Tafelbild, HRU-Seite 151) geht L darauf ein, dass man sich beim Lesen oder Hören oft Wichtiges notieren muss. Die S vergleichen ihre Notizen mit den Sätzen in **A4**: L: *What's Jack's first idea?* S: *soap* L: *Where can you find this in the text? Please read the sentence.* S: *'Let's buy her some soap.'* L: *Right. So 'soap' is our keyword* (dt. Stichwort) *here. – What does Ananda think about this idea? Read the sentence.* S: *'No, soap is boring.'* L: *What's the keyword?* S: *'boring'*. Das Tafelbild wird mit Jacks und Anandas Meinung zu den Geschenkideen ergänzt. Anschließend wird die *Study Skills Box* gelesen. Anhand des Beispiels verdeutlicht L noch einmal, wie man in einem Satz die wichtigen Stichwörter zu einer Fragestellung findet. Die Fragen lauten: *What is Jack's idea? (funny socks)* und *What does Ananda think? (too expensive).*

Jack's ideas	–> Ananda thinks
soap	boring
funny socks	expensive
Ananda's ideas	–>Jack thinks
earrings	expensive

Jack: Let's buy her some <u>funny socks</u>.
Ananda: No, <u>too expensive</u>.

Jack's idea: funny socks
Ananda thinks: too expensive

Notizenmachen ist eine komplexe Arbeitstechnik, die häufig geübt werden sollte. Den meisten S fällt es schwer, Wichtiges von Unwichtigem zu unterscheiden. Deshalb sollte immer eine konkrete Aufgabe formuliert werden. Arbeitsschritte:
1. Aufgabenstellung klären (evtl. besprechen, auf welche Stichwörter die S achten sollen).
2. Bei Lesetexten: Stichwörter im Text markieren.
3. Möglichst knappe Stichwörter notieren. (Gute S können auch umformulieren.)

▶ ▶ SF 5 • P 6 • WB 7

5 Another present for Sophie

Erarbeitung

Let's hear about <u>another</u> (Gestik) *present for Sophie: Jack and Ananda need a present, and Dan and Jo need another present.*

Anhand von **A5** wird die Arbeitstechnik Notizenmachen anhand eines Hörtextes geübt.

🎧 **2.22** **a) + b)** 1./2. Hören: Die S ergänzen die Tabelle mit Dans Geschenkideen und Jos Kommentaren. (Lösung: s. Tafelbild)

Lösung

Dan's ideas	Jo thinks ...
DVD	not enough money
CD	has got lots of CDs
book	has got lots of books
football	doesn't play football

🎧 **2.22 Zusatz** 3. Hören: 👥 Partner Check: Die S überprüfen gegenseitig ihre Notizen, bevor die Ergebnisse im Plenum besprochen werden.

Hörtext

Dan Hey, Jo. ... Jo. ... Jo!
Jo What is it, Dan?
Dan We still have to buy a present for Sophie's birthday.
Jo Oh, right. But what?
Dan Let's buy her a DVD.
Jo A DVD? Hmm. I don't think so, Dan. We can't buy a DVD. We haven't got enough money.
Dan You're right. Well, what about a CD?
Jo A CD? Sophie has got lots of CDs ... but we don't know what CDs she's got.
Dan Something else then ... I know Sophie likes to read. We can get her a book.
Jo A book? She's got lots of books. And we don't know what books she's got.
Dan That's true. Books are a bad idea.
Jo I know! Let's buy her a ... a football?
Dan Puh-leaze! The present is for Sophie, not for you, Jo!
       Sophie 'Carter-Brown' doesn't play football! Tennis maybe, but not football.
Dan OK, OK. Well, what about ....

Anübung Erarbeitung	**6** 👥 **Now you**	
	Hinweis: Die Aufgabe kann gut vor der Bewusstmachung von *some* und *any* bearbeitet werden, da die S nur *some* produktiv verwenden.	
	a) Die Partner überlegen sich – zunächst kurz allein, dann zu zweit – ein Geschenk für einen gemeinsamen Freund oder Klassenkameraden. Die Illustrationen im SB bieten Anregungen.	
	b) Mithilfe der Redemittel im SB üben die Partner einen Dialog ein, der möglichst auswendig vorgespielt werden sollte.	
O Differenzierung	**KV 43. Birthday presents:** Lernschwächere S beschriften die abgebildeten Geschenke (Anfangsbuchstaben und Buchstabenanzahl sind vorgegeben). Dann ordnen die S den verwürfelten Dialog, üben ihn ein und tragen ihn vor. Mithilfe der beschrifteten Bildkarten und des Musterdialogs führen die S anschließend zunehmend freie Dialoge.	

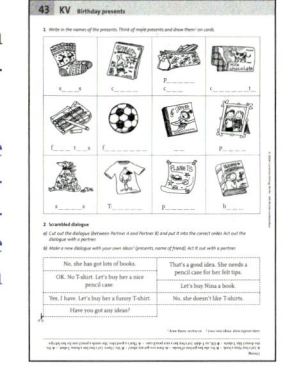

Kopiervorlage 43

Looking at language

Bewusstmachung
Some und *any*

SB geschlossen. L legt verschiedene Dinge auf den Tisch (oder kopiert den Geburtstagstisch von SB-Seite 116 auf Folie): L: *Let's have a look at this birthday table. Is there any chocolate?* S: *Yes, there is.* – L ergänzt: *Yes, there's some chocolate.* usw. L notiert einige Beispielsätze an der Tafel. L lässt *some* und *any* in den Sätzen farbig markieren. Die S stellen erste Vermutungen an, wie *some* und *any* verwendet werden.

> Is there <u>any</u> chocolate?
> There's <u>some</u> chocolate.
> Are there <u>any</u> sweets?
> There aren't <u>any</u> sweets.
> Are there <u>any</u> CDs?
> There aren't <u>any</u> CDs.
> Are there <u>any</u> books?
> There are <u>some</u> books.

SB geöffnet. L erläutert ggf. die Symbolik in der Tabelle (+ für *positive statements*, – für *negative statements*, ? für *questions*). Die S suchen in **A4** Beispiele für bejahte und verneinte Aussagesätze sowie Fragen mit *some* und *any* und tragen sie in die Liste ein. Dann werden einige Sätze aus der Beispielsammlung oben ergänzt. Die S erkennen die Grundregel für den Gebrauch von *some* und *any*: *some* steht in bejahten Aussagesätzen, *any* in verneinten Aussagesätzen und Fragen.

+	–	?
Let's buy her <u>some</u> earrings. Let's buy her <u>some</u> soap. Let's buy her <u>some</u> funny socks. There's <u>some</u> chocolate.	She hasn't got <u>any</u> earrings. There aren't <u>any</u> sweets.	Have you got <u>any</u> ideas? Are there <u>any</u> sweets?

Wendungen wie *Would you like some?* (*some* in Fragen, bei denen man etwas anbietet) weichen von dieser Grundregel ab und sollten deshalb als feststehende Wendungen gelernt werden (▶ **GF 14**).

Zusatz

Zur Festigung füllt L eine Tasche mit Gegenständen mit und bildet Beispielsätze: *Are there any pencils in my bag? – No, there aren't any (pencils). But there are some biros.* Dann kommt ein S nach vorne und packt drei Gegenstände in die Tasche. Die übrigen S stellen Fragen: *Are there any … in the bag?* Der S antwortet: *No, there aren't any. / Yes, there are some.* Wenn ein S nach einem Gegenstand gefragt hat, der in der Tasche ist, ist dieser S an der Reihe.

▶ ▶ *GF 14: some/any* • *P 7–8* • *WB 8–10* • *Folie 21*

S. 72

INHALT Familie Carter-Brown bereitet Sophies Geburtstag vor. Alle helfen eifrig mit – außer Emily, die lieber zu einer Freundin gehen möchte, und Sophies Vater, der sich von den Sportübertragungen im Fernsehen ablenken lässt.

KOMMUNIKATIVE KOMPETENZEN
Hör-/Leseverstehen: Verstehen, welche Aufgaben die Carter-Browns erledigen (Satz-Bild-Zuordnung)
Sprechen: Vermutungen anstellen, was Familienmitglieder gerade tun

SPRACHLICHE MITTEL
Wortschatz A7: (to) get ready (for) • (to) tidy • (to) make a mess • away • (to) take • up • • ⁺down • to Jenny's • later • °dear
A8: °(to) shop

Grammatik *Present progressive:* bejahte und verneinte Aussagesätze

Redemittel A8: I think my mum/dad/... is sleeping/working/... now.

METHODISCHE KOMPETENZEN
Mithilfe eines Lese-/Hörtextes Bilder beschreiben; die Bildung und Funktion einer grammatischen Struktur erkennen

MATERIALIEN CD, KV 44, LAS 4B

7 The Carter-Browns are getting ready for the party

Einstieg SB geschlossen. *It's Sophie's birthday today and it's the day of her party. The Carter-Browns are getting ready for the party: they have to prepare food and clean the house.*

Erarbeitung SB geöffnet. Die S beschreiben, was sie auf den Bildern sehen (auch als Partnerarbeit geeignet). Bei den Leitfragen sollte das *present progressive* vermieden werden: *Who is it? Where is he/she?* (Bild 1: *Mrs Carter-Brown. She's in the kitchen.*; Bild 2: ...)
Anschließend wird der neue Wortschatz semantisiert: *tidy – make a mess* (auf dem Pult demostrieren); *go away* (opposite: *come*, Handbewegung); *take up – down* (Skizze); *to Jenny's* (to Jenny's house); *later* (not now, in one hour)

🎧 2.23 1. **Hören/Mitlesen:** Fill in the names.
It's 12 o'clock now: It's 2,30 now:
... is cleaning the bathroom. (Dad) ... is making the sandwiches. (Mum)
... is tidying her room (Sophie) ... are taking the hamsters up. (Toby and Hannah)
... is making a mess. (Prunella) ... is watching sport on TV (Dad)

2. **Stilles Lesen:** Die S suchen aus dem Text Sätze, die zu den Bildern 1–6 passen. Die S lesen die Sätze vor, L notiert diese (mit genügend Abstand zwischen der Form von *be* und der *ing*-Form) an der Tafel. (Lösungen ▶ Tafelbild, HRU-Seite 155)

Anübung **8 Now you**

Present progressive in Aussagesätzen In der Übung verwenden die S die 3. Person Singular der Verlaufsform. Durch den Kontext der Übung (Signalwort *now*) lernen die S das *present progressive* in einer wichtigen Funktion kennen (es drückt aus, dass jemand gerade etwas tut) und wenden es an. Auf die Bewusstmachung dieser Funktion sollte verzichtet werden. Die Bildung der Struktur ist Thema des folgenden *Looking at language*.

● **Differenzierung** Lernstärkere S sollten ermutigt werden, die vorgegebenen Verben zu erweitern, z.B.: *I think my grandma is sleeping on the sofa now. / I think my father is writing e-mails now.*

Alternative Einbeziehung von Grundschulenglisch

Game: Act and say. Die S bilden einen Kreis. L führt pantomimisch eine Tätigkeit vor, z. B. *riding a bike*, und sagt dazu: *I'm drinking a glass of milk.* Die S sagen, welche Tätigkeit L wirklich vormacht: *That's wrong. You're riding a bike.* Der S, der richtig geraten hat, stellt die nächste Tätigkeit dar.

Da die S pantomimisches Darstellen aus der Grundschule kennen, dürfte es ihnen nicht schwer fallen. Je nach Vorwissen werden die S unterschiedliche Tätigkeiten benennen können. L hilft mit Erklärungen oder hält (besonders für lernschwächere S) Satzkarten mit Strichzeichnungen bereit: *I'm buying an ice-cream. / I'm feeding a crocodile. / …*

Looking at language

Bewusstmachung *Present progressive* in Aussagesätzen

Ausgehend von den Beispielsätzen aus **A7** wird die Bildung der Verlaufsform bewusst gemacht. Dazu werden die Bestandteile mit verschiedenen Farben markiert: eine Form von *be (am, are, is)* und die *-ing*-Form des Vollverbs.

Anhand von *make* und *run* macht L auf Schreibbesonderheiten bei der Bildung der *-ing*-Form aufmerksam:

1. Stummes *e* am Ende entfällt.
2. Nach einzelnem, betonten Vokal wird der Endkonsonant verdoppelt *(run – running)*.

form of be		-ing-form	
(1) Sophie's dad	is	cleaning	the bathroom.
(2) Sophie	is	tidying	her room.
(3) You	are	making	a mess.
(4) We	are	taking	the hamsters up.
(5) Dad	is	watching	sport on TV.
(6) I	am not	watching	TV, dear.

Differenzierung

Für die meisten S genügt es, sich an dieser Stelle auf die Bildung des *present progressive* zu konzentrieren. Auf die Funktion sollte L nur dann eingehen, wenn eine S-Frage dazu Anlass gibt. In diesem Fall kann L auf die Sprechsituation von **A8** zurückgreifen, wo das *present progressive* eine Handlung beschreibt, die gegenwärtig stattfindet (vgl. auch **GF 15a**). Eine ausführlichere Gegenüberstellung des *simple present* und des *present progressive* erfolgt in Unit 6 (**GF 22**).

Alternative

Das Grammatikthema kann auch mit LAS 4B erarbeitet werden.

▶ GF 15a–b: Present progressive • P 9–11 • WB 11–14 • LAS 4B • Folie 22

Festigung

KV 44. What are they doing? Spielvorschläge für die Bild- und Satzkarten:

1. 👥 / 👥👥 2–4 S spielen Memory nach dem bekannten Prinzip.
2. 👥 Gegenseitiges Abfragen: S1 legt eine Bildkarte hin, S2 nennt den passenden Satz. S1 kontrolliert die Lösung anhand einer unzerschnittenen Kopie. Nach ca. vier Karten werden die Rollen getauscht.
3. 👥 S1 kombiniert eine Bildkarte mit richtigen oder falschen Satzkarten. S2 berichtigt bzw. bestätigt: *That's right. He's writing a letter. / That's wrong. They aren't sitting on the sofa. They're making tea.* Rollentausch nach ca. zwei Karten.

Kopiervorlage 44

S. 73/74

INHALT Ananda folgt weiterhin Mr Green. Am Handy berichtet sie Jack, dass Mr Green am Bahnhof eine unbekannte Frau trifft, die ihm ein Päckchen übergibt und darauf den Zug nach London besteigt. Mr Green bleibt zurück. In **A11** hören wir, was Mr Green tut, nachdem er den Bahnhof verlassen hat. Die Computergeräusche geben einen wichtigen Hinweis auf Mr Greens Geheimnis.

KOMMUNIKATIVE KOMPETENZEN
Hör-/Leseverstehen: Einem Telefongespräch Detailinformationen entnehmen; Bilder einem Lesetext gemäß auswählen und in die richtige Reihenfolge bringen
Sprechen: Bilder mithilfe von Leitfragen beschreiben; sich über Arbeitsergebnisse austauschen (Partnerdialog)
Schreiben: Einfache Notizen machen

SPRACHLICHE MITTEL
Wortschatz A9: **at the station** • **in front of** • (to) **hear** • **train** • (to) **wait (for)** • **somebody** • (to) **get off (a train/bus)** (-tt-) • +(to) **get on (a train/bus)** (-tt-) • **parcel** • (to) **look round** • (to) **hide**
A10: **Which** picture ...?

Grammatik *Present progressive:* Fragen und Kurzantworten

Redemittel A11: *What's Mr Green doing in 1/...?* • *I've got that too. / No, I think he's ...*

METHODISCHE KOMPETENZEN
Notizen zu einem Hörtext machen und diese Notizen zum Besprechen von Arbeitsergebnissen nutzen

MATERIALIEN CD, KV 45, KV 46, LAS 4C, VAS 4A, L: ruhige Instrumentalmusik (**A12**); S: *SHoCK-Team diary*

9 What's he doing now?

Einstieg SB geschlossen. *It's still Saturday. Jack is looking for a present for Sophie and Ananda is following Mr Green. She calls Jack on his mobile. Jack doesn't understand her because there are a lot of noises. Where is Ananda? Let's find out.*

Erarbeitung SB geöffnet. L semantisiert anhand der Abbildung *at the station* und *in front of*. Dann spekulieren die S über die Handlung, indem sie die Sätze im SB vervollständigen. Die Sätze werden ins Heft geschrieben und mit dem Partner getauscht; die Lösungen werden beim 1. Hören überprüft (s.u.).

Der restliche Wortschatz wird anhand der Bilder semantisiert: *What can you see in the picture? (people, Mr Green, a woman) Mr Green is talking to somebody. It's a woman, but we don't know her. Mr Green is putting a little parcel (stummes r) into his anorak. He wants to hide the parcel from other people. He's looking round and watching the other people. – What are they doing? (they're walking, a mother is looking at her baby) They're standing in front of a train. Some people are getting on the train, some are getting off the train.*

Überleitung *In the left picture you can see Ananda. She's talking to Jack. Let's listen and find out what she's talking about.*

🎧 2.24 **1. Hören:** 👥 Partner Check: *Are your partner's answers correct? If not, please correct them.*

Lösung 1 Maybe Ananda is at the station.   2 Maybe Jack is in front of the pet shop.
3 Maybe Jack is talking to Ananda.   4 Ananda is watching Mr Green.

🎧 2.24 **2. Hören:** A *Right or wrong? Tick the correct answer.*

	right	wrong
Mr Green is waiting for the train from Oxford.		✓
A boy is getting off the train.		✓
A woman is giving Mr Green a parcel.	✓	
She's getting on the train to London.	✓	
Ananda is following the woman.		✓

B *Only answers. Find the questions in the text* **(A9)**.
1 Yes, of course I am.   2 They're running to another train.
3 He's walking out of the station.   (Lösungen s.u.)

O Differenzierung

B *Match the questions to the answers.*
Yes, of course I am.   Where are they running?
He's walking out of the station.   Are you still following Mr Green?
They're running to another train.   What's he doing?

▶ VAS 4A

Vertiefung des Textverständnisses

10 Which picture?

a) SB geöffnet. *Information gap activity:* Die Partner legen ihre Bücher nebeneinander und vergleichen Text (SB-Seite 73) und Bilder (SB-Seite 74). Partner A sucht von den Bildpaaren jeweils das Bild aus, das seiner Meinung nach passt. Partner B sucht die entsprechende Textstelle und liest sie vor. Gemeinsam wird entschieden, welches Bild passt. Dabei verwenden die S folgende Redemittel, die L zuvor reaktiviert und an die Tafel geschrieben hat: *I think picture A is right. – Yes, you're right. / No, I think that's wrong. I think it's picture B.*

b) Nach einer Zwischenkontrolle der Ergebnisse verständigen sich die Partner über die Reihenfolge der Bilder: *I think picture 1 comes before / after picture 4. – Yes, you're right. / No, I think that's wrong. I think picture 1 comes after picture 6.*

Lösung

4b (*Are you calling from the station? – Yes, I am.*)
2a (*Mr Green is waiting for the train from London.*)
6b (*... she's giving Mr Green a little parcel.*)
1a (*Ananda: I'm hiding.*)
5b (*... she's getting on the train to London.*)
3a (*He's walking out of the station ...*)

O Differenzierung

KV 45. *Which picture?*: Die Partner schneiden zunächst die Bildpaare aus und entscheiden mithilfe der vorgegebenen Sätze, welches Bild richtig ist. Das gewählte Bild wird jeweils ausgeschnitten, so dass sechs Bilder übrig bleiben. Nach der Ergebniskontrolle werden die sechs Bilder in der richtigen Reihenfolge und mit den dazugehörigen Sätzen ins Heft geklebt.

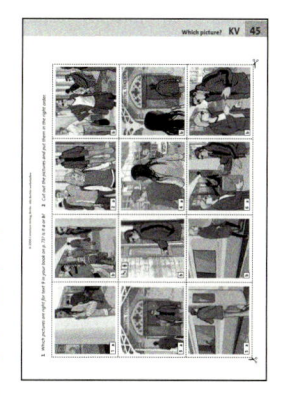

Kopiervorlage 45

● Differenzierung

Lernstärkere S erzählen die Geschichte anhand der Bilder nach (mündlich oder als schriftliche Hausaufgabe): *Ananda is calling Jack from the station. She's watching Mr Green. Mr Green is waiting for the train from London. A woman is getting off the train. She's giving Mr Green a little parcel. Suddenly Mr Green is looking round. Ananda is hiding. The woman is getting on the train to London again. Mr Green is walking out of the station.*

Zusatz

SHoCK-Team diary: Als Hausaufgabe notieren die S stichwortartig, was sie Neues über Mr Green erfahren haben:
At the station: Mr Green meets woman from London. / Woman gives him a little parcel. / Woman gets on train back to London. / Mr Green walks out of the station (with parcel).

🎧 2.25 **Anübung**

11 Extra   What's Mr Green doing?

Hinweis: Da die S die Frage *What's Mr Green doing in ...?* nur imitativ verwenden, muss die Wortstellung in Fragen noch nicht bewusst gemacht werden.

Lösung

a) 1 running   2 reading (a newspaper)   3 laughing   4 drinking
5 opening a door   6 writing (on a computer)   7 playing (a computer game)

O Differenzierung

Lernschwächere S schreiben vor dem Hören die vorgegebenen Verben auf einzelne Zettel. Während des Hörens legen sie die Zettel auf die Nummern 1–7. Erst nach der Ergebniskontrolle werden die richtigen Verben ins Heft übertragen.

● **Differenzierung**

b) 👥 Die S vergleichen ihre Ergebnisse mithilfe des Musterdialogs im SB. Lernstärkere S können die Verben erweitern: z.B. können sie Vermutungen anstellen, was Mr Green trinkt *(He's drinking lemonade.)* oder womit er schreibt *(He's writing on a computer.)*.

Bewusstmachung
***Present progressive*
in Fragen**

Anhand der zusammengehörigen Frage- und Aussagesätze aus **A9** (s.o., Aufgabe B) kann L die Bildung der Frage im *present progressive* bewusst machen. Durch die Markierung des Subjekts wird deutlich, dass bei Entscheidungsfragen und bei *wh*-Fragen (*where, when, how* sowie *what* (nur Objektfrage!)) das Subjekt und die Formen von *be* vertauscht werden. Dies sollte durch die Ergänzung des entsprechenden Aussagesatzes gezeigt werden. Das Fragewort steht wie im Deutschen am Anfang des Satzes.

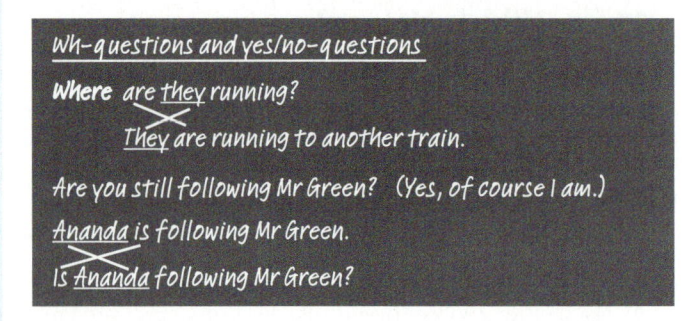

```
Wh-questions and yes/no-questions
Where are they running?
         They are running to another train.
Are you still following Mr Green?  (Yes, of course I am.)
Ananda is following Mr Green.
Is Ananda following Mr Green?
```

Hinweis: Die Subjektfragen mit *who* und *what* sowie die Unterscheidung zwischen Objekt- und Subjektfragen wird in Band 2 behandelt.

Alternative

Das Grammatikthema kann auch mit LAS 4C bearbeitet werden.

▶ ▶ *GF 15c: Present progressive questions* • *P 12–15* • *WB 15–17* • *LAS 4C*

Zusatz

KV 46. At the bus station: 👥 Die Partnerübung dient der Festigung des neuen Wortschatzes und der Anwendung des *present progressive*. Die Partner schauen sich gemeinsam das Wimmelbild an. Dann stellen und beantworten sie abwechselnd Detailfragen zu der Abbildung.

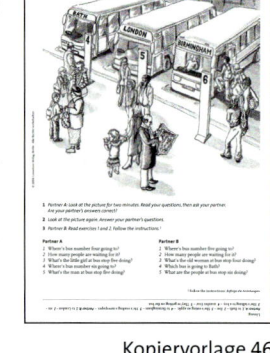

Kopiervorlage 46

Anwendung

12 👥👥 **GAME Musical statues**

Je nach Klassensituation wird die Klasse in zwei Gruppen geteilt oder es werden mehrere Kleingruppen (4–6 S) gebildet. Die Karteikarten können im Unterricht oder als vorbereitete Hausaufgabe beschriftet werden. Besonders in lernschwächeren Klassen sollte der Spielablauf einmal mit ein paar S demonstriert werden. Redemittel: *What are we doing? – You're riding a bike. – Yes, that's right. / No, that's wrong.* Spätestens nach drei Durchgängen sollten die Gruppen ihre Rollen tauschen. Als Musik eignen sich ruhige Instrumentalstücke.

Practice

S. 75

1 WORDS Food and drink

Lösung

a) a basket of _____ apples, bananas, biscuits, crisps, sweets
a bottle of _____ cola, juice, lemonade, milk, water
a bowl of _____ biscuits, chips, crisps
a glass of _____ cola, juice, lemonade, milk, water
a jug of _____ juice, milk, water
a packet of _____ biscuits, crisps, chocolate, mints
a piece of _____ cake, cheese, chocolate, meat, pizza, toast
a plate of _____ sandwiches, sausages, chicken, salad

Alternative

KV 47. Food and drink network: L vergrößert für jeden S eine Vorlage auf DIN A3. Die S tragen die Wörter aus dem SB in das Network ein. Sie ergänzen *a piece of* und *a packet of* im Network und ordnen die restlichen Wörter zu.

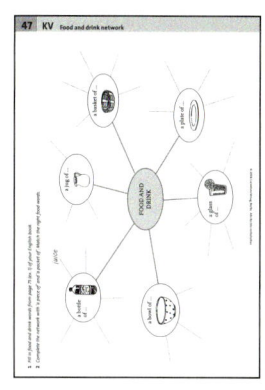

Kopiervorlage 47

> **Language awareness**
>
> Mit *packet* bezeichnet man im britischen Englisch vorwiegend kleine Verpackungen z.B. für Kaugummis, Zigaretten und Kekse. Milch und Joghurt werden in größeren (Tetra-)Verpackungen *(cartons)* verkauft, ein Becher (z.B. für Joghurt) heißt *pot*. Die Cornflakes-Packung wird als *box*, manchmal auch als *packet* bezeichnet.

Zusatz

Zur Festigung der Kollokationen spielen die S in Kleingruppen „Kofferpacken": S1 nennt ein Behältnis mit Inhalt, S2 wiederholt und fügt einen weiteren Inhalt hinzu usw.: *I've got a piece of cake, cheese and chocolate, ...* Wenn ein S ein Wort falsch nennt oder vergisst, wird mit einem anderen Gefäß begonnen.

b) Gemäß SB. Individuelle Lösungen.

o Differenzierung

Lernschwächere S erhalten mögliche Bestimmungswörter:
a ... sandwich, a ... salad, ... biscuits, ... juice

> **DOSSIER: *My favourite party food***
>
> Mithilfe der (korrigierten) Wörter von P1 stellen die S ihre individuellen Partylisten zusammen. Um die selbstständige Textüberarbeitung zu fördern, tauschen die S ihre Listen innerhalb einer Kleingruppe (3–4 S) untereinander aus und korrigieren die Fehler möglichst ohne Hilfe der L.

2 REVISION A quiz about the Bristol people in your book
(Subject pronouns + be)

a) L sollte vorab die Kurzantworten reaktivieren. Die S stellen abwechselnd die Quiz-Fragen und kontrollieren dann möglichst viele Antworten durch Nachschlagen im SB (Zeitlimit setzen!).

Lösung

2 No, they aren't. Mr Kapoor is from Uganda and Mrs Kapoor is from Bristol.
3 No, it isn't. It's Paul.
4 No, she isn't. She's a parrot.
5 Yes, he is.
6 No, they aren't. They're Dan and Jo's pets.
7 Yes, she is.
8 No, he isn't. Toby is Sophie's brother.
9 Yes, they are.
10 Yes, they are.

○ **Differenzierung** Lernschwache S erhalten die Lösungen ungeordnet und lösen diese Aufgabe als *matching exercise*.

b) Extra Individuelle Lösungen.

// ○ **3 I can see him** (Object pronouns)
// ● Lernstarke S lösen die Parallelübung auf SB-Seite 119.

Die Übung eignet sich auch als Partnerarbeit (Rollenwechsel nach zwei Sätzen).

Lösung Ananda: *I can see him • them • it • her • them • us • it • me • her • you too.*

S. 76

4 Can you help me? (Object pronouns)

Lösung **a)** 2 it 3 them 4 it 5 them 6 it 7 me

● **Lösung** **b)** them • me • it • her • him • it • them • you

5 WORDS Fourth word

a) Tipp: Wenn die Wortgruppen auf verschieden farbiges Papier geschrieben werden, sind sie nach dem Auseinanderschneiden **(b)** leichter wiederzufinden.

Lösung 1 eat 2 breakfast 3 close 4 small 5 alone 6 make 7 do
8 read/write/tell

b) Extra Vorgehen wie im SB beschrieben. Lernstarke S können neue Wortgruppen hinzufügen.

6 STUDY SKILLS Key words

Information gap activity: Partner A arbeitet auf SB-Seite 76, Partner B auf SB-Seite 115. Im Rahmen der Lerntechnik Notizenmachen konzentriert sich die Übung auf einen wichtigen Teilaspekt, das Finden von Schlüsselwörtern *(key words)*. Für lernschwächere S sollten die SB-Seiten kopiert bzw. KV 21 (C) verwendet werden, damit die S die zerwürfelten *key words* ausschneiden und ggf. Markierungen im Text vornehmen können.

a) + b) Der zuhörende S notiert sich die Zahlen 1–6 (Partner B: 1–5) ins Heft und schreibt dahinter die Buchstaben. Erst nach der Ergebniskontrolle werden die Stichwörter ins Heft übertragen.

Lösung Partner B: *1 B 2 E 3 A 4 C 5 D*

c) + d) Vorgehensweise wie bei **a) + b)**.

Lösung Partner A: *1 B 2 A 3 F 4 E 5 D 6 C*

Kopiervorlage 21

○ **Differenzierung** KV 21 (C). Information gap (Unit 4): Die S schneiden die Texte und die Stichwortstreifen aus und bearbeiten die Aufgaben den Anweisungen im SB entsprechend. Nach der Ergebniskontrolle werden der Text und die sortierten Stichwörter ins Heft geklebt.

S. 77

7 Shopping day at the Carter-Brown house (some and any)

a) Die S können ihre Ergebnisse selbstständig an verschiedenen Kontrollpunkten in der Klasse überprüfen.

Lösung 2 any, any, some 3 any, any, some 4 any, any, some 5 any, there aren't any, some
6 any, there aren't any, some

b) **Extra** 👥 Tipp: Realien wie z.B. leere Lebensmittelpackungen lassen die Grammatikübung zu einem lebensnahen Dialog werden.

8 👥 **Happy birthday!** (some and any)

Information gap activity: Partner A arbeitet auf SB-Seite 77, Partner B auf SB-Seite 116. Die S vergleichen die Abbildungen mithilfe der Redemittel.

○ **Differenzierung** Lernschwächere S schreiben vor der mündlichen Partnerarbeit auf, was auf ihrem Bild zu sehen ist.

● **Differenzierung** Lernstarke S können auch *There is/There are...* und *Is there/Are there...?* verwenden, wobei sie Singular und Plural beachten müssen.

Lösung Bilder von SB-Seiten 77 und 116:
orange juice, fruit salad, birthday cards, balloons, presents, cakes, chocolates, crisps, socks
Nur Bild von SB-Seite 77:
chicken, DVDs, soap, bananas, CDs
Nur Bild von SB-Seite 116:
lemonade, books, sausages, sweets, biscuits

S. 78

9 It's 10 o'clock on Saturday (Present progressive)

a) L kann es den S freistellen, ob sie *long forms* oder *short forms* verwenden.

Lösung 2 *is* 3 *is, is* 4 *am, am* 5 *are* 6 *is, are*

● **Lösung** *b)* 1 *is calling* 2 *am making* 3 *am writing*
4 *is calling, am putting* 5 *am getting* 6 *am putting*
7 *am coming*

Zusatz KV 48. It's 4 o'clock on Sunday: 👥 Tandem-Übung. (Vorgehen ▶ HRU-Seite 57)

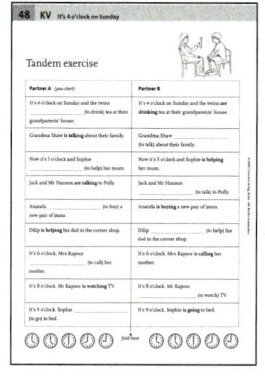

Kopiervorlage 48

// ○ **10 Bill and Ben are playing** (Present progressive)

// ● Die Aufgabe für lernstärkere S befindet sich auf SB-Seite 119.

Lösung
2 *Jack is talking on his mobile. He isn't watching TV.*
3 *Ananda is watching Mr Green. She isn't playing hockey.*
4 *Dilip is playing football. He isn't playing the piano.*
5 *Mr and Mrs Carter-Brown are cleaning their teeth. They aren't reading the newspaper.*
6 *Sophie is feeding the rabbits. She isn't playing tennis.*
7 *Mr and Mrs Kapoor are working in the shop. They aren't cleaning the kitchen.*
8 *Emily is listening to music. She isn't making sandwiches.*

S. 79

11 👥👥 **I think Sophie is ...** (Present progressive)

Einstieg SB geschlossen. L führt pantomimisch eine Tätigkeit aus. Die S raten und verwenden die Redemittel aus dem SB, die L an die Tafel schreibt: *I think you're drinking a cup of coffee. – No, I think you're ... / I think that's right.*

Erarbeitung *a) + b)* Vorgehen gemäß SB. Tipp: Damit sich alle S aktiv beteiligen, sollten die Gruppensprecher von L nach dem Zufallsprinzip bestimmt werden.

Lösung *c)* Die S überprüfen ihre Lösungen anhand von SB-Seite 117.
1 *Sophie is cleaning her teeth.*
2 *Emily is calling a friend / talking on the phone.*
3 *Toby is drinking a glass of water.*
4 *Mrs Carter-Brown is making a cake.*
5 *Ananda is writing a letter.*

6 Jo is playing football.
7 Jack is making a model.
8 Sheeba is eating her food.

12 Questions and answers (Present progressive: questions)

a) 2 Jo: Is dad working?
　　Dan: No, he isn't.
　3 Jo: Are you watching our new DVD?
　　Dan: No, I'm not.
　4 Jo: Are you and dad cooking dinner?
　　Dan: Yes, we are.
　5 Jo: Are you making my favourite pizza?
　　Dan: Yes, we are.
　　Jo: OK, I'm coming home now. Bye, Dan!

b) **Extra** L sollte die S darauf hinweisen, dass es sich um ein fortlaufendes Telefongespräch handelt. Deshalb muss immer auch der Anfang der folgenden Nummer gelesen werden, um die Lücke zu füllen.

Lösung
1 Ananda: Hey, Dilip Mum is working.
　Dilip: Sorry, what is Mum doing?
2 Ananda: She's working in the shop.
　Dilip: Sorry, where is she working?
3 Ananda: In the shop. And Dad is cleaning.
　Dilip: Sorry, what is dad doing?
4 Ananda: He's cleaning the shop windows. And I'm trying to talk to you.
　Dilip: Sorry, what are you trying to do?
5 Ananda: I'm trying to talk to you, Dilip. But you're making it difficult.
　Dilip: Sorry, what am I doing?
6 Ananda: You're making it difficult with your music. I'm going out. BYE!

S. 80

13 The Hokey Cokey

Neuer Wortschatz　GS-Wortschatz: Box „My body" (Voc., S. 173), °circle, °shake, °jump, °turn around, °hold hands, °bend, °stretch, °whole self

Einstieg/ Einbeziehung von Grundschulenglisch

Aus der Grundschule dürften die S einiges Vorwissen zum Thema Körperteile haben. Eine einfache Strichzeichnung an der Tafel hilft den S, einzelne Wörter zu erinnern. Der rezeptive Wortschatz kann entweder von den S selbstständig im *Dictionary* nachgeschlagen oder von L (mithilfe von KV 49) semantisiert werden.
Mögliches Vorwissen: eye, hair, ear, nose, shoulder, arm, hand, finger, knee, leg, foot (feet), toes, mouth (▶ Box „My body", Voc., S. 173).

INFO-BOX

Der **Hokey Cokey** ist ein Mitmachtanz, der seit Mitte der 40er-Jahre des 20. Jahrhunderts in England populär ist und sehr gern auf Partys getanzt wird. Ähnliche Tänze gab es in England bereits im 17. Jahrhundert. In den USA ist der *Hokey Cokey* als *Hokey Pokey* bekannt. Die Teilnehmer stehen bei diesem sogenannten *calling dance* im Kreis und folgen den Anweisungen des *danceleaders*.

🎧 2.27 **Erarbeitung**　a) 1. Hören (Lied): L spielt den *Hokey Cokey* einmal vor. Wenn einige S den Tanz aus der Grundschule kennen, kann L sie als Hilfstanzlehrer in die Übungsphase einbeziehen.

🎧 2.26　b) Die S schlagen die Wörter in der Box selbstständig im *Dictionary* nach.

2. Hören (Tanzanleitung): Die S stellen sich im Kreis auf, L steht gut sichtbar für alle S. Damit die sprachlich recht anspruchsvollen Tanzanweisungen möglichst schnell verstanden werden und die Motivation der S erhalten bleibt, sollte L auf langwierige Wortschatzerklärungen verzichten. Stattdessen sollte der Hörtext pantomimisch von L (und S mit Vorkenntnissen) begleitet werden.

🎧 2.27 *c)* **3. Hören/mehrmaliges Hören (Lied):** Die S führen die Bewegungen aus und singen beim *chorus* mit.

Alternative **KV 49. The Hokey Cokey:** Beim Hören der Tanzanweisungen (Track 2.26) legt L die KV als Folie auf und deutet auf die jeweils beschriebenen Aktivitäten. Während das Lied (Track 2.27) eingeübt wird, kann die Folie weiterhin aufliegen. Alternativ vergrößert L die Abbildungen auf festes Papier und verteilt sie an mehrere S. Diese halten die Karten an den entsprechenden Stellen des Liedes hoch.

Zusatz 👥 Die S überlegen sich eigene Varianten des *Hokey Cokey*. Dazu erstellen sie Listen mit Körperteilen, die beim Tanzen eingesetzt werden. Die S können auch eine Variante erfinden, bei der man auf Stühlen oder auf dem Boden sitzt.

Kopiervorlage 49

Hörtext (Tanzanleitung)

First, everybody stand in a circle.
Now put your left arm in the circle – and put it out – In – out – in – out.
And shake it all about. Good.

Now do the same with the right arm.
Put it in the circle – and out – in – out – in – out.
And shake it all about. Fine.

Now the legs. First your left leg:
In the circle – out – in – out – in – out, and shake it all about.
Then the right leg:
In – out – in – out – in – out, and shake it all about. Very good.

Now you put all of you into the circle – jump in! And jump out! Again: jump in – jump out – in – out.
And shake … shake!

That's the main part of the Hokey Cokey,
But in between you always have to do this: listen carefully –
'You do the hokey-cokey and you turn around'.
Go on – turn right around where you are … turn around. Good.

When you hear 'That's what it's all about', you must hold hands with the people next to you.
When you hear 'oh-oh the hokey-cokey,' then you must all go into the middle of the circle – and out again.
'Oh-oh the hokey-cokey', all go in – and out again.
And again: 'Oh-oh the hokey-cokey' – in and out again.

When you hear 'Knees bend!' – let go of the hands and bend your knees, yes down you go, and up again.
That's right.
When you hear 'arms stretch!' – put up both arms, right up with your arms and shout "ra-ra-ra!"

Let's do that again:
Hold hands and 'Oh-oh the Hokey-Cokey' – into the middle of the circle and out
'Oh-oh the Hokey-Cokey' – in and out – And again: 'Oh-oh, the Hokey-Cokey'.
Let go of the hands, knees bend – down and up, arms stretch and shout 'Ra-ra-ra!'

First do it without music, then you can dance it!

Hörtext (Lied)

The Hokey Cokey
You put your left arm in,
Your left arm out.
In – out – in – out – shake it all about –
You do the hokey cokey and you turn around –
That's what it's all about.

	Chorus	Oh-oh, the hokey-cokey,
		Oh-oh the hokey-cokey,
		Oh-oh the hokey-cokey,
		Knees bend – arm stretch
		Ra-ra-ra.
		You put your right arm in ...
	Chorus	Oh-oh, the hockey-cokey, ...
		You put your left leg in ...
	Chorus	...
		You put your right leg in ...
	Chorus	...

14 PRONUNCIATION [əʊ] or [ɒ]

a) Die S schreiben die Wörter in ihr Heft. Dann sprechen die Wörter leise aus und unterstreichen sie nach ihrem Sprachgefühl mit der entsprechenden Farbe.

🎧 2.28

b) Beim Vorspielen der Wörter halten die S einen entsprechend farbigen Stift hoch. Anschließend verbessern sie ihre Fehler und vergleichen mit dem Nebensitzer.

Lösung
yellow: *alone, poster, home, yellow, throw, hello, don't*
orange: *dog, clock, orange, stop*

Alternative L teilt Karten für *sock-words* und *telephone-words* aus (oder S zeichnen sie selbst), die die S entsprechend hochhalten.

🎧 2.29
Lösung

c) Vorgehen gemäß SB.
1 *joke*   2 *sock*   3 *phone*   4 *drop*   5 *not*   6 *top*

🎧 2.30

d) 👥 L spielt den Dialog mehrmals vor (ggf. an die Tafel schreiben). Die Partner üben den Dialog und tragen ihn einem anderen Paar vor. Die S sollten die übertriebene Intonation des Dialogs imitieren und mit Gestik und Mimik begleiten. Das zuhörende Paar achtet auf die korrekte Aussprache des *o*-Lautes [əʊ].

Hörtext
Sophie   Oh – no phone!
Ananda   No phone, Sophie? Oh, no!
Sophie   Oh, here's my phone!
Ananda   Oh good, Sophie! – Oh no, where's my phone?

15 👥 GETTING BY IN ENGLISH   Would you like ...?

Neuer Wortschatz   roll

a) Die S erschließen die Bedeutung von *roll* anhand der Bilder (per Ausschlussverfahren).

Lösung   1 *potato salad*   2 *roll*   3 *Frankfurter sausages*

b) Die S schreiben den Dialog in ihr Heft und vervollständigen ihn. Anschließend Partner Check.

Lösung
Marcel: *Would you like a roll or some potato salad?*
Marcel: *Er möchte Kartoffelsalat.*
Marcel: *Would you like Frankfurter sausages with your salad?*
Marcel: *Would you like orange juice or water?*
Marcel: *Oma, er möchte Orangensaft.*

c) Die S lernen den Dialog möglichst auswendig und präsentieren ihn zunächst einer anderen Dreiergruppe. Anschließend tragen einige Gruppen ihren Dialog der Klasse vor.

O Differenzierung   KV 22 (B). Getting by in English (Unit 4): Lernschwächere S ordnen die Dialogstreifen der KV. Ergebniskontrolle im Plenum.

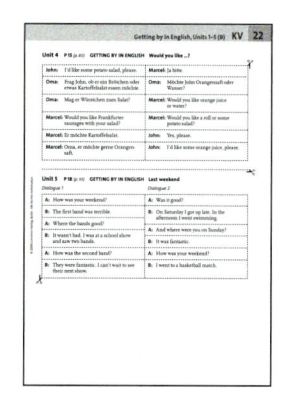

Kopiervorlage 22

Text: Sophie's party – a play

S. 81/82

INHALT Die Form des *playlet* lässt Sophies Geburtstagparty lebendig werden und lädt die S zum Nachspielen ein. Die Handlung: Sophie empfängt ihre Geburtstagsgäste. Ananda kommt erst später hinzu, da sie noch Mr Green folgt. Sophie freut sich über die vielen schönen Geschenke, besonders aber über die Maus, die Jack ihr überreicht. Prunella nimmt die Beobachterrolle ein und kommentiert die Geschehnisse. Sie kann es aber auch nicht lassen, den Gästen Streiche zu spielen. Als Ananda misstrauisch wird, lenkt Sophie sie ab, indem sie sie bittet, Neues von Mr Green zu berichten.

KOMMUNIKATIVE KOMPETENZEN

Hör-/Leseverstehen: Einem längeren Text Detailinformationen entnehmen; den Szenen eines Theaterstücks vorgegebene oder eigene Überschriften zuordnen
Sprechen: Sich über passende Überschriften für die Szenen verständigen; eine Rolle darstellend laut lesen und ggf. auswendig vortragen

SPRACHLICHE MITTEL
Wortschatz S. 81: **play** • **scene** • **...pm** • ⁺**...am** • **Don't worry.** • (to) **worry (about)** • **minute** • °**audience** • **doorbell** • **door** • **frontdoor** • °**necklace** • **inside** • ⁺**outside** • °**hole** • **fantastic** • **so** sweet • (to) **be afraid (of)** • (to) **pass** • (to) **pass round** • **no more** music • ⁺**no**
S. 82: **note** • ⁺(to) **take notes** • (to) **choose** • **prize** • (to) **be over** • **What are you talking about?** • °**nickname** • (to) **get (-tt-)** • **title**

METHODISCHE KOMPETENZEN

Anhand von Bildern über den Inhalt eines Textes spekulieren; Szenenüberschriften richtig zuordnen

MATERIALIEN CD, KV 50; VAS 4B; die S bringen für die Aufführung des Theaterstücks Requisiten mit

Einstieg SB geöffnet. 👥 Die Partner spekulieren anhand der Bilder und Fragen im SB über den Inhalt des Stücks: *Dan, Jo, Jack and Ananda are at Sophie's birthday party. Sheeba and Prunella are there too. Sophie's friends have got presents for her. One present is a mouse. They are playing games, eating crisps and cake and drinking orange juice ...* Dabei führt L einen Teil des Wortschatzes ein (der Großteil ist aus dem Kontext erschließbar).

Alternative SB geschlossen. KV 50. **Sophie's party:** 👥 Die Partner spekulieren über den Verlauf der Geburtstagsfeier, indem sie die Bilder nummerieren. Dann vergleichen sie mit ihrem Nachbarn: *My first picture is number ... – I think that's right/wrong.* Da es keine eindeutige Reihenfolge gibt, werden die S zu verschiedenen Handlungsverläufen kommen. Diese korrigieren sie ggf. nach dem Hören/Lesen.

🎧 2.31 **Erarbeitung** SB geschlossen. **Abschnittweises Hören:** Die S bearbeiten die *multiple-choice*-Aufgaben:

Scene 1
1 Who isn't there?
   Prunella   Jack   Ananda ✓
2 'Good guests always come five minutes late!' – Who says it?
   Emily   Sophie   Mrs Carter-Brown ✓

Scene 2
1 Dan and Jo's present is a ...
   necklace ✓   box   ring
2 Jack and Ananda's present is a ...
   snake   mouse ✓   tortoise

Scene 3
1 Jack has to ...
   stand on his head   play music   sing a song ✓
2 Jo is walking arm and arm with ...
   Ananda   Dan   Sophie ✓

Kopiervorlage 50

Scene 4
1　Prunella pulls Ananda's …
　　ear　　hair ✓　　nose
2　Sophie's nickname is …
　　Barbie Soph　　Baby Soph ✓　　Bobby Soph

Differenzierung　Lernschwächere S arbeiten weiterhin mit KV 50 und suchen zu jeder Szene die passenden Bilder.

Wortschatzarbeit　L überprüft das Verständnis des Wortschatzes mithilfe verschiedener Erklärungsmethoden: Kontext, Definition, Gegensatz, Synonym, Zeichnung, Pantomime usw.
Beispiele:
When you come home late your parents worry.
Necklace, hole, door: zeichnen oder zeigen
Our school bell rings when lessons begin and finish.
I'm afraid of spiders! (pantomimisch darstellen)
L reicht etwas herum: *Now pass it round.* (Gestik)
Christiane's nickname is Chrissi.

Vertiefung des Textverständnisses　Die S korrigieren folgende Aussagen, die sich auf den gesamten Text beziehen:
It is Saturday 3.34 am.　(pm)
Emily's guests are late.　(Sophie's)
The telephone rings.　(doorbell)
Dan and Jo's present is a watch.　(a necklace)
Emily is afraid of dogs.　(mice)
After tea it's time for a DVD.　(it's time for some party games)
Ananda's prize is a new biro　(a pen)
Sophie's real name is Baby Soph　(nickname)
Ananda has a big piece of cake in her mouth　(Jo)

Zusatz　Wenn das Textverständnis gesichert ist, sollte L darauf eingehen, dass es grundsätzlich problematisch ist, ein Tier zu verschenken. Die S können sicher Gründe nennen, die dagegen sprechen, z.B. dass die Eltern es nicht wollen. Ananda und Jack verhalten sich in dieser Situation vorbildlich, da sie Sophies Mutter um Erlaubnis bitten, bevor sie eine Maus für Sophie kaufen.
Weitere Impulse zur Meinungsäußerung: *Do you like Sophie's Party? Do you know the birthday song and the game?* Bei dem interkulturellen Vergleich von deutschen und britischen Kindergeburtstagen werden die S feststellen, dass es viele Gemeinsamkeiten gibt, z.B. das Geburtstagslied „Happy Birthday to You".

> **INFO-BOX**
>
> ***Pass the parcel*** ist ein beliebtes Spiel auf Kindergeburtstagen. Ein kleines Geschenk wird in mehreren Schichten verpackt und zur Musik im Kreis herumgereicht. Wenn die Musik aufhört, beginnt das Kind, das das Päckchen gerade hat, es auszupacken. Wenn die Musik wieder einsetzt, muss das Päckchen weitergereicht werden. Das Kind, das das Geschenk ganz ausgepackt hat, darf es behalten. Bei der hier beschriebenen Variante des Spiels steht auf jeder Verpackungsschicht eine Aufgabe, die von dem Kind ausgeführt werden muss, bevor es die Schicht entfernen darf.

Textverständnis

Working with the text

1 👥 **Titles for the scenes**

Die Gruppen (4–6 S) lesen den Text mit verteilten Rollen. Nach jeder Szene entscheiden sie, welche Überschrift aus dem SB passt. Die S können auch eigene Überschriften finden.

Lösungsbeispiel
Scene 1: *Where are the guests?*
Scene 2: *Sophie's presents*
Scene 3: *Time for some games*
Scene 4: *Prunella is playing games*

Aufführung

2 Extra 👥 **Act out the play**

In motivierten Klassen kann das Stück eingeübt und z.B. an einem Elternabend oder am Tag der offenen Tür aufgeführt werden. Je nach Klassengröße können Rollen doppelt belegt werden. Dabei sollten die S weitgehend selbst entscheiden, welche Rolle sie übernehmen möchten. S die nicht so gern schauspielern, kümmern sich um Kostüme, Kulisse usw.

Alternative Bei Zeitmangel bietet sich das Stück auch für ein szenisches Lesen mit verteilten Rollen an.

▶ ▶ *WB 18* • *WB* **Checkpoint 4** • *WB Activity page 3* • *VAS 4B* • *Folie 23*

Extra Topic: Party doorstoppers

S. 83

INHALT Die S lernen einen typisch britischen Imbiss kennen: das Sandwich. Hier wird es in dreistöckiger Form als Partyidee präsentiert. Von dem Rezept können sich die S zu eigenen Sandwichkreationen inspirieren lassen.

KOMMUNIKATIVE KOMPETENZEN
Leseverstehen: Zutaten und Rezeptanweisungen verstehen
Sprechen: Sich darüber äußern, welches Sandwich man gerne isst
Schreiben: Ein eigenes Rezept schreiben

SPRACHLICHE MITTEL
Wortschatz °own • °doorstopper • °butter • °chutney • °board • °knife, pl knives • °salt • °pepper • °cocktail sticks • °lettuce • °cucumber • °avocado • °salami • °ingredient • °(to) cut • °mozzarella cheese

METHODISCHE KOMPETENZEN
Rezeptanweisungen ausführen; ein Rezept gemeinsam abwandeln (Partner-/Gruppenarbeit)

MATERIALIEN Zutaten für verschiedene Sandwiches

Make your own party doorstopper
You need ...

Einstieg SB geschlossen. Die Bezeichnung *doorstopper* wird bei den S verschiedene Assoziationen hervorrufen. L greift diese zunächst auf: *What do you think a doorstopper is? Please draw a picture of a doorstopper. Swap your picture with a partner. Have you got the same idea?* SB geöffnet. *Who has got a picture of a sandwich?*

Alternative SB geschlossen. L reaktiviert den Lebensmittel-Wortschatz, den man für die Beschreibung eines Sandwiches braucht. Dabei kann bereits ein Teil des neuen Wortschatzes semantisiert werden: *A lot of people in Great Britain eat sandwiches for lunch at school or at work – or at a party, of course. What do you need for a sandwich?* (bread, °*butter*, cheese, ham, °*salami*, tomato, °*lettuce*, °*cucumber*, ...)

Erarbeitung/ Vorbereitung SB geöffnet. Bildbetrachtung: *What's special about these sandwiches here? How many pieces of bread can you see?* (three) *They also have special* °*ingredients:* °*chutney* (am besten ein Glas mitbringen und die S versuchen lassen), *avocados, salt and pepper*. Auch der restliche Wortschatz lässt sich aus den Bildern leicht erschließen.
Hausaufgabe: Einzelne S werden von der Klasse beauftragt, die Zutaten zu besorgen. Die Mengen sollten für ein Sandwich (das in vier Teile geschnitten wird) pro Gruppe (4 S) bemessen werden. Dabei sollte auch auf die Klassensituation Rücksicht genommen werden, z.B. weniger Wurst, wenn es unter den S viele Vegetarier gibt.

> **INFO-BOX**
>
> Das britische **Sandwich** stammt aus dem 18. Jahrhundert und wurde nach John Montagu, dem vierten Earl of Sandwich, benannt. Laut Entstehungslegende soll der Earl ein leidenschaftlicher Spieler gewesen sein. Um den Kartentisch nicht zum Essen verlassen zu müssen, ließ er sich verschiedene Zutaten zwischen zwei Brotscheiben legen und aß diese, während er weiterspielte.

Durchführung **How to do it**

👥 Die Zutaten werden auf einen Tisch gelegt, der für alle Gruppen gut erreichbar ist. Die Gruppen (4 S) stellen nach dem Rezept ein Sandwich her. Dabei gehen sie am besten arbeitsteilig vor: ein S liest das Rezept vor, zwei S holen und bereiten die Zutaten vor, ein S belegt das Sandwich. Während der Zubereitung sollten die S nur Englisch miteinander sprechen. Redemittel: *Cut the ... into thin slices. / First put ... on ... / Then put ... on it. / Add (more) ...* Die fertigen Sandwiches werden vor dem Verzehr ausgestellt und von der Klasse bewertet. Dabei spielen sowohl die Vollständigkeit der Zutaten (beim *vegetarian doorstopper* darf natürlich die Wurst fehlen) als auch das Aussehen eine Rolle.

You can make ...

SB geöffnet. Die nationalen Varianten des *party doorstopper* werden betrachtet. Gemeinsam überlegen sich die S, wie ein *German doorstopper* aussehen könnte: *with bacon, fried eggs, lettuce, etc.*

Transfer **ACTIVITY**

👥 Die Partner überlegen sich eigene Sandwichkreationen und schreiben ein Rezept dafür.
Wenn genügend Zeit für ein Projekt ist, können die S das Rezept ausprobieren. Mit einem Foto von dem fertigen Sandwich wird anschließend das schriftliche Rezept gestaltet. Die Rezepte können im Klassenraum ausgestellt oder auf der Website der Schule veröffentlicht werden.

School: Not just lessons

Unit 5

Übersicht

Storyline An der *Cotham School* sind am Ende des Schuljahres die Vorbereitungen für die Schulaufführung *(Spring Show)* im vollen Gange. Alle Schüler und Schülerinnen der Klassen 7 bis 9 sind beteiligt, so auch die Lehrwerkskinder: Ananda erstellt mit dem *Computer Club* Programmhefte, Jack spielt in der Schulband, die Zwillinge sind für das Bühnenbild mitverantwortlich und Sophie tanzt in der Aufführung mit.
Als Jack nach einer Probe nach Hause kommt, dringen aus Mr Greens Zimmer Stimmen. Jack beschließt, das *SHoCK Team* zu informieren.

Themen und Sprechabsichten Schulklubs • Zeit- und Ortsangaben • sagen, wo man war, was man gestern/letzte Woche getan hat • von einem Konzert/einer Show berichten

Grundschulenglisch **Grundschulthemen:** Schule • Freizeitaktivitäten

Im *Lead-in* (SB-Seiten 84/85) erfahren die S von aktuellen Ereignissen der *Cotham School* und erhalten Gelegenheit, ihre eigene Schule mit dieser Schule zu vergleichen. Dabei nutzen sie ihre Vorkenntnisse zum Wortfeld „Schule". Der *Pirate-King-Song* (SB-Seite 88) und das handlungsorientierte Stück *The elephant sketch* (SB-Seite 95) knüpfen an den bewegungsorientierten Unterricht der Grundschule an.

Grammatik *Simple past:* Fragen und Aussagen, regelmäßige und einzelne unregelmäßige Verben

Lern- und Arbeitstechniken **Unbekannte Wörter verstehen.** Die S lernen unbekannte Wörter in einem Text zu erschließen. Dabei wenden sie verschiedene Techniken an: Erschließen aus dem Kontext, Einbeziehen von Bildern, Erkennen von Ähnlichkeiten verschiedener Sprachen. (SB-Seite 96)

Kooperative Lernformen *Information gap activity* (SB-Seite 92), weitere Formen von Partner- und Gruppenarbeit (SB-Seiten 84, 86, 87, 89, 90, 91, 92, 93, 95, 98)

Sprachmittlung **Last weekend.** In der Übung übernehmen die S die Rolle von zwei Freunden, die sich über ihre Erlebnisse am Wochenende (Besuch einer Schulshow bzw. eines Basketballspiels) austauschen. (SB-Seite 95)

Dossier **A special day.** Die S formulieren einen Tagebucheintrag oder einen Artikel für die Schulzeitung, in dem sie über ein besonderes Erlebnis bzw. über einen besonderen Tag, wie z.B. einen Ausflug oder eine Geburtstagsfeier, berichten. (SB-Seite 89)

Topic **Extra Poems.** Die S lernen verschiedene Gedichten kennen und bearbeiten dazu ausgewählte Aufgaben: sie tragen ihr Lieblingsgedicht auswendig vor, zeichnen ein Bild und schreiben an einem Muster orientiert ein eigenes Gedicht auf (SB-Seite 99).

5

Lead-in

S. 84/85

INHALT An der *Cotham School* gibt es viele Schulklubs, über deren Aktivitäten zusammen mit anderen Neuigkeiten an einer Informationstafel berichtet wird. Alle Klubs bereiten sich auf die *Spring Show* vor, die kurz vor ihrer Aufführung steht.

KOMMUNIKATIVE KOMPETENZEN

Hör-Seh-/Leseverstehen: Einer Informationstafel Details über die Aktivitäten der Schulklubs entnehmen (1); einem Bericht des Schulradios Bilder zuordnen (3)
Sprechen: Über den eigenen Schulalltag sprechen; Vergleiche zwischen den Angeboten der *Cotham School* und der eigenen Schule anstellen (Partnerdialog); seine Meinung zum Thema „Schulaufführungen" äußern und über eigene Talente sprechen
Schreiben: Ideen zum Thema „Schule" in einer Mindmap ordnen; in einer Tabelle Notizen zu den Klubs der *Cotham School* und der eigenen Schule machen

SPRACHLICHE MITTEL

Wortschatz S. 84/85: (to) **finish** • **noticeboard** • **programme** • (to) **paint** • **ship** • °**clarinet** • **rehearsal** • ⁺(to) **rehearse** • **spring** • ⁺**autumn** • ⁺**winter** • **show** • ⁺(to) **show** • (to) **bring** • (to) **use** • **result** • **junior** • **choir** • **pirate** • (to) **practise** • **exiting**

Redemittel S. 84: Lessons start / finish at ... • We're in Class ... • My favourite subjects are ... • At Cotham School they've got a ... Club. • We've got a ... Club too. / We haven't got a ... Club. • It looks interesting/exciting/boring/... • I like/don't like music/dancing/drama. • I can/can't play the guitar/the clarinet.

METHODISCHE KOMPETENZEN

Eine Mindmap erstellen und als Grundlage für einen mündlichen Kurzvortrag nutzen; tabellarisch Notizen anfertigen

MATERIALIEN CD, KV 51, KV 52, CD, KV 11

> **I can ...**
>
> ...talk about my school.

Einstieg Einbeziehung von Grundschulenglisch

Erwartetes Vorwissen: school things: school bag • pencil case • pen • felt tip • pencil • rubber • book • exercise book • ruler • **subjects:** English • Geography • German • Music ... • **sports:** football • hockey • basketball • badminton • tennis • **school day:** morning break • lunch break • lessons (start, finish)

In den vorangegangenen Units hatten die S bereits Gelegenheit, ihre Kenntnisse zum Wortfeld „Schule" zu vertiefen. Dieses Vorwissen wird nun reaktiviert.
SB geschlossen. L: *Imagine you want to make a website or a poster about your school. What would you like to write about?* L schreibt alle Ideen ungeordnet an die Tafel (Beispiele s. Tafelbild). Dabei ergänzt L *lessons finish at*.

Überleitung

L: *Now we've collected a lot of ideas. How can you organize your ideas before you start to write? – Make a mind map.*

Erarbeitung

a) SB geöffnet. L bespricht den Aufbau der angefangenen Mindmap im SB (Thema: *school*; Oberbegriffe: *times, subjects, ...*; Ideen zu den Oberbegriffen: *break, favourite, ...*). Wenn die S Schwierigkeiten beim Erstellen von Mindmaps haben, kann L die einzelnen Schritte mithilfe von **SF 3** wiederholen. Die S übertragen das Gerüst der Mindmap auf eine Doppelseite ins Heft (oder auf ein DIN-A3-Blatt) und ergänzen ihre Ideen in einer vorgegebenen Zeit (ca. 7 Min.). Dies kann in Einzel- oder Partnerarbeit geschehen.

b) Die S versprachlichen die Mindmap, indem sie über ihre Schule berichten.

Alternative 👥 Um möglichst vielen S Gelegenheit zum Sprechen zu geben, unterhalten sich jeweils zwei S über ihre Mindmaps.

1 The notice board

Einstieg SB geöffnet. L: *School – It's not just lessons, subjects and tests. You can also have a lot of fun after the lessons. You go on class trips, you do sports together and you can go to clubs. Look at the notice board of Cotham School.*

Erarbeitung Die S suchen Ananda, Jack, Sophie, Dan und Jo auf den Fotos und beschreiben, was die Kinder tun. Dabei semantisiert L den neuen Wortschatz. Ein großer Teil kann aus dem Kontext (z.B. *(to) paint, pirate ship*) oder durch seine Ähnlichkeit mit dem Deutschen erschlossen werden, z.B. °*choir, junior, °clarinet, (to) bring, show, programme* sowie *camera* und *club* (so genannte *good friends*). Die sich vom Deutschen unterscheidende Aussprache und Schreibung sollte gefestigt werden.

Lösung *Dan is painting a ship. He's in the Art Club.*
Sophie is dancing. She's in the Dance Club.
Jo is singing. He's in the Junior Choir.
Jack is playing the clarinet. He's in the Junior Band.
Ananda is making the programme. She's in the Computer Club.
Zur Festigung des Schriftbildes können die Sätze ins Heft geschrieben werden.

Semantisierung des restlichen Wortschatzes: *spring* – the time of year between winter and summer; *autumn*: the time of year between summer and winter; *(to) use* (übersetzen lassen), *(to) rehearse (rehearsal); (to) practise, exciting* (dt.); auf *year* in der Bedeutung „Jahrgangsstufe" hinweisen

Zusatz **KV 51: The Cotham notice board:** 👥 Tandem-Übung: Zur Festigung des Wortschatzes zum Thema „Schulklubs" vervollständigen die Partner abwechselnd die Lückensätze und korrigieren sich gegenseitig.

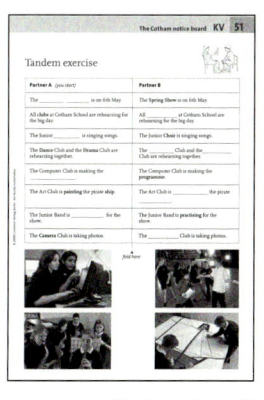

Kopiervorlage 51

2 Activities at Cotham and at your school

Erarbeitung **a)** SB geöffnet. Die S übernehmen die Tabelle in ihr Heft und notieren die Klubs der Cotham School: *Dance Club, Drama Club, Computer Club, Junior Choir, Art Club, Junior Band, Camera Club.* Anschließend tragen sie die Aktivitäten an ihrer eigenen Schule in die Tabelle ein. L stellt ggf. zusätzlichen Wortschatz bereit.

b) 👥 Die Partner vergleichen ihre Tabellen unter Verwendung der Redemittel im SB.

Differenzierung S, die die Aufgabe schnell bearbeitet haben, können die Frage *What new clubs would you like at your school?* diskutieren.

3 Radio Cotham

🎧 3.03 **a) Hören:** Die S zeigen auf die im Hörtext erwähnten Fotos. Zur besseren Kontrolle für L können die S auch einen Radiergummi als *pointer* auf das jeweilige Foto legen.

Lösung *1 mobile phones • 2 Drama Club • 3 Computer Club • 4 Junior Band*

🎧 3.03 **Zusatz** **KV 52. Radio Cotham:** Die KV bietet verschiedene Aufgaben zum Hörverständnis, die während des zweiten und dritten Hörens bearbeitet werden können.

b) Die S erhalten ca. 3 Minuten Zeit, um mithilfe der Vorgaben im SB in 2–3 Sätzen zu formulieren, ob sie an Schulaufführungen teilnehmen möchten und zu begründen, warum sie dies tun bzw. nicht tun möchten.

Alternative Kugellager: Damit alle S zum Sprechen kommen, bilden die S zwei ineinandergelagerte Kreise (im Sitzen oder Stehen). Die sich jeweils gegenübersitzenden oder -stehenden Partner tauschen sich so lange aus, bis L das Signal zum Weiterrücken gibt (nach ca. 1 Min.).

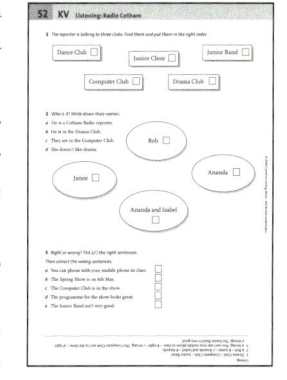

Kopiervorlage 52

Hörtext

Millie Good morning everybody, this is Radio Cotham on Tuesday 5th May. Erm, first a notice about mobile phones. Doo doo do, dooo, do doo. Please remember: You can bring your mobile to school. That's no problem. But you can't use it in class. We don't want to hear your mobile! OK?
And now here's a special report. Tomorrow is ... Wednesday, Wednesday 6th May ... and ... it's the Spring Show!! Lots of people are very busy, getting ready for the show. Yesterday we talked to some of them. The reporter is Rob.

Teacher OK let's stop there. Let's do that again.
Boy Hi, I'm Jamie and I'm in the Drama Club.
Rob What are you doing?
Boy We're rehearsing. For the Spring Show.
Rob Is it hard work?
Boy Yes, it's very hard work. But it's good fun!
Teacher Jamie, we need you!
Boy Sorry. Gotta go!

Millie That was Jamie in the Drama Club.
Next, Rob talked to some people in the Computer Club.
Ananda I'm Ananda and she's Isabel. We're in the Computer Club.
Rob And you're in the show?
Ananda No, we're not in the show, I don't like drama and that. We're making the programme for the show.
Rob I see. It looks great.
Ananda Thanks.
Millie Next Rob went to hear the Junior Band.
Don't worry! They are really very good. Listen to this: *[Music playing]*. So remember: The dress rehearsal is today after school. And the big day is tomorrow. Come to the Spring Show!

▶ ▶ *P 1–2 • WB 1–2 • Folie 24*

A-Section

S. 86

INHALT Sophie berichtet Prunella von der Probe für die *Spring Show*. Sie spielt in der Piratenszene am Ende der Show mit. Prunella ist traurig, dass sie nicht zu der Schulaufführung gehen kann.

KOMMUNIKATIVE KOMPETENZEN
  Hör-/Leseverstehen: Einem Gespräch zwischen Sophie und Prunella Informationen über die Generalprobe entnehmen; einem Poster Einzelinformationen entnehmen
  Sprechen: Sich zu dem Inhalt des Spring Show Posters äußern; sich darüber unterhalten, wo man zu einer bestimmten Zeit gewesen ist (Partnerdialog)

SPRACHLICHE MITTEL
Wortschatz A1: (we, you, they) **were** • °**dress rehearsal** • **Miss** White • **group** • (to) **sound** • +**sound** • **kid** • **ticket**
A2: **yesterday** • **cinema** • **swimming pool** • **sports centre**
Grammatik *Simple past: was/were* in Aussagen, Fragen und Kurzantworten
Redemittel Were you at home/in bed/...? • Yes, I was. / No, I wasn't.

METHODISCHE KOMPETENZEN
  Gelenkte Aufgaben zum Hör- und Leseverstehen bearbeiten (einfache Fragen zum Text und *right/wrong*-Aussagen); grammatische Regelmäßigkeiten in einem Text erkennen

MATERIALIEN CD, LAS 5 A, weicher Ball

1 After the rehearsal: Sophie

Einstieg SB geschlossen. Reaktivierung des Vorwissens zur *Spring Show* aus dem *Lead-in*: *When is it? Where is it? Who is in the Spring Show?* Die Informationen werden an der Tafel in einer Mindmap zusammengetragen.

Erarbeitung SB geöffnet. L: *Look at the poster. What's in the programme of the Spring Show?* S: *sketches, songs and scenes from musicals* (*sketch* und *musical* sind so genannte *good friends*, die die S vom Deutschen her verstehen). Die Verständnisfragen zum Poster werden gemeinsam gelesen (*kid, ticket* semantisieren). Die Fragen (*programme: what?; price of tickets: how much?*) und Antworten werden in der Mindmap ergänzt.

Lösung *12–14 years* • *after school / at 7.30 pm* • *£15.00*

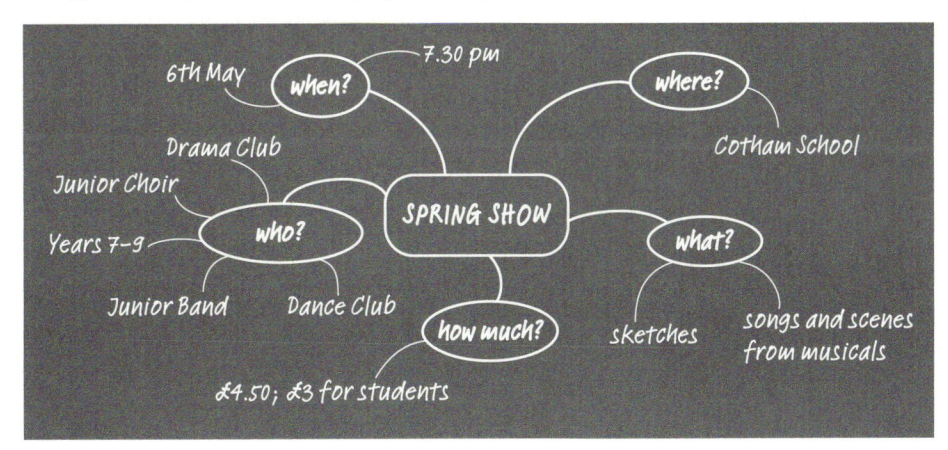

Überleitung L: *Sophie is in the Dance Club. Today was the dress rehearsal (that's the last rehearsal before the show – everyone wears their costume). Find out what Sophie says about the rehearsal.*

🎧 **3.04 Erarbeitung** 1. **Hören/Stilles Lesen:** Vor dem Hören werden die *right/wrong*-Aussagen im SB gemeinsam gelesen. Neuer Wortschatz: *group* (vgl. Dt.); bei Verständnisschwierigkeiten *were* und *weren't* übersetzen, ohne das *simple past* zu thematisieren. Die S bearbeiten die Aufgabe mündlich oder schriftlich.

🎧 3.04

Lösungen

2. **Hören/Stilles Lesen:** Die S überprüfen ihre Lösungen und korrigieren ggf. die Falschaussagen *(Extra)*.
1 wrong *(Sophie was home from school late.)*
2 right
3 wrong *(The kids in the rehearsal were very nervous.)*
4 wrong *(Sophie's group was in the big pirate scene at the end.)*

Semantisierung des restlichen Wortschatzes: *Miss (in Britain you say 'Miss' to a woman teacher); sound (you can hear it) – (to) sound*

> ... were you? (Where)
> ... was it? (How)
> Was the ... happy? (music teacher)
> Were you? (good)
>
> music teacher • where • good • how

Zusatz Zur Festigung des Verständnisses ergänzen die S Fragen an der Tafel. L: *Prunella has got lots of questions. Can you remember them?* Dann beantworten die S die Fragen:
Sophie says: I was at the dress rehearsal. • It was OK. • Yes, I think she was. • Well, I wasn't bad.

Looking at language

Bewusstmachung was/were: Aussagesätze und Fragen

Die *simple past*-Formen von *(to) be* werden im Text gesucht, die dazugehörigen Pronomen zugeordnet. Die nicht im Text auftauchenden Pronomen werden der Vollständigkeit halber an der Tafel ergänzt. Schnell können die S feststellen, welche Pronomen mit welcher Form verwendet werden. Die S können auch zunächst die vollständigen Sätze aus **A1** heraussuchen. Danach erfolgt die Zuordnung der Pronomen zu den *simple past*-Formen *was/were*. Dies bietet sich gerade in leistungsschwächeren Klassen an. Anschließende Vertiefung über **GF 16–17**.

was	were
I	you (sing.)
he	we
she	you (plural)
it	they

was	were
I was at the dress rehearsal.	Where were you?
How was it? – It was OK.	We were all very nervous.
Was the music teacher (she) happy?	
– Yes, I think she was.	And were you good?
Well, I wasn't bad.	

Alternative Alternativ kann das Grammatikthema auch mit LAS 5A erarbeitet werden.

Transfer 2 👥 **Now you**

Bei der Transferaufgabe wenden die S die Vergangenheitsformen *was/were* und *wasn't/weren't* an. Um sicherzugehen, dass alle S das Flussdiagramm verstanden haben, kann L den Partnerdialog von zwei guten S an 1–2 Beispielen demonstrieren lassen.

Alternative Die Aufgabe kann auch vor der Bewusstmachung bearbeitet werden.

▶ *GF 16–17: Simple past: was/were • P 3–5 • WB 3–5 • LAS 5A • Folie 25*

S. 87

INHALT Auch Jack kommt von der Generalprobe für die *Spring Show*. Er erzählt seinem Vater von der erfolgreichen Probe. Auf der Suche nach seiner Mutter kommt er an Mr Greens Zimmer vorbei und hört, wie Mr Green am Telefon Plastiksprengstoff erwähnt. Er beschließt, das *SHoCK Team* zu informieren.

KOMMUNIKATIVE KOMPETENZEN
Hör-/Leseverstehen: Einem Text Detailinformationen entnehmen: verstehen, welche Personen was tun
Sprechen: Darüber sprechen, was man getan hat (Partnerdialog)

SPRACHLICHE MITTEL
Wortschatz A3: terrible • mistake • I can't wait to see ... • a minute ago • °on the way • °plastic explosives
A5: (to) phone

Grammatik *Simple past:* regelmäßige Verben in positiven Aussagen

Redemittel I phoned/helped/... yesterday evening/at the weekend/... • What about you?

METHODISCHE KOMPETENZEN
Gelenkte Aufgaben zum Hör-/Leseverstehen bearbeiten (Personen und Tätigkeiten zuordnen); grammatische Regelmäßigkeiten erkennen

MATERIALIEN CD, KV 53, LAS 5B

3 After the rehearsal: Jack

Einstieg SB geschlossen. Reaktivierung des Vorwissens über Jack: *What school club does Jack go to?* S: *The Junior Band.* L: *Now Jack is back from the rehearsal. Let's find out what he's talking about.*

Erarbeitung SB geöffnet. Bildbeschreibung (Unterrichtsgespräch):
1. **Bild**: L: *Who is in the first photo? – Jack and his dad. Where are they? – In the kitchen. What are they doing? – Jack is talking to his dad. His dad is making dinner. What are they talking about?* L notiert die Vermutungen der S an der Tafel.
2. **Bild**: *Who is in the second photo? – Jack. Where is he? – in front of a door. What is he doing? – Jack is listening at the door. Who is he listening to?* L notiert die Vermutungen.

> Jack and his dad are talking about ...
> – school
> – dinner
> – the rehearsal ✓
> – ...
>
> Jack is listening to ...
> – the neighbours
> – Mr Green ✓
> – ...

🎧 3.05 1. **Hören/Stilles Lesen:** Die S überprüfen ihre Vermutungen.

4 Who was it?

🎧 3.05 2. **Hören/Stilles Lesen:** Die unvollständigen Sätze werden gelesen und vervollständigt. Die S überprüfen ihre Lösungen mithilfe der CD. Anschließend Ergebniskontrolle im Plenum.
1 Jack   2 Jack's dad   3 Jack   4 Jack   5 Jack's mum   6 Jack

Semantisierung: *terrible* (dt.); *mistake – do sth. wrong; I can't wait to ...* (mit verschiedenen Verben konstruieren, z.B. *I can't wait to watch this film / have my birthday party*, ggf. übersetzen lassen); *a minute ago (a short time before); °plastic explosives* (Kontext); *(to) ask about* (auf Präposition hinweisen)

Zusatz Zum tieferen Textverständnis korrigieren die S die Falschaussagen:
1 *Yesterday the band was great. (terrible)*
2 *Today the band played with lots of mistakes again. (without)*
3 *Jack's mum and dad don't want to go to the show. (can't wait to see)*
4 *Jack's mum wasn't in the house. (was there a minute ago)*
5 *Mr Green was in the bathroom. (on the phone)*

Zusatz	**SHoCK-Team diary:** Die S machen eine Notiz zu Jacks neuesten Beobachtungen: *Mr Green talks about plastic explosives on the phone.*

> **Looking at language**
>
> **Bewusstmachung**
> ***Simple past:***
> **regelmäßige Verben**
>
> **a)** Die S finden in **A3** die Zeitangaben, die angeben, wann etwas geschehen ist.
> Sie erkennen den Zusammenhang von vergangenen Zeitpunkten und der neuen Zeitform *simple past*:
> at 6 o'clock   last night
> yesterday   a minute ago
>
> | Infinitive | Simple past |
> |---|---|
> | shout | shout*ed* |
> | answer | answer*ed* |
> | play | play*ed* |
> | talk | talk*ed* |
> | ask | ask*ed* |
>
> **b)** Mithilfe der Tabelle vergleichen die S die Infinitive der angegebenen Verben mit den entsprechenden *simple past*-Formen aus dem ersten Teil von **A3**. Die Endungen werden farbig markiert. Anhand des Vergleichs können die S nun selbstständig die Regel zur Bildung des *simple past* formulieren.
> Im Anschluss sollte L mit den S gemeinsam ins **GF 18a** gehen und die verschiedenen Besonderheiten bei der Bildung des *simple past* besprechen: Wegfall des stummen *e* *(use – used)*, Verdoppelung der Konsonanten *(stop – stopped)*, die Umwandlung von *-y* zu *-ied (try – tried)* sowie die Aussprache der Endung *-ed* als [t] oder [-ɪd] nach *t* und *d (want – wanted, sound – sounded)*. L entscheidet, ob sie an dieser Stelle alle Besonderheiten gebündelt bespricht oder jeweils auf die Beispiele eingeht, denen die S in den folgenden Texten begegnen.
>
> **Alternative** — Alternativ zum *Looking at language* bearbeiten die S LAS 5B.

▶ ▶ GF 18a: Regular verbs • P 6–8 • WB 6–9 • LAS 5B • Folie 26

Festigung	**5** 👥 **Now you**
	L stellt das Verständnis der Arbeitsanweisung sicher (°*did* ggf. übersetzen). Zunächst wird gemeinsam ein Beispiel formuliert: *I watched TV yesterday evening. What about you?* Die S notieren sich still (Zeitlimit: ca. 3 Min.), was sie zu den angegebenen Zeiten getan haben. Dann führen die S mithilfe ihrer Notizen Partnerdialoge.
Alternative	👥👥 *Sentence snakes:* In jeder Kleingruppe (4–5 S) legt ein S einen Zeitpunkt in der Vergangenheit fest. Alle anderen S notieren, was sie zu diesem Zeitpunkt getan haben. Nach dem Prinzip „Kofferpacken" beginnt ein S mit seiner Tätigkeit, der nächste wiederholt und ergänzt usw. Das ganze Spiel sollte nicht länger als 5 Min. dauern. Beispiel: S1: *Yesterday evening I played computer games.* S2: *Yesterday evening ... played computer games and I helped my mum.* S3: *... played computer games, ... helped his mum and I ...*
Zusatz	**KV 53: Last weekend with Prunella:** 👥👥 Spiel in Gruppen (3–5 S): Das Würfelspiel dient der Festigung des *simple past*. Die S würfeln, bewegen sich über das Spielfeld und folgen den Anweisungen in den Spielfeldern. Gewonnen hat, wer als Zweiter (!) ins Ziel kommt. L sollte zuvor die Spielanweisungen an die Tafel schreiben und erläutern: *Go back 1 square:* Gehe 1 Feld zurück. *Move 1 forward:* Rücke 1 Feld vor. *Miss 1 turn:* Setze einmal aus.

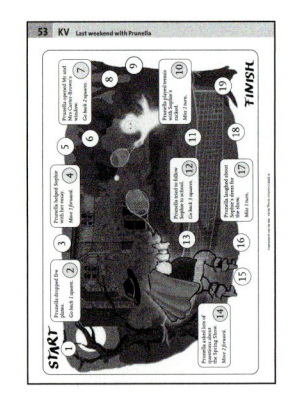

Kopiervorlage 53

	S. 88	

INHALT Der *Junior Choir* singt in der *Spring Show* einen Song aus dem Musical *The Pirates of Penzance*, der hier zu hören ist. Dan beschreibt in seinem Tagebuch die letzte Probe und die Show, wobei er sich über Jo lustig macht.

KOMMUNIKATIVE KOMPETENZEN
  Hör-Sehverstehen: Einzelne Anweisungen aus einem Text heraushören und Bildern zuordnen
  Leseverstehen: Einen Tagebucheintrag global verstehen, den Verfasser herausfinden und mit vorgegebenen Sätzen ergänzen

SPRACHLICHE MITTEL
Wortschatz A6: king • °for • °glorious • °hurrah
  A7: diary • had • said • (to) be cross (with) • saw • ⁺Box „Unregelmäßige Vergangenheitsformen", *Voc., S. 175* • this morning/afternoon/evening • °no news

Grammatik *Simple past:* unregelmäßige Verben in positiven Aussagen

METHODISCHE KOMPETENZEN
  Ein Lied singen und in Bewegung umsetzen (TPR)

MATERIALIEN CD, KV 54

6 Pirate King

Einstieg **a)** SB geöffnet. L: *Look at the pictures. What are the people doing?* Die S betrachten die Bilder und beschreiben sie (in ganzen Sätzen oder mit Stichworten): *she's climbing; he's cleaning (the floor); he's a pirate; she's looking at something (with a telescope).*

🎧 3.06 **Erarbeitung** **1. Hören:** Vor dem Hören weist L die S darauf hin, dass sie nur einzelne Stichwörter verstehen müssen, um die richtige Reihenfolge der Bilder herauszufinden. Die S notieren während des Hörens die Nummern der Bilder.

🎧 3.06 **2. Hören:** Die S überprüfen die Reihenfolge.
Lösung 2 • 1 • 4 • 3

Hörtext
Teacher	OK, stop, stop, stop.
Teacher	OK, thank you. Can I have the dance club and the drama group up here now? – Thank you. Now, we want to practise the jobs on the pirate ship. First, let's clean the ship. OK. Get your mops. Come on! Act like you've got a mop in your hands. Use it to wash the floor. Take that mop and start washing. Left and right, and left and right – that's good. Don't stop. Left and right and left and right. That's great! Left and right and left and right. And … stop!
OK, the second job. Climb the mast. Yes, climb that mast. Come on. Pull yourself up with your hands: left hand, right hand, left hand, right hand. Go on, climb. Good. Left hand, right hand, left hand, right hand. Go on. … Excellent. Left hand, right hand. And … stop! Now you're at the top of the mast.
Right! Job number three. You're at the top of the mast and now you're the lookouts. It's your job to watch the sea. Act like you've got a telescope. You need both hands to hold a telescope. Very good! Now, look through your telescope. Look, look left, look right … Can you see another ship? Look left again, and right again. And … stop.
Now, where is the pirate king? David!
Boy	Here I am! The pirate king!
Kids	Hurrah for the pirate king.

b) Zunächst liest L den Refrain vor und die S sprechen ihn mehrfach nach. Semantisierung: °*for I am (because); king* (Kontext); °*glorious* (dt.)

🎧 3.07 **Hören (mehrmals):** Die S führen pantomimisch die Aktivitäten der Piraten aus (wie auf den Bildern abgebildet) und singen den Refrain mit.

Hörtext
| Teacher | Right everybody, now we can do the jobs to the music. OK, Pirate King, get your sword. Remember: your job is to check that everyone is working. All the others: get your mops, yes your mops. When the music starts, you wash the deck of the ship.
Now, are you ready there in the band? Good. One, two, a-one, two, three. And mop …
And now, get ready to climb the mast.
OK everyone, get your telescopes and watch the sea.
And now everybody sing! |
|---|---|
| All | For I am a pirate king! |

	And it is, it is a glorious thing
	To be a pirate king!
	For I am a pirate king!
Girls	You are!
Boys	Hurrah for the pirate king!

INFO-BOX

The Pirates of Penzance: *The Pirates of Penzance – An Entirely Original Comic Opera* ist das fünfte Gemeinschaftswerk des Komponisten Arthur Sullivan (1842–1900) und des Librettisten William Schwenck Gilbert (1836–1911). Es wurde am 30. Dezember 1879 in Paignton/UK uraufgeführt. Die Geschichte des Piratenlehrlings Frederic spielt in Penzance (Cornwall), das wie Bristol einst eine bedeutende Hafenstadt und damit ein beliebter Piratentreffpunkt war. Frederic verlässt die Räuberbande des Piratenkönigs und verliebt sich in eine Tochter des Generalmajors. Da tauchen die Piraten auf, um die Majorstöchter zu rauben. Frederic unterstützt den Major im Kampf gegen die Piraten.

7 A diary

Einstieg SB geöffnet. L: *These are two pages of a diary. Can you tell me what a diary is?* S: *A book; you can write about your day, your friends, family …* L: *This is a diary by a person you all know. Let's find out who's writing the diary.*

🎧 3.08 **Erarbeitung** 1. **Stilles Lesen/Hören:** Die S beantworten die Frage im SB:
Lösung *Jo is writing the diary.*

🎧 3.08 2. **Stilles Lesen/Hören:** Die S ordnen die Sätze den Tagebucheinträgen zu. Unbekannte Wörter erschließen die S aus dem Kontext.

Zusatz Partner Check: Die S vergleichen ihre Ergebnisse mit einem Partner. Anschließend Ergebnissicherung im Plenum.

Lösung *Tuesday: The show is tomorrow.*   *Thursday: The SHoCK Team has to find out.*
Wednesday: Jo was good too. :-)   *Saturday: In the afternoon we helped Dad.*

Semantisierung: *this morning/afternoon/evening* (übersetzen lassen); *(to) be cross with* (dt.); *had, said* und *saw* im Kontext übersetzen.

Looking at language

Bewusstmachung Die S übernehmen die Tabelle ins Heft, finden die
Simple past: *simple past*-Formen im Abschnitt **A7** und tragen sie
unregelmäßige zusammen mit den Infinitiven in die Tabelle ein.
Verben Zum Vergleich schreibt L regelmäßige Verben an
(*waited, talked*) und fragt nach den Endungen. Die S
erkennen, dass die unregelmäßigen Verben nicht auf
-ed enden. L erklärt den Begriff *irregular verbs* und ergänzt ihn als Überschrift im TB.

Irregular verbs

Infinitive	Simple past
have	had
come	came
do	did
go	went
say	said
get up	got up

Zusatz 1 Die S legen in ihrem Vokabelheft eine Tabelle für *irregular verbs* an. Diese wird nach und nach ergänzt.

▶ GF 18b: Irregular verbs • P 9–12 • WB 10–11

Zusatz 2 **KV 54: Infinitive and simple past:** 👥 Festigung der *irregular verbs*. Die S erhalten je eine Hälfte der KV, schneiden die Figur aus und legen die Einzelteile wieder zu ihrer ursprünglichen Form zusammen. Die Partner kontrollieren gegenseitig ihre Ergebnisse. Dann tauschen sie die Figuren aus, vermischen sie und legen sie wieder zusammen.

Zusatz/ Als Hausaufgabe können lernstarke S eigene Figuren ent-
● **Differenzierung** wickeln, die L kontrolliert. Gelungene Exemplare werden mehrfach kopiert und in Übungsphasen eingesetzt.

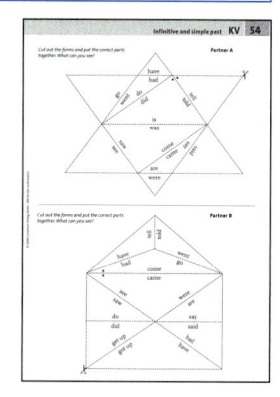

Kopiervorlage 54

5   181

S. 89

INHALT Nach der *Spring Show* unterhalten sich einige Kinder und ihre Eltern über die Show. Sie war ein großer Erfolg und hat allen gefallen (A8). Ananda berichtet für den *Computer Club* in der Schülerzeitung über das abgelaufene Schuljahr.

KOMMUNIKATIVE KOMPETENZEN
- **Hörverstehen:** Detailinformationen zu Mr Shaws und Anandas Meinung zur *Spring Show* entnehmen
- **Leseverstehen:** Informationen zu Anandas Artikel in der Schülerzeitung erfassen
- **Sprechen:** Sagen, was man am Wochenende getan (nicht getan) hat
- **Schreiben:** In einer Liste notieren, was man am Wochenende getan hat; einen Tagebucheintrag oder einen Artikel für die Schülerzeitung verfassen (Dossier)

SPRACHLICHE MITTEL
- **Wortschatz**
  - **A9:** we **didn't** sing • °Caribbean • (to) **stay** • **city** • **museum** • °harbour • **Did you** go ...?
  - **A10:** a **special** day
- **Grammatik** *Simple past:* Verneinung, Fragen und Kurzantworten *(Extra)*
- **Redemittel** On Saturday/Sunday I went (didn't go)/made (didn't make)/...

METHODISCHE KOMPETENZEN
Mithilfe von Textbausteinen einen Tagebucheintrag oder Zeitungsartikel verfassen

MATERIALIEN CD, KV 55

---

8 Extra After the Spring Show

Einstieg SB geschlossen. Die S spekulieren, wie die Spring Show beim Publikum angekommen ist: *I think it was great. / The pirate song was the best. / ...* L: *Let's listen to some people and what they think was the highlight of the show.*

🎧 3.09 Erarbeitung 1. Hören: L gibt ein paar Namen zur Auswahl an der Tafel vor: *Who is talking? (Ananda, Sophie, Dilip, Mr Shaw, Jo, Dan)*

🎧 3.09 Lösung 2. Hören: Die S beantworten die Frage im SB.
Ananda's highlight: Sophie's jazz dance
Mr Shaw's highlight: the pirate song

> Ananda ✓
> Prunella
> Dilip ✓
> Jack
> Dan and Jo ✓
> Mr Shaw ✓
> Mrs Carter-Brown ✓
> Sophie ✓

O Differenzierung L gibt mögliche Antworten vor. Die S schreiben „A" für Ananda und „Mr S" für Mr Shaw dahinter.
The highlight of the show?
– pirate song (Mr S)   – the break
– song from Cats   – jazz dance (A)

Hörtext

All	For I am a pirate king! And it is, it is a glorious thing To be a pirate king! For I am a pirate king!
Girls	You are!
Boys	Hurrah for the pirate king!
Boy	Thank you. Thank you. Wow. Thank you! Well, that's the end of our Spring Show. Did you like it?
Audience	Yeah! More! Fantastic!
Boy	Great! Well, thanks to the Junior Choir and Band and the Dance and Drama Clubs. Thank you all ... and good night!
Ananda	Sophie! Sophie!
Sophie	Ananda! Well, did you like the show?
Ananda	Like it?! I loved it. The jazz dance was great! You were great. I really loved the jazz dance.
Dilip	And the pirate song. I liked the pirate song.
Ananda	Yes, but Sophie's dance was the highlight of the show.
Sophie	Well, thank you ...
Mrs C-B	Sophie! Sophie!
Sophie	Oh, there's my mum.
Dilip	And your sister Emily.
Sophie	Oh, yes. Well see you tomorrow, Ananda. Bye, Dilip!

Ananda	Bye. Come on, Dilip.
Mr Shaw	That song from 'Cats' was wonderful. That girl is really great.
Jo	So what was the highlight of the show for you, Dad?
Mr Shaw	Well, maybe the song from 'Cats'. Or …
Dan	Yes?
Mr Shaw	Maybe the jazz dance. That was very good. Or …
Jo	Yes?
Mr Shaw	Maybe … maybe the pirate song? Of course, the pirate song. The pirate song was the highlight of the show.
Jo	Right answer, Dad!

9 In the school magazine

Einstieg — SB geschlossen. L: *Ananda is in the Computer Club. What can the Computer Club do for the Spring Show?* S: *Make programmes, posters.* L: *And after the Spring Show?* S: *Write about the Spring Show (for the newspaper/for the school website/ …* L ergänzt, wenn notwendig: *for the school magazine*

Alternative — Wenn es an der Schule eine Schülerzeitung gibt: *What can you find in your school magazine?* L gibt mögliche Inhalte an der Tafel vor (entsprechende Beispiele zeigen). Die S kreuzen die in ihrer Schulzeitung vorhandenen Elemente an.

> – article about teachers/pupils
> – quiz
> – crossword puzzle
> – interview
> – advert
> – article about school trips/shows
> – article about school clubs
> – …

Überleitung — L: *Let's read a page of the Cotham school magazine.*

🎧 3.10 Erarbeitung — 1. **Stilles Lesen/Hören:** *What sort of articles are in the Cotham school magazine?* Die S erfassen, um welche Arten von Artikeln es sich handelt (Globalverständnis). L gibt evtl. mehrere Möglichkeiten vor:
article about teachers   article about a school trip ✓   article about a school club ✓

🎧 3.10 — 2. **Stilles Lesen/Hören:** Die S bearbeiten *multiple-choice*-Aufgaben. Semantisierung: *made, didn't sing; (to) stay/didn't stay; Did you go …?* (unregelmäßige *simple past*-Formen lexikalisch einführen); *city* (dt.); *museum* (*good friend* – Aussprache festigen)

1   The computer club made …
   • the programmes
   • the CD cover
   • the CD cover and the programmes ✓

2   The History Club went to …
   • the Caribbean
   • the Bristol City Museum ✓
   • the Pirate Museum

3   At the harbour they saw …
   • Blackbeard
   • an old ship ✓
   • a model of the Titanic

4   They ask other pupils to …
   • send photos
   • write a report ✓
   • go to the museum

● Differenzierung — Leistungsstärkere Gruppen machen sich während des Lesens Notizen zu folgenden Fragen: *What did the Computer Club do?* • *Where did the History Club go?*

> **INFO-BOX**
>
> **Blackbeard & Pirates in Bristol:** Zwischen dem 15. und 16. Jahrhundert galten die Hafenstädte Westenglands als Haupttreffpunkte für Piraten. Von Städten wie Penzance oder Bristol aus brachen sie auf Raubzüge nach Übersee auf. Einer der berüchtigsten Piraten war *Blackbeard,* der 1680 in Bristol als Edward Teach geboren wurde. *Blackbeard* verkleidete sich auf seinen Beutezügen als ein bis an die Zähne bewaffneter bärtiger Teufel, was viele Opfer zur Aufgabe bewegte. Er trieb vor allem in der Karibik und in Nordamerika sein Unwesen, wo er 1718 auf grausame Weise starb.
>
> **Bristol City Museum:** Der Museumskomplex von *City Museum* und *Art Gallery* befindet sich in *Queen's Road*. Zu den ständigen Ausstellungen gehören eine naturhistorische, eine zoologische und eine archäologische Abteilung.

10 Now you

Erarbeitung

a) Mithilfe der Satzbausteine im SB schreiben die S auf, was sie an einem Wochenende gemacht haben (fünf Aktivitäten). Dann berichten sie in der Klasse oder einem Partner.

b) **Extra** L lässt die ersten beiden Beispiele übersetzen, um sicherzugehen, dass die S die verneinten Sätze verstehen. Dann gehen die S wie in *a)* vor.

Bewusstmachung *Simple past:* Verneinung und Fragen

Hinweis: Die Behandlung der Verneinung und der Fragen im *simple past* ist in Band 1 optional. L schreibt Beispiele aus **A9** an die Tafel. Die S erkennen, dass die Bildung der Verneinung und der Fragen im *simple past* parallel zur Bildung im *simple present* geschieht (L gibt Hilfestellung durch eine tabellarische Gegenüberstellung der Formen). Bevor L die Kurzantworten im *simple past* ergänzt, können die S über deren Bildung spekulieren. Vertiefung mit **GF 19–20**.

negative statements and questions	
simple past	simple present
We <u>didn't</u> sing.	We don't sing.
We <u>didn't</u> go to Penzance.	We don't go.
<u>Did</u> you <u>go</u> on a trip?	Do you go on a trip?
Yes, we did. /	Yes, we do. /
No, we didn't.	No, we don't.

▶ GF 19–20: Negative statements/questions • P 13–16 • WB 12–15

DOSSIER: *A special day*

Die S verfassen einen Text über einen besonderen Tag (*special* semantisieren).
Die Textbausteine im SB sollten gemeinsam besprochen werden. Sie geben den S Hilfe beim Aufbau ihres Textes:

Überschrift: *My diary: 5th May / A trip to … / My Saturday / My birthday*
Einleitung: *Today/Saturday/… was a fantastic/exciting/… day.*
Hauptteil: *In the morning /… I went to the cinema / …*
First I / we saw /… / Then …
Schluss: *I / We really had a great/… day/trip.*
It was an interesting/… day/trip.
Als Hausaufgabe schreiben die S ihre Texte.

My diary
When (day/time)?
Where (place)?
What happened?
How did I feel about it?

○ ● Differenzierung

Lernschwächere S werden zur Hilfe auf **A7** (*Dan's diary*) verwiesen.
Mit lernstärkeren S kann das Thema „Tagebucheintrag" bzw. „Zeitungsartikel" vertieft werden. Dazu sollten den S Leitfragen an die Hand gegeben werden, die ihnen bei der Strukturierung ihrer Gedanken helfen. Insbesondere *wh*-Fragen eignen sich dafür. Diese werden gesammelt und ins Heft geschrieben. Darüber hinaus können weiterführende Fragen gesammelt werden.

▶ P 17–18

Zusatz/ ● Differenzierung

KV 55. Texte überarbeiten: Besonders in lernstarken Gruppen kann an dieser Stelle das Überarbeiten von Texten ansatzweise behandelt werden (Vertiefung in Band 2 von EG 21). Die S ordnen die Satzstreifen mit den Arbeitsschritten und machen sich so das Vorgehen bewusst. Beim Überarbeiten des Dossier-Textes können die einzelnen Schritte praktisch angewandt werden.

▶ *Folie 27*

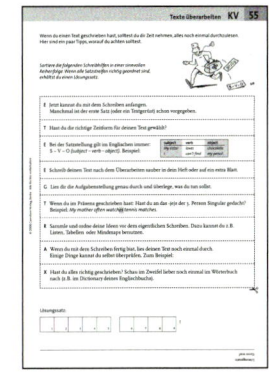

Kopiervorlage 55

Practice

S. 90

1 REVISION Schools in England – schools in Germany

Erarbeitung Die Übung ist als schriftliche Hausaufgabe geeignet. Individuelle Lösungen.

Zusatz 👥 Partner Check: Die Partner vergleichen ihre Lösungen, bevor sie sich melden.

2 WORDS The Cotham club-finder

Einstieg SB geschlossen. L: *The students at Cotham school can do lots of activities. Can you remember some of them?* S: *sing, dance, act, ...* L: *In which club can you sing? In the Junior Choir, in the Drama Club or in the Junior Band?* S: *In the Junior Choir.* L: *Let's find out about the other clubs at Cotham School.*

Erarbeitung *a)* SB geöffnet. Die Aufgabe kann schriftlich in Einzelarbeit gelöst werden. Sie eignet sich auch als Partnerarbeit: S1 liest die Fragen, S2 antwortet. Nach der Hälfte der Fragen wird gewechselt.

Lösung *Can you work with a computer? – Then go to the Computer Club.*
Can you paint pictures? – Then go to the Art Club.
Can you play the clarinet? – Then go to the Junior Band.
Can you sing songs? – Then go to the Junior Choir.
Can you play football? – Then go to the football team.
Can you play hockey? – Then go to the hockey team.

b) **Extra** Schriftliche Hausaufgabe: Die S fertigen nach dem gleichen Schema einen *Finder* für Klubs und Arbeitsgemeinschaften an ihrer Schule an.

c) 👥👥 Vorgehen gemäß Spielanleitung im SB.

3 Mr Kingsley's phone call (was/were, wasn't/weren't)

Neuer Wortschatz phone call

Einstieg SB geöffnet. L: *Mr Kingsley is the director of the Drama Club. In the evening he phones a friend. What do you think the phone call is about?* S: *the Spring Show/the rehearsal/...*

Erarbeitung Zur mündlichen oder schriftlichen Bearbeitung geeignet.

Lösung was • was • were • was • were • was • were • were • wasn't • weren't • were • weren't

Alternative 👥 / 👥👥 Partner Check: Die S bearbeiten die Übung mit einem Partner und vergleichen ihre Ergebnisse mit einem anderen Paar, indem sie ihre Dialoge vorlesen.

S. 91

4 👥 Were you at home yesterday? (was/were in questions and short answers)

Die Beispiele werden gemeinsam gelesen. L weist die S darauf hin, dass sie bei ihren Kurzantworten auf die Pronomen achten müssen *(Were you ...? – Yes, I was; Were your parents ...? – Yes, they were)*. Weiteres Vorgehen gemäß SB. Individuelle Lösungen.

5 Mr Kingsley's old school (Wh-questions with was/were)

Neuer Wortschatz best friend

Lernstärkere S bearbeiten die Parallelaufgabe auf SB-Seite 120.

Einstieg SB geschlossen. L: *You know that Mr Kingsley is a teacher. But what was school like when he was a student? His students want to know more about it. They ask him a lot of questions.*

● **Differenzierung** L: *What do you think: What questions does Form PK ask Mr Kingsley?* Die Fragen werden an der Tafel notiert und nach Abschluss der Übung mit den Fragen im SB verglichen.

Erarbeitung Vorgehen gemäß SB.
Lösung 1 *Where was* • 2 *What was* • 3 *Who were* • 4 *How old were* • 5 *How long*

6 School a hundred years ago (Simple past: regular verbs)

Einstieg SB geöffnet. L: *School today is very different from school fifty or a hundred years ago. The text tells you what school was like a hundred years ago.*

Erarbeitung Die Einsetzübung eignet sich gut als Hausaufgabe.
Lösung a) *started* • *walked* • *helped* • *looked* • *talked* • *listened* • *worked* • *talked* • *played*

b) **Extra** Die Transferaufgabe eignet sich als Hausaufgabe. L weist anhand des Beispielsatzes auf die Stellung der Häufigkeitsadverbien hin (direkt vor dem Vollverb):

Lösungsbeispiel *I often asked questions. My teacher never laughed …*
I always asked lots of questions. My teacher never laughed at me. We often worked in groups and we often played games. We sometimes listened to stories and songs. We talked to our partners a lot. My teacher always helped us a lot and she never shouted at the class.

Zusatz KV 56: School now and 100 years ago: 👥 L stellt jeder Gruppe (4–5 S) eine KV zur Verfügung. Angeregt durch die beiden Fotos vergleichen die S ihre Schulerfahrungen mit der Schule des 19. und frühen 20. Jahrhunderts. In einer Tabelle notieren sie Unterschiede bzw. Gemeinsamkeiten.
Beispiel:

Kopiervorlage 56

100 years ago	today
– boys and girls don't sit together	– boys and girls sit together
– there are two teachers in the classroom	– there's one teacher in the classroom
– students don't work in groups	– students often work in groups
– …	– …

● **Differenzierung** Lernstärkere S können beim Vergleich auch das *simple past* verwenden (verneinte Aussagesätze!): *boys and girls didn't sit together …*

S. 92

7 👥 **After school** (Simple past: regular verbs in positive statements)

Information gap activity: Partner A arbeitet auf SB-Seite 92, Partner B auf SB-Seite 116.

Die Partner übertragen jeweils ihre Tabelle ins Heft. Weiteres Vorgehen gemäß SB.

Lösung A: *On Monday Jo played football. What about Dan?*
B: *He watched TV. On Tuesday Dan cleaned his dad's car. What about Jo?*
A: *He started his Maths project. On Wednesday Jo worked on his Maths project. What about Dan?*
B: *He listened to music. On Thursday Dan called his mum. What about Jo?*
A: *He called his mum too. On Friday Jo listened to sport on the radio. What about Dan?*
B: *He played cards with Jack.*
Die Partner vergleichen ihre Notizen und beantworten die Frage im SB: *On Thursday they both called their mum.*

Kopiervorlage 21

Alternative KV 21 (C). Information gap (Unit 5): Um Zeit zu sparen, können die Partner die Tabellen der KV ausfüllen.

Zusatz

KV 57. Sentence wheel (A/B): 👥/👥👥 Die Partner oder Kleingruppen (3–4 S) erhalten jeweils eine Vorlage und eine Versandtaschenklammer, um die ausgeschnittenen Scheiben zu fixieren (s. Abb. auf der KV). Die S drehen abwechselnd die Satzscheiben und bilden Sätze im *simple past*. Die Sätze werden aufgeschrieben. Nach ca. 10 Min. tauschen die Partner/Gruppen ihre Listen mit einem anderen Paar/einer anderen Gruppe aus und korrigieren sie. Die für richtig befundenen Sätze werden an die Tafel geschrieben und noch einmal im Plenum überprüft.

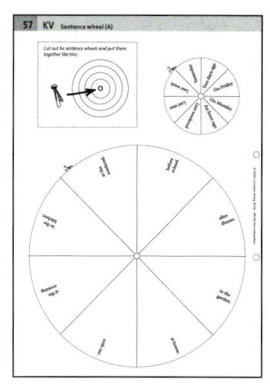

Kopiervorlage 57

8 PRONUNCIATION Past forms

Neuer Wortschatz extra, syllable, °look for

SB geöffnet. Die S betrachten die farbigen Kästchen. L erläutert die unterschiedliche Aussprache der Endung *-ed* beim *simple past* der regelmäßigen Verben. Diese Übung konzentriert sich auf den Kontrast zwischen der Aussprache mit extra Silbe (nach *t* und *d*) und ohne extra Silbe. Semantisierung: *extra* (vgl. Dt.), *syllable* (übersetzen).

🎧 3.11 **a)** 1. Hören: Vorgehen gemäß SB.
blue: *watched • talked • tried • listened • cleaned • laughed • dropped • danced • looked • liked • stopped*
red: *started • collected • needed • invited • added • sounded • wanted • waited • hated*

🎧 3.11 **b)** **Extra** 👥 Die S erstellen eine Liste im Heft und tragen die Wörter aus dem Gedächtnis ein. Vergleich mit einem Partner und evtl. Korrektur/Ergänzung.
2. Hören: Die S überprüfen ihre Listen. Die Lösungen können auch auf Folie präsentiert werden.

🎧 3.12 **c)** Hören (mehrmals): 👥 Die S hören das Gedicht zunächst für sich und versuchen, sich die richtige Aussprache einzuprägen. Dann tragen sie es dem Partner vor. Semantisierung: °*(to) look for* (im Dictionary nachschlagen lassen)

Zusatz Die S schreiben das Gedicht auf und unterstreichen dabei die Endungen je nach Aussprache rot oder blau.

// ○ **9 Dan's report** (Simple past in positive statements)

Neuer Wortschatz report (on)

// ● Die Parallelübung für lernstärkere S befindet sich auf SB-Seite 120.

Einstieg **SB geöffnet.** Die S betrachten die Abbildung. Einbettung der Übung in die *storyline*: *Remember: the SHoCK Team wants to follow Mr Green. So everybody from the team watches him. Yesterday it was Dan's turn. Here's his report (notes on what he saw).*

Erarbeitung/ Lösung
19.35: *were • went*   19.46: *saw • started*
19.38: *looked*   19.52: *came • was*
19.39: *walked*   19.53: *went • closed*
19.42: *was*   20.00: *waited • stayed*

S. 93

10 WORDS An e-mail to Ananda's cousin (Prepositions)

Schriftlich als Hausaufgabe oder mündlich im Unterricht. Vorgehen gemäß SB.

Lösung *on • in • in • before • after • on • at • for • in • to • from • of • in • At • of • about*

11 REVISION   Our 'don't' alphabet   (Simple present: negative statements)

a) L weist die S darauf hin, dass sie das *Dictionary* konsultieren können. Dazu sollten die Gruppen (je 5–6 S) einen S dazu bestimmen, im *Dictionary* nachzuschlagen. Die S schreiben das Alphabet untereinander auf ein DIN-A3-Blatt (im Hochformat). Die Gruppe kann einen Schreiber bestimmen und diesem die Begriffe diktieren. Alternativ wird das Blatt im Uhrzeigersinn herumgereicht und die Gruppenmitglieder schreiben abwechselnd Begriffe auf.

b) Die Gruppen berichten im Plenum wie im SB beschrieben. Individuelle Lösungen

12 WORDS   Rhyme words

Vorgehen wie im SB beschrieben.

Lösung   *never – clever • tea – tree • note – boat • round – pound • I – my • write – right • blue – who • well – spell • take – break • wrong – song • fair – chair • know – no*

Alternative   👥 Die S schreiben die Wörter aus dem blauen Kasten in ihr Heft. Die Partner nennen abwechselnd das passende Reimwort aus dem grünen Kasten und schreiben es dazu. Im Zweifelsfall überprüfen die S die Aussprache mithilfe des *Dictionary*.

Zusatz   Als Hausaufgabe geeignet: Mithilfe des *Dictionary* suchen die S drei neue Reimpaare und schreiben die Reimwörter getrennt auf ein Blatt. In der nächsten Stunde tauschen die S ihre Blätter untereinander aus und versuchen die Reimpaare zu finden.

13   Extra   Mr Shaw's list   (Simple past: negative statements)

Lösung   *a)* He didn't clean his bike. He didn't call Grandma Thompson. He didn't help the neighbours. He didn't talk to Dan and Jo about the holidays. He didn't practice the piano. He didn't work in the garden. He didn't answer Catherine's e-mail. He didn't listen to his new CD.

b) 👥 Als Hausaufgabe schreibt jeder S eine Liste wie im SB und lässt ein paar Aktivitäten als unerledigt stehen. In der nächsten Stunde tauschen sie sich wie im SB beschrieben aus.

S. 94

14   Extra   200 years ago they didn't watch TV   (Simple past: mixed forms)

Lernstärkere S bearbeiten die Parallelübung auf SB-Seite 120.

Einstieg   SB geschlossen. L: *There are lots of things that people in the year 1900 didn't have or didn't do. Can you think of anything?* S: *TV, computer, gameboy, mobile phone etc.*

Erarbeitung   SB geöffnet. Als Hausaufgabe geeignet. Vorgehen wie im SB beschrieben.
Lösung
2   People didn't go to school in cars. They walked to school.
3   People didn't have hamburgers and chips for dinner. They had meat and potatoes.
4   After dinner people didn't wash the plates in the dishwasher. They washed them in the sink.
5   Mums didn't go to work. They worked at home.
6   Boys didn't play computer games after school. They played in the street.
7   Girls didn't like football. They liked dancing.

15   Extra   The Dance Club   (Simple past: mixed forms)

Neuer Wortschatz   °*article,* °*highlight,* °*dancer,* °*theatre,* °*for a long time,* °*to* („um zu")

Als Hausaufgabe geeignet.

Lösung   *was • danced • went • liked • wasn't • was • wasn't • were • weren't • were • waited • was • were • didn't   look • didn't • make • was • came • were • looked*

16 Extra Did Prunella go to the rehearsal? (Simple past: questions)

Einstieg SB geschlossen. L wiederholt anhand weniger Beispiele kurz die Bildung von Fragen und Kurzantworten.

> Did you go the show? — Yes, I did.
> Did your parents like it? — Yes, they did.
> Did the dancers make a mistake? — No, they didn't.

Erarbeitung SB geöffnet. Mündliche oder schriftliche Bearbeitung der Aufgabe.
Lösung 1–d · 2–e · 3–f · 4–a · 5–c · 6–b

S. 95

17 LISTENING The elephant sketch

Neuer Wortschatz elephant, °luggage van, °ticket inspector, °(to) scare away

Einstieg SB geöffnet. Hinweis: Der Text enthält keine *simple past*-Formen und kann somit unabhängig von der Grammatikübungsfolge an verschiedenen Stellen der Unit als Motivationsschub eingesetzt werden. Hinführung: *The Drama group at Cotham School also practised for the Spring Show. They want to do a sketch: The* elephant *sketch.*

Erarbeitung Die S lesen die Erläuterungen zum Sketch und schlagen die unbekannten Wörter im *Dictionary* nach. Sie spekulieren mithilfe von Illustration und Titel über den Inhalt des Sketches: *There are four people on a train: three kids and a man. The man is throwing pieces of paper out of the window ...*

a) Die S lesen die sechs Aussagen und schlagen *(to) scare away* im *Dictionary* nach.

🎧 3.13   1. Hören: Die S ordnen die Aussagen nach dem Hören.

Differenzierung 👥 Die Klasse wird in leistungsgemäße Gruppen eingeteilt. Lernstärkere Gruppen bearbeiten die Aufgabe gemäß SB. Lernschwächere Gruppen bekommen die Aussagen – kopiert und in einzelne Streifen geschnitten – in einem Briefumschlag, damit sie sie während des Hörens bereits sortieren können. Kontrolle über Folie.

🎧 3.13   2. Hören: Ergebniskontrolle.
2–5–3–1–4–6

Hörtext **The elephant sketch**
by Chris Inman (adapted)

Lisa	Ah, here, let's go in here.
Pat	Yes, there's only one person in there.
Rob	OK. Erm, excuse me, are these seats all free?
Stranger	Yes, yes, of course.
Lisa	Oh, great.
Pat	Thanks.
Rob	Ah, that's nice!
Pat	Hey, Lisa, do you think that man is okay?
Lisa	What do you mean?
Pat	Well, look all at those little pieces of paper.
Rob	Ooh! Why is he doing that?
Lisa	Well, I don't think it's right! Now someone has to tidy up all those little pieces.
Rob	Now look at that! He's throwing the pieces of paper out of the window!
Pat	What's he doing?
Rob	Throwing the pieces of newspaper out of the window. He must be mad.
Pat	Hey, I don't like this. Let's go.
Lisa	No, wait a minute. He doesn't look dangerous. Let's ask him.
Rob	Okay, you can ask him what he's doing
Lisa	Erm... excuse me, why are you doing that?
Stranger	Doing what?
Lisa	Well, you know, throwing pieces of newspaper out of the window.
Stranger	Oh that! Well, everybody knows that!
Lisa	Erm, no. Sorry, we don't know.
Stranger	No? Well, I'm doing it to scare away the elephants, of course.
Rob, Pat, Lisa	What ??!!
Stranger	I'm scaring away the elephants. Don't you understand English?
Pat	But ... but .... There are no elephants here!
Stranger	Of course not, silly! I'm scaring them away! Elephants hate little pieces of paper flying through the air.

Ticket inspector	Tickets please! – Oh, it's you! You're doing it!
Stranger	What do you mean, it's me?
Ticket inspector	You're throwing those pieces of newspaper out of the window. Well, please stop it.
Stranger	I can't stop it. It's very important.
Rob	Yes. He's scaring the elephants!
Pat	It's true! Don't stop him!
Ticket inspector	But there's a problem, sir!
Woman	Yes, listen to me. Your pieces of newspaper are coming into the luggage van.
Stranger	The luggage van?
Woman	Yes, at the end of the train.
Stranger	So, what are you doing in the luggage van?
Woman	I'm there with my elephant – and he's really scared!

b) **Extra** L kopiert den Text für die S und lässt den gesamten Text einmal mit verteilten Rollen lesen.

Anschließend wird die Klasse in Gruppen (je 6 S) eingeteilt. Ein oder mehrere S sollten die Rolle des Souffleurs übernehmen (bei der Gruppeneinteilung berücksichtigen). Die Gruppen sammeln Ideen zu Regie und benötigten Requisiten. Dann wird der Sketch eingeübt und präsentiert.

18 GETTING BY IN ENGLISH   Last weekend

Lösung

a) 1 How was it?
2 I wasn't bad.
3 Yesterday we were terrible.
4 Today we were fantastic.
5 Mum and I can't wait to see the show.
6 We all got up late.
7 In the evening we watched TV.

b) Die Partner einigen sich, wer welche Rolle übernimmt. Jeder schreibt seine Rolle auf. Gemeinsam werden die Ergebnisse überprüft.

Zusatz
Lösung

Kontrollpunkte: L legt die Lösungen an mehreren Stellen im Klassenzimmer aus.
Dialogue 1
A: How was your weekend?
B: It wasn't bad. I was at a school show and saw two bands.
A: Were they good?
B: The first band was terrible.
A: How was the second band?
B: They were fantastic. I can't wait to see their next show.

Dialogue 2
A: How was your weekend?
B: On Saturday I got up late. In the afternoon I went swimming.
A: And where were you on Sunday?
B: I went to a basketball match.
A: Was it good?
B: It was fantastic.

O Differenzierung

KV 22 (B): Getting by in English (Unit 5): Lernschwächere S schneiden die Satzkarten auf der KV aus und ordnen die zerwürfelten Dialoge.

Kopiervorlage 22

Text: A pirate story

S. 96–98

INHALT 1719 in der Karibik: Während die *Silver Swordfish* im Hafen vor Anker liegt, vergnügt sich die Mannschaft in der Taverne. Dort fragt ein junger Mann, Mr Bonny, einen Seemann über sein Schiff aus. Kurze Zeit später stehlen Mr Bonny und Captain Rackham mit ihrer Crew die *Silver Swordfish* und stechen in See. Sie überfallen eine spanische Galleone und nehmen den Schiffsjungen Jonah gefangen. Durch einen Zufall erfährt Jonah, dass Mr Bonny in Wahrheit eine Frau ist. Um das Geheimnis zu wahren, muss Jonah sterben. Als er von der Planke ins Wasser gestoßen wird … wacht Jo auf. Es war alles nur ein Traum.

KOMMUNIKATIVE KOMPETENZEN
Leseverstehen: Einen Text im Detail verstehen; Überschriften Textinhalte zuordnen

SPRACHLICHE MITTEL
Wortschatz S. 96: °Caribbean • **dark** • **windy** • ⁺**wind** • °harbour • °sailor • °tavern • °silver • °swordfish • **young** • **many** • ⁺**how many …?** (⁺Box „viel", „viele", *Voc., S. 172*) • °(to) sail • °Cheers. • °captain • °sword • °pistol • °shadow • °onto • (to) **kill** • °deck • **tonight**
S. 97: **for** three **days** • °look-out • °Ship ahoy! • **that** („dass") • °Spanish • °galleon • °gold • °(to) ram • °cabin (boy) • °Sir • (to) **be scared (of)** • **at last** • **tired** • **soon** • (to) **be asleep** • **when** (⁺Box „when", *Voc., S. 173*) • **beautiful** • **clear** • °bad luck • °secret • °bottom • **sea**
S. 98: °drum • °mixed (with) • **wind** • °plank • °(to) take a step • °Thud! • (to) **be cold** • **cold** • **floor**

METHODISCHE KOMPETENZEN
Unbekannte Wörter aus einem Text erschließen; Aufgaben zum Leseverstehen bearbeiten (Überschriften zuordnen, Sätze zum Inhalt in die richtige Reihenfolge bringen); einen Comic gestalten

MATERIALIEN CD, KV 58, KV 59, VAS 5; für den Comic: die S bringen Zeichenpapier und Buntstifte mit

Einstieg SB geschlossen. L zeigt auf Folie/an der Tafel eine Piratenflagge und lässt die S das Thema der Stunde erraten. Die S nennen Piratengeschichten/-filme *(Treasure Island, Pirates of the Caribbean)* und Elemente, die zu einer Piratengeschichte gehören (nur mündlich): *pirates, ships, a fight, …*

Alternative SB geschlossen. KV 58. A pirate story: Die S ordnen die Bilder auf der KV und spekulieren über den Inhalt der Geschichte: *Pirates on a ship. There's a fight. A boy looks shocked. Maybe he sees something scary/terrible. The captain wants to push the boy into the water.* L notiert die vorgeschlagene Reihenfolge an der Tafel.

Erarbeitung SB geöffnet. L fragt die S, wie sie mit unbekannten Wörtern umgehen. Die S nennen Wege der Vokabelerschließung, die sie z. T. aus der Grundschule mitbringen: Bilder anschauen, ähnliche deutsche Wörter usw. Anschließend gemeinsames Lesen der *Study Skills Box*.

Kopiervorlage 58

| **STUDY SKILLS** | **Unbekannte Wörter verstehen** |

Lern- und Arbeitstechniken
Das Verstehen unbekannter Wörter ist eine wichtige Voraussetzung für das selbstständige – und lustvolle – Lesen längerer fremdsprachlicher Texte. Die S lernen die wichtigsten Techniken des Erschließens kennen (Bilder, Ähnlichkeiten mit dem Deutschen, Kontext) und wenden sie beim Lesen des Textes an.

Alternative Die S markieren (auf einer Kopie) beim Lesen alle unbekannten Wörter und versuchen, die Bedeutung aus dem Kontext zu erschließen. Gelingt es ihnen nicht, schreiben sie das Wort an die Tafel. Steht das Wort schon da, machen die S einen Strich dahinter. Dann wird gemeinsam die Bedeutung geklärt.

▶ ▶ SF 6 • WB 16

5 191

🎧 3.14 **Erarbeitung** **1. Stilles Lesen/Hören (abschnittweise):** Die S lesen/hören den Text für sich. L kann nach jedem Abschnitt Verständnisfragen stellen (s.u.). Anschließend Übergang zu *Working with the text*.

Zusatz Fragen zur Verständnissicherung nach jedem Abschnitt:
Part 1: *Who was talking in the tavern? (A sailor and a young man.)*
Part 2: *What did the pirates do on the Silver Swordfish? (They killed two sailors.)*
Part 3: *Where did the pirates find gold? (On a Spanish ship.)*
Part 4: *Why was Jonah in danger? (He saw that Mr Bonny was a woman.)*
Part 5: *How did the story end? (The captain pushed Jonah into the water. Then Jo opened his eyes. It was a dream.)*

Alternative
🎧 3.14 SB geschlossen. Wenn die S als Einstieg mit den Bildern auf KV gearbeitet haben, ordnen sie beim **1. Hören** die Bilder in der richtigen Reihenfolge an. Danach Abgleich am geöffneten SB. Abschließend **2. Hören** des Textes.

Didaktisch-methodischer Hinweis

Umgang mit Texten (II): Nach dem ersten Lesen kann der weitere Umgang mit einem Text auf sehr unterschiedliche Wege erfolgen. Hier einige Möglichkeiten:
– *Changing titles:* Die S geben der Geschichte und den einzelnen Abschnitten neue Titel.
– *Why did you …?:* Die S interviewen eine Person in der Geschichte, evtl. auch eine relativ unbeteiligte (z.B. den Seemann in der Taverne).
– *Alternative ending:* Die S denken sich ein anderes Ende für die Geschichte aus.
– *What if …?:* Die S ändern ein Detail und überdenken die Geschichte neu.
– *The story goes like this:* Die S erzählen die Geschichte in Paaren oder in einer Kette in der Klasse nach. Jeder S sagt dabei immer nur einen Satz.
– *What else?:* Die S überlegen sich, was sie mit einem Text noch alles machen könnten und sammeln ihre Ideen. Diese werden auf einem Poster zusammengefasst.

INFO-BOX

Jack Rackham, wegen seines Kattunmantels 'Calico Jack' genannt, wurde vor allem wegen seiner Crewmitglieder Ann Bonny und Mary Read, den berühmtesten weiblichen Piraten der Geschichte, bekannt. Rackham selbst war ein eher mittelmäßiger Pirat, der begnadigt worden war, bevor er 1719 Ann Bonny traf und ein neues Schiff stahl. Er wurde im November 1720 mit seiner Mannschaft auf Jamaika gehängt.

Ann Bonny wurde 1698 in Irland als uneheliche Tochter eines verheirateten Anwalts und eines Dienstmädchens geboren. Wegen des Skandals ging die Familie nach Charleston, South Carolina. Ann wurde von ihrem Vater verstoßen, als sie einen Herumtreiber heiratete, mit dem sie auf die Bahamas ging. Dort traf sie Jack Rackham, der ihr anbot, sie von ihrem Mann loszukaufen. Ihr Ehemann beschwerte sich jedoch beim Gouverneur. Dieser drohte, Ann auspeitschen zu lassen, wenn sie nicht zu ihrem Mann zurückginge. Ann und Jack beschlossen, wegzulaufen und Piraten zu werden.

Auf einer ihrer Kaperfahrten nahmen die Piraten einen Seemann names Mark Read gefangen, in den sich Ann Bonny verliebte. Der Seemann stellte sich als Mary Read (geb. 1684) heraus, die als Mann verkleidet zur Navy gegangen war. Jack Rackham drohte, den Seemann aus Eifersucht zu töten, sodass Mary Read ihr Geheimnis lüften musste. Gemeinsam mit Jack Rackham führten die beiden Frauen von nun an die Piraten an.

Im Oktober 1720 wurde ihr Schiff von einem englischen Schiff geentert, während alle Piraten betrunken waren. Nur Ann und Mary griffen zu den Waffen. Die Mannschaft wurde gefangen genommen, vor Gericht gestellt und zum Tode verurteilt. Ann Bonny und Mary Read bekamen einen Aufschub, da beide schwanger waren. Mary Read starb 1721 noch vor der Geburt des Kindes im Gefängnis. Was aus Ann Bonny wurde, ist nicht bekannt.

Working with the text

1 New words

Erarbeitung

Aus Gründen der Übersichtlichkeit sollten die S für diese Aufgabe eine Tabelle anlegen. Sie notieren, wie sie sich die Bedeutung unbekannter Wörter erschlossen haben:
1. Bilder
2. Ähnlichkeit zum Deutschen
3. Kontext
4. Nachschlagen im *Dictionary*

Anschließend Semantisierung des restlichen Lernwortschatzes, sofern dies notwendig erscheint (kann auch jeweils nach dem Lesen/Hören der einzelnen Abschnitte geschehen):

New word	picture	German	context
tavern	p. 96/1	Taverne	✓
windy		windig	
sailor	p. 96/1		
silver		Silber	
captain	p. 98	Kapitän	✓
sword	p. 98	Schwert	
sail/to sail		Segel/segeln	✓
gold		Gold	
Spanish		spanisch	
galleon	p. 97/2	Galeone	✓
rammed	p. 97/2	rammte	
cabin		Kabine	
secret	–	–	–
plank	p. 98	Planke	

S. 96: *dark – no light; young (opposite: old); many (a lot of); (to) kill* (Kontext); *tonight (this evening/night)*

S. 97: *for three days* (dt.); *that* (dt. „dass"); *scared* (anknüpfen an *scary*); *at last (in the end); tired* (Mimik, Gestik); *soon (after a short time); (to) be asleep* (Gestik, anknüpfen an *sleep*); *beautiful (very pretty); clear* (Kontext, vgl. Dt.); *sea* (auf *false friend* „sea ≠ See" eingehen)

S. 98: *cold, (to) be cold* (Gestik, *in winter it's cold outside*); *floor* (zeigen)

2 The story

Lösung

a) Part 1: *The tavern* • part 2: *The ship* • part 3: *The gold* • part 4: *The boy* • part 5: *The end*

Lösung

b) 1: b–a–c • 2: b–a • 3: b–a • 4: b–c–a • 5: a–c–b

○ **Differenzierung**

Für lernschwächere S kopiert L Aufgabe 2b, entfernt die Ziffern und zerschneidet die Aufgabenteile. Die S sortieren erst die Abschnitte der Geschichte und dann die einzelnen Sätze.

c) **Extra** 👥 Vorgehen gemäß SB. Die besten Bilder aus allen Abschnitten lassen sich zu einem „Gesamtwerk" zusammenfügen.

○● **Differenzierung**

Lernschwächere S verwenden Sätze aus 2b, lernstärkere S beschreiben ihre Bilder mit Minitexten, z.B.: *Jonah is standing on the plank. The captain is standing behind him. The pirates are shouting ...*
Mögliche Präsentation: Die Texte und Bilder der S werden im Klassenzimmer in Form einer „Moritatenwand" aufgehängt: die Bilder und Aussagen hängen in chronologischer Reihenfolge, um die traurige Geschichte der *Silver Swordfish* zu erzählen. Die Erzählung wird durch einen Zeigestock unterstützt und mit trauriger Begleitmusik untermalt. Der Vortrag kann mit Elementen szenischer Darstellung verbunden werden.

▶ ▶ *WB 17* • *WB* **Checkpoint 5**

KV 59 (A/B). A pirate game: 👥👥👥 Spiel in Kleingruppen (4–5 S) mit Spielfiguren und einem Würfel. Bei dem Spiel können die S zeigen, was sie von der Piratengeschichte behalten haben; außerdem gilt es, inhaltliche und grammatische Fragen zu Unit 5 zu beantworten (*action cards* und *question cards* auf Teil B). Wer dann noch die Widrigkeiten des Piratenlebens meistert, kann zur Schatzinsel gelangen.

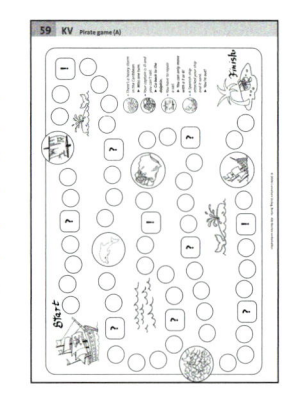

Kopiervorlage 59

Extra Topic: Poems

S. 99

INHALT Die S lernen Gedichte unterschiedlicher Art kennen. Sie fühlen sich in die Stimmung der Gedichte ein, rezitieren sie und agieren, wo möglich. Dann schreiben sie selbst ein Gedicht, illustrieren es und tragen es vor.

KOMMUNIKATIVE KOMPETENZEN
Hör-/Leseverstehen: Verstehen der Gedichte im Detail
Sprechen: Gedichte (darstellend) vortragen
Schreiben: Ein Gedicht abschreiben; ein eigenes Gedicht mithilfe von Vorgaben schreiben

SPRACHLICHE MITTEL
Wortschatz 1: °ode • °wet • °order • °Get washed! • °Sit down! °Shut up! Get on with ...! • °poetry • °united • °chant • °clap • °rhythm

METHODISCHE KOMPETENZEN
Gedichte (darstellend) vortragen; mithilfe von Vorgaben ein eigenes Gedicht schreiben

MATERIALIEN CD

1 Enjoy the poems

Einstieg SB geschlossen. *Can you remember a poem from class 3 or 4?* (L sollte den S ggf. Gelegenheit zum Vortrag geben.)

Erarbeitung SB geöffnet. L: *Let's look at the pictures and read the poems.*
🎧 3.15–17
a) Stilles Lesen/Hören (mehrmals): Die S lesen zunächst die Gedichte still. Dann hören sie die Gedichte und vergleichen Aussprache und Intonation. Die S versuchen, den unbekannten Wortschatz aus dem Kontext und mithilfe der Bilder zu erschließen.

b) Die S schlagen den unbekannten Wortschatz des von ihnen gewählten Gedichtes nach. Für den angemessenen Vortrag ist es wichtig, dass die S Bedeutungen von °*ode*, °*order* und °*chant* verstanden haben (evtl. auf Deutsch erklären):
– *ode: a poem that speaks to a person or thing (to celebrate it)* (durch den feierlichen Vortrag des Gedichts verdeutlichen)
– *order: teachers, parents, ... can give you orders: they tell you what you have to do*
– *chant: words or phrases that a group of people shout and sing again and again* (ein *Chant* wird stets mit viel Gestik und Mimik begleitet)
Die S üben das Gedicht zu Hause ein und tragen es in der Folgestunde vor.

Alternative 👥 S, die das gleiche Gedicht gewählt haben, bilden Gruppen (5–6 S). Sie tragen sich gegenseitig das Gedicht vor und besprechen, wie das Gedicht am besten interpretiert werden kann. (Spiel mit der Stimme, Betonung usw.)
Die Gedichte *Orders of the Day* und *The Poetry United Chant* eignen sich für einen gemeinsamen Vortrag. Dabei sind auch verschiedene Sprecherrollen möglich: so können beim *Poetry United Chant* die Zeilen *(What do we want ...)* von unterschiedlichen S gesprochen werden, das Klatschen *(clap clap clap)* erfolgt durch die ganze Gruppe.

c) Vorgehen gemäß SB.

Zusatz Die Produkte können ausgehängt und in einem „Galeriegang" von den S durch Klebepunkte bewertet werden.

> **Didaktisch-methodischer Hinweis**
>
> **Umgang mit Texten (III):** Die Beschäftigung mit Gedichten im ersten Lernjahr beabsichtigt nicht deren Interpretation oder Analyse, sondern möchte vor allem Freude am Lesen und im Umgang mit der englischen Sprache wecken.

2 Write a new poem

Einstieg — Hinweis: Die S können die hier erstellten Gedichte in ihr Dossier aufnehmen.
L entscheidet, je nach Neigung und Leistungsstand der Klasse, ob alle S drei Gedichte schreiben (Aufgabenteile *a)*, *b)* und *c)*) oder ob die Klasse in Interessengruppen aufgeteilt wird, die sich jeweils für eines der vorgestellten Gedichtmuster entscheiden. Im letzteren Fall geht die Gruppenbildungsphase der eigentlichen Erarbeitungsphase voraus.

Erarbeitung

a) Die S überlegen sich eine Person oder einen Gegenstand, der/dem die Ode gewidmet werden soll. Dann wählen sie ein kategorisierendes Substantiv (z.B. *Jo – twin*; *Mum – woman*) und ein charakterisierendes Adjektiv. Beispiel:

Lösungsbeispiel
Ode to Mum
O
Wonderful
Woman!

b) Die Gruppe (4–6 S) einigt sich auf ein Wort, das in dem *Chant* durchbuchstabiert werden soll. Dann überlegen die S, mit welchen Bewegungen sie den *Chant* begleiten können. Anschließend wird der *Chant* in der Klasse vorgespielt. Die zuhörenden S können durch Applaus den *Chant* küren, der ihnen am besten gefallen hat.

c) Die S ordnen die im SB vorgegebenen Befehle und Personen einander zu und ergänzen eigene Ideen.

Zusatz/
● Differenzierung

Leistungsstärkere oder an Gedichten sehr interessierte Gruppen können weitere Gedichtformen erproben:
1. *Elevenses:* Ein Gedicht mit 11 Wörtern, das nach folgendem Muster verfasst wird:
1st line: *a colour (one word)*
2nd line: *a thing (two words)*
3rd line: *about the thing (three words)*
4th line: *about me (four words)*
5th line: *a last word (one word)*

Beispiel:
Green
Exercise book
Lots of homework
I can't do it
– Help!

2. *Acrostics:* Die S überlegen sich ein Wort und schreiben es senkrecht auf ein Blatt. Auf jede Zeile des Gedichtes wird ein Wort geschrieben, das das buchstabierte Wort (im weitesten Sinn) umschreibt, die Zeile beginnt jeweils mit einem Buchstaben des gewählten Wortes. L weist die S darauf hin, dass sie das *Dictionary* konsultieren können.

Beispiel:
Poem
Ode
Elevenses
Teach me
Rhythm
Yes!

Great places for kids

Unit 6

Übersicht

Storyline Die Schüler in Mr Kingsleys Klasse arbeiten an einem Projekt über ihre Lieblingsplätze in Bristol. Anhand verschiedener Kriterien einigen sich Sophie, Jo, Jack und Ananda auf drei Plätze in ihrer Heimatstadt und sammeln passendes Informationsmaterial. Gemeinsam fertigen sie ein Poster an und präsentieren ihre Ergebnisse vor der Klasse. Im Text und dem anschließenden *Listening* wird das Geheimnis um Mr Green gelüftet.

Themen und Sprechabsichten Sehenswürdigkeiten • eine Auswahl begründen • zustimmen/ablehnen • sagen, wenn man etwas mag/nicht mag • ein gemeinsames Arbeitsergebnis präsentieren • durch eine Präsentation führen

Grundschulenglisch **Grundschulthemen:** Heimatstadt • Sehenswürdigkeiten • Lieblingsplätze

Grammatik *Simple present – present progressive:* Gegenüberstellung • Wortstellung in Nebensätzen

Lern- und Arbeitstechniken **Präsentation.** Anhand eines Projektes, das die Lehrwerkskinder (in Bristol) und die S (in der eigenen Stadt) durchführen, wird die wichtige Fertigkeit des Präsentierens eingeführt und geübt: Die S einigen sich auf Themen, erarbeiten dazu Material und präsentieren dann die Ergebnisse ihrer Arbeit. Die Arbeit der S kann sich an den Musterbeispielen im SB orientieren (s. unten). (SB-Seite 105)

Kooperative Lernformen Placemat (SB-Seite 102), Appointment (SB-Seite 103), weitere Formen von Partner- und Gruppenarbeit (SB-Seiten 101, 107)

Projekt **Great places for kids:** Die S entscheiden anhand verschiedener Kriterien, welche Sehenswürdigkeiten und Plätze in ihrem Heimatort die besten für Kinder und Jugendliche sind. Sie stellen ihre Ergebnisse auf einem Poster dar und präsentieren es vor der Klasse. (SB-Seiten 102, 105)
Hinweis: Zur Vorbereitung und Durchführung des Projektes müssen nur die SB-Seiten 102 und 105 (A1, 2 und 9) bearbeitet werden. In A3 und A8 erfahren die S am Beispiel der Lehrwerkskinder, wie man Informationen beschafft und aufbereitet. Deshalb ist die inhaltliche Auswertung dieser Texte zu empfehlen.

Topic **Extra Merry Christmas:** Dieses *Topic* sollte in den letzten Stunden vor den Weihnachtsferien durchgeführt werden: es zeigt typisch englische Weihnachtskarten, enthält Weihnachtslieder zum Mitsingen sowie eine Bastelanleitung für *Christmas crackers*. (SB-Seiten 112/113)

Lead-in

S. 100/101

INHALT Mr Kingsley stellt der Klasse 7PK das neue Projekt vor, in dem es darum geht, Lieblingsplätze für Kinder in Bristol zu finden und vorzustellen.

KOMMUNIKATIVE KOMPETENZEN
Hör-Sehverstehen: Einen Hörtext unter Einbeziehung von Fotos verstehen; einem gehörten Text Informationen entnehmen und zuordnen
Sprechen: Darüber sprechen, wo man wohnt; anhand von Fotos eine Sehenswürdigkeit auswählen

SPRACHLICHE MITTEL
Wortschatz S. 100: **town • village • church • near • bridge •** (to) **have a picnic • free • tower**
S. 101: (to) **explore •** °**tornado • fun** (+Box „fun", Voc., S. 177) • **cheap • price**

Redemittel S. 100: There's a park/church/… near my home. • It's nice/great/… • I live in … It's a city/town/village. • I live in a flat/house. • My favourite place is …
S. 101: I think … is interesting/boring/… • Kids like / Kids don't like … • You can have a picnic/climb/… there.

METHODISCHE KOMPETENZEN
Gelenkte Aufgaben zum Hörverstehen bearbeiten (Notizen machen)

MATERIALIEN CD, KV 60

Einstieg

Einbeziehung von Grundschulenglisch

I can …

…talk about where I live.

Mögliches Vorwissen: town • village • church • fun

SB geschlossen. L zeigt einen Stadtplan (am besten einen Plan mit Sehenswürdigkeiten): *This is a map of our town/village/city. On the map you can find interesting places. What places in our town are interesting for kids? What can you do there?* Im Unterrichtsgespräch wird der aus der Grundschule sowie aus Unit 2 bekannte Wortschatz reaktiviert sowie unbekannter Wortschatz eingeführt. In einer Mindmap hält L an der Tafel Stichwörter fest.
Dann sprechen die S über ihren Wohnort, ihre Wohnsituation und ihre Lieblingsplätze und verwenden dabei die Redemittel aus dem SB (auf Folie / an der Tafel vorgeben): *There's a park /… near my home. / I live in … / My favourite place is …*

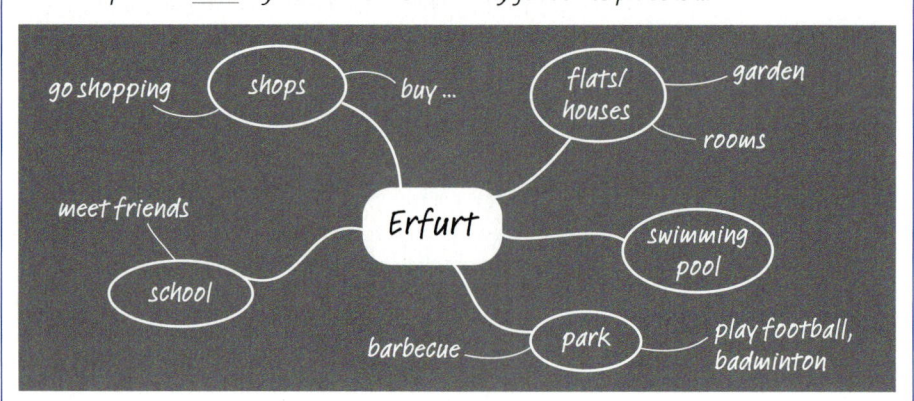

Überleitung

L: *What do you think? Is … a great place for kids?*
S: *Yes, it is. You can … / No, it isn't. You can't … / Kids don't like …*

---

1 👥 **Great places?**

Erarbeitung

SB geöffnet. L: *Let's look at some photos of Bristol.* Die Bildunterschriften werden laut gelesen und neuer Wortschatz wird semantisiert: *suspension bridge* (Foto); *Cabot Tower* (Foto). L: *Are these places great places for kids?* Die S antworten mithilfe der Redemittel im SB (*fun, cheap* semantisieren).

Alternative   👥 Jeder S in der Gruppe (4–5 S) nennt den eigenen Favoriten in Bristol und begründet seine Auswahl mithilfe der vorgegebenen Redemittel.

> **INFO-BOX**
>
> Der **Cabot Tower** ist nach John Cabot, dem Entdecker Neufundlands, benannt. Er wurde 1897/98 auf dem Brandon Hill errichtet und bietet einen guten Ausblick auf Bristol.
>
> Die **Clifton Suspension Bridge** wurde nach Plänen des Ingenieurs Isambard Kingdom Brunel erbaut und 1864 eingeweiht. Die 214 m lange Hängebrücke über den Avon ist das Symbol Bristols.
>
> **Horse World** ist eine gemeinnützige Organisation in Whitchurch (bei Bristol), die sich um misshandelte oder verwahrloste Pferde kümmert. Der 1952 gegründete Verein betreibt neben der Pferdepflege auch ein Besucherzentrum.
>
> Die **SS Great Britain**, das erste ozeangeeignete Dampfschiff der Welt, lief 1843 in Bristol vom Stapel. Gebaut nach Plänen von Isambard Kingdom Brunel, war sie zunächst als Luxusliner nach New York eingesetzt. Später brachte sie Emigranten nach Australien. Sie liegt heute als Museumsschiff in Bristol vor Anker.
>
> Die in Bristols *West End* gelegene **Park Street** ist sowohl Ort für Club- und Cafékultur als auch eine viel besuchte Shoppingmeile für Jung und Alt.
>
> Das **@-Bristol** ist ein Wissenschafts- und Technologiepark. In diesem „Museum zum Anfassen" kann man sich u.a. auf multimedialem Wege mit Naturwissenschaft beschäftigen. Das **Explore**, ein Sonderbereich des Museums, widmet sich v.a. physikalischen Themen wie Mechanik, Licht und Klang, aber auch Computern, Raumfahrt und dem menschlichen Gehirn.

Überleitung   L: *Mr Kingsley's class are doing a project on Bristol. Let's listen to Mr Kingsley now.*

2 Form 7PK's project

🎧 3.19   **Erarbeitung**   *a)* SB geöffnet. 1. Hören: Die S nennen das Foto, über das Mr Kingsley spricht:
Lösung   *Number 5 (Explore-at-Bristol)*

🎧 3.19   *b)* 2. Hören: Die Fragen werden zuvor laut gelesen und dann ins Heft notiert. Während des Hörens haken die S die drei Fragen ab, die im Hörtext genannt werden.
Lösung   *Is it interesting or fun for kids?* • *Is it easy to get there?* • *Is the price OK?*

Hörtext

Mr Kingsley	OK, settle down. Quiet please! Thank you! Right, your next project is 'Great places for kids – in and around Bristol'. Now, how do you choose a great place for kids? Well here's an idea: Ask three questions about the place. Question number one: Is the place interesting or fun for kids? OK?
Kids	Yes, Mr Kingsley.
Mr Kingsley	Question number two: Is it easy to get there? Can you walk there? Or can you get a bus? – That's easy … Or do your mum or dad have to take you there in the car? – That's difficult! So, question number two is …
Kids	Is it easy to get there?
Mr Kingsley	Right: Question number three: Is the price OK? Do you have to buy a ticket? Is it expensive or is it cheap? Or maybe it's free? – OK, so far?
Kids	Yes Mr Kingsley.
Mr Kingsley	OK. So let's just try out these questions. Here's a picture of a boy at the museum 'Explore-at-Bristol'. Now, what was the first question? Yes, Dan.
Dan	Is the place interesting or fun for kids?
Mr Kingsley	Right. Well, is it?
Dan	Yes, it's interesting …
Jo	… and fun: You can see tornados …
Mr Kingsley	Thank you, Jo. And the second question? Yes, Simon.
Simon	Is it easy to get there?
Mr Kingsley	Right.
Simon	Well it's quite easy to get to 'Explore-at-Bristol': you can walk or cycle there. Or you can get a bus.
Mr Kingsley	Good. Now the third question … yes, Ananda.
Ananda	The third question was 'Is the price OK?' Yes, it's OK. When I went with my dad, it was £3.50 for kids.

Mr Kingsley	Now, for this project you have to work in groups of four ... OK, first step: in each group you have to choose three favourite places. Got that, Jo?
Jo	Yes, Mr Kingsley. In each group we have to choose three favourite places.
Mr Kingsley	Good: I see you can talk and listen at the same time, Jo! Right. Well then, let's start. Jack, Sophie, please give one of these handouts to each student and then we'll sort out the groups.

▶ ▶ *P 1–2 • WB 1*

Zusatz **KV 60. Places, places, places:** Zur Festigung des Wortschatzes suchen die S in dem Wortgitter zwölf Wörter, die Orte bezeichnen.

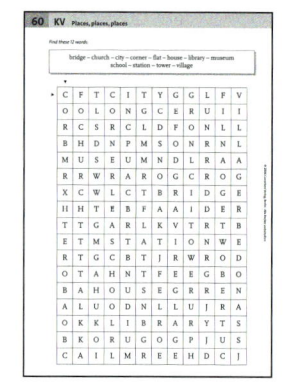

Kopiervorlage 60

A-Teil

S. 102

INHALT Im ersten Teil ihres Projektes müssen sich die Schüler in Mr Kingsleys Klasse in Gruppenarbeit für drei Lieblingsplätze in ihrer Stadt Bristol entscheiden.

KOMMUNIKATIVE KOMPETENZEN
Hör-/Leseverstehen: Einem Text entnehmen, für welche Lieblingsplätze sich die Lehrwerkskinder entscheiden
Leseverstehen: Die Anleitung für eine Arbeitsmethode (Placemat) verstehen; aus vier Listen zwei gemeinsame Einträge herausfinden
Sprechen: Sich mithilfe eines Flussdiagramms auf drei Lieblingsplätze im eigenen Heimatort einigen: zustimmen, ablehnen und seine Wahl begründen (Gruppendialog)

SPRACHLICHE MITTEL
Wortschatz **A1:** °placemat • each • must • corner • (to) agree (on) • middle (of) • °ice rink • library • °industrial museum
Redemittel We've all got ... • Our other ideas are ... • What about ...? • My favourite is ... • Good idea. • I like ... too. • I'm for ... • That's boring. • I don't like ... • I'm not for ... • It's fun. • It's cheap/expensive/free. • It's easy/difficult to get there. • You're right. • OK. • Let's take

METHODISCHE KOMPETENZEN
Projektarbeit (Teil 1 und 2): Sich mithilfe der Placemat-Methode in Vierer-Gruppen auf drei Lieblinsplätze einigen; Informationsmaterial und Fotos sammeln

MATERIALIEN CD, KV 61, KV 62; die S besorgen Informationsmaterial über ihren Heimatort

---

THE PROJECT   Part 1
1 The project starts

Einstieg SB geschlossen. L knüpft an das Vorwissen der S an: *Can you remember what Form 7PK's project is about? (great places for kids) The students are working in groups. How many favourite places can the groups choose? (three)*

Überleitung *So the students in every group have to agree on three places – only three places, no more. There's a good way to do this: it's called a 'placemat activity'. Let's read how it works.*

Placemat activity
1) make a placemat
2) write 3 places in a corner
3) talk about your ideas, agree on the best 3 places, write them in the middle

Erarbeitung **SB geöffnet. 1. Lesen:** L und S lesen gemeinsam die Beschreibung der Methode, L vollzieht zum besseren Verständnis die einzelnen Schritte mit einer Skizze auf Folie/an der Tafel nach, die Schritte werden kurz notiert (ausführliche Besprechung erst nach **A2**).
Semantisierung des neuen Wortschatzes: °*placemat* (dt. Platzdeckchen) *each* student (*every* student); *must* (vgl. Dt.); *corner* (zeigen); *in the middle of* (zeigen).

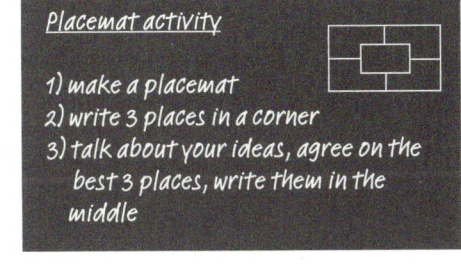

2. Stilles Lesen: Vorab Semantisierung: *library* (a place where you can read/get books, but you have to take them back after some time); °*ice rink* (dt. Schlittschuhbahn), °*Industrial Museum* (von den S übersetzen lassen)
Die S erhalten ca. 3 Min. Zeit, um das Placemat der Lehrwerkskinder zu lesen und die Frage im SB zu beantworten.

Lösung *ice rink, Industrial Museum*

2 Three places

🎧 3.20 Erarbeitung SB geöffnet. **1. Hören/Lesen:** Die S beantworten die Verständnisfrage im SB.
Lösung *They agree on the ice rink, the Industrial Museum and the library.*

🎧 3.20 **2. Hören/Lesen:** Detailverständnis: Die S lösen folgende *multiple choice*-Aufgaben:
1 It's difficult to get there.
a Horse World ✓   b Cabot Tower   c the SS Great Britain

2 Which places are 'boring'?
a the ship and the library   b the tower and the ship   c the tower and the bridge ✓

3 Why do they choose the library?
a it's not expensive   b it's free ✓   c it's fun

3. Lesen: Da der Dialog als Muster für die anschließenden Gruppendialoge dient, sollte er mehrmals mit verteilten Rollen gelesen werden.

> **INFO-BOX**
>
> **Bristol Ice Rink:** In der 1966 erbauten Eissporthalle von Bristol trainierte einst der Olympiasieger Robin Cousins. Heute werden ein Eishockey-Programm für Kinder und ein *Learn-to-skate* Programm für alle Altersstufen angeboten.
>
> Das **Bristol Industrial Museum** ist in einem alten Lagerhaus im *Floating Harbour* untergebracht und hat über 700 Exponate zu bieten, die sich mit der industriellen Vergangenheit Bristols beschäftigen. Die *Transport Gallery* zeigt vornehmlich Verkehrstechnik *made in Bristol*. So gehört beispielsweise der erste Wohnwagen der Welt zu den beliebtesten Attraktionen des BIM. Das BIM wird im Herbst 2006 geschlossen und in das **Museum of Bristol** integriert, das 2009 eröffnet wird.

Überleitung   L: *Let's do a project about our town (village/city). How do the Bristol kids start their project? (with a placemat activity)*

Transfer   👥 **Start your project: Great places for kids**

Step 1

Erarbeitung   SB geschlossen/geöffnet. Die Placemat-Methode wird auf Grundlage des Folien-/Tafelbilds von **A1** (▶ HRU-Seite 199) eingehender besprochen.

> **Didaktisch-methodischer Hinweis**
>
> Für die **Placemat Activity** sollten etwa 10 Min. (anfangs etwas mehr) eingeplant werden. L signalisiert jeweils das Ende einer Arbeitsphase.
> 1. Gruppeneinteilung (4 S pro Gruppe) nach Zufallsprinzip oder durch L gesteuert.
> 2. Zeichnen der Placemat (1 Min.) auf ein DIN-A4- oder DIN-A3-Blatt. Alternativ verwenden die S eine Vorlage.
> 3. Jedes Gruppenmitglied schreibt eine vorgegebene Anzahl von Ideen in eine Ecke des Placemat (3 Min.).
> 4. Die Gruppe diskutiert die Ideen und entscheidet sich für eine vorgegebene Anzahl. Dieses gemeinsame Ergebnis wird in die Mitte des Placemat geschrieben (5 Min.).
>
> L sollte die S ermutigen, nur Englisch zu sprechen. Dazu kann in jeder Gruppe ein S bestimmt werden, der das überwacht *(watchdog)*.

Alternative KV 61. Placemat: Zur Zeitersparnis erhält jede Gruppe eine Vorlage (evtl. auf DIN A3 vergrößert) mit einem vorgezeichneten Placemat.

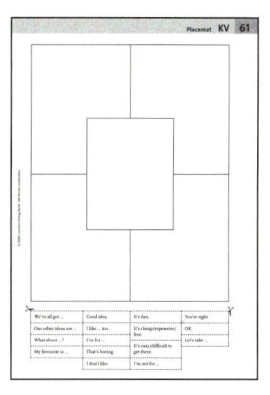

Zusatz Zur Vorbereitung auf die Gruppendiskussion werden die *discussion phrases* des Flussdiagrammes im SB gefestigt. Dazu werden die Satzkarten auf dem unteren Teil von KV 61 ausgeschnitten und in fünf Rubriken geordnet:
Feststellung
We've all got ... • *Our other ideas are ...* • *My favourite is ...*
Vorschlag
Let's take ... • *What about ...?*
Zustimmung
Good idea. • *I like ... too.* • *I'm for ...* • *You're right.* • *OK.*
Ablehnung
That's boring. • *I don't like ...* • *I'm not for ...*
Begründung
It's fun. • *It's cheap/expensive/free.* • *It's easy to get there.*

Kopiervorlage 61

Zusatz KV 62. Project work: Jede Gruppe erhält eine KV. Auf das Arbeitsblatt tragen die Gruppenmitglieder ihre Namen ein. Im Verlauf des Projektes machen sie Notizen zur Aufgabenverteilung und zu Arbeitsergebnissen.

Erarbeitung *Step 2*
Die S sammeln Informationsmaterial, Fotos u. Ä. über ihre drei Lieblingsplätze. Dazu eignet sich ein Klassenausflug und der Besuch verschiedener Sehenswürdigkeiten sowie des Informations-/Fremdenverkehrsbüros der Stadt.

Kopiervorlage 62

	S. 103
INHALT	Ananda, Jack, Jo und Sophie sammeln Material für ihr Projekt und machen dafür Fotos im *Industrial Museum* und in der Bibliothek. Dort sehen sie Mr Green.
KOMMUNIKATIVE KOMPETENZEN	
	Hör-/Leseverstehen: Einem Text Detailinformationen entnehmen
	Sprechen: Sich über Dinge unterhalten, die man mag oder nicht mag (Partnerdialog)
SPRACHLICHE MITTEL	
Wortschatz	**A3:** (to) **whisper** • **loud**
	A5: (to) **take photos** • **over there** • **better** • (to) **be/look the same** • ⁺**the same** • **those** (⁺Box „this, that – these, those", *Voc., S. 178*) • °**caravan** • (to) **smile**
Grammatik	*Word order:* Wortstellung in Nebensätzen
Redemittel	What do you hate/like …? • I hate it/like it when … • … hates it/likes it when …
METHODISCHE KOMPETENZEN	
	Sich mit verschiedenen Partnern in der Fremdsprache verständigen und Informationen weitergeben (Appointment-Methode)
MATERIALIEN	CD, KV 63, LAS 6

3 At the library

Einstieg — SB geschlossen. L schreibt die drei Lieblingsplätze von Ananda, Jack, Jo und Sophie an die Tafel: *What can you do there?* Die S nennen Ideen, dabei führt L *(to) take photos* ein (Gestik).

Überleitung — L: *Today the Bristol kids are at the library and the Industrial Museum. They want to get information and take photos. First they are at the library. Some people go there to read because it's very quiet there* (mit leiser Stimme) – *it's never* loud (mit lauter Stimme). *So you have to* whisper (flüstern).

library	Industrial Museum	ice rink
read books, take books/CDs home, write e-mails, find information, …	see old cars, take photos, look at things, …	go ice skating, meet friends, …

🎧 3.21 **Erarbeitung** — 1. Hören: *Who is at the library too?* (Mr Green)

🎧 3.21 SB geöffnet. 2. **Hören/Lesen:** Detailverständnis: Die S beantworten folgende *multiple choice*-Fragen:
1 Why does Sophie like the library?
a because it's free   b because there are a lot of books   c because it's loud at home ✓

2 What is Mr Green looking at?
a at plans of the library   b at plans of Clifton Suspension Bridge ✓
c at photos of Clifton Suspension Bridge

Zusatz — *SHoCK-Team diary:* Die S notieren die neue Information zu Mr Green:
at the library: Mr Green looks at plans of Clifton Suspension Bridge – why?

▶ ▶ P 3 • WB 2–4

4 Extra A library tongue-twister

Neuer Wortschatz — °tongue-twister

L liest den Zungenbrecher vor und lässt die S die Bedeutung des Wortes *tongue-twister* erschließen. Anschließend versuchen die S ihn allein zu lesen. Wenn sie genügend Sicherheit haben, lesen sie ihn ihrem Nebensitzer, später der Klasse vor.

Zusatz — Spiel: Alle S stellen sich hin und sprechen den *tongue-twister* der Reihe nach laut vor. Wer einen Fehler macht, muss sich hinsetzen. Der S, der am Ende noch steht, hat gewonnen.

5 At the Industrial Museum

Einstieg SB geschlossen. L: *Now the Bristol kids are at the Industrial Museum. What can they see there? (cars, buses, computers, ...)*

Erarbeitung SB geöffnet. Bildbetrachtung: *Who can you see in the photo? (Ananda, Sophie, Jo, Jack) What are they doing? (they're taking a photo) Who is smiling?* (vormachen) *(Sophie) – They are standing in front of a °caravan.*

🎧 3.22 1. Hören/Stilles Lesen: *What can they see? Tick the words.*
car ✓   radio   computer   caravan ✓   models   bus ✓

🎧 3.22 2. Hören/Lesen: L semantisiert vorher *(to) look / be the same* (opposite: *look / be different*). Verständnisfrage: *Who says it?*
1 *The cars don't look the same.* (Jo)
2 *I hate it when people don't finish their sentences.* (Sophie)
3 *I hate it when people argue.* (Ananda)

Semantisierung/Bewusstmachung: Anknüpfend an *those* semantisiert bzw. reaktiviert L die Demonstrativpronomen *this, that, these, those* (▶ Box „this, that – these, those", Voc., S. 174). *This* und *that* sind bereits aus der Grundschule bekannt, *these* aus Unit 3. Um zu verdeutlichen, dass sich *this* und *these* auf Naheliegendes bzw. *that* und *those* auf Entferntes beziehen, legt L mehrere Gegenstände (Bücher, Bleistifte, Füller usw.) auf das Pult. Dann zeigt L abwechselnd auf diese Gegenstände und auf Gegenstände, die auf den Tischen der S liegen: *This is my book. That is your book. These are my pencils. Those are your pencils ...* Dann fordert L die S auf, ähnliche Sätze zu bilden.

▶ ▶ P 6 • Folie 28

Transfer **6 Now you**

Einstieg a) SB geöffnet. L und S bilden mithilfe der Vorgaben im SB Beispielsätze. Da die Satzbautafel den S genügend Hilfestellung gibt, muss die Wortstellung in Nebensätzen an dieser Stelle noch nicht bewusst gemacht werden.

Die S schreiben je einen Satz mit *I like it when ...* und *I hate it when ...*

Erarbeitung b) 👥 Die S suchen nach der Appointment-Methode (▶ HRU-Seite 133) Gesprächspartner, befragen sie und notieren die Antworten (am besten tabellarisch).

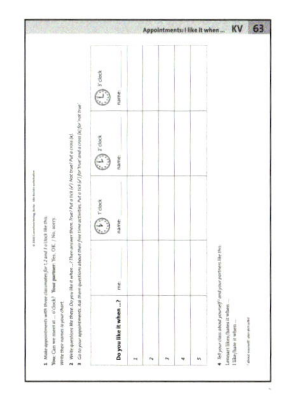

Kopiervorlage 63

KV 63. Appointments: I like it when ...: Um Zeit zu sparen, teilt L eine Vorlage pro S aus. Die S tragen in die Tabelle die Notizen zu sich selbst und ihren Partnern ein. Die einzelnen Schritte der Appointment-Methode sind auf der KV aufgeführt.

c) Die S berichten vor der Klasse, was sie über ihre Partner herausgefunden haben. Dabei ist besonders die korrekte Verwendung der 3. Person Singular zu beachten.

Bewusstmachung Wortstellung in Nebensätzen

L notiert einige Sätze der S (sowie einen Satz mit *because* aus A3) an der Tafel.

word order: subordinate clauses		
	subject	verb	object
I like it when	my mum	plays	the piano.
I hate it when	my friends	shout	at me.
I come here because	it		is always so loud ...

main clause	subordinate clause
S V O	S V O
I like the library because	I like books.

L unterstreicht die unterordnenden Konjunktionen *(when, because)* und lässt die Sätze übersetzen. Die Übersetzung verdeutlicht, dass im Englischen (im Gegensatz zum Deutschen) die Wortstellung in Haupt- und Nebensatz gleich ist, nämlich: Subjekt – Verb – Objekt.

Alternative Erarbeitung des Grammatikthemas mithilfe von LAS 6.

▶ ▶ GF 21: Word order • P 4–5 • WB 5–9 • LAS 6 • Folie 29

S. 104

INHALT Die Projektgruppe mit Ananda, Sophie, Jo und Jack fertigt ihr Poster für die Präsentation an. Ananda ist nervös, denn die Präsentation steht bald bevor. Sophie mäkelt an Jos Vorgehensweise herum.

KOMMUNIKATIVE KOMPETENZEN
  Hör-/Leseverstehen: Einem Dialog Detailinformationen entnehmen
  Leseverstehen: Die Informationen eines Posters erfassen und beurteilen

SPRACHLICHE MITTEL
Wortschatz A7: glue • (to) grumble • presentation
     A8: city centre

Grammatik *Simple present – present progressive:* Gegenüberstellung

METHODISCHE KOMPETENZEN
  Erkennen von Regeln bei Gebrauch von *simple present* und *present progressive*

MATERIALIEN CD

7 You always make a mess!

Einstieg   SB geöffnet. Bildbetrachtung: L: *What are the kids doing?* S: *They're making a poster.* L: *What material do you need for a poster?* Die S nennen einige Dinge, die auf dem Bild zu sehen sind *(glue, pictures, photos, scissors)* und die ihnen selbst noch einfallen. L notiert die Ideen an der Tafel.

> Make a poster
> You need: paper
>   photos, pictures
>   felt tips
>   glue stick

Erarbeitung   Die S lesen die Überschrift. L: *What do you think: who says it?* S: *Ananda, Sophie, ...*

🎧 3.23   1. **Hören/Stilles Lesen:** Die S überprüfen ihre Vermutungen: *Sophie says it.*

🎧 3.23   2. **Hören/Lesen:** Vorab semantisieren: *Sophie is grumbling* (vormachen: *You always make a mess. It's too cold in here ...*; übersetzen lassen); *presentation* (dt.) Verständnisfrage: *Why is Sophie grumbling?* Antwort: *Because Jo is making a mess and because he's using too much glue.*

Bewusstmachung
simple present/
present progressive:
Gegenüberstellung

> **Looking at language**
>
> Anhand einzelner Beispielsätze wird der Gebrauch des *simple present* dem des *present progressive* gegenübergestellt. Die S vervollständigen die Sätze in einer Tabelle im Heft, L notiert sie anschließend an der Tafel. L unterstreicht die Signalwörter für das *simple present (all the time, always, never)* und für das *present progressive (now).*
>
> > You <u>always</u> make a mess.   I'm not making a mess!
> > I <u>never</u> use so much glue.   <u>Now</u> you're using too much glue.
> > You grumble <u>all the time</u>.   I'm not grumbling.
> >
> > <u>simple present</u>   <u>present progressive</u>
>
> Anhand der Verbformen erkennen die S, ob es sich um das *simple present* oder das *present progressive* handelt. Anschließend wird gemeinsam die Regel für den Gebrauch formuliert: Das *simple present* drückt Regelmäßigkeit aus; das *present progressive* drückt aus, was im Moment geschieht.

▶ *GF 22: Simple present and present progressive • P 7–9 • WB 10–15 • Folie 30*

8 The poster

Einstieg SB geschlossen. Reaktivieren des Vorwissens: *Which three places did the four Bristol kids choose? Which three questions do they have to answer?* L notiert die Antworten an der Tafel.

Three places	Three questions
Industrial Museum	1) Is it interesting?
Ice Rink	2) Is it easy to get there?
library	3) Is the price OK?

Erarbeitung SB geöffnet. 1. Lesen: L: *Let's look at a part of their poster. Which place is it about?* Antwort: *the ice rink*

2. Lesen: *Does the poster answer all three questions? What are the answers?*
Lösung:
1 It's lots of fun.
2 It's in the city centre. (Aussprache üben)
3 It's not too expensive.

Abschließend sagen die S, ob ihnen das Poster gefällt oder nicht und versuchen ihre Meinung zu begründen. Beispiel: *I like the poster because the photos are nice and there isn't too much text.*

O Differenzierung In lernschwächeren Gruppen stellt L auf Folie/an der Tafel Redemittel zur Verfügung:

I like the poster because ...
– the photos are nice
– there's not too much text
– there's also a photo of Sophie, Jack and Jo
– there are photos of the places
– it's interesting

I don't like the poster because ...
– there isn't much information
– there's too much information
– the photos are boring
– I don't like the places

S. 105

INHALT Ananda, Jack, Jo und Sophie präsentieren ihr Projekt vor der Klasse. Jack führt durch die Präsentation, die anderen beschreiben jeweils eine Sehenswürdigkeit und begründen ihre Entscheidung.

KOMMUNIKATIVE KOMPETENZEN
Hör-/Leseverstehen: In einem Hörtext vorgegebene Redemittel wiedererkennen, in die richtige Reihenfolge bringen und den Sprechern zuordnen
Sprechen: Ein Poster präsentieren

SPRACHLICHE MITTEL
Wortschatz A9: for lots of reasons • I'd like to talk about ...
Grammatik have (to)/has (to)
Redemittel I'd like to talk about ... • Our three places are ... • ... is first/is next. • First/second/third ... • That's the end of our presentation. • Have you got any questions?

METHODISCHE KOMPETENZEN
Gelenkte Aufgaben zum Hör-/Leseverstehen bearbeiten (Redewendungen ordnen); in Gruppenarbeit eine Präsentation vorbereiten und durchführen

MATERIALIEN CD; Posterpapier, Kleber, Fotos, Bildmaterial

THE PROJECT Part 2
9 Presentation time

Einstieg SB geöffnet. Bildbetrachtung: Die S beschreiben, was sie auf dem Foto sehen: *Jo, Sophie, Jack and Ananda are standing in front of the class. They have cards in their hands. Ananda is talking. You can see the poster too. They're making a presentation.*

Überleitung *Let's listen to their presentation.*

🎧 3.24 Erarbeitung 1. **Hören:** L schreibt die Aufgabe zum Globalverständnis auf eine Folie. Die S notieren die Nummern und schreiben während des Hörens die Anfangsbuchstaben der jeweiligen Namen auf.
Who is it?
1 ... starts the presentation. (Jack)
2 ... talks about the ice rink. (Ananda)
3 ... hates sport. (Jack)
4 ... talks about the Industrial Museum. (Jo)

a) Die S lesen die Redemittel laut vor. L sichert das Verständnis und semantisiert *for lots of reasons* (there are many reasons why they like it); *I'd like to ...* (dt.).

🎧 3.24 2. **Hören:** Die S schreiben die Redemittel in ihr Heft (oder erhalten eine Kopie von L). Während des Hörens nummerieren Sie die Redemittel in der Reihenfolge ihres Vorkommens.

Lösung
1 Our three places are ...
2 Ananda is first.
3 We like ... for lots of reasons.
4 First, ...
5 Second, ...
6 And third, ...
7 Jo is next.
8 That's the end of our presentation.
9 Have you got any questions?

🎧 3.24 **b)** 3. **Hören:** Die S überprüfen ihre Lösungen.

🎧 3.24 Lösung **c)** 4. **Hören:** Die S beantworten die Frage im SB.
Yellow phrases: Jack
Green phrases: Ananda

Hörtext
Mr Kingsley Well, we've got time for one more presentation. Let's take Jo, Sophie, Jack and Ananda.
Jack Our three places are the ice rink, the Industrial Museum and the library. Ananda is first.
Ananda Thanks, Jack, I'd like to talk about the ice rink. We like it for lots of reasons. First it's fun. You can skate there, of course, and it's a good place to meet friends too. The Junior disco on Saturdays is great. Even Jack likes it, and he hates sport!

Ananda	Second, it's very easy to get to Bristol Ice Rink. Lots of buses go there. Or you can walk. And third, we think the price is OK. It's £3.50 for students. And when you go in a big group, it's only £2.25. So yes, the ice rink is a great place for kids. Thank you.
Jack	OK, thanks Ananda. Jo is next. OK Jo?
Jo	Right, thanks, Jack. I'd like to talk about the Industrial Museum. First you can see lots of old … *[Fade out]*
Jack	… so the library was our third place. That's the end of our presentation. Thank you Ananda, Jo and Sophie. So … have you got any questions?
Girl	Is the ice rink open every day?
Ananda	Yes, it is.
Girl	Thanks.
Jack	OK … No more questions? Thank you.

Transfer

Finish your project: Great places for kids

Erarbeitung

Step 3
Die S fertigen ein Poster über drei Lieblingsplätze in ihrem Heimatort an. Dabei orientieren sie sich an dem Projekt der Lehrwerkskinder. Sie stellen Informationsmaterial, Fotos, Bilder oder eigene Zeichnungen zusammen und versehen diese mit kurzen Kommentaren wie in **A8**.

Step 4
Nach der Materialzusammenstellung erfolgt die sprachliche Aufbereitung des Projekts. Hierfür eignen sich die S die notwendigen Fertigkeiten im dazu gehörigen Abschnitt *Study Skills* an, der durch **SF 7** vertieft wird.

Lern- und Arbeitstechniken

> **STUDY SKILLS | Präsentation**
>
> Für eine gelungene Präsentation ist vor allem die Vorbereitung wichtig:
> 1. Stichwortsammlung: Zunächst werden im Brainstorming Stichwörter gesammelt. Diese werden anschließend geordnet (Tabelle, Mindmap, Liste).
> 2. Einüben der Präsentation: Die S üben ihren Vortrag. Dabei verwenden sie Kurznotizen, die sie auf Karteikärtchen geschrieben haben.
> 3. Vor der Präsentation einigen sich die S über die Arbeitsteilung, z.B.: durch die Präsentation führen, einzelne Teile präsentieren, Material an die Zuhörer austeilen usw.
>
> Zur Durchführung der Präsentation: ▶ **SF 7**

▶ ▶ *SF 7: Präsentation*

Bevor die S ihre Projekte vorstellen und erläutern, sollten sie ausreichend Gelegenheit erhalten, in ihren Gruppen praktisch zu proben. Die Redemittel in **A9** und **A10** bieten dazu Hilfestellung.

Zusatz Im Anschluss an die Präsentationen können die Poster im Klassenraum aufgehängt werden.

Practice

S. 106

1 WORDS Are you a words champion?

Hinweis: Einige Wörter passen in mehrere Kategorien.

Lösungsbeispiel **a)** At school: *basketball, badminton, do homework, drama lesson, Geography, go swimming, learn, lunch break, Maths, teacher, team*
Places: *bridge, church, flat, hutch, museum, village*
At home: *clean your room, dance, do homework, do yoga, downstairs, go to bed, have a shower, have breakfast, hutch, kitchen, learn, wardrobe*
Parties: *birthday cake, go swimming, dance, invitation, open a present, party game, win*
Sports: *badminton, basketball, dance, do yoga, player, team, win*

Lösungsbeispiel **b)** Die S ergänzen die Wortfelder.
At school: *student, English, German, Art, Music, timetable, classroom, pencil case, board, school bag, exercise book, …*
Places: *town, city, cinema, café, shop, school, …*
At home: *living room, bathroom, bedroom, garden, window, door, cupboard, table, chair, …*
Parties: *invite friends, play games, eat a cake, drink orange juice, have fun, …*
Sports: *play football, baseball, tennis, hockey, do judo, match, …*

c) Die S zählen ihre Wörter und schätzen sich anhand des Bewertungsmaßstabs ein.

2 WORDS Word partners

Lösung **a)** take: *away, notes, the train*
have: *breakfast, fun, lunch*
get: *dressed, home, ready, up late*
do: *homework, judo*
make: *a mess, a mistake, models*

Lösung **b)** watch: *TV, a show, a football match, a film, a bank robber, …*
read: *a book, a magazine, the newspaper, a text, a word, …*
look at: *a poster, a picture, a photo, a map, …*
play: *games, football, the clarinet, with my friend, computer games, …*
write: *a letter, an e-mail, a text, a story, a sentence, …*
ride: *a bike, a horse, …*
listen to: *CDs, music, the teacher, …*

3 REVISION Three great places (Simple past)

Lernstarke S bearbeiten die Parallelaufgabe auf SB-Seite 121.

Die Übung ist als Hausaufgabe geeignet.

Lösung *went • had • liked • saw • told • was • were • looked • took*

S. 107

4 Remember? (Word order in subordinate clauses)

Einstieg L erinnert die S: Die Wortstellung ist in Neben- und Hauptsätzen gleich.
Lösung **a)** 2 … because she went to New Zealand.
3 … when Jo made a joke about Sophie's name.
4 … when she had to write an essay for homework.
5 … when Jack told his friends about the man in black.
6 … when he went to the station.
7 … when she opened Jack and Ananda's present.
8 … because his dad liked the Spring Show a lot.

5 PRONUNCIATION [θ] and [ð]

Einstieg SB geschlossen. L lässt S *teeth* und *brother* nachsprechen. Wenn die S keinen Unterschied zwischen den beiden *th*-Lauten bemerken, können sie ein dünnes Blatt vor den Mund halten, das sich bei der Aussprache von *teeth* bewegt. Die S erkennen, dass es zwei Aussprachevarianten des Buchstabenpaares *th* gibt.

Erarbeitung SB geöffnet. Die S betrachten die Bilder: die Kerze zeigt das gleiche Phänomen, das sie beim Benutzen des Blattes festgestellt haben.
a) Die S ordnen die Wörter in einer zweispaltigen Tabelle.

🎧 3.25 Hören: Die S kontrollieren ihre Zuordnung.

Lösung

teeth	brother
thing, thanks, think, both, Maths teeth, bathroom, Thursday, three	that, mother, they, together, then, those, father, other, this

b) 👥 **Extra** Partner A nennt eines der Wortpaare und Partner B zeigt auf das genannte Wort. Wechsel nach vier Wortpaaren. L korrigiert individuell.

🎧 3.26 *c)* **Extra** In diesem Zungenbrecher kommen beide Aussprachevarianten des *th* vor. **Hören (mehrmals):** Ab dem zweiten Hören sprechen die S leise mit. Anschließend üben sie den Zungenbrecher allein, dann sprechen sie ihn einem Partner vor. Anschließend versuchen sie ihn auswendig aufzusagen.

o Differenzierung Wenn für die S *Maths* zu schwierig auszusprechen ist, kann auch folgende Variante eingeübt werden:
My other brother thinks my mother is too thin. (dt.)

6 Ananda and Dilip (this, that, these, those)

Lösung *a)* 1 this is 2 this is 3 these are 4 these are
5 these are 6 this is 7 this is

Lösung *b)* 1 that is 2 those are 3 that is 4 that is
5 those are 6 that is 7 those are

Zusatz KV 64. This, that – these, those: Die KV dient zur weiteren Festigung des Demonstrativpronomens. Jeder S erhält eine Vorlage. Als Hausaufgabe geeignet.

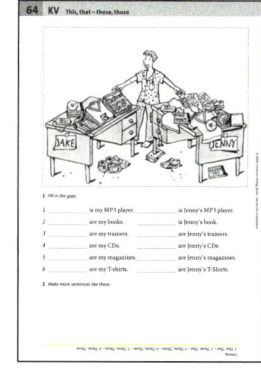

Kopiervorlage 64

S. 108

7 REVISION Prunella's project (Simple present)

Einstieg SB geöffnet. L: *The Bristol kids are working on a project about great places in their town. Now Prunella wants to do a project too. It's called 'Great places for poltergeists'.*

Erarbeitung Als Hausaufgabe geeignet. Die S setzen die Verben in der passenden Form des *simple present* ein. Besondere Aufmerksamkeit sollten der 3. Person Sg., der Verneinung und der Fragebildung geschenkt werden (evtl. kurz wiederholen).

Lösung *don't know • live • always tells • Do you know • often goes • says • is • share • always says • is • is*

8 👥 REVISION Ananda is reading a book (Present progressive)

Information gap activity: Partner A arbeitet auf SB-Seite 108, Partner B auf SB-Seite 117. Vorgehen gemäß SB.

Lösung
1 **A:** *Ananda is reading a book.* **B:** *She's following Mr Green.*
2 **A:** *Jo and Sophie are making a poster.* **B:** *They're sitting in a classroom.*
3 **A:** *Jack is listening to Mr Green.* **B:** *He's listening to music.*

4 **A:** Sophie is writing an essay.   **B:** She's feeding her hamster.
5 **A:** Ananda, Jo, Jack and Sophie are working in a group.   **B:** They're working in a group.
6 **A:** Jo is following Mr Green.   **B:** He's taking notes.
7 **A:** Jack and Sophie are looking at cars.   **B:** They're riding their bikes.
8 **A:** Ananda and Jo are going to the ice rink.   **B:** They're going to the ice rink.

Die Bilder 5 und 8 sind gleich.

9 Extra Today is different (Simple present and present progressive)

Einstieg SB geschlossen. L: *What does Prunella usually do in Sophie's room?* S: *She usually makes a mess/drops things/…* L: *But today is different: Prunella is helping Sophie.*

Erarbeitung SB geöffnet. Bildbetrachtung: L: *What's Prunella doing now?* S: *She's making a cake.* L hält die genannten Signalwörter für das *simple present* und *present progressive* an der Tafel fest und ergänzt weitere.

simple present	present progressive
usually, often, sometimes, all the time …	today, now, …

Lösung
2 she usually hides • she is washing
3 she often plays • she is cleaning
4 she often makes • she is tidying
5 she usually throws • she is washing
6 she sometimes eats • she is hiding

Zusatz Die S suchen zwei Sätze heraus und zeichnen lustige Bilder dazu. Oder sie erfinden einen weiteren Satz und illustrieren ihn.

6   211

Text

S. 109–111

INHALT Das *SHoCK Team* hat sich in Jacks Haus verabredet. Jack und Sophie warten auf den Rest des Teams. Da hören sie Stimmen: Mr Green wird von einem schwarz gekleideten Mann bedroht. Während Sophie die Polizei verständigt, belauscht Jack die Auseinandersetzung der beiden Männer. Er hört, dass der Unbekannte im Auftrag eines gewissen Howard arbeitet, den Mr Green zu kennen scheint. Als der schwarz gekleidete Mann handgreiflich wird, greift Jack ein.

Das Ende der Geschichte erfahren die S im anschließenden Hörtext: Die Polizei führt den schwarz gekleideten Mann ab. Mr Green dankt Jack für die Rettung und erzählt ihm und den anderen Mitgliedern des *SHoCK Teams*, wie alles begann: mit seiner Leidenschaft für Computer, seiner Erfindung eines Computerspiels und der Raffgier seines ehemaligen Chefs Howard Bates. Dieser beauftragte den Unbekannten, Mr Greens neuestes Computerspiel zu stehlen.

KOMMUNIKATIVE KOMPETENZEN
Hör-Seh-/Leseverstehen: Bilder und Texte zuordnen; einem bildgestützten Text Detailinformation entnehmen
Hörverstehen: Detailinformationen über die Fortsetzung der Geschichte erfassen
Sprechen: Über den Fortgang der Geschichte sprechen (Partnerdialog)

SPRACHLICHE MITTEL
Wortschatz S. 109: °mystery • °so far
S. 110: hall • °bit • °voice • How do you know …? • (to) hurt

METHODISCHE KOMPETENZEN
Wortschatz aus dem Kontext oder aus Bildern erschließen; gelenkte Aufgaben zum Lese- und Hörverstehen bearbeiten (Bilder und Texte zuordnen, *right/wrong*-Aussagen)

MATERIALIEN CD, KV 65, VAS 6; die S bringen ggf. ihr *SHoCK-Team diary* mit

The Mr Green mystery   THE STORY SO FAR

S. 109 Einstieg SB geschlossen. L schreibt den Titel der Geschichte an die Tafel. Die S spekulieren über den Inhalt der Geschichte. Semantisierung: °*mystery* (vgl. dt. Wort mysteriös = geheimnisvoll); °*so far* (dt.)
Mögliche Antworten: *The story is about Mr Green and the SHoCK Team. The ShoCK Team finds out about Mr Green and his plans.*
L: *Before we read the story, let's remember some things about Mr Green. What do you know so far?* S: *guest at Pretty Polly's B&B, Jack thinks he's a spy, …*

Alternative *SHoCK-Team diary:* Wenn die S ein Tagebuch geführt haben, können sie nun ihre Notizen verwenden, um die bisherigen Informationen zu sammeln. L entscheidet, ob die S ihr Tagebuch zur Lösung der folgenden beiden Aufgaben verwenden dürfen.

Erarbeitung **a)** Die S notieren sich die Nummern der Bilder in der richtigen Reihenfolge. Im Zweifelsfall suchen sie die Bilder im SB. Alternativ kopiert L die SB-Seite, damit die S die Bilder (und bei b) die Texte ausschneiden und zuordnen können.

Lösung **2** *(p. 48)* • **7** *(p. 65)* • **5** *(p. 65)* • **3** *(p. 66)* • **9** *(p. 71)* • **1** *(p. 73)* • **6** *(p. 74)* • **8** *(p. 87)* • **4** *(p. 103)*

O Differenzierung Lernschwächere S teilen sich das Nachschlagen und Notieren mit einem Partner.

b) Vorgehen gemäß SB.

Lösung 2 • 7 • 5 • 3 • 9 • 1 • 6 • 8 • 4
S   H   O   C   K   T   E   A   M

THE STORY GOES ON …

S. 110 Einstieg SB geschlossen. L zeigt Bild 3 auf dem OHP. Die S spekulieren, was vorgefallen ist.

O Differenzierung In lernschwächeren Gruppen gibt L verschiedene Antworten vor, aus denen die S wählen können. Die Sätze werden zuvor laut gelesen und das Verständnis gesichert.

What do you think? Tick your answer.
1 Mr Green hit the man in black because Mr Green is a spy and the man in black is a policeman.
2 Jack wanted to help Mr Green. So he hit the man in black. ✓
3 The lamp is broken. The man in black wanted to turn it on. Jack and Mr Green are waiting for the ambulance.

🎧 3.27 **Erarbeitung**   **Lesen/Hören (abschnittweise):** Die S überprüfen ihre Vermutungen.

Die S bearbeiten weitere Aufgaben zur Verständniskontrolle:
Who says it?
You're early. The others aren't here yet. (Jack)
Hello, hello, hello! (Polly)
Who are you? (Mr Green)
Let's go into your room. (the man in black)
We have to call the police. (Sophie)
When I worked for him, he took all my ideas. (Mr Green)

Anschließende Semantisierung: *hall* (the part of house or flat where you go in); °*bit* (not much); *How do you know my name?* (Kontext, dt.); *(to) hurt* (when the man pulled Mr Green's arm he hurt him)

Working with the text

1 Right or wrong?

Lösung
1 wrong (Sophie is at Jack's house.)
2 wrong (The man in black works for Howard.)
3 right
4 wrong (Jack helps Mr Green.)

2 What happens next?

Erarbeitung   👥 Die S überlegen sich zunächst selbst Antworten zu den Fragen im SB und notieren sie kurz. Dann sprechen sie mit einem Partner über ihre Ideen. Die gemeinsamen Ergebnisse werden notiert und im Plenum vorgestellt. Individuelle Antworten.

3 The end of the story

🎧 3.28 **Erarbeitung**   1. Hören: Die S hören das Ende der Geschichte und überprüfen ihre Vermutungen.

🎧 3.28
Lösung   2. Hören: Die S finden heraus, welche Bilder zu der Geschichte passen:
2 · 3 · 6 · 7

Hörtext

Jack	Oh, look: here are the others.
Mr Green	The others?
Sophie	Hi Ananda! Hi Dan and Jo!
Jo	The police!
Ananda	And Mr Green!
Mr Green	How do you know my name?
Jack	Er ... let's go in and have some tea. Come on everyone!
Polly	Police! Help! Police! Help!
Jack	Shhhh, Polly! It's all over. The police took the man in black away. Here, Mr Green, please sit down.
Mr Green	Thanks, Jack. And who are you all?
Ananda	We're the SHoCK Team!
Mr Green	The SHoCK Team?
Jack	Ananda!
Ananda	Oh, sorry, er ...
Jack	Mr Green, you must tell us – who was that man?
Mr Green	It's a long story.
Dan	That's OK!
Mr Green	Well, I wasn't very good at school, but I always loved computers!
Jo	Me too!

Mr Green	I always played a lot of computer games. Then, one day, I made a computer game – you know, I invented a new game.
Jack	Wow!
Mr Green	Oh, it was a very easy little game, but ... it worked. When I left school, I started to work for a software company – not much money, but it was fun. Howard was the boss. And Howard liked me. I invented some games. My favourite was 'The Smith Family' ...
Ananda	You invented 'The Smith Family'?! That's a great game! I play it a lot!
Jo	Me too!
Mr Green	You and thousands of other kids. That game made lots and lots of money – a million pounds – for Howard.
Sophie	Phew! A million pounds?!
Mr Green	Yes, a million pounds! So I went to Howard: 'I'd like more money!' I said. Howard said: 'Of course: I can give you £500.' Howard got a million pounds for my games! And he wanted to give me just 500!
Sophie	That's terrible!
Mr Green	Yes! I said to Howard: I'm going.
Ananda	Very good idea!
Mr Green	Yeah. But Howard didn't like it! He said: 'You can't go, I need you!' He was very angry. But I went. And then things started to happen.
Jo	What things? What happened?
Mr Green	Phone calls, all the time. But when I went to the phone there was nobody there. And then there was a man – he followed me all the time. I was scared. So I decided: 'I have to hide.' I came here, to Bristol. But suddenly the man was there again.
Jack	The man in black.
Mr Green	Yes. He followed me all the time. And sometimes somebody else followed me.
Ananda	Er, that was ...
Jack	Ananda!
Mr Green	Well, one Saturday I met my girlfriend at the station – she came down from London to bring me some important letters: I'm sure there was somebody ...
Sophie	So what happened next?
Mr Green	Well, I worked and worked. And I invented this new game: It's called 'City-maker'. You make a city: you can make roads, houses, shops, schools ...
Sophie	And bridges ...
Mr Green	Right!
Jack	And sometimes you have to use plastic explosives ...
Mr Green	Very good, Jack! Well, anyway, today the man came here ...
Jack	The man in black?
Mr Green	Right. He works for Howard: He wanted my new game.
Dan	No!
Mr Green	Yes! But he didn't get it. Jack helped me. He saved the game – and he saved me!
Jack	Sophie called the police.
All	Great, Sophie. Well done SHoCK team!
Mr Green	SHoCK Team? Now it's your turn to answer questions: What is the SHoCK Team?

▶ ▶ *WB 16* • *WB Checkpoint 6* • *VAS 6* • *Folie 31*

Zusatz **KV 65. The Mr Green mystery:** Mithilfe der KV können die S noch einmal ihr Detailverständnis überprüfen. Die vorgegebenen Sätze dienen auch als Textbausteine für eine Zusammenfassung der Geschichte.

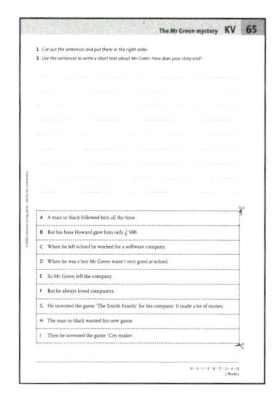

Kopiervorlage 65

Extra Topic: Merry Christmas

S. 112–113

INHALT In diesem *Topic* werden Kenntnisse aus der Grundschule über Bräuche und Besonderheiten der Weihnachtszeit in Großbritannien reaktiviert und erweitert. Englische Weihnachtslieder und eine Anleitung zum Basteln der traditionellen *Christmas crackers* runden das Thema ab.

KOMMUNIKATIVE KOMPETENZEN
    Seh-/Leseverstehen: Anhand von Bildern auf Wortschatz schließen; zwei Weihnachtslieder verschiedenen Weihnachtskarten zuordnen
    Hörverstehen: Zwei Weihnachtslieder verstehen und nachsingen
    Sprechen: Über Weihnachtstraditionen in Großbritannien und Deutschland sprechen

SPRACHLICHE MITTEL
Wortschatz S. 112: °Merry Christmas • °leaves *(pl)* • °unchanging • °heat • °also • °snow • °sleet • °(to) deck • °boughs of holly • 'Tis • °season • °jolly • °Fast away the old year passes • (to) °hail • °lads and lasses
    S. 113: °roll up • °tie

Redemittel We don't write Christmas cards • We have … for Christmas dinner. • We don't have Christmas, but we have …

METHODISCHE KOMPETENZEN
    Unbekannte Wörter aus dem Kontext erschließen; eine Bastelanleitung verstehen und ausführen

MATERIALIEN CD, KV 66; L: typisch englische Weihnachtsdekoration wie Weihnachtskarten, Stechpalme, Mistelzweige, *Christmas crackers* u. Ä.; S: Schere, Kleber, Krepppapier oder Tonpapier, Stifte, kleine Geschenke, Geschenkband (für *Christmas crackers*)

1 Christmas in Britain

Einstieg
SB geschlossen. Zur Einstimmung auf das Thema kann L eines der beiden im SB vorgestellten Weihnachtslieder spielen.

Erarbeitung
Einbeziehung von Grundschulenglisch
a) SB geöffnet. S betrachten die Bilder. Da Weihnachten im Englischunterricht der Grundschule eine wichtige Rolle spielt, werden sich die S an eine Reihe von Wörtern erinnern, die Weihnachtskarten helfen dabei.
Weitere Wörter (wie °*holly*) werden im Verlauf des Unterrichtsgesprächs ergänzt. L sammelt die Wörter an der Tafel in einem Network.

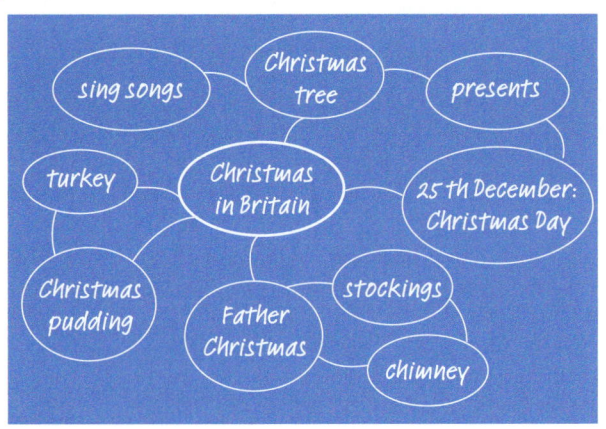

Network: sing songs • Christmas tree • presents • turkey • Christmas in Britain • 25th December: Christmas Day • Christmas pudding • Father Christmas • stockings • chimney

● **Differenzierung**
Mithilfe des Networks sprechen lernstärkere S über Weihnachten in Großbritannien. L kann auf Folie folgendes Satzgerüst vorgeben, die S setzen die fehlenden Wörter ein:
In Britain … brings the presents. He comes down the … at night. Children find their … on Christmas Morning. The presents are in a Christmas … or under the Christmas … On Christmas Day many people have … and Christmas …
(Father Christmas • chimney • presents • stocking • tree • turkey • pudding)

Alternative
L bringt Dinge mit, die typisch für die britische Weihnacht sind: *stocking* mit kleinen Geschenken, Mistelzweige, Weihnachtskarten, verschiedene Dekorationsartikel usw. Die S benennen die Dinge und ordnen sie den Weihnachtskarten zu. Anschließend kann der Klassenraum geschmückt werden. So kann im Unterricht der Vorweihnachtszeit immer wieder darauf zurückgegriffen werden.

b) Die S ordnen die vorgegebenen Wörter den Weihnachtskarten zu.

Lösung *Father Christmas: cards 2 and 3 • presents: cards 2 and 3 • Christmas decorations: cards 1 and 2 • snow: cards 1, 2 and 3*

> **INFO-BOX**
>
> **Weihnachten in Großbritannien:** Die britische (Vor-)Weihnachtszeit beginnt Anfang Dezember mit dem Verschicken von Weihnachtskarten. Die Weihnachtskarten, die man erhält, stellt man auf das Kaminsims o. Ä. Zur traditionellen Dekoration gehören Stechpalmenkränze, Girlanden und Mistelzweige. Auch der Weihnachtsbaum wird aufgestellt und dekoriert. In den Schulen werden *Nativity plays* (eine Art Krippenspiel) aufgeführt und *carol singers* ziehen durch die Straßen. Der Hauptfeiertag ist der 25. Dezember, der *Christmas Day*. In der Nacht zuvor hat *Father Christmas* die Geschenke durch den Kamin ins Haus gebracht, die in Strümpfen stecken oder unter dem Weihnachtsbaum liegen. Nach der Bescherung und der Weihnachtsansprache der Königin folgt das traditionelle Essen – meist ein reichhaltig gefüllter Truthahn, gefolgt vom *Christmas pudding*.
>
> **Weihnachten in den USA:** Bereits Ende November beginnt in den USA und Kanada die *Holiday Season*, deren vielfältige Traditionen durch die verschiedenen Zuwanderergruppen beeinflusst sind. So wird zum Beispiel in dieser Zeit auch das jüdische *Chanukah*-Fest begangen. Aufwändige Weihnachtsdekorationen wie Lichterketten, Kränze und *Merry-X-mas*–Schilder sind überall gegenwärtig. Es werden Grußkarten verschickt und *Charity*-Veranstaltungen abgehalten. Am *Christmas Eve*, dem Heiligen Abend, hängen Kinder ihre Strümpfe auf, damit *Santa Claus* diese bis zum nächsten Morgen reichhaltig mit Geschenken füllt. *Christmas Eve* spielt, wie in Großbritannien auch, eine eher marginale Rolle. Am *Christmas Day*, dem 25. Dezember, wird dann richtig gefeiert: Die Geschenke werden ausgepackt und das *Christmas dinner* serviert, das traditionell aus einem riesigen Truthahn besteht.

Transfer **2 Now you**

Erarbeitung Die S sprechen über Weihnachten (oder andere Feste) in ihrer Familie. Sie nutzen die im SB vorgegebenen Redemittel. Weitere Redemittel:
*We open our presents on ...   ... brings the presents.
The presents are under / on the ...   We sing .../read .../play ...*

3 Christmas songs

Erarbeitung *a)* Viele Weihnachtslieder gibt es in deutscher und englischer Fassung. Die S werden das erste Lied *'O Christmas Tree'* kennen. Zuordnung:
Lösung *Christmas card 4*

'Deck the Halls' ist in Deutschland weitgehend unbekannt. Die S sollten es zunächst hören und schließen daraufhin auf die passende Weihnachtskarte:
Lösung *Christmas card 2*

b) Da es *'O Christmas tree'* in deutscher Entsprechung gibt, ist keine Semantisierung notwendig. Lediglich die Aussprache sollte vor dem gemeinsamen Singen geübt werden.

🎧 3.29 1. Hören (mehrmals): Die S singen das Lied erst leise, dann lauter mit.

🎧 3.30 2. Hören: Die S singen das Lied zur Playback-Fassung.

'Deck the Halls' bedarf einiger Erläuterungen, da es sich um ein traditionelles Weihnachtslied handelt, in dem zum Teil alte Begriffe gebraucht werden: °*deck (decorate)*; °*boughs of holly* (Zweige der Stechpalme – am besten zeigen); °*'tis (it is)*; °*season (winter or summer are seasons)*; °*jolly (happy)*; °*the old year passes (the old year is over)*; °*(to) hail* (dt. begrüßen); °*lads and lasses (boys and girls)*
Auch bei diesem Lied sollte zunächst zeilenweise die Aussprache geübt werden.

🎧 3.31　1. **Hören (mehrmalig):** Die S singen das Lied erst leise, dann lauter mit.

🎧 3.32　2. **Hören:** Die S singen zur Playback-Fassung.

Zusatz　Die Lieder können auswendig gelernt und regelmäßig zur Weihnachtszeit oder gemeinsam auf Weihnachtsfeiern gesungen werden.

4　ACTIVITY　Make a Christmas cracker

Erarbeitung　Die S basteln *Christmas crackers*, die beim traditionellen Weihnachtsessen auf dem Tisch liegen. Dabei handelt es sich um ein Knallbonbon mit allerlei kleinem Spielzeug, lustigen Sprüchen und einer Papierkrone, die beim Essen aufgesetzt wird.
Der Auftrag an die S, die dafür notwendigen Materialien mitzubringen, sollte einige Tage vorher erfolgt sein.

Die S lesen die Bastelanleitung und erschließen unbekannten Wortschatz mithilfe der Zeichnungen (oder schlagen ihn im *Dictionary* nach). Die fertigen *Christmas crackers* können verschenkt werden.

▶ ▶ WB Activity page 4

Zusatz 1　**KV 66. Christmas cards:** Die Vorlage bietet je eine Weihnachtskarte mit britischem Motiv (Stechpalme) und amerikanischem Motiv *(Rudolph the red-nosed reindeer)*. L kopiert für jeden S eine Vorlage auf kartoniertes Papier. Die S kolorieren die Karten und beschriften sie auf der Rückseite.

Zusatz 2　Das Austauschen von Weihnachtskarten ist in Großbritannien und den USA auch in Schulklassen üblich. Diese Tradition kann übernommen werden, indem die S Weihnachtskarten basteln, beschriften und an ihre Mit-S richten. Sie werden in einem Karton gesammelt und kurz vor den Weihnachtsferien ausgeteilt.

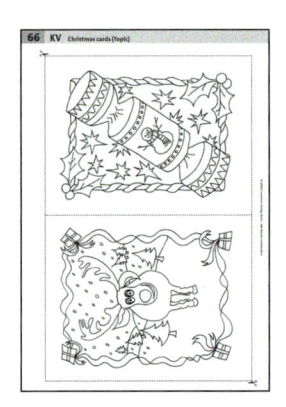

Kopiervorlage 66

Resource Section

Language Action Sheets (LAS)

Vocabulary Action Sheets (VAS)

Kopiervorlagen 1–66

C 1 Language Action Sheet

The verb (to) be: questions and short answers
Das Verb (to) be: Fragen und Kurzantworten

▶ p. 21

■ 1 Find the sentences in **3** (p. 21) and complete the **questions**.

Finde die Sätze in **3** (S. 21) und vervollständige die **Fragen**.

What about you, Jack? _____ 11 too?

Ananda is a nice name. _____ Indian?

_____ from India?

■ 2 Change the questions into statements. Then draw lines and show the difference.

Verwandle die Fragen in Aussagen. Dann zeichne Linien, um die Unterschiede zu zeigen.

What about you, Jack? Are you 11 too?

You are 11 too.

Ananda is a nice name. Is it Indian?

_____ Indian.

Are your mum and dad from India?

_____ from India.

■ 3 Make **questions** and complete the chart.

Bilde **Fragen** und vervollständige die Tabelle.

I'm a pretty parrot. _Am I_ a pretty parrot?   We're in Form 7PK. _____ in Form 7PK?

You're my friend. _____ my friend?   You're twins! _____ twins?

She's in our form. _____ in our form?   They're 12. _____ 12?

■ 4 Look at **3** (p. 21) again. Then answer these questions. Use **short answers**.

Schau dir **3** (S. 21) noch einmal an. Dann beantworte diese Fragen. Verwende **Kurzantworten**.

Are you a student? – Yes, _____ .

Are you from England? – No, _____ .

Are Dan and Jo from London? – No, _____ .

■ 5 Now look at Grammar File **2b** and **2c** on p. 132.

Schau dir jetzt Grammar File **2b** und **2c** auf S. 132 an.

Language Action Sheet 1 D

can („können") ▶ *p. 22*

■ **1** *Find the sentences in 6 (p. 22). Complete them.*   *Finde die Sätze in 6 (S. 22). Vervollständige sie.*

Oh, and _____ play football?

_____ play football, but _____ play hockey.

Can you play football, Jo? – Yes, _____ , Mr Kingsley.

■ **2** *Colour the four boxes for each English sentence with four different colours.*   *Male die vier Kästchen für jeden englischen Satz mit vier verschiedenen Farben aus.*

Ananda	can	play	hockey	.
Ananda	kann			.
She	can't	play	football	.

– *Write the German sentences in the empty boxes.*   *Schreib die deutschen Sätze in die leeren Kästchen.*

– *Now colour the boxes with the German sentences. Use the same colours for the same words:* *can* *and* *kann* *should be the same colour, etc.*   *Nun male die Kästchen mit den deutschen Sätzen aus. Verwende dieselben Farben für dieselben Wörter:* *can* *und* *kann* *sollten mit derselben Farbe ausgemalt sein, usw.*

– *Look at the English and German sentences again. What is different?*   *Schau dir die englischen und deutschen Sätze noch einmal an. Was ist der Unterschied?*

– *Which is the correct rule for* **can**: *a, b or c?*   *Was ist die richtige Regel für* **can**: *a, b oder c?*

The main verb, e.g. *play,*
Das Hauptverb, z.B. *play,*

a **is at the end of the sentence with** *can.*
 steht am Ende des *can*-Satzes.

b **stays together with** *can.*
 bleibt mit *can* zusammen.

c **is before** *can.*
 steht vor *can.*

■ **3** *Now look at Grammar File 3 on p. 133.*   *Schau dir jetzt Grammar File 3 auf S. 133 an.*

E 1 Language Action Sheet

The verb *have got* („haben"): **long and short forms; negation**
Das Verb *have got* („haben"): **Lang- und Kurzformen; Verneinung** ▶ *p. 24*

■ 1 *Find the sentences in 13 (p. 24). Complete them.* Finde die Sätze in **13** (S. 24). Vervollständige sie.

Oh, _____ a chair.

Well, no, but _____ a face like a bank robber.

Hey, what _____ next?

■ 2 *Write the **short forms** of* **have got/has got** *in the chart. Write the **long forms** next to them.* Schreib die **Kurzformen** von **have got/has got** in die Tabelle. Schreib die **Langformen** jeweils daneben.

Short forms	Long forms	Short forms	Long forms
I've got	I have got	We _____	We _____
You _____	You _____	You _____	You _____
He's got	He has got	They _____	They _____
She _____	She _____		
It _____	It _____		

■ 3a *This is a **negative statement**:* Dies ist ein **verneinter Aussagesatz**:

    I haven't got a chair.

What makes it negative? Draw a red box around that part. Male ein rotes Kästchen um den Teil des Satzes, in dem die Verneinung steckt.

■ 3b *Now make negative statements from these sentences:* Nun bilde verneinte Aussagesätze aus diesen Sätzen:

I've got a face like a film star.   *I haven't got* _____ a face like a film star.

They've got a pet.   _____ a pet.

She's got a twin sister.   _____ a twin sister.

■ 4 *Now look at Grammar File **5a** on p. 134.* Schau dir jetzt Grammar File **5a** auf S. 134 an.

Language Action Sheet 1 F

The verb *have got* („haben"): questions and short answers
Das Verb *have got* („haben"): Fragen und Kurzantworten

▶ p. 24

■ **1a** *This is a question:* — Dies ist eine **Frage:**

| Have | you | got | a | pet | ? |

Colour the subject blue and the verb (have got) yellow. — *Male das Subjekt blau und das Verb (have got) gelb an.*

■ **1b** *Now make questions from these statements.* — *Nun bilde Fragen aus diesen Aussagesätzen.*

We've got Mr Kingsley for English.

~~Have we got~~ _____ Mr Kingsley for English?

Jack has got mad ideas.

_____ mad ideas?

Their mum has got a new partner.

_____ a new partner?

■ **2a** *Look at these two dialogues. Try and understand how the short answers work.* — *Schau dir die beiden Dialoge an. Versuche zu verstehen, wie die Kurzantworten funktionieren.*

Have you got water, Sophie? — – Yes, I have.

Has your friend got an MP3 player? — – No, he hasn't.

■ **2b** *Complete these dialogues with short answers.* — *Vervollständige diese Dialoge mit Kurzantworten.*

Have we got English now? — – Yes, we _____ .

Has your mum got lots of CDs? — – No, she _____ .

Have Dan and Jo got mobiles? — – Yes, they _____ .

Have they got MP3 players? — – No, they _____ .

Has the twins' mum got a new partner? — – Yes, she _____ .

Is your name Laura/Leo? — – _____ , it _____ .

■ **3** *Now look at Grammar File **5b** and **5c** on p. 135.* — *Schau dir jetzt Grammar File **5b** und **5c** auf S. 135 an.*

A 2 Language Action Sheet

The simple present: positive statements
Die einfache Form der Gegenwart: bejahte Aussagesätze

▶ pp. 38–39

■ **1a** Find the sentences in **1** (p. 38) and **2** (p. 39) and complete them.

Finde die Sätze in 1 (S. 38) und 2 (S. 39) und vervollständige sie.

I _____ up at 7.15 every morning.

You _____ up at 7.45.

Sophie (She) _____ up at 9 o'clock.

He _____ the cage.

Then we _____ to school.

You two _____ boring essays.

They _____ rabbit food, carrots and water.

■ **1b** Draw a red box around the subject and verb (I get, You ...) in all seven sentences.

Male ein rotes Kästchen um Subjekt und Verb (I get, You ...) in allen sieben Sätzen.

■ **1c** Which translation is best: **a**, **b** or **c**?

Welche Übersetzung passt am besten: a, b oder c?

On Saturday mornings, Toby cleans the cage.

a Samstagmorgens muss Toby den Käfig reinigen.

b Es ist Samstagmorgen, und Toby reinigt den Käfig.

c Samstagmorgens reinigt Toby immer den Käfig.

■ **2a** Write down the seven subjects and verbs. Then write the infinitives of the verbs. (You can find the infinitives in the Dictionary, pp. 179–191.)

Schreib die sieben Subjekt-Verb-Kombinationen auf. Dann schreib die Grundformen (Infinitive) der Verben dazu. (Du findest die Grundformen im Dictionary, S. 179–191.)

Subject + verb (Subjekt + Verb)	**Infinitive** (Grundform)
I get up	(to) get up

■ **2b** Two forms are different. Mark them in yellow.

Zwei Formen sind anders. Markiere sie gelb.

■ **3** Now look at Grammar File **7a** and **7b** on pp. 136–137.

Schau dir jetzt Grammar File 7a und 7b auf S. 136–137 an.

© 2006 Cornelsen Verlag, Berlin · Alle Rechte vorbehalten

Language Action Sheet 2 B

The simple present: negative statements
Die einfache Form der Gegenwart: verneinte Aussagesätze

▶ p. 40

■ **1a** *Find the sentences in 5 and 6 (p. 40) and complete them.* Finde die Sätze in 5 und 6 (S. 40) und vervollständige sie.

I _____ your help.   We _____ the old essay.

You _____ me.   You _____ sometimes.

He _____ on Saturdays.   They _____ to bed early.

But she _____ letters.

■ **1b** *Draw a red box around the subject and verb (I don't need, You ...) in all seven sentences.* Male ein rotes Kästchen um Subjekt und Verb (I don't need, You ...) in allen sieben Sätzen.

■ **2a** *Write down the seven subjects and verbs – negative on the left, positive on the right.* Schreib die sieben Subjekt-Verb-Kombinationen auf – links verneint, rechts bejaht.

Negative (Verneint)   **Positive** (Bejaht)

I don't need   I need

■ **2b** *Look again at the verbs for he and she (positive and negative). What's different? Mark the differences in yellow.* Schau dir die Verben bei he und she (bejaht und verneint) noch einmal an. Was ist anders? Markiere die Unterschiede gelb.

■ **3** *Now look at Grammar File 7c on p. 137.* Schau dir jetzt Grammar File 7c auf S. 137 an.

A 3 Language Action Sheet

The simple present: Yes/No questions
Die einfache Form der Gegenwart: Entscheidungsfragen

▶ p. 54

1a Find the sentences in 1 (p. 54). Complete them.   Finde die Sätze in 1 (S. 54). Vervollständige sie.

_____ I _____ them?   Do we need an assistant?

_____ you _____ the colour?   Do you two need help?

_____ she _____ the colour?   _____ they _____ nice?

1b In one of the questions the first word is different. Draw a red box around it and around the word after it.   In einer der Fragen ist das erste Wort anders als in den anderen. Male einen roten Kasten um das Wort und das Wort danach.

2 Find the **short answers** to these questions in 1 (p. 54) and complete them.   Finde die **Kurzantworten** auf diese Fragen in 1 (S. 54) und vervollständige sie.

Do you like the colour, Ananda?   – No, I _____.

Does she like the colour?   – No, she _____.

Do they look nice?   – Yes, _____.

3 Complete the questions and short answers.   Vervollständige die Fragen und Kurzantworten.

_____ Dan and Jo want MP3 players?   – Yes, _____.

_____ Jack live in a flat?   – No, _____.

_____ you help your parents, Ananda and Dilip?   – Yes, _____.

_____ Prunella like Emily?   – No, _____.

_____ the twins write to their father?   – No, _____.

_____ Mr Hanson need a wheelchair?   – Yes, _____.

4 Now look at Grammar File **10a** and **10b** on p. 139.   Schau dir jetzt Grammar File **10a** und **10b** auf S. 139 an.

Language Action Sheet 3   **B**

The verb *(to) have to* („müssen")   ▶ p. 57

■ **1** *Find the sentences in 8 (p. 57). Complete them.*   *Finde die Sätze in 8 (S. 57). Vervollständige sie.*

I _____ lay the table for dinner.

Jack _____ do his homework.

We _____ do our English project about free time.

■ **2** *Use have to/has to and complete the chart.*   *Verwende have to/has to, um die Tabelle zu vervollständigen.*

I _____
You _____
He _____
She _____
      get up early every day.

We _____
You _____
They _____
      get up early every day.

■ **3a** *Can you complete this negative statements? One of them is in 8 (p. 57).*   *Kannst du diese verneinten Sätze vervollständigen? Einer von ihnen steht in 8 (S. 57).*

At least I _____ have to do yoga or play basketball.

Prunella _____ have to help – she's a Poltergeist!

■ **3b** *How do you make negative statements with have to? Complete the rule.*   *Wie bildet man verneinte Sätze mit have to? Vervollständige die Regel.*

To make a negative statement with *have to* **you need**   *don't* _____ **or** _____ .
Um einen verneinten Satz mit *have to* zu bilden, braucht man   oder _____ .

You use _____ **with** *he, she, it.*
Man verwendet _____ mit *he, she, it.*

With *I, you, we, they,* **you use** _____ .
Mit *I, you, we, they* verwendet man _____ .

■ **4** *Look at the first question with have to. Complete the other two questions.*   *Schau dir die erste Frage mit have to an. Vervollständige die anderen beiden Fragen.*

Do you have to help a lot, Jack?

_____ Polly _____ help at the B&B?

_____ you _____ help at home?

■ **5** *Now look at Grammar File 12 on p. 141.*   *Schau dir jetzt Grammar File 12 auf S. 141 an.*

A 4 Language Action Sheet

Personal pronouns: object forms
Personalpronomen: Objektformen

▶ p. 70

■ **1** *Find the sentences in 1 (p. 70) and complete the chart.*   *Finde die Sätze in 1 (S. 70) und vervollständige die Tabelle.*

Please invite ___me___ to your party.	You don't like _____ !	
I can't invite _____ – you're a poltergeist.	I like _____ both, Prunella.	
Because I like _____ too.	Prunella, I like _____ too.	*Sophie's birthday party — Dear Ananda, Please come to my party!*
Because I like _____ , of course.		
Let's look at _____ .		

■ **2** *Complete the chart with pronouns in the subject and object forms.*   *Vervollständige die Tabelle mit Pronomen in der Subjekt- und der Objektform.*

Singular

1st person	I	me
2nd person	_____	you
3rd person	he	_____
	_____	her
	it	_____

Plural

1st person	we	_____
2nd person	you	_____
3rd person	_____	them

■ **3** *Now look at Grammar File 13 on p. 141.*   *Schau dir jetzt Grammar File 13 auf S. 141 an.*

Language Action Sheet 4 B

The present progressive: positive and negative statements
Die Verlaufsform der Gegenwart: bejahte und verneinte Aussagesätze

▶ p. 72

■ 1a Find the sentences in **7** (p. 72). Complete them.   Finde die Sätze in **7** (S. 72). Vervollständige sie.

I _____ _____ to Jenny's now, OK?

You _____ _____ a mess.

Sophie _____ _____ her room.

We _____ _____ the hamster up to my room.

Dan and Jo, you **'re going** to Sophie's party, right?

The others _____ _____ .

■ 1b Draw a red box round the form of **(to) be**. Draw a blue box round the **-ing** ending of the verb.   Male ein rotes Kästchen um die Form von **(to) be**. Male ein blaues Kästchen um die **-ing**-Endung des Verbs.

■ 2a Which translation is best: **a, b** or **c**?   Welche Übersetzung passt am besten: **a, b** oder **c**?

> It's 12 o'clock. Sophie is tidying her room.

a Es ist 12 Uhr. Sophie muss ihr Zimmer aufräumen.
b Es ist 12 Uhr. Sophie räumt gerade ihr Zimmer auf.
c Um 12 Uhr räumt Sophie immer ihr Zimmer auf.

■ 2b Which is the correct rule for the **present progressive: a, b** or **c**?   Was ist die richtige Regel für das **present progressive: a, b** oder **c**?

> You make the *present progressive* with
> Man bildet das *present progressive* mit

a verb + *-ing*.
b *being* + verb.
c a form of *(to) be* + verb + *-ing*.

■ 3a Find these **negative statements** in **7** (p. 72). Complete them. What makes the statements negative? Draw a green box around that part.   Finde diese **verneinten Aussagesätze** in **7** (S. 72). Vervollständige sie. Male ein grünes Kästchen um den Teil des Satzes, in dem die Verneinung steckt.

I _____ _____ _____ TV, dear.

You _____ to Jenny's!

He _____ help_____ .

■ 3b Now complete the chart.   Nun vervollständige die Tabelle.

I'm not	helping		we _____	helping
you _____	helping		you _____	helping
he/she _____	helping		they _____	helping

■ 4 Now look at Grammar File **15a** and **15b** on pp. 142–143.   Schau dir jetzt Grammar File **15a** und **15b** auf S. 142–143 an.

4 Language Action Sheet

The present progressive: questions
Die Verlaufsform der Gegenwart: Fragen

▶ p. 73–74

■ **1** *Find the questions in 9 (p. 73). Complete them.*   *Finde die Fragen in 9 (S. 73). Vervollständige sie.*

_____ you still _____ Mr Green?

_____ you _____ from the station?

■ **2a** *Change the questions into statements. Then colour all the forms of (to) be red and all the subjects yellow.*   *Verwandle die Fragen in Aussagen. Dann male alle Formen von (to) be rot und alle Subjekte gelb an.*

Are you watching Mr Green?
~~You are~~ _____ watching Mr Green.

Is he getting on a train?
_____ getting on a train.

Are they going to London?
_____ going to London.

■ **2b** *Find the wh-questions in 9 (p. 73). Complete them. Colour the forms of (to) be red and the subjects yellow. Underline the wh-words in green.*   *Finde die wh-Fragen in 9 (S. 73). Vervollständige sie. Male die Formen von (to) be rot und die Subjekte gelb an. Unterstreiche die wh-Wörter grün.*

_____ running?

So _____ doing?

■ **3** *Now look at Grammar File 15c on p. 143.*   *Schau dir jetzt Grammar File 15c auf S. 143 an.*

Language Action Sheet 5 A

The simple past: the verb *(to) be*
Die einfache Form der Vergangenheit: das Verb *(to) be*

▶ p. 86

■ **1a** *Find the sentences in 1 (p. 86). Complete them.*   *Finde die Sätze in 1 (S. 86). Vervollständige sie.*

I _was_ at the dress rehearsal.

Where _____ _____ ?

And _____ the Music teacher happy?

How _____ _____ ?

_____ _____ all very nervous.

And were you good? – Well, I _____ bad.

■ **1b** *Draw a red box around **was** or **were**.*   *Male ein rotes Kästchen um **was** oder **were**.*

■ **2** *Complete the charts. Use a green pen for the simple present and a red pen for the simple past.*   *Vervollständige die Tabellen. Benutze einen grünen Stift für das simple present und einen roten Stift für das simple past.*

SIMPLE PRESENT

	Positive (Bejaht)		Negative (Verneint)
I	am	I	'm not
You	_____	You	_____
He She It	_____	He She It	_____
We	are	We	aren't
You	_____	You	_____
They	_____	They	_____

SIMPLE PAST

	Positive (Bejaht)		Negative (Verneint)
I	was	I	wasn't
You	_____	You	_____
He She It	_____	He She It	_____
We	_____	We	_____
You	_____	You	_____
They	_____	They	_____

■ **3** *Which time phrase is correct: **a**, **b** or **c**?*   *Welche Zeitangabe ist richtig: **a**, **b** oder **c**?*

> We <u>were</u> all very nervous ...

a tomorrow.
b last week.
c now.

■ **4** *Now look at Grammar File **16** and **17** on p. 144.*   *Schau dir jetzt Grammar File **16** und **17** auf S. 144 an.*

5 Language Action Sheet

The simple past: positive statements
Die einfache Form der Vergangenheit: bejahte Aussagesätze

▶ p. 87

■ **1a** Find the sentences in 3 (p. 87) and complete the chart on the left.

Finde die Sätze in 3 (S. 87) und vervollständige die Tabelle links.

	Infinitive (Grundform)
'I'm home!' he _shouted_ .	shout
His dad _____ from the kitchen.	_____
The band _____ two songs without a mistake.	_____
We _____ about it last night.	_____

■ **1b** Underline the simple past-ending of each verb in red. Then write the infinitives of the verbs in the chart on the right.

Unterstreiche die Simple past-Endung jedes Verbs in Rot. Dann schreib die Infinitive der Verben in die Tabelle rechts.

■ **2** Look at the verbs in the box. Write their simple past forms in the right group.

Sieh dir die Verben im Kasten an. Schreib die Simple past-Formen in die richtige Gruppe.

close • dance • drop • fit • hurry • phone • plan • stop • tidy • try • use • worry

clos**e** + -ed = clos**ed**	dro**p** + -ed = dro**pp**ed	hurr**y** + -ed = hurr**i**ed
_____	_____	_____
_____	_____	_____
_____	_____	_____

■ **3** Which is correct: **a, b** or **c**?

Was ist richtig: a, b oder c?

With the *simple past*, you can
Mit dem simple past kannst du

a talk about tomorrow, next week, next year, ...
über morgen, nächste Woche, nächstes Jahr, ... reden.

b talk about every day, today, this week, ...
über jeden Tag, heute, diese Woche, ... reden.

c talk about yesterday, last week, last year, ...
über gestern, letzte Woche, letztes Jahr ... reden.

■ **4** Now look at Grammar File **18** on p. 145.

Schau dir jetzt Grammar File 18 auf S. 145 an.

Language Action Sheet 6

Word order in subordinate clauses
Die Wortstellung in Nebensätzen

▶ p. 103

■ 1 Find the sentences in **3** and **5** (p. 103). Complete them. *Finde die Sätze in **3** und **5** (S. 103). Vervollständige sie.*

I come here because _____ at home.

I hate it _____ their sentences.

And I hate it _____ .

■ 2a Read the **main clauses** below. Colour the boxes: use green for the subjects, yellow for the verbs, red for the objects. *Lies die **Hauptsätze** unten. Male die Kästchen farbig aus: Nimm grün für die Subjekte, gelb für die Verben, rot für die Objekte.*

Main clause (Hauptsatz) **Subordinate clause** (Nebensatz)

S	V	O		___	___	___
Sophie	likes	the library	because	she	likes	books .
Prunella	makes	a mess	when	she	helps	Sophie .

■ 2b Now look at the **subordinate clauses**. Colour the boxes with the same colours: green for the subjects, yellow for the verbs, red for the objects. *Sieh dir nun die **Nebensätze** an. Male die Kästchen mit denselben Farben aus: grün für die Subjekte, gelb für die Verben, rot für die Objekte.*

■ 2c Write **S** for **subject**, **V** for **verb** and **O** for **object** in the correct boxes. *Schreib **S** für **Subject**, **V** für **Verb** und **O** für **Objekt** in die richtigen Kästchen.*

■ 2d Complete the rules for **word order in English**. Then colour the boxes as above. *Vervollständige die Regeln für die **Wortstellung im Englischen**. Dann male die Kästchen aus wie oben.*

The word order in the English **main clause** is: The word order in the English **subordinate clause** is:
Die Wortstellung im englischen **Hauptsatz** ist: Die Wortstellung im englischen **Nebensatz** ist:

S	___	___		___	___	___

■ 3 Complete the German sentence. Then colour all the boxes: green for the subjects, yellow for the verbs, red for the objects. What's different? *Vervollständige den deutschen Satz. Dann male alle Kästchen farbig aus: grün für die Subjekte, gelb für die Verben, rot für die Objekte. Was ist der Unterschied?*

Sophie likes the library because | she | likes | books | .

Sophie mag die Bücherei, weil | ___ | ___ | ___ | .

■ 4 Now look at Grammar File **21** on p. 147. *Schau dir jetzt Grammar File **21** auf S. 147 an.*

A Welc Vocabulary Action Sheet

	German/English	Colours	Context	In a school bag	Pictures	The fourth word	Opposites	What we can do
1	schöne Sommer- ferien _____	y_____	Hi, I'm Sophie. _____ your name?			Dilip – he Ananda – _____	full	
2	Er ist bei der Arbeit. _____	b_____	_____ you from? I'm from _____.			father, mother, baby – family pink, red, blue – _____	yes	
3	Die Zahl ist richtig. _____	r_____	No, _____. / Yes, _____.			I – my mum they – _____ mum	(to) pull	
4	Wir sind glücklich. _____	b_____	This is Sophie _____ her sister Emily.			Jo – he a book – _____	old	
5	Wir wohnen in Berlin. _____	p_____	Don't _____ the plates.			Germany – German England – _____	(to) open	
6	Kannst du mir bitte helfen? _____	b_____	W_____ are you? I'm Prunella.		w	today – Friday tomorrow – _____	(to) mother	
7	a _____ eine große Tasche	o_____	In _____ felt tips, Dad.		b	Mr Shaw – Jo's dad – Jack's mum Hanson _____	boy	Yes, I can.
8	Ich bin 12. Und du? I'm 12. _____ about _____?	g_____	Sophie can see Prunella b_____ her mum can't see her.			red – colour park, house – _____ p/_____	No, _____.	

© 2006 Cornelsen Verlag, Berlin · Alle Rechte vorbehalten

Welc Vocabulary Action Sheet B

	Definitions	Times and days	Context	In a house	Things	Families	Word partners	German/ English
1	a word for 'this day' _____ s.	It's 8 _____.	Dan is a boy, Jo is a boy t_____.	a _____.		The Kapoors are a f_____.	black and _____	Schau auf Seite 3. _____ 3.
2	very nice p_____.	It's n_____ p_____.	Berlin and Hamburg are in _____.	a f_____.		Dilip is Ananda's _____.	Bed & _____	Wie spät ist es? W_____ t_____?
3	7, 26, 9, 15, 75 are n_____ s.		Jack Hanson is f_____ Bristol.	a r_____.		Dan and Jo Shaw are _____ s.	teacher and _____ s.	mein Lieblings- lied _____
4	Jo, Emily, Shaw and Müller are n_____ s.		Jack _____ Ananda are friends.	a _____.		Mr Hanson is Jack's d_____ / f_____.	please and _____	Auf geht's! L_____ g_____!
5	12:53 and 09:30 are t_____ s.	the first day of the week M_____.	The English word f_____ 'wer' is 'who'.	a _____.		Mrs Hanson is Jack's m_____ / m o_____.	hello and g_____	Guten Morgen. _____
6	Seven days are a _____.	day three of the week w_____.	The Hansons _____ a parrot.	a _____.		Sophie and Emily are s_____ s.	here and _____	Viel Glück! _____!
7	365 days are a _____.	day four of the week T_____.	Can you _____ me with this exercise, Dan?	a _____.		Hannah is a b_____.	_____ s and Sunday	Entschuldigung, dass ich zu spät bin. _____ I'm _____.
8	a room in a school _____ s.	the last day of the week S_____.	The Kapoors l_____ 13 Paul Street.	a _____.		Ananda, Jack, Jo and Dan are f_____ s.	the first page the l_____ s. page	ein tolles Gedicht a _____

A 1 Vocabulary Action Sheet

	Definitions	Context	At school	Subjects	Pictures	The fourth word	Adjectives	German/English
1	The a, b, c, ..., x, y, z	Please _____ to the teacher.	_s_____ b_____			a – book – _____ – apple	Your ideas are really _____ m_____!	Es tut mir leid. _____ a_____
2	It's black and you can write on it. b_____	_w_____ it on the board.	a list of subjects and their times			I – my bag we – _____ bags	Yes, that's _____ . I'm Dan and he's Jo. r_____	ein Witz, Scherz _____
3	You can eat it on toast. _____	It is the first day of school. Are you _____ ?	a boy or a girl at school			I – me he – _____	Oh no! That is a really _____ joke. b_____	eine Menge / viele / viel _____
4	You can eat it at one o'clock. _l_____	Art. _____ n_____ on Tuesday.	English is Jack's first _____ l_____			sing songs – Music draw pictures – _____	I like her. She is very _____ n_____	Auf meinem Foto ist ein Skateboard. _T_____ a_____ in
5	You can sit on it. _____	I've got an _____ i_____ .	boys and girls together at school			I – have got Jack – _____	I don't like Maths. It is _____ b_____ .	morgens _____ p_____ .
6	what we eat _____	Mr Stuart has got a face _____ f_____ /c_____ .				I – my pen you – _____ pen	Dan is the _____ c_____ twin.	Gern geschehen. / Nichts zu danken. _y_____
7	a boy from Germany _f_____	My phone number is 644- six- _d_____ four ...	Maths and English are school _____ s_____ .			blue, red – colours mum, dad, sister – _____	In the classroom listen to the teacher and be _____ q_____ .	Kannst du dir das merken? _____ you
8	a little telephone _____	I've got lots of pens but I haven't got _____ e_____ felt tips.	I talk to my friends in the _____ b_____ .			He is happy. – _____ He _____ happy.	Polly, the parrot is very _____ p_____ .	Kannst du das buchstabieren? _____ you _____ ?

Vocabulary Action Sheet 1 B

	Context	What we do	Months	What we do at school	Opposites	Pictures	German/ English	In a classroom
1	Can you c_____ with me?		Halloween is in _____	t_____ our homework	good –		Wie bitte? _____	
2	This school is d_____ from our old school.	_____ trees	The fifth month of the year is _____	l_____ music in the break	after –		Was haben wir als Hausaufgabe? _____?	
3	A_____ my friends have got a computer.	_____ food	The month after June is _____	_____ words (B O A _ _ _ s)	that –		Du bist dran. _____.	_____ c
4	Tell me a_____ your new school.	When we're late we h_____ u_____	The eleventh month of the year is _____	_____ on chairs	mum –	_____ p	eine schlaue Klasse a _____	
5	At the e_____ of an English lesson we say goodbye.	w_____	Christmas is in _____	_____ the board.	Do it! _____ it!		Mittagessen _____	
6	Don't f_____ t_____ your school things!	_____ things	The month before April is _____		come –		Tschüss. _____.	
7	I'm l_____ t_____ music Germany.		Valentine's Day is in _____	m_____ our classmates	I have got _____ I _____		Es ist wirklich leise. It's _____.	
8	I've got _____ CDs.	t_____ jokes	The first month of the year is _____	o_____ books from our bags	big –		Unterrichtsende _____ of _____ s	school work you do at home _____ h

A 2 Vocabulary Action Sheet

	Definitions	Pets: their homes & food	Context	Pictures	The fourth word	Pets	Opposites	German/ English
1	not right		I s_____ a room with my sister.		red – colour – sandwich –		get up –	sich anziehen
2	26th February		What are your _____ for the weekend?		in the – morning – b_____		late – _____ to	oben, an der Spitze (von)
3	d_____ the end of the day		In the _____ I play with my computer.		play – football – night		grandma – _____ (of)	natürlich
4	e_____ a young boy or a girl		I g_____ school at 8.15 in the morning.		– breakfast – a_____ – judo		with – w_____	verheiratet mit einer Lehrerin
5	a_____ not very often		I play football e_____ Saturday.		bird – tree – fish –		son – _____ is	Das ist mein Zuhause.
6	s_____ child of your son or daughter		On Sundays I sleep _____ 11 o'clock.		in – May – _____ – Thursday		day – _____	also, deshalb, daher
7	g_____ not difficult		First I feed the pets. A_____ th_____ I have breakfast.		parrot, cat, dog – pets boy, girl – p_____		aunt – _____ y_____	Hier bitte.
8	_____ the end of the week		Dan often ar_____ with his brother Jo.		on – Friday night – the _____ weekend		married – _____	die ganze Zeit the _____

Vocabulary Action Sheet 2 — **B**

	Definitions	Context	In a house	What people do every day	Families	The fourth word	What we do	Topic 2
1	not boring i _____	*Harry Potter* is b_____ J. K. Rowling.		c_____ their teeth	my mum's brother my _____	he – him we – _____	_____ windows	
2	not married _____	Can you r_____ her name?			my mum's father my _____	a boy – 10 boys a child – 10 _____	_____ animals	
3	Germany, England c_____	Sheeba is a dog, s_____ she eats meat.			my dad's sister my _____	on – Tuesday _____ the – morning	p_____ things in boxes	
4	You sit on it at home. s_____	Sorry, mum. I'm late b_____ I was at a friend's house.			my dad's mother my _____	a week – 2 weeks a fish – _____	g_____ other people things	
5	a short word for 'thank you' _____	Don't j_____ sit there. Come and help me.			the child of my dad's brother my _____	a spy – spies two _____	_____ a book	
6	You wear them in the sun. s_____	"Oh no! The pizza doesn't _____ into the box."		_____ their face	Ananda Kapoor is Mr Kapoor's _____	a tooth – _____ apple – food	w_____ jeans	
7	dogs, hamsters, cats They're p_____ .	Let's do a q_____ . Who can answer the 10 questions?			Jack is Mr and Mrs Hanson's _____	budgie – _____ a bag – two bags a mouse – 2 _____	a _____	
8	a piece of writing on a topic e_____	In the evening I _____ my things r_____ for school.			Mary and Peter Hanson are Jack's p_____ .	kitchen – downstairs bedroom – _____	_____ homework	

A 3 Vocabulary Action Sheet

	Definitions	Sports	Context	Pictures	What we wear	The fourth word	What we do	German/English
1	He/she works in a shop.		My shoes are _____ 39.		we – us _____ – riding	play – football _____		Tanzstunden, Tanzunterricht _____ Ich singe gern. I _____ singing.
2	all the time a _____		Is this chair f_____? Yes, you can sit down on it.		they – _____	hockey – shoes _____		..., wissen Sie./..., weißt du ..., _____	models _____
3	not today, tomorrow the n_____ day		There are s_____ bananas on the table.	_____ boat.		football – 15.00 – 8.00 – good morning _____	c_____ stamps, posters	Liebe Sophie, ... _____ die meisten Leute m_____
4	when you do hobbies and sports		I'm u_____ at school early. Today I was late.			do – judo _____ – swimming	o_____ shoes t_____	Grüß Jack von mir. D_____ Sophie, ...
5	a football game m_____		How o_____ do you watch TV? – Every day.					
6	not be wrong b_____ r_____		Jack is qu_____ at homework. He doesn't need a lot of time.			the pen – the pens this pen – _____ pens	We _____ English at school.	Liebe Grüße, ... Jack f_____ m_____
7	these people live next to you n_____		I w_____ a new mobile phone.			Yes, he is. – answer Is he 10? – h_____	a_____ a _____ questions	L_____, ...
8	you eat it in the morning b_____		Can you a_____ my question, Dan?			football – sport reading books – _____		Ich mag es sowieso nicht. I don't like it a_____.

Vocabulary Action Sheet 3 B

	Context	Pictures	What people do	Opposites/ Word partners	The fourth word	German/ English	Shopping
1	I can't come. I h_____ t_____ do my homework.		_____ the table	together a_____	a book – two books a man – two _____	zumindest, wenigstens m_____	
2	In English, please. I don't u_____ German.		Make an a_____ with a partner.	always _____	morning – breakfast evening – d_____	Mein Hund spielt draußen. _____ dog o_____	Germany – euro. England – _____.
3	Do you k_____ London?		in the park	go out of a room go _____ a room	ride – a bike _____ – the guitar	ein unheimliches Geräusch o_____	There's o_____ one CD on the table
4	Can we m_____ at 8 o'clock?			stop s_____	Sophie – a girl Jack – a _____	jetzt sofort, jetzt gerade _____	H_____ are the jeans? – They're € 50.
5	'Empty' is the o_____ of 'full'.		_____ a match	over e_____	letter – word s_____ – text	mein einziges Hobby my _____	i_____ s_____
6	The p_____ are looking for the bank robbers.		s_____ for help	like a lot h_____	Mr Kingsley – teacher Sherlock Holmes – _____	Vielleicht geht es um Mr Green. M_____ a_____ this Mr Green.	Here's € 10. – And here's your ch_____: 20 ct.
7	Don't make so much n_____. The baby is sleeping.		_____ a friend	woman _____	euro – cent pound – _____	plötzlich _____	€ 40 for a T-shirt is t_____ much.
8	a_____ two and two and you get four	a _____ of	l_____ letters to words and words to sentences	hat – h_____	ask – question answer – _____	Bitte finde (das) heraus. Please f_____ o_____.	This dress is only € 10. – Then I'll t_____ it.

A 4 Vocabulary Action Sheet

	Party food	Definitions	Pictures	The fourth word	For breakfast	Context	Food and drink	German/English
1		ask people to come to your house		sing – a song invite – an _____		I usually _____ toast for breakfast.		süß
2		you wear it in your ear		chocolates – box crisps – _____		My dog always h_____ me to school.		kein, keine There _____ a _____ orange juice in the fridge.
3		e _____		cat – pet apple – f_____		I'm still hungry. Can I have a _____ sandwich, please?		beide a _____
4		where you get on a train		right – wrong long – _____		This is a r_____ dog, not a toy dog.		in Eile sein, es eilig haben to _____ in a _____
5		not now l _____		full – empty up – _____		I wa_____ t_____ buy a new CD.		etwas Käse s_____ cheese
6		you do this in a shop things		banana – food tea – _____		W_____ you _____ a piece of cake?		Stichwort, Schlüsselwort c_____
7		a person s_____ y		run – walk come here – _____ a		After lunch Jack was s_____ hungry.		in einen Bus einsteigen g_____ a bus

Vocabulary Action Sheet 4   B

	Parts of the body (1)	Definitions	Pictures	Context	Parts of the body (2)	The fourth word	What we're doing	German/ English
1	(arm)	name of a story, book or film t _____	(slice of cake)	Please t _____ the plates into the kitchen, Jack.	(hair)	garden – outside kitchen – _____	Kate is t _____ ing her room.	Das Theaterstück ist zu Ende. The _____ is _____.
2	(hand)	short form for 'in the afternoon'/ evening	(biscuit)	"W _____ cake would you like?" "The chocolate cake, please."	(face)	lemonade – bottle crisps – _____	They're w _____ ing the bus.	sich Notizen machen t _____ n _____
3	(finger)	great, very good f _____	(boxes)	There are 60 _____ in an hour.	(eye)	big – small short – _____	Ben is g _____ ing the bus.	Es gibt keinen Obstsalat mehr. There's _____ fruit salad.
4	(leg)	What you win in a game or match p _____	(stove)	My parents always w _____ a _____ me when I come home late.	(ear)	eyes – see ears – _____	Lucy is _____ ing.	vor dem Haus _____ ing. the house
5	(elbow)	part of a play s _____	(plate)	Where's Sheeba? She's o _____ in the garden.	(nose)	eyes, nose – face arms, legs – _____	Oliver is _____ ing.	Mach dir keine Sorgen. w _____ .
6	(foot)	you put cornflakes in it a b _____	(radio)	My brother is af _____ big dogs.	(mouth)	afternoon – pm morning – _____	They're _____ ing the train.	sich umsehen r _____
7	(toes)	go into (a house) go i _____	(door)	We have to c _____ a name for our new guinea pig.	(foot)	one – foot two – _____	Penny is p _____ ing r _____ the food.	keine Haustür _____

© 2006 Cornelsen Verlag, Berlin · Alle Rechte vorbehalten

5 Vocabulary Action Sheet

	Definitions	Context	What we do/ How we are Spring Show	The fourth word	Pictures	Opposites/ Word partners	German/ English
1	a very big town	Is that _____ a house	the play a day before the show	(to) sit – sat (to) be – _____ /we _____		old _____	nicht viele Fehler _____ not
2	in a short time n_____ now.	c_____? Yes, I understand	Dan _____ r_____	(to) say – said		y_____ start –	Er kann es kaum erwarten, ... zu sehen He _____ to see ...
3	you hear it s_____	Mr Bonny w_____ with Jo.	c_____ people	(to) tell –		tomorrow _____	Der Fußboden ist kalt.
4	a child k_____	the sailor with his sword.	a new car, house s_____	(to) walk – walked		I think so. y_____	Eine schöne Frau is _____
5	a _____ s_____ poltergeists or mice?	Are you s_____ ? The band has to p_____ a lot.	t_____	(to) run –		I _____ him. b_____	Auf dem Schiff war es windig. It _____ the ship.
6	very bad t_____ he's	A party at Sophie's house. That s_____ he's great. Sophie says	list of things in a show p_____	(to) talk – talked		I didn't see him. a_____	endlich ein Ergebnis a _____ l _____
7	a place to watch films	t_____ Jack's ideas are mad.	to practise the play r_____	(to) go –		summer _____	Ich war zwei Tage in London. I _____ in London two _____.
8	Where you play sports c_____	It's very d_____ in here. I can't see much.	Sophie does this in the Spring Show d_____	(to) play – played		cold _____	Wie viele Anrufe?
9	people or things together	B_____ me the ball. she's	There was a r_____ on the Spring Show on the radio.	(to) have – (to) help – helped (to) do –		I went _____ I d_____	_____?

Vocabulary Action Sheet 6

	Definitions	Places	Context	What we do	Opposites	Pictures	The fourth word	German / English
1	another word for 'the centre' m_____		We need two _____ v_____ for the poster.	We e_____ a new place or a country to learn about it.	finish – _____		make – made _____ – _____	Du hast Recht. _____ you' _____.
2	not expensive c_____	the middle of a city c_____ c_____	There are two sy_____ in summer		teacher – _____ s_____		say – _____ windy – wind _____ – _____	Ich würde gern möchte gehen. _____ go.
3	another word for 'have to'		This ticket is f_____. I don't want any money for it.	wh_____	a quiet boy – a _____ boy		funny – _____ sit – sat	Viel Spaß! _____ !
4	say 'yes' to a plan/idea		The first s_____ is to choose a partner.		a _____ hot –	c_____ n_____	go – _____ (to) see – saw – _____ (to) take – _____	murren, nörgeln
5	a place where people live a t_____		The p_____ of the bike is € 250.	s_____	different – _____	b_____	this – that these – _____	Woher weißt / kennst du …? _____ do you _____ …?
6	eat food in a park p_____ a _____		Ananda sometimes h_____ her leg in hockey matches.		winter – _____	f_____	elephant – big mouse – _____	aus vielen Gründen _____ lots of
7	very good friends b_____ friends		"Where is your house?" "It's o_____ t_____."	p_____ a project to classmates	empty – _____	a_____ ch_____	teach – a teacher play – a _____	jeder, jede, jedes

© 2006 Cornelsen Verlag, Berlin · Alle Rechte vorbehalten

Vocabulary Action Sheet   Lösungen

Welcome A

	German/English	Colours	Context	In a school bag	Pictures	The fourth word	Opposites	What we can do
1	nice summer holidays	yellow	What's	pencil case	band	she	empty	sing
2	He's at work.	blue	Where	ruler	skateboard	colours	no	help
3	The number is right.	red	Yes, I can. / No I can't.	felt tip	street/road	their	(to) push	see
4	We are happy.	brown	with	pen	park	it	new	drop
5	We live in Berlin.	pink	drop	pencil	tree	English	(to) close	talk
6	Can you help me, please?	black	Who	rubber	water	Saturday	father	listen
7	a big bag	orange	need	pencil sharpener	boat	Mrs	girl	laugh
8	I'm 12. What about you?	green	but	exercise book	school	places	No, I can't.	think

Welcome B

	Definitions	Times and days	Context	In a house	Things	Families	Word pairs	German/English
1	today	o'clock	too	house	kite	family	white	Look at page 3.
2	pretty	half past	Germany	flat	parrot	brother	breakfast	What's the time?
3	numbers	quarter to	from	room	uniform	twins	school	my favourite song
4	names	quarter past	and	bed	mp3 player	dad/father	thank you	Let's go!
5	times	Monday	for	picture	wheelchair	mum/mother	goodbye	Good morning.
6	week	Wednesday	have got	plate	glue stick	sisters	there	Good luck!
7	year	Thursday	help	newspaper	shop	baby	Saturday	Sorry, I'm late.
8	classroom	Sunday	live at	pets	book	friends	last	a great poem

Unit 1 A

	Definitions	Context	At school	Subjects	Pictures	The fourth word	Adjectives	German/English
1	Alphabet	listen	school bag	French	comic	an	mad	I'm sorry.
2	board	write	timetable	Geography	sandwich box	our	right	a joke
3	marmalade	nervous	student	Biology	box	him	bad	lots of
4	lunch	next	lesson	Science	milk	Art	nice	There's a skateboard in my photo.
5	chair	idea	clock	RE	money	has got	boring	in the morning
6	food	like	form/class	Maths	apple	your	clever	You're welcome.
7	German	double	subjects	History	table	family	quiet	Can you remember that?
8	mobile phone	enough	break	Drama	chair	isn't	pretty	Can you spell that?

© 2006 Cornelsen Verlag, Berlin · Alle Rechte vorbehalten

Vocabulary Action Sheet   Lösungen

	Context	What we do	Months	What we do at school	Opposites	Pictures	German/English	In a classroom
1	come	drink	October	talk about	bad	window	Sorry?	school bag
2	different	climb	May	listen to	before	bank robber	What's for homework?	timetable
3	all	eat	July	write	this	tea	It's your turn.	classmates
4	about	hurry up	November	spell	dad	packet of mints	a clever class	lamp
5	end	work	December	sit	Don't do it!	face	lunch	poster
6	forget	open	March	look at	go	world	Bye/See you.	teacher
7	from	listen to	February	meet	I haven't got.	calendar	It's really quiet.	computer
8	lots of	tell	January	take out	little	Christmas	end (of) school	homework

Unit 1B

	Definitions	Pets: their homes & food	Context	Pictures	The fourth word	Pets	Opposites	German/English
1	wrong	basket	share	bus	food	budgie	go to bed	get dressed
2	date	cage	plans	garden	at (night)	fish	early	at the top (of)
3	evening	bowl	afternoon	sandwich	do (judo)	guinea pig	grandpa	of course
4	child	hutch	go to	essay	have	hamster	without	married to a teacher
5	sometimes	house	every	tooth	water	horse	daughter	This is my home.
6	grandchild	carrot	till	toast	on (Thursday)	mouse	night	so
7	easy	meat	after that	hand	people	rabbit	uncle	Here you are.
8	weekend	rabbit food	argues	letters	at the weekend	tortoise	divorced	all the time

Unit 2A

	Definitions	Context	In a house	What people do every day	Families	The fourth word	What we do	Topic 2
1	interesting	by	bedroom	clean their teeth	uncle	us	clean	stairs
2	single	remember	kitchen	watch TV	grandpa/grandfather	children	feed	armchair
3	countries	so	living room	get up	aunt	in	put	fridge
4	sofa	because	bathroom	go to bed	grandma/grandmother	fish	give	cooker
5	thanks	just	washing machine	sleep	cousin	teeth	read	dishwasher
6	sunglasses	fit	chair	wash	daughter	bird	wear	cupboard
7	pets	quiz	wardrobe	have a shower	son	mice	act	bath
8	essay	get … ready	table	get dressed	parents	upstairs	do	dining room

Unit 2B

248 Vocabulary Action Sheet   Lösungen

	Definitions	Sports	Context	Pictures	What we wear	The fourth word	What we're doing	German/English
1	shop assistant	American football	size	guitar	boots	go	teach	dancing lessons
2	always	baseball	free	model boat	dress	them	make models	I like singing.
3	(the) next day	dancing	some	bike	jeans	boots	collect	…, you know.
4	free time	riding	usually	stamp	shirt	good afternoon	try on	most people
5	match	swimming	often	card	shoe	go swimming	walk	Dear
6	(to) be right	table tennis	quick	piano	shorts	question	ride	Say hi to … for me.
7	neighbours	volleyball	want	head	socks	these	learn	Love, …
8	breakfast	judo	answer	sweatshirt	(a) top	hobby	ask, answer	anyway

Unit 3 A

	Context	Pictures	What people do	Opposites/Word partners	The fourth word	German/English	Shopping
1	have to	sink	lay	alone	men	at least	money
2	understand	skates	appointment	never	dinner	My dog plays outside.	pound
3	know	car	skate	into	play	a scary noise	only
4	meet	snake	run	start	boy	right now	How much
5	opposite	watch	win	under	sentence	my only hobby	jumble sale
6	police	man	shout	hate	detective	Maybe this is about Mr Green.	change
7	noise	piece of paper	call	women	pence	suddenly	too
8	add	woman	link	head	answer	(Please) find out.	I'll take it.

Unit 3 B

	Party food	Definitions	Pictures	The fourth word	For breakfast	Context	Food and drink	German/English
1	chips	invite	jug	invitation	bread	have … for …	chicken	sweet
2	crisps	earring	bottle	packet	marmalade	follows	chocolate	isn't any
3	hamburger	station	glass	fruit	orange juice	another	potatoes	both
4	ice cream	later	disco	short	cheese	real	orange	be in a hurry
5	biscuits	buy	presents	down	milk	want to	lemonade	some
6	sweets	long	soap	drink	hot chocolate	Would you like …?	cake	key word
7	sausages	somebody	train	go away	cornflakes	still	salad	get on

Unit 4 A

© 2006 Cornelsen Verlag, Berlin · Alle Rechte vorbehalten

Vocabulary Action Sheet   Lösungen

Unit 4 B

	Parts of the body (1)	Definitions	Pictures	Context	Parts of the body (2)	The fourth word	What we're doing	German/ English
1	arm	title	piece of cake	take	hair	inside	tidying	The play is over.
2	hand	p.m.	roll	Which	head	packet	waiting for	take notes
3	finger	fantastic	parcel	minutes	eye	long	getting on	no more
4	leg	prize	door	worry about	ear	hear	hiding	in front of
5	knee	scene	plate	outside	nose	body	making a mess	Don't worry.
6	foot	bowl	CD player	afraid of	mouth	am	getting off	look round
7	toes	to go inside	doorbell	choose	shoulder	feet	passing round	no front door

Unit 5

	Definitions	Context	What we do/ How we are	Spring Show	The fourth word	Pictures	Opposites/ Word partners	German/ English
1	city	clear	paint	rehearsal	was/were	camera	young	not many mistakes
2	soon	exciting	was cross	choir	told	swimming pool	finish	can't wait
3	sound	killed	show	pirate	ran	ship	yesterday	The floor is cold.
4	kid	scared of	practise	ticket	tonight	notice board	I don't think so.	a beautiful woman
5	terrible	sounds	to be cold	programme	autumn	king	saw	was windy on
6	cinema	that	to be asleep	rehearse	went	diary	winter	at last a result
7	sports centre	dark	use	dance	had	elephant	hot	I was in London for two days.
8	group	bring	to be tired	report	did	sea	I didn't go	How many phone calls?

Unit 6

	Definitions	Places	Context	What we do	Opposites	Pictures	The fourth word	German/ English
1	middle	village	more	explore	start	glue	said	You're right.
2	cheap	city centre	syllables	whisper	student	detective	fun	I'd like to go.
3	must	church	free	take photos	loud	corner	went	Have fun!
4	agree	tower	step	run	cold	hall	took	grumble
5	town	museum	price	smile	same	bridge	those	How do you know …?
6	have a picnic	library	hurts	sit	summer	fans	little	for … reasons
7	best friends	station	over there	present	full	champion	player	each

© 2006 Cornelsen Verlag, Berlin · Alle Rechte vorbehalten

1 KV Erfassungsbogen (A)

Manu and the snake

Erfassungsbogen (B)   **KV 1**

A Saturday at the Snows' house

Hake (✓) die Bilder ab, die du in der Geschichte hörst.

I can listen and talk in English

Evaluation

My name is _____   I'm in class _____

I can listen

Manu and the snake
Hörverstehen (Globalverstehen)

Lösung: 5, 3, 7, 1, 4, 6, 8, 2

Ich habe alle 8 Bilder richtig geordnet.	6 Stufen
Ich habe nur 2 Bilder falsch.	4 Stufen
Ich habe 4 Bilder falsch.	2 Stufen

A Saturday at the Snows' house
Hörverstehen (Einzelwörter)

Lösung: Tisch, Kuchen, Tasse, Sonne, Fahrrad, Baum, Katze, Vogel

Ich habe alle 8 Bilder richtig angekreuzt.	6 Stufen
Ich habe 6 Bilder richtig.	4 Stufen
Ich habe 4 Bilder richtig.	2 Stufen

I can talk

Sprechen

👥 Kannst du schon Englisch sprechen? Bearbeite die Karten abwechselnd mit einem Partner/einer Partnerin. Hake die Karten ab, die ihr bereits gelöst habt. Für jede richtige Lösung malt dein Partner/deine Partnerin eine Stufe deiner Leiter aus (maximal sechs Stufen).

Sag, wie du heißt, wie alt du bist und wo du wohnst.	Frag deinen Partner/deine Partnerin, wie er/sie heißt.	Sag, was du magst oder gern tust.	Frag deinen Partner/deine Partnerin, wie alt er/sie ist.
Frag deinen Partner/deine Partnerin, wo er/sie wohnt.	Frag deinen Partner/deine Partnerin, was er/sie mag oder gern tut.	Frag deinen Partner/deine Partnerin, wie es ihm/ihr geht.	Bitte deinen Partner/deine Partnerin, dir etwas zu geben.
Bedanke dich.	Zähle Dinge auf, die du in deiner Schultasche hast.	Sag, wie spät es ist.	Sing ein englisches Lied oder sag einen englischen Reim auf.

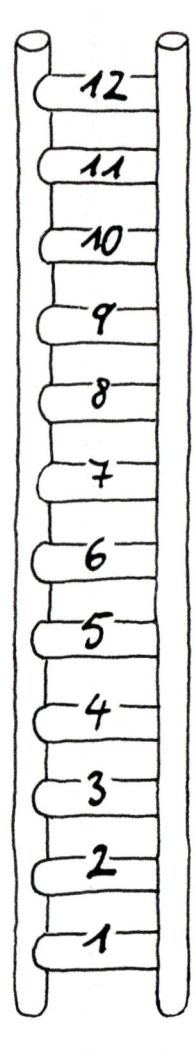

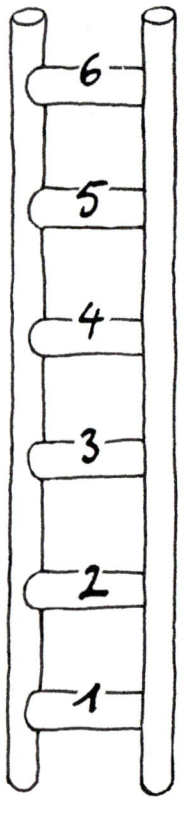

The British Isles (A) KV 2

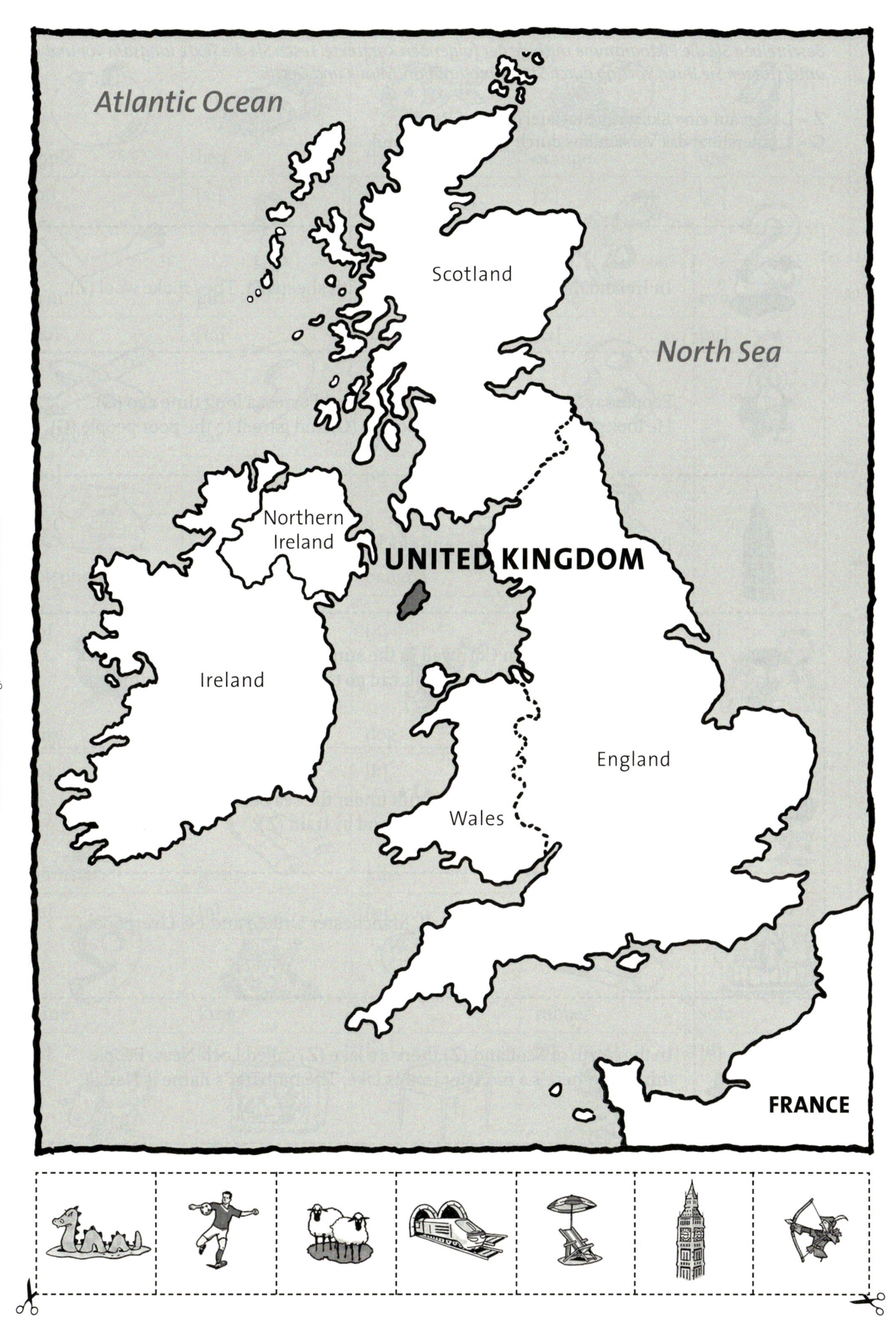

Atlantic Ocean

Scotland

North Sea

Northern Ireland

UNITED KINGDOM

Ireland

England

Wales

FRANCE

4 KV Prunella's song

PRUNELLA'S SONG

I'm Prunella the poltergeist,
Hee, hee, hee!
I _____ things and I _____ things,
I _____ things and I _____ things,
I _____ things
And then I laugh:
Hee, hee, hee!
I'm Prunella the poltergeist,
Hee, hee, hee!
I _____ you, you _____ me,
You _____, but you _____ me,
I _____ things
And then I laugh:
Hee, hee, hee!

Prunella the poltergeist,
That's me.
Prunella, the poltergeist,
Hee, hee, hee!

A classroom network KV 5

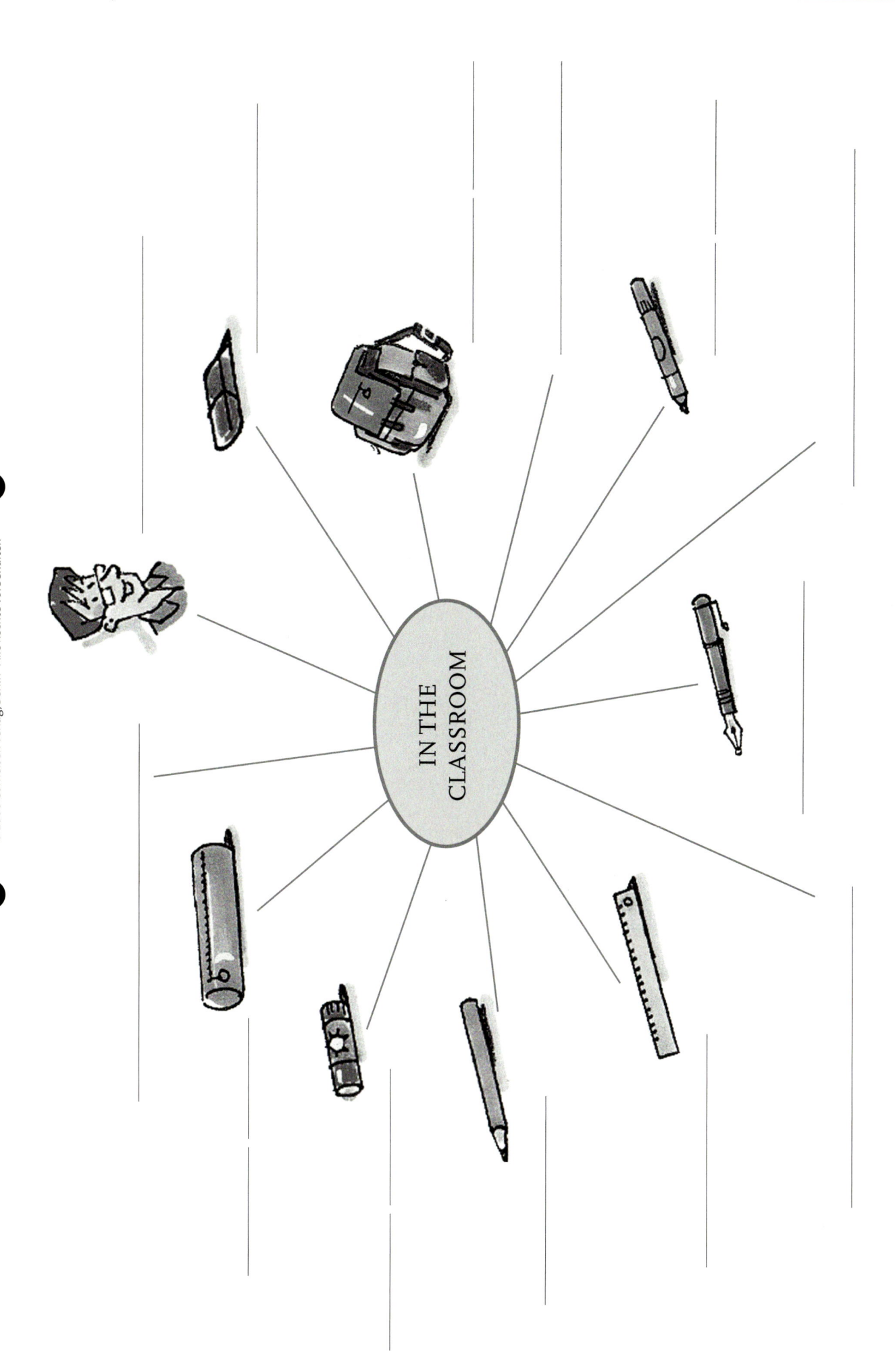

IN THE CLASSROOM

6 KV The days of the week

Listen to the poem. Fill in the days of the week.

The days of the week

Day one of the week is _____,

Two _____, three _____, OK?

Then _____ and _____ and then: Hooray!

_____, _____: we can play.

Listen to the poem. Fill in the days of the week.

The days of the week

Day one of the week is _____,

Two _____, three _____, OK?

Then _____ and _____ and then: Hooray!

_____, _____: we can play.

Listen to the poem. Fill in the days of the week.

The days of the week

Day one of the week is _____,

Two _____, three _____, OK?

Then _____ and _____ and then: Hooray!

_____, _____: we can play.

Bingo KV 7

1. *Write numbers from 1 to 25 (or 25–50, ...) in the squares ☐ of the Bingo chart.*
2. *Your teacher or a classmate will call out numbers[1] from 1 to 25 (25–50, ...).*
3. *Mark the numbers you can hear. You've got a full line up/down ▲ ▼, left/right ◄ ► or diagonally ⤢? Shout 'BINGO'!*

B	I	N	G	O

[1] will call out numbers: *wird Zahlen ausrufen*

Poem skip

Rap this poem!

One skip
Two skip
Three skip
Four.

Five skip
Six skip
Seven skip
More.

Skip

Eight skip
Nine skip
Ten skip
Hop.

Skip skip
Skip skip
Skip skip
Stop.

Andrew Collett

What's the time? KV 9

part 1 part 2 part 3

01	0	0
02	1	1
03	2	2
04	3	3
05	4	4
06	5	5
07		6
08		7
09		8
10		9
11		
12		

1 Cut out parts 1–4.
2 Part 4: Make slits on the double lines.[1]
3 Now put the strips (part 1–3) through these slits.[2]

part 4

What time is it?

[1] Make slits on the double lines: *Schlitze die doppelt gezeichneten Linien mit der Schere ein.*
[2] Put ... through these slits: *Ziehe ... durch diese Schlitze.*

10 KV Your English book rally (A)

Tick (✓) the correct answer. **Points**

1. How many girls are there on the cover of your English book? 2
   a) three ☐ b) two ☐ c) five ☐

2. What is the parrot's name on pages 8 and 9? 2
   a) Quick Polly ☐ b) Pretty Baby ☐ c) Pretty Polly ☐

3. How many Units does your English book have? 2
   a) six ☐ b) four ☐ c) nine ☐

4. Which Unit is about parties? 2
   a) Unit 4 ☐ b) Unit 2 ☐ c) Unit 1 ☐

5. Can you find the names of the Bristol kids? 2

   HXCJOBPQANANDARWEDSFRSOPHIEYVPEUJACKOKWDANYPLW

6. Which of these sports is <u>not</u> played by any of the Bristol kids? Look at pages 52/53. 2
   a) football ☐ b) hockey ☐ c) tennis ☐

7. What's 'Pommes frites' in English? Look in the English-German dictionary on pages 192–200. 3
   a) potatoes ☐ b) chips ☐ c) biscuit ☐

8. In which chapter do you learn how to do a <u>presentation</u>? Look in the Skills File on pages 122–129. 3

9. Where does Prunella live? 2
   a) in the Pretty Polly's B&B ☐ b) at Cotham Park Road ☐ c) in Cotham School ☐

10. Who helps you in the Grammar File? Look at pages 130–148. 2
    a) Polly ☐ b) Mr Hanson ☐ c) Prunella ☐

11. Which of these symbols means 'work with a partner'? Look at page 3. 3
    a) 🎧 ☐ b) ▶ ☐ c) 👥 ☐

12. What are the Remember Boxes in the Vocabulary for? Look at pages 150–156. 3
    a) for very hard words ☐ b) for words that I already know ☐ c) for very easy words ☐

13. Where do the kids in your English book live? 3
    a) Bristol ☐ b) Oxford ☐ c) York ☐

14. Mark the correct town on the map. Look on the inside cover *(Umschlagseite, innen)* of your English book. 3

                                                                       34

Eine Rallye durch dein Englischbuch (B)   **KV 10**

Hake (✓) die richtige Antwort ab.   *Punkte*

1. Wie viele Mädchen siehst du auf dem Umschlag deines Englischbuchs?   2
   a) drei ☐   *b)* zwei ☐   *c)* fünf ☐

2. Wie heißt die Papageiendame auf den Seiten 8/9?   2
   a) Quick Polly ☐   *b)* Pretty Baby ☐   *c)* Pretty Polly ☐

3. Wie viele Kapitel (Units) hat dein Englischbuch?   2
   a) sechs ☐   *b)* vier ☐   *c)* neun ☐

4. In welcher Unit geht es um Partys?   2
   a) Unit 4 ☐   *b)* Unit 2 ☐   *c)* Unit 1 ☐

5. Kannst du die Namen der Lehrwerkskinder finden?   2

   HXCJOBPQANANDARWEDSFRSOPHIEYVPEUJACKOKWDANYPLW

6. Welche dieser Sportarten übt keines der Lehrwerkskinder aus? Schau auf den Seiten 52/53 nach, um das herauszufinden.   2
   a) football ☐   *b)* hockey ☐   *c)* tennis ☐

7. Was heißt 'Pommes frites' auf Englisch? Schau im deutsch-englischen Wörterverzeichnis *(Dictionary)* auf den Seiten 192–200 nach.   3
   a) potatoes ☐   *b)* chips ☐   *c)* biscuit ☐

8. In welcher Unit lernst du, wie man eine Präsentation auf Englisch macht? Schau im *Skills File* (S. 122–129) nach.   3

9. Wo wohnt Prunella?   2
   a) im Pretty Polly's B&B ☐   *b)* in der Cotham Park Road ☐   *c)* in der Cotham School ☐

10. Wer begleitet dich durchs *Grammar File* und hilft dir, grammatische Regeln zu verstehen? Schau auf den Seiten 130–148 nach.   2
    a) Polly ☐   *b)* Mr Hanson ☐   *c)* Prunella ☐

11. Welches dieser Symbole bedeutet, dass du die Aufgabe mit einem Partner oder einer Partnerin machen sollst? Wenn du nicht sicher bist, schau auf S. 3 nach.   3
    a) 🎧 ☐   *b)* ▶ ☐   *c)* 👥 ☐

12. Wofür stehen die *Remember*-Kästen im *Vocabulary*? Wenn du nicht sicher bist, schau auf den Seiten 150–156 nach.   3
    a) für besonders schwierige Wörter ☐   *b)* für Wörter, die ich wohl schon kenne ☐
    c) für Wörter, die schwer auszusprechen sind ☐

13. Aus welcher Stadt sind die Lehrwerkskinder?   3
    a) Bristol ☐   *b)* Oxford ☐   *c)* York ☐

14. Zeichne die richtige Stadt in die Karte ein. Schau auf die Innenseite des Umschlags deines Englischbuchs, wenn du nicht sicher bist.   3

34

10 KV **Your English book rally (C)**

Certificate

Name:

Class: _____   Date: _____

Total number of points: _____

☐ **good** ☐ **very good** ☐ **excellent**

(27–29 points) (30–32 points) (33–34ints)

Lösung:
1b – 2c – 3a – 4a – 5: Jo, Ananda, Sophie, Jack, Dan – 6c – 7b – 8: Unit 6 – 9b – 10a – 11c – 12b – 13a – 14: Bristol liegt an der Südwestküste Englands

© 2006 Cornelsen Verlag, Berlin · Alle Rechte vorbehalten

What can you see? KV 11

CD	table	chair	marmalade
school bag	apple	cornflakes	lamp
milk	money	comic	book
banana	mobile phone	clock	sandwich box

12 KV Long and short forms

1 Cut out the word cards in **A**.
2 Match the personal pronouns (I, you, ...) and the verb forms.
3 Now cut out the words in **B** and put them next to the long forms.

A

I	you	he	she
it	we	you	they
am	is	is	is
are	are	are	are

B

| I'm | you're | you're | we're |
| they're | he's | she's | it's |

© 2006 Cornelsen Verlag, Berlin · Alle Rechte vorbehalten

Questions and short answers KV 13

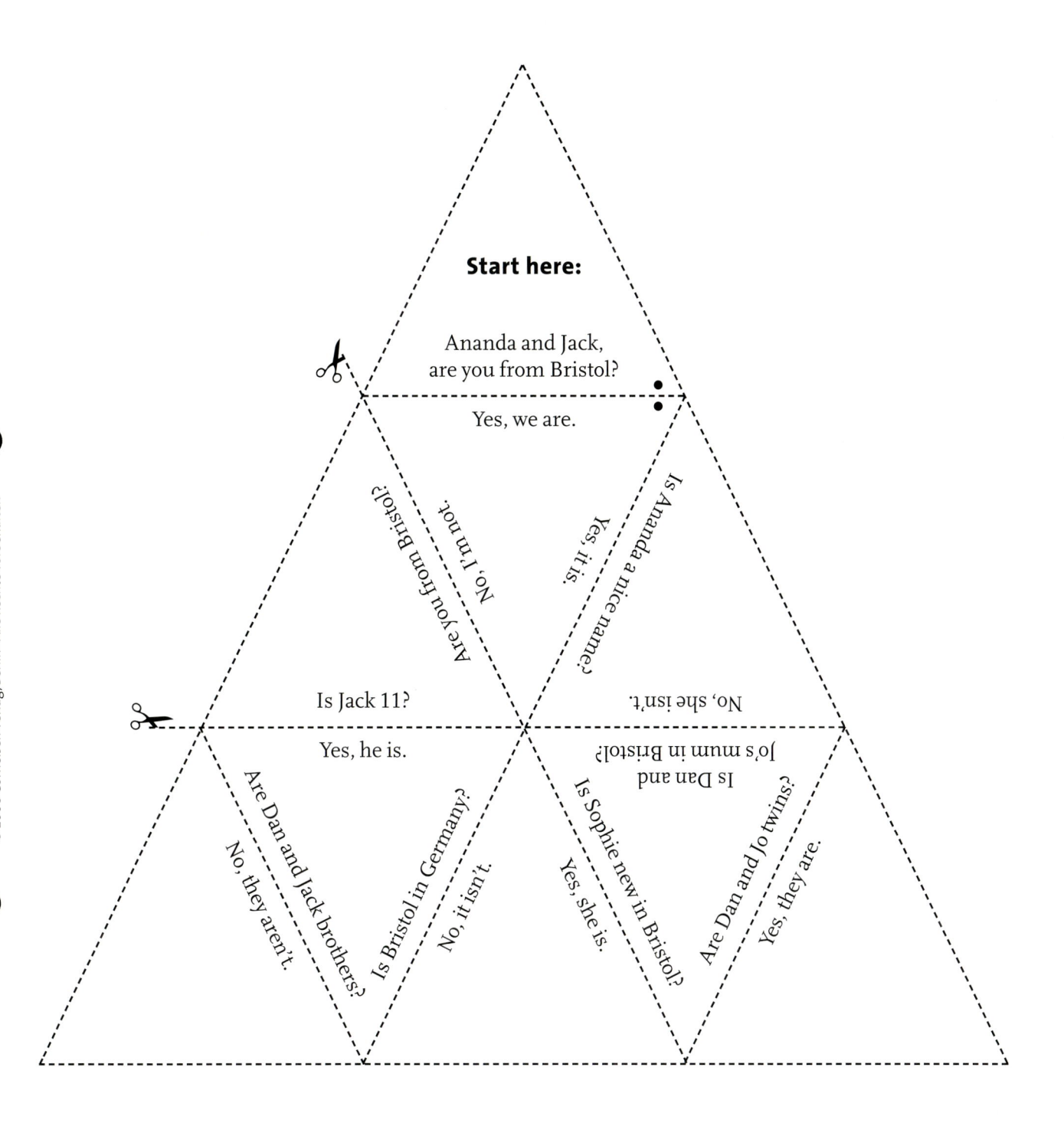

Start here:

Ananda and Jack, are you from Bristol?
Yes, we are.

Are you from Bristol?
No, I'm not.

Is Ananda a nice name?
Yes, it is.

Is Jack 11?
Yes, he is.

Is Dan and Jo's mum in Bristol?
No, she isn't.

Are Dan and Jack brothers?
No, they aren't.

Is Bristol in Germany?
No, it isn't.

Is Sophie new in Bristol?
Yes, she is.

Are Dan and Jo twins?
Yes, they are.

© 2006 Cornelsen Verlag, Berlin · Alle Rechte vorbehalten

14 KV 7PK's timetable

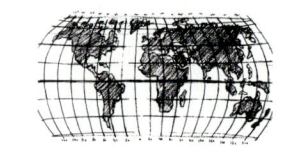

Timetable, Form 7PK
TUESDAY

Time	Subject	Room
8.45	English	14
9.40	Geography	16
10.35	Morning break	–
10.50		
11.45		
12.40	Lunch break	–
1.40		
2.35		

Drama • Maths • Music • PE • RE • Science

Word grid: school words KV 15

Find these 11 school words:

break – lunch – timetable – class – student – French – Geography
German – History – Maths – Science

C	F	T	C	I	W	B	G	G	L	F	V
O	H	I	S	T	O	R	Y	R	U	I	I
R	T	M	B	E	L	E	F	O	N	L	F
B	A	E	N	U	M	A	T	H	S	N	L
M	W	T	E	U	M	K	D	L	C	A	D
R	E	A	A	M	R	O	G	C	I	O	G
X	T	B	L	C	T	A	R	I	E	G	O
H	T	L	E	P	F	U	L	U	N	C	H
T	G	E	R	M	A	N	V	T	C	T	B
E	E	M	S	F	W	C	B	O	E	W	E
R	O	G	G	A	N	V	H	W	R	O	D
O	G	A	H	T	T	F	E	V	G	B	O
F	R	E	N	C	H	E	G	R	R	E	N
A	A	L	E	L	A	L	L	U	J	R	A
O	P	K	L	A	B	P	A	B	Y	T	S
B	H	O	R	S	T	U	D	E	N	T	B
C	Y	I	L	S	R	E	E	H	D	C	I

KV Make a word grid

She's a nice girl KV 17

Tandem exercise

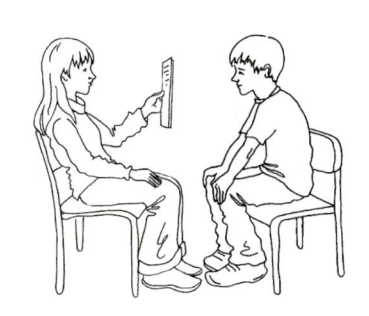

Complete the sentences with **'m (am)** · **'s (is)** · **'re (are)**

Partner A (you start)	Partner B
Ananda: Mr Kingsley is our form teacher. He _____ a nice teacher.	Ananda: Mr Kingsley is our form teacher. He**'s** a nice teacher.
Dan and Jo are from Bristol. They**'re** Englisch.	Dan and Jo are from Bristol. They _____ English.
Sophie: I _____ Sophie. I _____ new in Bristol.	Sophie: I**'m** Sophie. I**'m** new in Bristol.
Sophie and Emily **are** sisters.	Sophie and Emily _____ sisters.
Prunella: Sophie, you _____ my friend.	Prunella: Sophie, you**'re** my friend.
Jack: This is Cotham school. It**'s** a good school.	Jack: This is Cotham school. It _____ a good school.
Mr and Mrs Kapoor _____ Ananda's mum and dad.	Mr and Mrs Kapoor **are** Ananda's mum and dad.
Jack: I**'m** eleven.	Jack: I _____ eleven.

▲ fold here

18 KV Sentence dice

dice 1

I'm

we're | he's | they're | she's

you're

Write six words on dice 2.
Choose one of the word lists.

clever • student • mobile phone • friend • new • school

nervous • teacher • comic • class • together • happy

dice 2

Can you ...? KV 19

1 Answer the questions.

2 Find three partners and ask the questions.

Can you ...	You	Partner 1	Partner 2	Partner 3
... speak English?				
... do tricks?				
... play hockey?				
... sing?				
... tell a joke?				
...				
...				

3 Now talk about your partners like this:

Suse can speak English and she can do tricks. She can't play hockey ...

---

1 Answer the questions.

2 Find three partners and ask the questions.

Can you ...	You	Partner 1	Partner 2	Partner 3
... speak English?				
... do tricks?				
... play hockey?				
... sing?				
... tell a joke?				
...				
...				

3 Now talk about your partner like this:

Suse can speak English and she can do tricks. She can't play hockey ...

KV Classroom English

	teacher	student
Quiet, please!	✓	
What's that in English?		✓
Can I open the window, please?		
Sorry, I haven't got my exercise book.		
Look at the picture on the worksheet.		
What page are we on, please?		
Sorry?		
It's your turn.		
Can I go to the toilet, please?		
Can we work with a partner?		
Can you help me, please?		
What's for homework?		
Can we go now, please?		

- ✂ -

	teacher	student
Quiet, please!	✓	
What's that in English?		✓
Can I open the window, please?		
Sorry, I haven't got my exercise book.		
Look at the picture on the worksheet.		
What page are we on, please?		
Sorry?		
It's your turn.		
Can I go to the toilet, please?		
Can we work with a partner?		
Can you help me, please?		
What's for homework?		
Can we go now, please?		

Lösung:
teacher: Quiet, please! – What's that in English? – Look at the picture on the worksheet. – Sorry? – Can we work with a partner? – What page are we on, please? – Sorry, I haven't got my exercise book. – Can I help you with the worksheets? – What's for homework? – Can you help me, please? – Can I go to the toilet, please? – It's your turn. – Can we go now, please?
student: What's that in English? – Quiet, please! – Can I open the window, please? – Sorry? – Can I **teacher and student:** Quiet, please! – What's that in English? – Look at the picture on the worksheet. – Sorry? – Can I open the window, please? – It's your turn. – Can you help me, please?

Information gap, Units 1–5 (A) KV 21

Unit 1   P11   WORDS   The new timetable

Partner A (p. 29)

	Monday	Tuesday	Wednesday	Thursday	Friday
1		German			
2	Science	Geography	Maths	Maths	Drama
3	Science	RE	English	English	Science
4	Drama			PE	PE
5		PE	Geography	PE	Music
6	English	Music		German	Maths

-- ✂

Partner B (p. 114)

	Monday	Tuesday	Wednesday	Thursday	Friday
1	Maths		German	Geography	RE
2	Science	Geography		Maths	Drama
3	Science		English	English	Science
4		English	PE		PE
5	Music	PE		PE	
6		Music	Drama	German	Maths

-- ✂

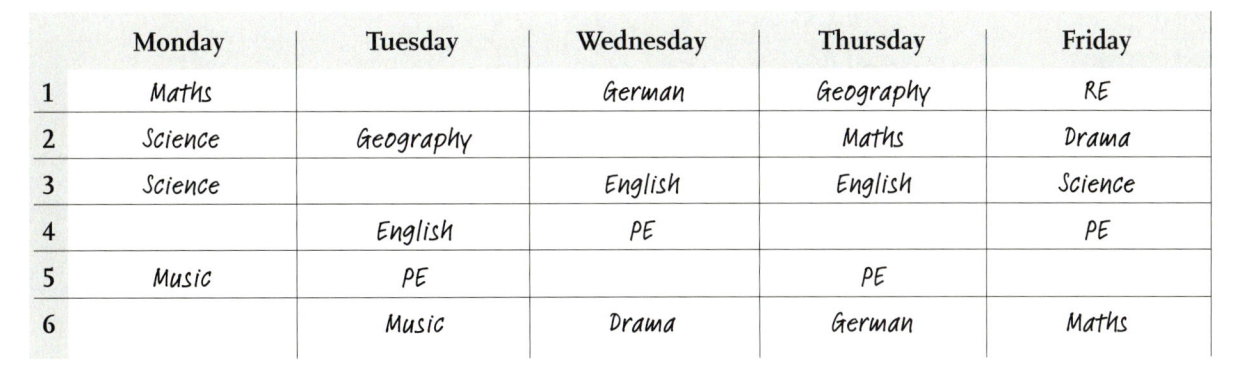

Unit 2   Lead-in   2   Where are the pets?

b) *Partner A (p. 37)*

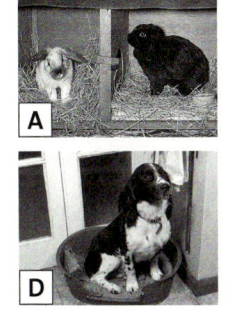

	Photo				
	A	B	C	D	E
Sheeba					
Hip and Hop					
Harry					
Polly					
Bill and Ben					

-- ✂

b) *Partner B (p. 114)*

	Sophie	Jack	Ananda	Dan and Jo
Sheeba				
Hip and Hop				
Harry				
Polly				
Bill and Ben				

21 KV Information gap, Units 1–5 (B)

Unit 2   P7   What they do every day

Partner A (p. 44)

	Jack	Ananda	You	Your partner
get up	at 7.15			
get dressed	at 7.30			
have breakfast	at 7.45			
go to school	at 8.10			
come home from school	at 4.00			
listen to CDs	at 6.15			
go to bed	at 9.00			

✂- -

Partner B (p. 114)

	Ananda	Jack	You	Your partner
get up	at 7.30			
get dressed	at 7.40			
have breakfast	at 7.50			
go to school	at 8.05			
come home from school	at 4.10			
listen to CDs	at 7.30			
go to bed	at 8.45			

✂- -

Unit 3   P9   Sport in different countries

Partner A (p. 60)

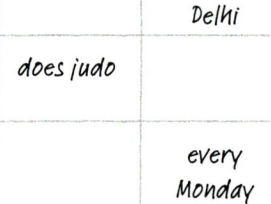

Name	Sophie	Yoko	Sanjay	Britta and Lars	Your partner
Where … come from?	Bristol		Delhi		
What sport … do?		does judo		play basketball	
When … do sport?	on Saturdays		every Monday		

✂- -

Partner B (p. 115)

Name	Sophie	Yoko	Sanjay	Britta and Lars	Your partner
Where … come from?		Tokyo		Stockholm	
What sport … do?	goes riding		plays table tennis		
When … do sport?		at the weekend		on Mondays and Fridays	

Information gap, Units 1–5 (C) KV 21

Unit 4 P6 STUDY SKILLS Key words

Partner A (p. 76)

Jack is alone and he isn't very happy. It's 11.30 and he still hasn't got a present for Sophie. He goes to 'Computers & more'. That's his favourite shop. But then he thinks: The present isn't for me – it's for Sophie!
Jack meets his dad. They go and have a cola and a hamburger. Suddenly Jack is happy.
He has got a great idea for a present for Sophie.

A	Mr Green – to shop
B	11.30 – Ananda follows Mr Green
C	walk to Jack's house
D	Mr Green gets up – Ananda follows
E	sits in park – reads – eats – drinks
F	buys newspaper – cola – sandwich

Partner B (p. 115)

A	goes – his favourite shop
B	11.30 – Jack alone – not happy
C	meets his dad – have a cola/a hamburger
D	Jack – great idea
E	still no present for Sophie

It's 11.30. Ananda sees Mr Green and follows him.
First Mr Green goes to a little shop and buys a newspaper, a cola and a sandwich. Then he goes to a park and … sits.
Mr Green sits in the park and reads his newspaper. He drinks his cola and eats his sandwich.
Suddenly Mr Green gets up. Ananda follows him again. They walk and walk … back to Jack's house, the Pretty Polly Bed and Breakfast.

Unit 5 P7 After school

Partner A (p. 92)

	Jo	Dan
Monday	play football	
Tuesday	start his Maths project	
Wednesday	work on his Maths project	
Thursday	call his mum	
Friday	listen to sport on the radio	

Partner B (p. 116)

	Jo	Dan
Monday		watch TV
Tuesday		clean his dad's car
Wednesday		listen to music
Thursday		call his mum
Friday		play cards with Jack

Unit 1 P 15 *(p. 30)* GETTING BY IN ENGLISH New friends

A: Hello. My name is … (name A)	**B:** I'm eleven (twelve). And how old are you?
A: I'm eleven (twelve). Do you like English?	**B:** Hello. My name is … (name B)
A: You're mad.	**B:** Yes, I like English. But my favourite subject is Maths.
A: Come and sit with me.	
B: Thank you.	**A:** How old are you?

Unit 2 P 17 *(p. 47)* GETTING BY IN ENGLISH English guests

Dialogue 1

Dialogue 2

B: Thank you.	**A:** Have you got plans for the weekend?
B: Thanks. But we don't need your help.	**B:** That's OK.
A: Can I help you with your bags?	**B:** Yes, we've got lots of ideas.
A: Hello. Welcome to our home.	**A:** That's great. On Saturdays we have breakfast at nine.

Unit 3 P 19 *(p. 64)* GETTING BY IN ENGLISH In a sports shop

Part 1

Part 2

B: I like the red T-shirt. Can I try it on?	**A and B:** Thanks a lot. Good-bye.
A: Good afternoon. Can I help you?	**B:** Do you like the colour?
B: Does it look nice?	**A:** Does it fit?
C: No, I don't.	**C:** Yes, I do. Try it on.
C: Yes, it does.	**B:** Yes, it does. I'll take it.
B: Do you like the colour?	**A:** Good-bye.
A: Yes, of course.	**A:** What about this T-shirt?

Unit 4   P 15 *(p. 80)*   GETTING BY IN ENGLISH   Would you like …?

John: I'd like some potato salad, please.	**Marcel:** Ja bitte.
Oma: Frag John, ob er ein Brötchen oder etwas Kartoffelsalat essen möchte.	**Oma:** Möchte John Orangensaft oder Wasser?
Oma: Mag er Würstchen zum Salat?	**Marcel:** Would you like orange juice or water?
Marcel: Would you like Frankfurter sausages with your salad?	**Marcel:** Would you like a roll or some potato salad?
Marcel: Er möchte Kartoffelsalat.	**John:** Yes, please.
Marcel: Oma, er möchte gerne Orangensaft.	**John:** I'd like some orange juice, please.

Unit 5   P 18 *(p. 95)*   GETTING BY IN ENGLISH   Last weekend

Dialogue 1

A: How was your weekend?
B: The first band was terrible.
A: Where the bands good?
B: It wasn't bad. I was at a school show and saw two bands.
A: How was the second band?
B: They were fantastic. I can't wait to see their next show.

Dialogue 2

A: Was it good?
B: On Saturday I got up late. In the afternoon I went swimming.
A: And where were you on Sunday?
B: It was fantastic.
A: How was your weekend?
B: I went to a basketball match.

23 KV The first day at school

Dialogue 1

Mr Shaw: And what about your classmates?	*Dan:* His name is Mr Kingsley. He's nice too.
Mr Shaw: How's your new school?	*Jo:* Jack is great. He has got really mad ideas.
Mr Shaw: And what about your timetable?	*Jo:* Well, the form is very nice.
Mr Shaw: And who is your form teacher?	*Dan:* Yes, Ananda and Sophie. They're nice too.
Mr Shaw: Are there nice girls in your form too?	*Dan and Jo:* It's OK, dad.

Dialogue 2

Prunella: And, are there nice boys in your form too?	*Sophie:* … and Dan and Jo. They are twins. They're clever. You can't see who is Dan and who is Jo.
Prunella: How's your new school, Sophie?	*Sophie:* Yes, Jack is great. He has got really mad ideas.
Prunella: Go on, Sophie. Jack and …?	
Prunella: Tell me everything about your classmates.	*Sophie:* There's a nice girl, Ananda.
Prunella: And who is your form teacher?	*Sophie:* Mr Kingsley. He's nice too.
	Sophie: Well, Prunella, the form is very nice.

Cut out the sentence cards of the dialogues.

Put them in the right order.

Lösung:

Dialogue 1

Mr Shaw: How's your new school? – *Jo:* Well, the form is very nice. – *Mr Shaw:* And who is your form teacher? – *Dan:* His name is Mr Kingsley. He's nice too. – *Mr Shaw:* And what about your classmates? – *Jo:* Jack is great. He has got really mad ideas. – *Mr Shaw:* Are there nice girls in your form too? – *Dan:* Yes, Ananda and Sophie. They're nice too. – *Mr Shaw:* And what about your timetable? – *Dan and Jo:* It's OK, dad.

Dialogue 2

Prunella: How's your new school, Sophie? – *Sophie:* Well, Prunella, the form is very nice. – *Prunella:* Tell me everything about your classmates. – *Sophie:* There's a nice girl, Ananda. – *Prunella:* And, are there nice boys in your form too? – *Sophie:* Yes, Jack is great. He has got really mad ideas. – *Prunella:* Go on, Sophie. Jack and …? – *Sophie:* … and Dan and Jo. They are twins. They're clever. You can't see who is Dan and who is Jo. – *Prunella:* And who is your form teacher? – *Sophie:* Mr Kingsley. He's nice too.

Make a calendar KV 24

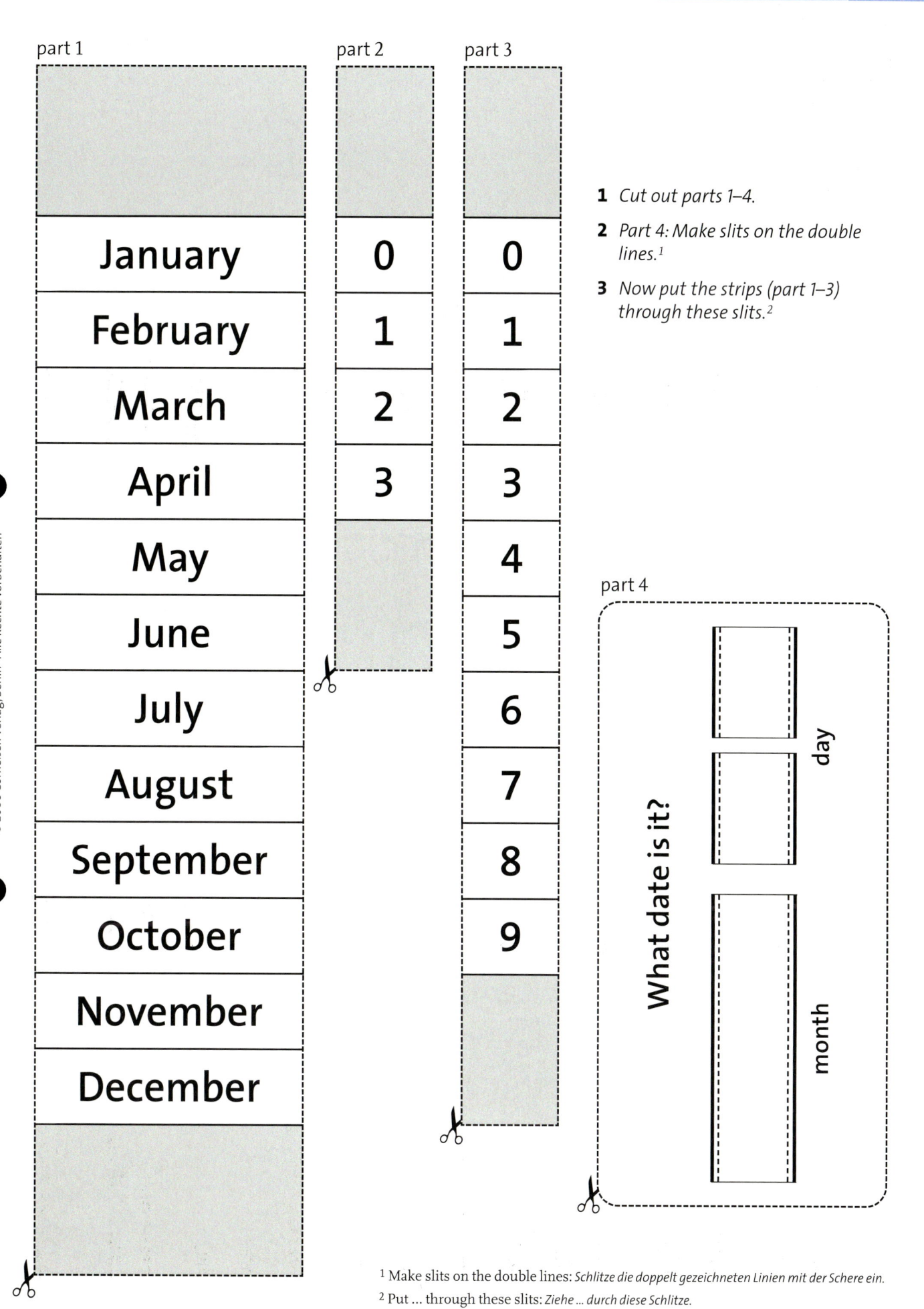

part 1

| January |
| February |
| March |
| April |
| May |
| June |
| July |
| August |
| September |
| October |
| November |
| December |

part 2

| 0 |
| 1 |
| 2 |
| 3 |

part 3

| 0 |
| 1 |
| 2 |
| 3 |
| 4 |
| 5 |
| 6 |
| 7 |
| 8 |
| 9 |

1 Cut out parts 1–4.
2 Part 4: Make slits on the double lines.[1]
3 Now put the strips (part 1–3) through these slits.[2]

part 4

What date is it?

day

month

[1] Make slits on the double lines: *Schlitze die doppelt gezeichneten Linien mit der Schere ein.*
[2] Put ... through these slits: *Ziehe ... durch diese Schlitze.*

25 KV Pets and their homes

Cut out the sentence cards. Listen to the song and put the cards in the right oder.

This is the way I go to school,
Go to school, go to school,
This is the way I go to school,
Early in the morning.

This is the way I wash my face,
Wash my face, wash my face,
This is the way I wash my face,
Early in the morning.

This is the way I clean my teeth,
Clean my teeth, clean my teeth,
This is the way I clean my teeth,
Early in the morning.

This is the way I eat my toast,
Eat my toast, eat my toast,
This is the way I eat my toast,
Early in the morning.

27 KV Plural maze

1 *Find your way through the maze.[1] You can go up (▲) and down (▼) or left and right (◄ ►). But you can only go if [2] the plural of the word has the sound [-s]!*

START					
baskets	cages	lessons	ideas	boys	
classmates	weekends	pigs	pages	pictures	
jokes	words	colours	horses	partners	
comics	plates	lamps	clocks	places	
boxes	birthdays	things	students	rabbits	
poems	hutches	schools	chairs	weeks	
birds	teachers	timetables	girls	shops → FINISH	

[1] through the maze: *durch den Irrgarten* [2] if: *wenn*

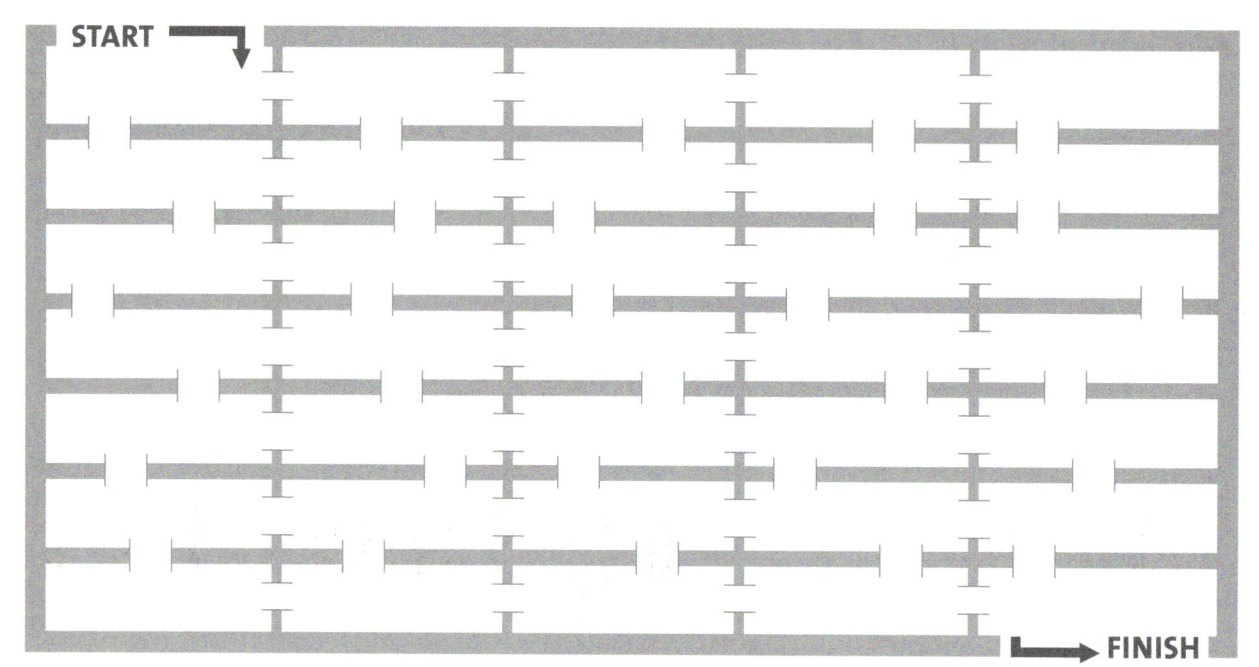

2 *Make your own maze!*

Lösung: (shown upside down)

Family words KV 28

Find these 11 words:

aunt – children – cousin – daughter – divorced – grandchild – grandma
married – parents – son – uncle

G	R	A	N	D	M	A	G	G	L	K	T
K	O	L	M	N	G	C	E	R	U	N	B
R	T	S	D	E	L	D	F	A	N	D	E
D	L	J	U	N	B	S	O	N	R	T	D
A	E	G	N	N	A	N	D	D	R	T	I
U	E	W	C	M	R	O	G	C	R	T	V
G	T	W	L	R	T	N	G	H	R	T	O
H	T	T	E	H	N	A	A	I	D	E	R
T	T	G	A	R	T	K	V	L	R	T	C
E	T	M	A	R	R	I	E	D	R	T	E
R	T	G	H	B	C	J	R	D	R	T	D
O	T	A	U	N	T	F	E	J	R	T	O
B	A	S	D	E	L	R	F	G	R	T	N
C	O	U	S	I	N	L	U	Z	J	Z	A
O	K	K	M	O	P	A	R	E	N	T	S
B	K	O	R	U	G	O	B	H	J	U	S
C	H	I	L	D	R	E	N	H	D	C	J

29 KV Family tree

1 Read this text to your partner. Your partner draws the Blacks' family tree. Is it right?

2 Listen to your partner and draw the Whites' family tree.

Partner A

The Blacks

Hello.
Here's my family.
My grandma's name is Mary.
My grandfather's name is George.
My father's name is John.
My mother's name is Susan.
They have four children – a son and three daughters.
I have three sisters.
I don't have a brother.
Who am I?

Peter • Rita • Jean
Eric • Tanja • Lucy

mother • father
daughter • daughter
mother • father

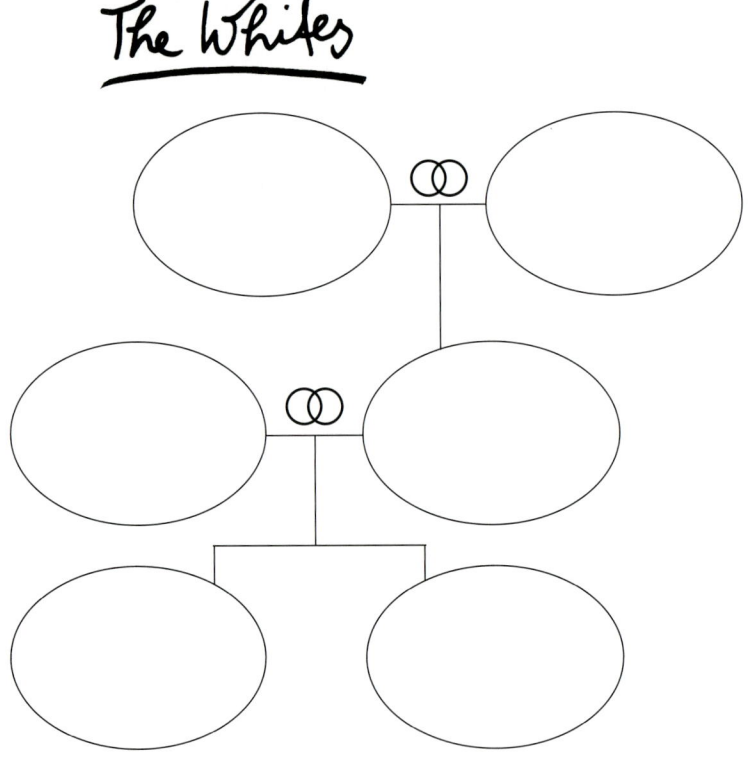

The Whites

Lösung: Paul Black (son)

---

1 Read this text to your partner. Your partner draws the Whites' family tree. Is it right?

2 Listen to your partner and draw the Blacks' family tree.

Partner B

The Whites

Here's my family.
My father's name is Peter.
My mother's name is Rita.
I have two daughters, Tanja and Lucy.
Their mother's name is Jean.
Who am I?

John • George • Susan
Mary • Cindy • Debby
Sophie • Paul

grandmother • daughter
daughter • son
grandfather • daughter
mother • father

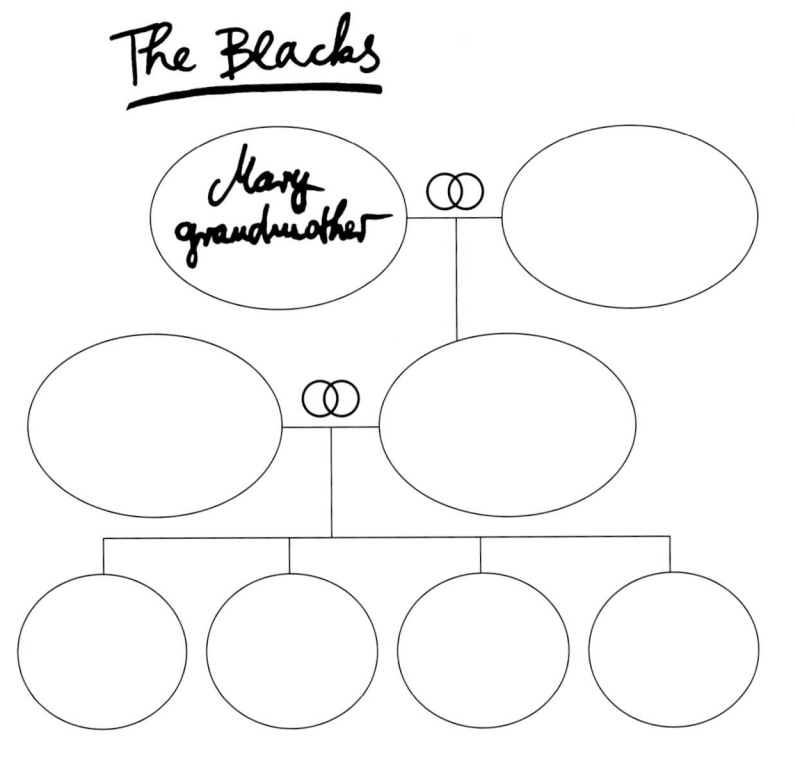

The Blacks

Mary
grandmother

Lösung: Eric White (father)

My house, your house KV 30

Partner A

1 *Cut out he picture cards. Put them in the rooms of your house.*

2 *Tell your partner about your house like this:*

There's a sofa in the living room. There are …

Partner B

1 *Cut out the picture cards.*

2 *Listen to your partner. Put the picture cards where your partner tells you. Ask questions like this:*

Is room number 6 your living room?

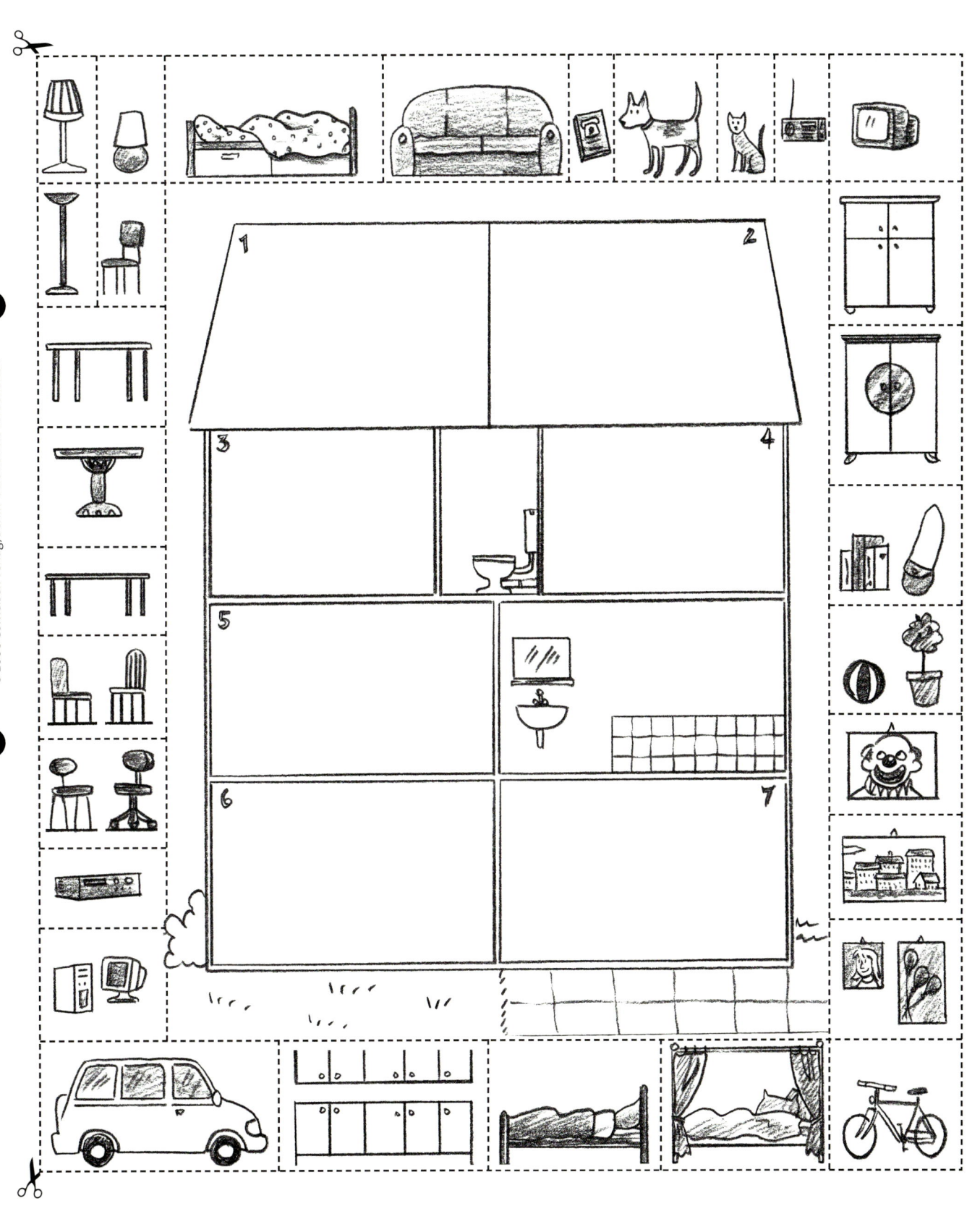

© 2006 Cornelsen Verlag, Berlin · Alle Rechte vorbehalten

31 KV Sports and hobbies

go riding	ride my bike	do judo	play football	play basketball
go dancing	read books	go skiing	play computer games	play tennis
go swimming	build models	collect cards/stamps	play the piano	play the guitar
play hockey	play badminton	play table tennis	go skateboarding	go skating
listen to music	watch TV	meet friends	play with my dog	write letters

Clothes KV 32

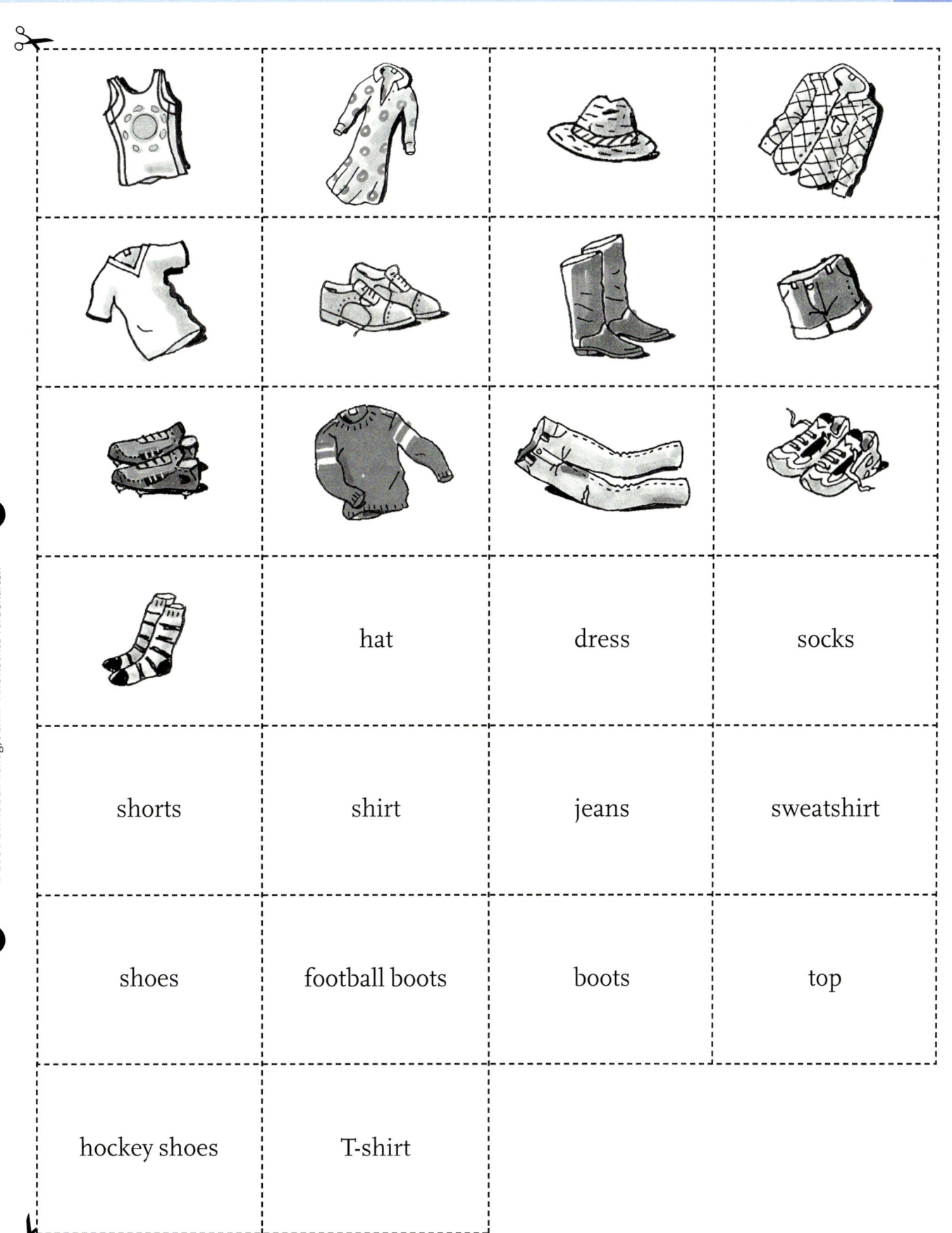

	hat	dress	socks
shorts	shirt	jeans	sweatshirt
shoes	football boots	boots	top
hockey shoes	T-shirt		

33 KV Scrambled dialogues: shopping

Dialogue 1

A:

▼

B: Yes, please. I need a green T-shirt.

▼

A:

▼

B: Size S, please.

▼

A:

▼

B: Thanks.

▼

A: Does it fit?

▼

B:

▼

A: Do you like it?

▼

B:

Dialogue 2

A: Good afternoon. Can I help you?

▼

B:

▼

A: What size?

▼

B: Size 5, please.

▼

A:

▼

B: Thanks.

▼

A:

▼

B: No, they don't. They're too small.

▼

A: Please try these boots. They're size 6. – Do they fit?

▼

B:

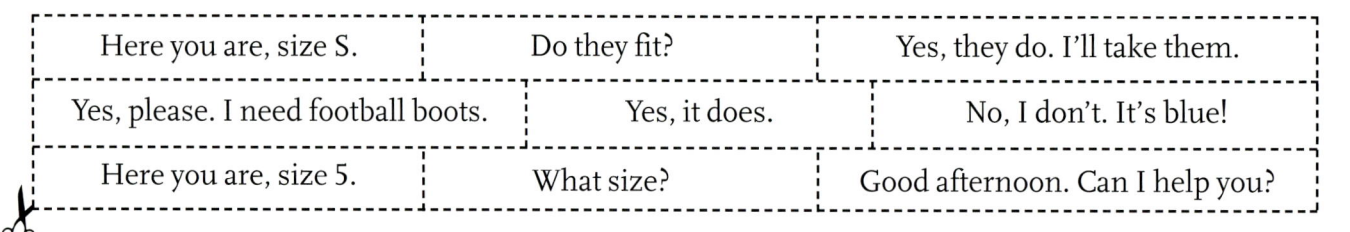

Here you are, size S.	Do they fit?	Yes, they do. I'll take them.
Yes, please. I need football boots.	Yes, it does.	No, I don't. It's blue!
Here you are, size 5.	What size?	Good afternoon. Can I help you?

1 Cut out the sentence cards and complete dialogues 1 and 2. Act them out with your partner.
2 Make your own[1] dialogues and act them out.

[1] your own: *deine eigenen*

Lösung:
Dialogue 1: *A:* Good afternoon. Can I help you? – *B:* Yes, please. I need a green T-shirt. – *A:* What size? – *B:* Size S, please. – *A:* Here you are, size S. – *B:* Thanks. – *A:* Does it fit? – *B:* Yes, it does. – *A:* Do you like it? – *B:* No, I don't. It's blue!
Dialogue 2: *A:* Good afternoon. Can I help you? – *B:* Yes, please. I need football boots. – *A:* What size? – *B:* Size 5, please. – *A:* Here you are, size 5. – *B:* Thanks. – *A:* Do they fit? – *B:* No, they don't. – *A:* Please try these boots. They're size 6. – Do they fit? – *B:* Yes, they do. I'll take them.

Questions, questions, questions KV 34

1 Cut out the answer cards and read them. Can you find the right questions?

2 Cut out the question cards and make questions. Match them to the right answer cards.

Answer cards

I play football.	No, I don't. I don't like tennis.	Yes, they do. My parents often go to school matches.
I play football every Friday afternoon.	I play football at school.	No, he/she doesn't. He/She doesn't like football.

Question cards

What do you	How often do you	Do you
Does your friend	Do your mum and dad	Where do you
play tennis?	do in your free time?	watch when you play football?
play football too?	play football?	play football?

Lösung:

1 What do you do in your free time? I play football. – 2 Do you play tennis? No, I don't. I don't like tennis. – 3 Does your friend play football too? No, he/she doesn't. He/She doesn't like football. – 4 How often do you play football? I play football every Friday afternoon. – 5 Where do you play football? I play football at school. – 6 Do your mum and dad watch when you play football? – Yes, they do. My parents often go to school matches.

KV An interview on sports and hobbies

Complete the questions and ask three students in your class.

Yes/No questions	Student 1		S2		S3	
	yes	no	yes	no	yes	no
Do you ... _____ _____ ?	☐	☐	☐	☐	☐	☐
Do you ... _____ _____ ?	☐	☐	☐	☐	☐	☐

Multiple-choice questions	S1	S2	S3
How often do you ... _____ ? • every day • every week • every weekend • never	☐ ☐ ☐ ☐	☐ ☐ ☐ ☐	☐ ☐ ☐ ☐
Where/When do you ... _____ ? • _____ • _____ • _____	☐ ☐ ☐	☐ ☐ ☐	☐ ☐ ☐

I have to ... KV 36

1 What do you have to do at home? Tick (✓) the activities.

2 Ask your partner what he or she has to do at home. Tick (✓) his/her activities.

ACTIVITY I have to ...	I	My partner
do my homework		
help in the kitchen		
lay the table		
clean my room		
play with my little brother/sister		
buy milk		
make my bed		
go to school		
drink tea		
feed my pet		
wash my hands and face		
open the window in the morning		
go to bed at 9 o'clock		
get up at 6 o'clock		

3 Talk about your partner like this:

Steffen has to do his homework, he has to help in the kitchen ...

39 KV The SHoCK-Team diary

The SHOCK Team
diary

notes by: _____

fold here

Jumble sale KV 40

41 KV Food crossword

1 *Healthy or unhealthy [1] food? Write the food words from the box into the ice cream cone.[2]*

biscuits • bread • cake • cheese • chicken • chips • chocolate • crisps • fruit salad • hot chocolate • ice cream • lemonade • milk • orange juice • oranges • pizza • potatoes • sausages • sweets

sweets →

↗ unhealthy food

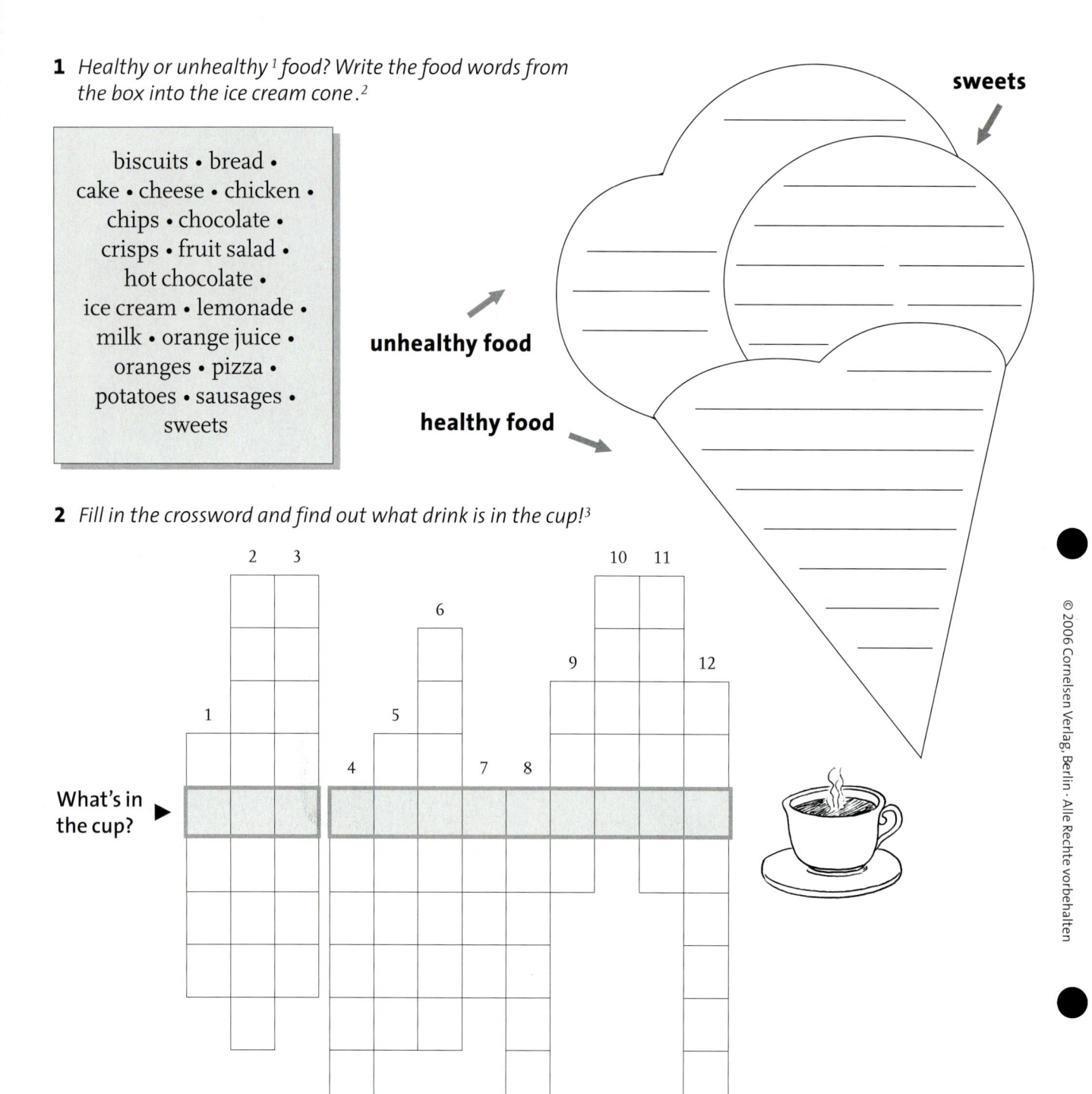

↘ healthy food

2 *Fill in the crossword and find out what drink is in the cup![3]*

What's in the cup? ▶

1 You eat them with ketchup or mayonnaise.
2 It's brown and sweet.
3 You make chips and crisps with them.
4 They make a lot of noise when you eat them.
5 It's yellow and you can put it in your sandwich.
6 It's a sweet cold drink.
7 'Do want a fruit ... or a chocolate ... for your birthday?'
8 The fruit's colour is its name!
9 It's white and we get it from cows.
10 Italy is known for its great ...
11 'Don't eat too many ... They're bad for your teeth.'
12 You eat it on hot summer days.

[1] (un)healthy: *(un)gesund*   [2] ice cream cone: *Eistüte*   [3] cup: *Tasse*

Lösung:
1 unhealthy food: pizza, crisps, sausages, chips; sweets; ice cream, chocolate, hot chocolate, lemonade, biscuits, cake, sweets; healthy food: orange juice, fruit salad, potatoes, oranges, chicken, cheese, bread, milk
2 1 chips – 2 chocolate – 3 potatoes – 4 crisps – 5 cheese – 6 lemonade – 7 cake – 8 orange – 9 milk – 10 pizza – 11 sweets – 12 ice cream

Language dice (A) KV 42

him
her | you | me
it
them

42 KV Language dice (B)

Do you know Jack and Lisa? – No, I don't know … (1)	This is a great book. I love … (7)
This plate looks bad. Can you wash …, please? (2)	Who is Paul? – I don't know … (8)
I can't find the cornflakes. Do you see …? (3)	I'm so sad! You don't want to invite … to your party. (9)
Where are you? I can't see … (4)	You can bring your sister to my party. I really like …. (10)
This pizza is great. Try …! (5)	Helen can't open this bottle. Can you open it for …? (11)
My maths homework is too difficult. Can you help …? (6)	Jimmy needs his glasses. Do you want to give … to …? (12)

Lösung:
1 them – 2 it – 3 them – 4 you – 5 it – 6 me – 7 it – 8 him – 9 me – 10 her – 11 me – 12 them · him

© 2006 Cornelsen Verlag, Berlin · Alle Rechte vorbehalten

Birthday presents KV 43

1 Write in the names of the presents. Think of more presents and draw them¹ on cards.

s _ _ _ s	c _ _ _ _ _	p _ _ _ _ _ _ c _ _ _ _	c _ _ _ _ _ _ t _
f _ _ _ _ t _ _ _ s	f _ _ _ _ _ _ _ _	_ _	p _ _ _ _ _
s _ _ _ _ _ s	T- _ _ _ _ _ _ _	p _ _ _ _ _ _	b _ _ _ _

2 Scrambled dialogue

a) Cut out the dialogue (between Partner A and Partner B) and put it into the correct order. Act out the dialogue with a partner.

b) Make a new dialogue with your own ideas² (presents, name of friend). Act it out with a partner.

No, she has got lots of books.	That's a good idea. She needs a pencil case for her felt tips.
OK. No T-shirt. Let's buy her a nice pencil case.	Let's buy Nina a book.
Yes, I have. Let's buy her a funny T-shirt.	No, she doesn't like T-shirts.
Have you got any ideas?	

¹ draw them: zeichne sie   ² your own ideas: deine eigenen Ideen

Lösung: A: Let's buy Nina a book. – B: No, she has got lots of books. – A: Have you got any ideas? – B: Yes, I have. Let's buy her a funny T-shirt. – A: No, she doesn't like T-shirts. – B: OK, no T-shirt. Let's buy her a nice pencil case. – A: That's a good idea. She needs a pencil case for her felt tips.

44 KV What are they doing?

	They're washing the dog.		She's listening to music.
	She's sitting on a sofa.		He's reading a book.
	She's writing a letter.		They're playing with their cat.
	She's coming into the room.		She's cleaning the bathroom.
	They're going to school.		He's tidying up the kitchen.
	They're working in the garden.		He's opening the window.

Which picture? KV **45**

1 Which pictures are right for text 9 in your book on p. 73? Is it **a** or **b**? **2** Cut out the pictures and put them in the right order.

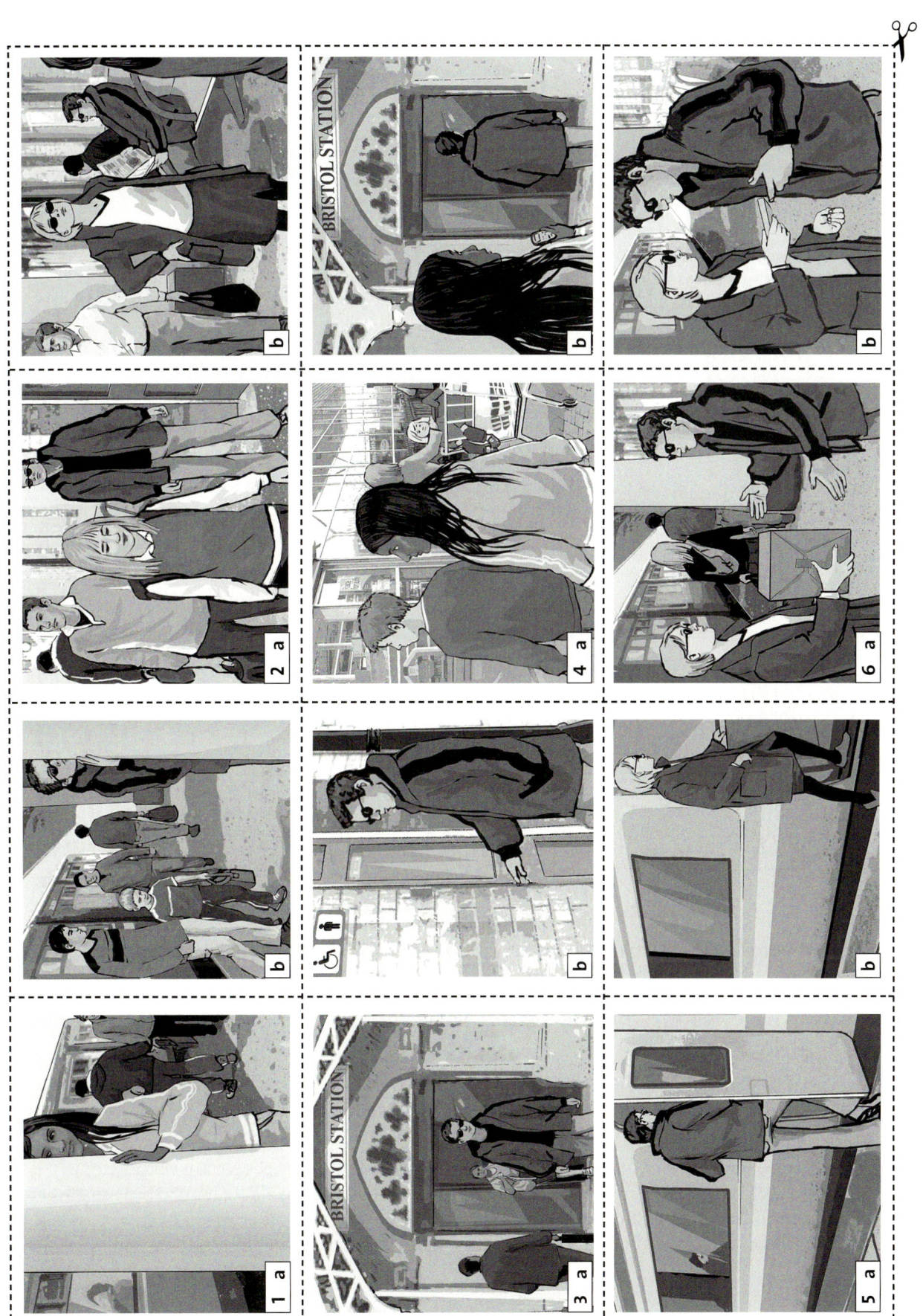

46 KV At the bus station

1 *Partner A: Look at the picture for two minutes. Read your questions, then ask your partner. Are your partner's answers correct?*

2 *Look at the picture again. Answer your partner's questions.*

3 *Partner B: Read exercises 1 and 2. Follow the instructions.*[1]

Partner A
1 Where's bus number four going to?
2 How many people are waiting for it?
3 What's the little girl at bus stop five doing?
4 Where's bus number six going to?
5 What's the man at bus stop five doing?

Partner B
1 Where's bus number five going to?
2 How many people are waiting for it?
3 What's the old woman at bus stop four doing?
4 Which bus is going to Bath?
5 What are the people at bus stop six doing?

[1] Follow the instructions: *Befolge die Anleitungen.*

Lösung:
Partner A: 1 to Bath – 2 five – 3 She's eating an apple. – 4 to Birmingham – 5 He's reading a newspaper. – *Partner B:* 1 to London – 2 six – 3 She's talking to a boy. – 4 number four – 5 They're getting on the bus.

Food and drink network KV 47

FOOD AND DRINK

- a basket of ...
- a plate of ...
- a jug of ...
- a glass of ...
- a bottle of ... *juice*
- a bowl of ...

1 Fill in food and drink words from page 75 (ex. 1) of your English book.
2 Complete the network with 'a piece of' and 'a packet of'. Match the right food words.

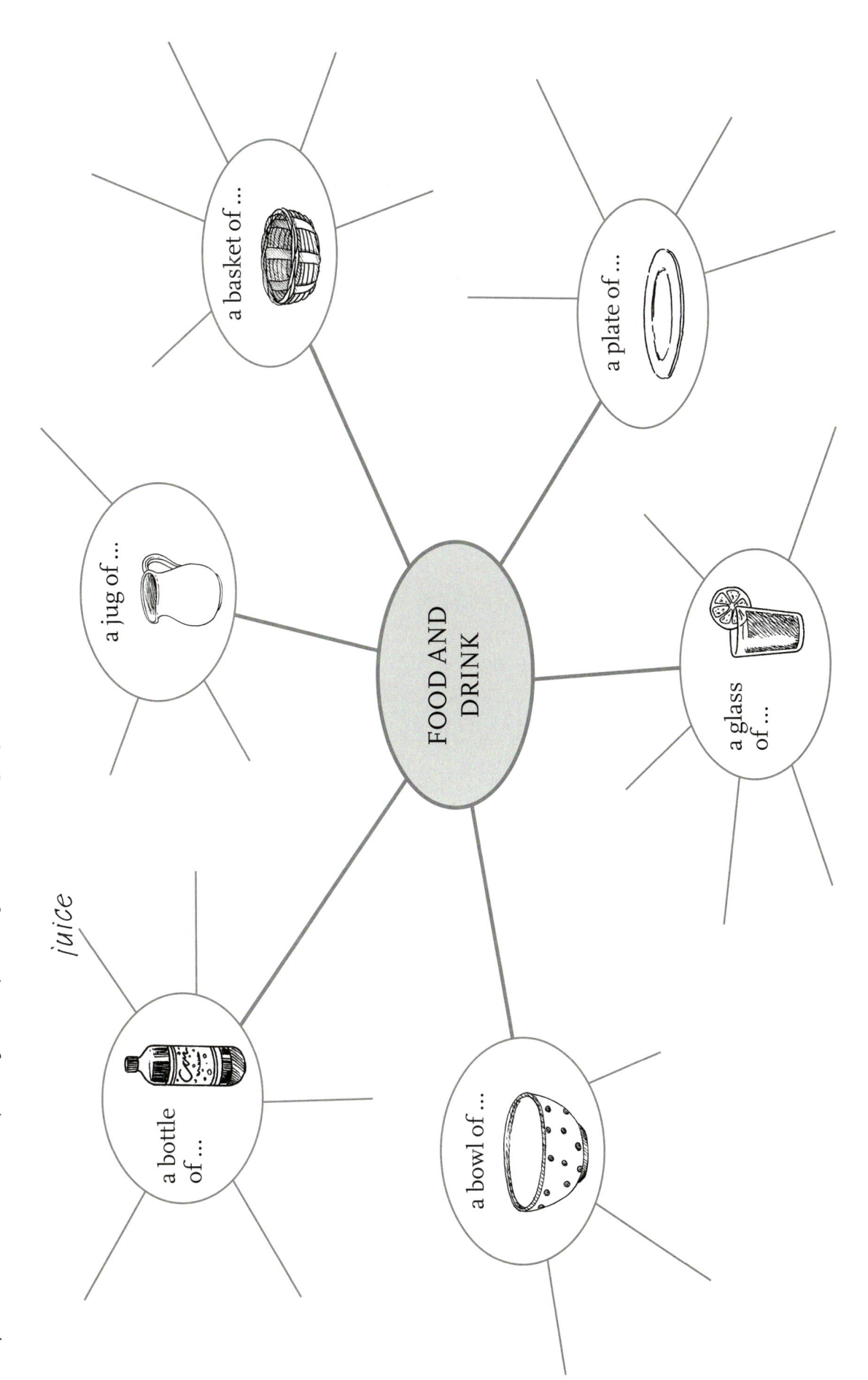

© 2006 Cornelsen Verlag, Berlin · Alle Rechte vorbehalten

48 KV It's 4 o'clock on Sunday

Tandem exercise

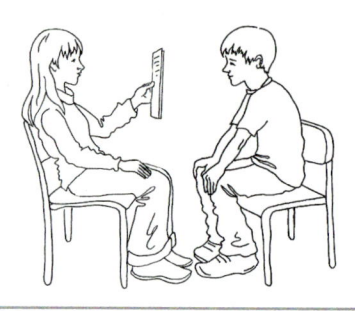

Partner A (you start)	Partner B
It's 4 o'clock on Sunday and the twins _____ (to drink) tea at their grandparents' house.	It's 4 o'clock on Sunday and the twins **are drinking** tea at their grandparents' house.
Grandma Shaw **is talking** about their family.	Grandma Shaw _____ (to talk) about their family.
Now it's 5 o'clock and Sophie _____ (to help) her mum.	Now it's 5 o'clock and Sophie **is helping** her mum.
Jack and Mr Hanson **are talking** to Polly.	Jack and Mr Hanson _____ (to talk) to Polly.
Ananda _____ (to buy) a new pair of jeans.	Ananda **is buying** a new pair of jeans.
Dilip **is helping** his dad in the corner shop.	Dilip _____ (to help) his dad in the corner shop.
It's 6 o'clock. Mrs Kapoor _____ (to call) her mother.	It's 6 o'clock. Mrs Kapoor **is calling** her mother.
It's 8 o'clock. Mr Kapoor **is watching** TV.	It's 8 o'clock. Mr Kapoor _____ (to watch) TV.
It's 9 o'clock. Sophie _____ (to go) to bed.	It's 9 o'clock. Sophie **is going** to bed.

fold here

The Hokey Cokey

'You put your left (right) arm in, your left (right) arm out.'

'Shake it all about.'

'You put your whole self in, your whole self out.'

'You do the hokey-cokey and you turn around.'

'That's what it's all about.'

'Oh-oh, the hokey-cokey.'

'Knees bend.'

'Arms stretch – ra-ra-ra!'

"Ra-ra-ra!"

50 KV Sophie's party

1 Cut out the pictures and the sentence cards. Match them.
2 Put the pictures and the sentences in the right order. Check with your partner.

Now all the guests are there.
Prunella is looking at Jack and Ananda's present.

The party games are over – but now
Prunella is playing games.

After tea it's time for some party games.

Lösung:
Look at pages 81 and 82 of your English book.

© 2006 Cornelsen Verlag, Berlin · Alle Rechte vorbehalten

Tandem exercise

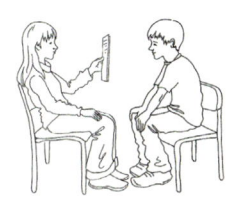

Partner A *(you start)*	Partner B
The _____ _____ is on 6th May.	The **Spring Show** is on 6th May.
All **clubs** at Cotham School are rehearsing for the big day.	All _____ at Cotham School are rehearsing for the big day.
The Junior _____ is singing songs.	The Junior **Choir** is singing songs.
The **Dance** Club and the **Drama** Club are rehearsing together.	The _____ Club and the _____ Club are rehearsing together.
The Computer Club is making the _____ .	The Computer Club is making the **programme**.
The Art Club is **painting** the pirate **ship**.	The Art Club is _____ the pirate _____ .
The Junior Band is _____ for the show.	The Junior Band is **practising** for the show.
The **Camera** Club is taking photos.	The _____ Club is taking photos.

▲ *fold here*

52 KV Listening: Radio Cotham

1 *The reporter is talking to three clubs. Find them and put them in the right order.*

Dance Club ☐   Junior Choir ☐   Junior Band ☐

Computer Club ☐   Drama Club ☐

2 *Who is it? Write down their names.*

a He is a Cotham Radio reporter.
b He is in the Drama Club.
c They are in the Computer Club.
d She doesn't like drama.

Rob ☐

Jamie ☐

Ananda ☐

Ananda and Isabel ☐

3 *Right or wrong? Tick (✓) the right sentences.*
Then correct the wrong sentences.

a You can phone with your mobile phone in class.   ☐
b The Spring Show is on 6th May.   ☐
c The Computer Club is in the show.   ☐
d The programme for the show looks great.   ☐
e The Junior Band isn't very good.   ☐

Lösung:
1 Drama Club – Computer Club – Junior Band
2 a Rob – b Jamie – c Ananda and Isabel – d Ananda
3 a wrong: You can't use your mobile phone in class. – b right – c wrong: The Computer Club isn't in the show. – d right – e wrong: The Junior Band is very good.

Last weekend with Prunella KV 53

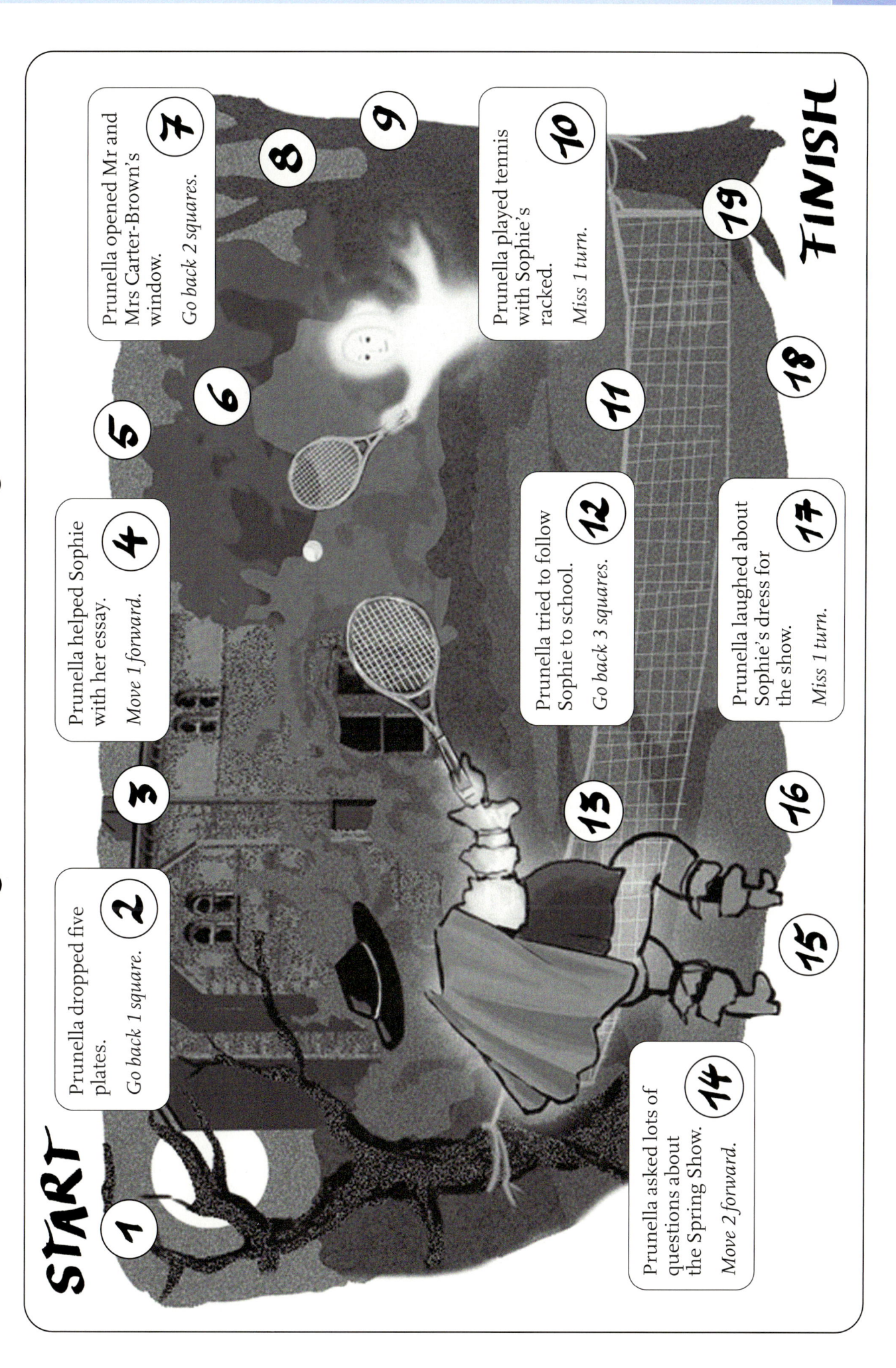

START

1.
2. Prunella dropped five plates. Go back 1 square.
3.
4. Prunella helped Sophie with her essay. Move 1 forward.
5.
6.
7. Prunella opened Mr and Mrs Carter-Brown's window. Go back 2 squares.
8.
9.
10. Prunella played tennis with Sophie's racket. Miss 1 turn.
11.
12. Prunella tried to follow Sophie to school. Go back 3 squares.
13.
14. Prunella asked lots of questions about the Spring Show. Move 2 forward.
15.
16.
17. Prunella laughed about Sophie's dress for the show. Miss 1 turn.
18.
19.

FINISH

© 2006 Cornelsen Verlag, Berlin · Alle Rechte vorbehalten

54 KV Infinitive – Simple past

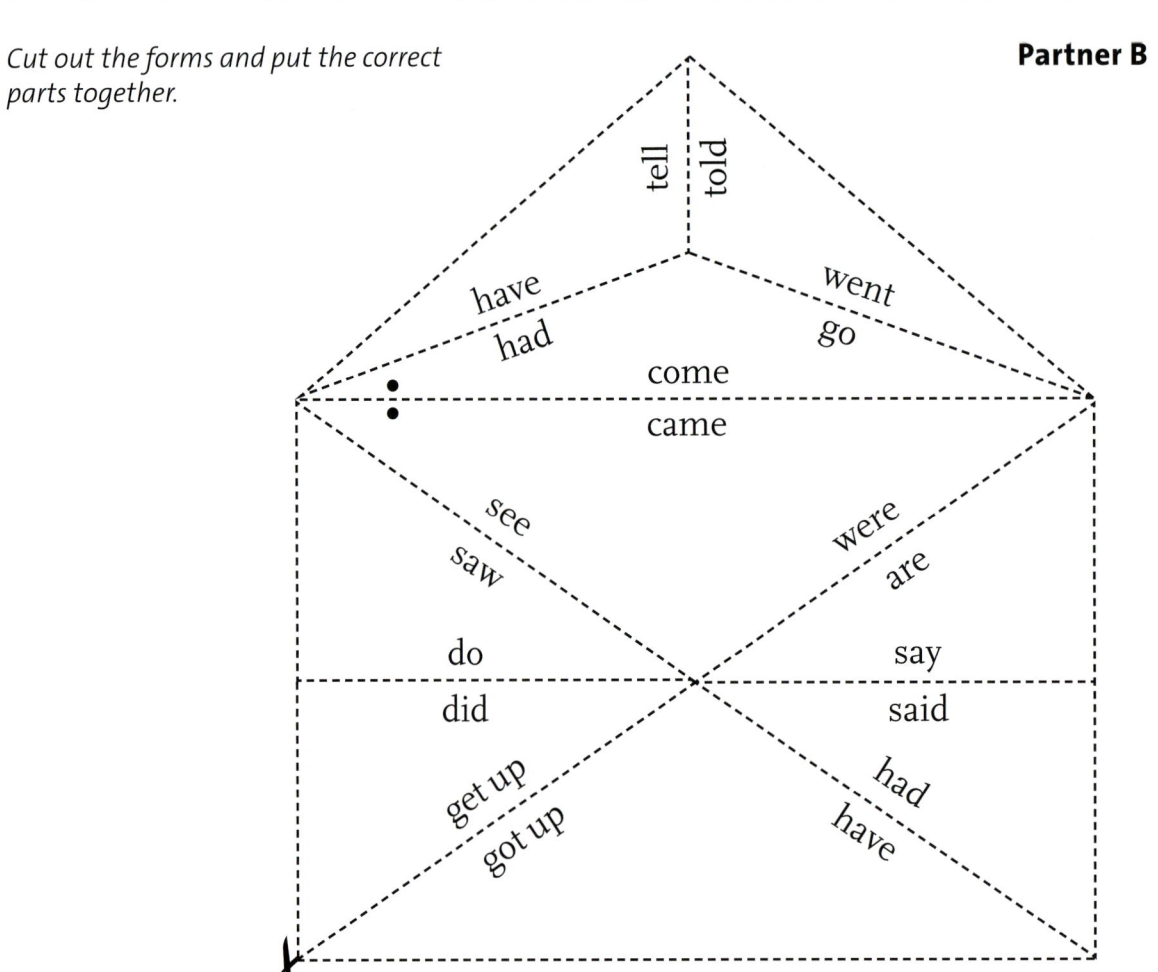

Partner A

Cut out the forms and put the correct parts together.

- have / had
- go / went
- do / did
- tell / told
- is / was
- see / saw
- come / came
- say / said
- are / were

Partner B

Cut out the forms and put the correct parts together.

- tell / told
- have / had
- went / go
- come / came
- see / saw
- were / are
- do / did
- say / said
- get up / got up
- had / have

Texte überarbeiten KV 55

Wenn du einen Text geschrieben hast, solltest du dir Zeit nehmen, alles noch einmal durchzulesen. Hier sind ein paar Tipps, worauf du achten solltest.

Sortiere die folgenden Schreibhilfen in einer sinnvollen Reihenfolge. Wenn alle Satzstreifen richtig geordnet sind, erhältst du einen Lösungssatz.

E Jetzt kannst du mit dem Schreiben anfangen. Manchmal ist der erste Satz (oder ein Textgerüst) schon vorgegeben.

T Hast du die richtige Zeitform für deinen Text gewählt?

E Bei der Satzstellung gilt im Englischen immer: S – V – O *(subject – verb – object)*. Beispiel:

subject	verb	object
My sister	loves	chocolate.
I	can't find	my pencil.

E Schreib deinen Text nach dem Überarbeiten sauber in dein Heft oder auf ein extra Blatt.

G Lies dir die Aufgabenstellung genau durch und überlege, was du tun sollst.

T Wenn du im Präsens geschrieben hast: Hast du an das -(e)s der 3. Person Singular gedacht? Beispiel: *My mother often watches tennis matches.*

R Sammle und ordne deine Ideen vor dem eigentlichen Schreiben. Dazu kannst du z.B. Listen, Tabellen oder Mindmaps benutzen.

A Wenn du mit dem Schreiben fertig bist, lies deinen Text noch einmal durch. Einige Dinge kannst du selbst überprüfen. Zum Beispiel:

X Hast du alles richtig geschrieben? Schau im Zweifel lieber noch einmal im Wörterbuch nach (z.B. im *Dictionary* deines Englischbuchs).

Lösungssatz:

1	2	3	4	5		6	7	8	9

!

Lösungssatz: Great text!

56 KV School – 100 years ago and today

Sentence wheel (A) KV 57

Cut out he sentence wheels and put them together like this.

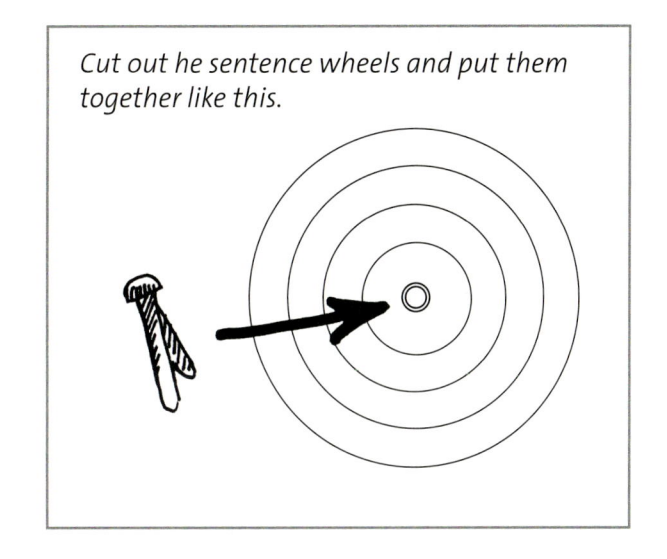

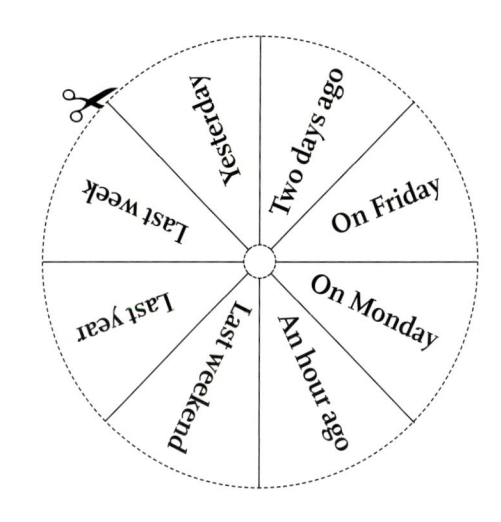

Wheel segments (top wheel): Yesterday · Two days ago · On Friday · On Monday · An hour ago · Last weekend · Last year · Last week

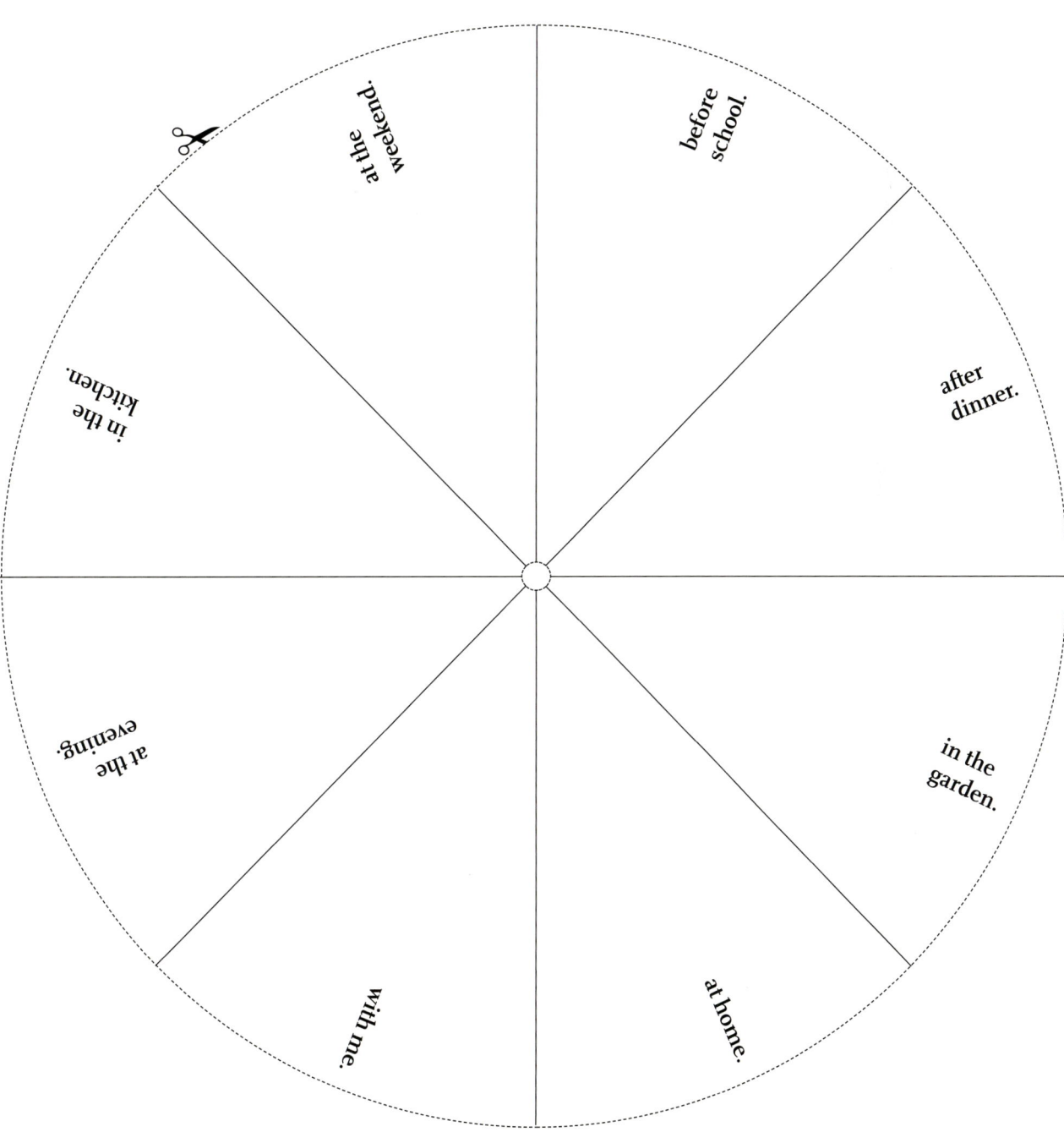

Wheel segments (bottom wheel): at the weekend. · before school. · after dinner. · in the garden. · at home. · with me. · at the evening. · in the kitchen.

57 KV Senzence wheel (B)

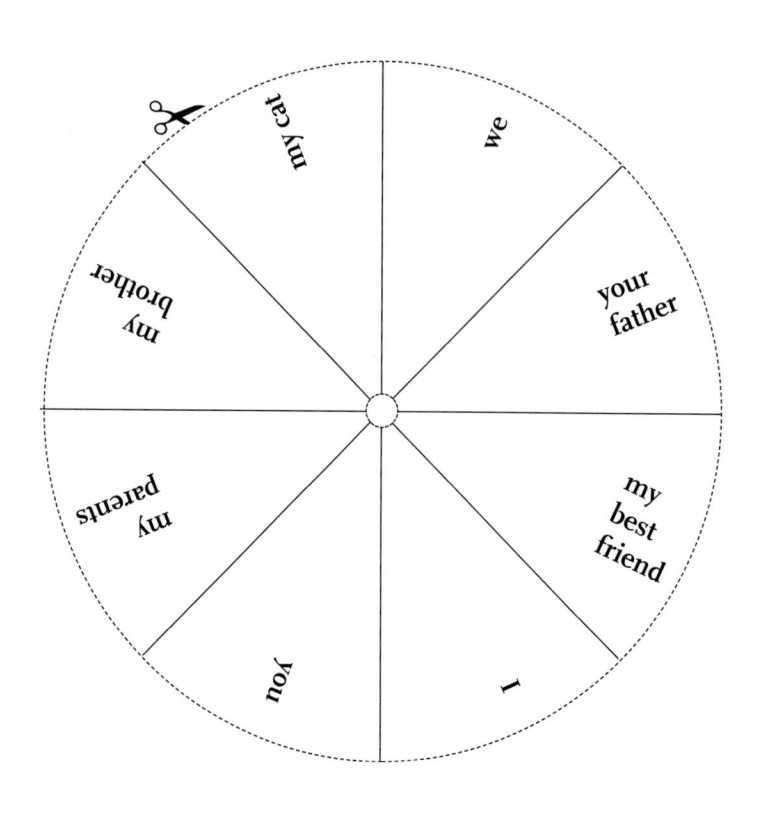

Wheel 1 (subjects)
- we
- your father
- my best friend
- I
- you
- my parents
- my brother
- my cat

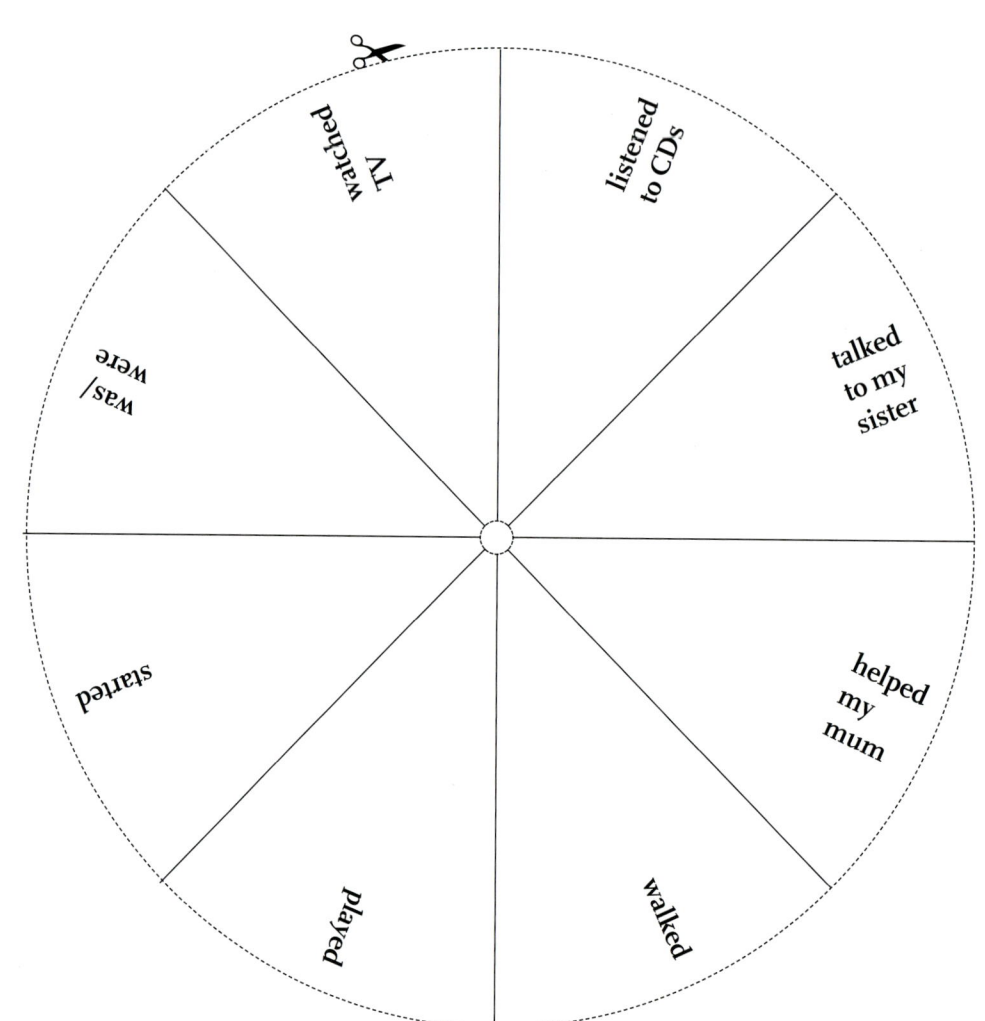

Wheel 2 (verbs)
- watched TV
- listened to CDs
- talked to my sister
- helped my mum
- walked
- played
- started
- was/were

A pirate story KV 58

Lösung: Look at pages 96–98 of your English book.

KV Pirate game (A)

- = There's a heavy storm in the Caribbean.
  ▲ Miss one turn.
- = Your captain is ill and you can't sail.
  ▲ Go back to the dolphin.
- = You have to repair a sail.
- ▲ You can only move with a 3 or 6!
- = A Spanish ship attacked your ship and it sank.
  ▲ You're out!

Start

Finish

Pirate game (B) KV 59

?
Who had a bad dream?
a Jo
b Dan
c Sophie

Lösung: a

?
What's the captain's name?
a Jack Beckham
b Jack Rackham
c Francis Drake

Lösung: a

?
What is 'Mr' Bonny's first name?
a Anthony
b Ann
c Jane

Lösung: b

?
What's the simple past of '(to) see'?

Lösung: saw

?
Who is in the Computer Club?
a Jack
b Sophie
c Ananda

Lösung: c

?
What's the simple past of '(to) go'?

Lösung: went

?
Who painted the pirate ship for the Spring Show?
a Jack
b Dan
c Sophie

Lösung: b

?
What's the simple past of '(to) come'?

Lösung: came

?
Which word isn't a 'ship word'?
sailor – cabin – lesson – sail

Lösung: lesson

?
What's the cabin boy's name?
a Jesse
b James
c Jonah

Lösung: c

?
What's the simple past of '(to) tell'?

Lösung: told

?
What's the name of the ship?
a Silver Dolphin
b Silver Swordfish
c Silver Fish

Lösung: b

?
When does the story take place?[1]
a in 1719
b in 1819
c in 1970

[1] take place: *spielen, stattfinden*

Lösung: a

?
What's the German word for
– sword
– silver
– captain

Lösung: Schwert, Silber, Kapitän

!
Mime one of these activities:
Clean the deck.
Walk the plank.

!
Name a famous pirate from Bristol.

Lösung: Blackbeard

!
Sing the chorus of *The Pirate King*.

Lösung: For I am the Pirate King! And it is a glorious thing to be a Pirate King!

!
Walk like a pirate with a wooden[1] **leg.**

[1] wooden: *aus Holz, Holz-*

!
Draw a ship in 30 seconds.

!
Draw a pirate flag[1] **in 30 seconds.**

[1] flag: *Flagge*

60 KV Places, places, places

Find these 12 words:

bridge – church – city – corner – flat – house – library – museum
school – station – tower – village

C	F	T	C	I	T	Y	G	G	L	F	V
O	O	L	O	N	G	C	E	R	U	I	I
R	C	S	R	C	L	D	F	O	N	L	L
B	H	D	N	P	M	S	O	N	R	N	L
M	U	S	E	U	M	N	D	L	R	A	A
R	R	W	R	A	R	O	G	C	R	O	G
X	C	W	L	C	T	B	R	I	D	G	E
H	H	T	E	B	F	A	A	I	D	E	R
T	T	G	A	R	L	K	V	T	R	T	B
E	T	M	S	T	A	T	I	O	N	W	E
R	T	G	C	B	T	J	R	W	R	O	D
O	T	A	H	N	T	F	E	E	G	B	O
B	A	H	O	U	S	E	G	R	R	E	N
A	L	U	O	D	N	L	L	U	J	R	A
O	K	K	L	I	B	R	A	R	Y	T	S
B	K	O	R	U	G	O	G	P	J	U	S
C	A	I	L	M	R	E	E	H	D	C	J

Placemat **KV** **61**

We've all got …	Good idea.	It's fun.	You're right.
Our other ideas are …	I like … too.	It's cheap/expensive/ free.	OK.
What about …?	I'm for …		Let's take …
My favourite is …	That's boring.	It's easy/difficult to get there.	
	I don't like.	I'm not for …	

Topic ▶ *Great places for kids in* _____

Our group ▶ _____
_____
_____
_____

Step 1 ▶ *Three great places in our city/town/village:*

Place 1: _____

Place 2: _____

Place 3: _____

Step 2 ▶ *Information about the places:*

	Place 1	Place 2	Place 3
Is it interesting or fun?			
Is it easy to get there?			
Is the price OK?			

Step 3 ▶ *Poster*

Photos: _____
_____

Text/Material: _____
_____

Step 4 ▶ *Presentation*

Speaker: _____

Place 1: _____

Place 2: _____

Place 3: _____

Appointments: I like it when … KV 63

1 *Make appointments with three classmates for 1, 2 and 3 o'clock like this:*
You: Can we meet at … o'clock? **Your partner:** Yes, OK. / No, sorry.
Write their names in your chart.

2 *Write questions like these: Do you like it when …? Then answer them. True? Put a tick (✓). Not true? Put a cross (✗).*

3 *Go to your appointments. Ask them questions about their free time activities. Put a tick (✓) for 'true' and a cross (✗) for 'not true'.*

Do you like it when …?	me: ____	1 o'clock name: ____	2 o'clock name: ____	3 o'clock name: ____
1				
2				
3				
4				
5				

4 *Tell your class about yourself[1] and your partners like this:*
Lennart likes/hates it when …
I like/hate it when …

[1] about yourself: *über dich selbst*

64 KV This, that – these, those

1 *Fill in the gaps.*

1	_____ is my MP3 player.	_____ is Jenny's MP3 player.
2	_____ are my books.	_____ is Jenny's book.
3	_____ are my trainers.	_____ are Jenny's trainers.
4	_____ are my CDs.	_____ are Jenny's CDs.
5	_____ are my magazines.	_____ are Jenny's magazines.
6	_____ are my T-shirts.	_____ are Jenny's T-Shirts.

2 *Make more sentences like these.*

Lösung:
1 This, That – 2 These, That – 3 These, Those – 4 These, Those – 5 These, Those – 6 These, Those

The Mr Green mystery KV **65**

1 Cut out the sentences and put them in the right order.
2 Use the sentences to write a short text about Mr Green. How does your story end?

A	A man in black followed him all the time.
B	But his boss Howard gave him only £500.
C	When he left school he worked for a software company.
D	When he was a boy Mr Green wasn't very good at school.
E	So Mr Green left the company.
F	But he always loved computers.
G	He invented the game 'The Smith Family' for his company. It made a lot of money.
H	The man in black wanted his new game.
I	Then he invented the game 'City maker'.

Lösung 1:
D – F – C – G – B – E – I – A – H

66 KV Christmas cards (Topic)

Bildquellen

Alamy, Abingdon: KV 21 (Sanjay)

Roland Beier, Berlin: KV 2, KV 5, KV 26, KV 55, KV 64

Johann Brandstetter, Winhöring/Kronberg: KV 58

Corbis, Düsseldorf: KV 21 (Yoko)

Corel Library, Berlin: KV 56 *(school 100 years ago)*

Das Fotoarchiv, Essen: **Manfred Vollmer**: KV 56 *(school now)*

Graham-Cameron Illustration, UK: **Fliss Cary**: KV 4, KV 10 C, KV 45, KV 50, KV 53, KV 21 *(birthday table)*

Rob Cousins, Bristol: KV 51, KV 21 (Bild A–D; Sophie)

Juniors Bildarchiv, Ruhpolding: KV 21 (Bild E)

Mauritius, Berlin: KV 21 (Britta)

Eva Muszynski, Berlin: KV 1, KV 3, KV 10 A/B, KV 11, KV 25, KV 31, KV 32, KV 43

Punch Stock, Madison: KV 21 (Lars)

Linda Rogers Associates, London, UK: **Keith Howard**: KV 40

Constanze Schargan, Berlin: KV 49

Katherine Wells, Hamburg: KV 25 *(basket, cage, hutch)*, KV 46, KV 59, KV 66

Katharina Wieker, Berlin: KV 14, KV 30, KV 33, KV 41 *(cup)*, KV 44, KV 47